本书得到中国青年政治学院出版基金资助

中/青/文/库

最新企业会计准则
改革与启示

刘泉军　著

中国社会科学出版社

图书在版编目（CIP）数据

最新企业会计准则改革与启示/刘泉军著. —北京：中国社会科学
出版社，2018.5

ISBN 978 – 7 – 5203 – 2186 – 0

Ⅰ.①最…　Ⅱ.①刘…　Ⅲ.①企业—会计准则—中国
Ⅳ.①F279.23

中国版本图书馆 CIP 数据核字（2018）第 047941 号

出 版 人	赵剑英
责任编辑	张　湉
责任校对	杨　林
责任印制	李寡寡

出　　版	中国社会科学出版社
社　　址	北京鼓楼西大街甲 158 号
邮　　编	100720
网　　址	http://www.csspw.cn
发 行 部	010 – 84083685
门 市 部	010 – 84029450
经　　销	新华书店及其他书店

印刷装订	北京明恒达印务有限公司
版　　次	2018 年 5 月第 1 版
印　　次	2018 年 5 月第 1 次印刷

开　　本	710 × 1000　1/16
印　　张	27.25
字　　数	435 千字
定　　价	98.00 元

《中青文库》编辑说明

　　《中青文库》，是由中国青年政治学院着力打造的学术著作出版品牌。

　　中国青年政治学院的前身是1948年9月成立的中国共产主义青年团中央团校（简称中央团校）。为加速团干部队伍革命化、年轻化、知识化、专业化建设，提高青少年工作水平，为党培养更多的后备干部和思想政治工作专门人才，在党中央的关怀和支持下，1985年9月，国家批准成立中国青年政治学院，同时继续保留中央团校的校名，承担普通高等教育与共青团干部教育培训的双重职能。学校自成立以来，坚持"实事求是，朝气蓬勃"的优良传统和作风，坚持"质量立校、特色兴校"的办学思想，不断开拓创新，教育质量和办学水平不断提高，为国家经济、社会发展和共青团事业培养了大批高素质人才。目前，学校是由教育部和共青团中央共建的高等学校，也是共青团中央直属的唯一一所普通高等学校。学校还是教育部批准的国家大学生文化素质教育基地、全国高校创业教育实践基地，是首批"青年马克思主义者培养工程"全国研究培训基地、首批全国注册志愿者培训示范基地，是中华全国青年联合会和国际劳工组织命名的大学生KAB创业教育基地，是民政部批准的首批社会工作人才培训基地，与中央编译局共建青年政治人才培养研究基地，与国家图书馆共建国家图书馆团中央分馆，与北京市共建社会工作人才发展研究院和青少年生命教育基地。2006年接受教育部本科教学工作水平评估，评估结论为"优秀"。2012年获批为首批卓越法律人才教育培养基地。2015年中宣部批准的共青团中央中国特色社会主义理论体系研究中心落户学校。学校已建立起包括本科教育、研究生教育、留学生教育、继续教育和团干部培训等在内的多形式、多层次的教育格局。设有中国马克思主义学院、青少年工作系、社会工作学院、法学院、经济管理学院、新闻传播学院、公共管理系、中国语言文学系、外国语言文学系等 9 个教学院系，文化基础部、外语教学研究中心、计算机教学与应用中心、体育教学中心等 4 个教学中心（部），中央团校教育培训学院、继续教育学院、国际教育交流学院等 3 个教育培训机构。

学校现有专业以人文社会科学为主，涵盖哲学、经济学、法学、文学、管理学、教育学 6 个学科门类，拥有哲学、应用经济学、法学、社会学、马克思主义理论、新闻传播学等 6 个一级学科硕士授权点、1 个二级学科授权点和 3 个类别的专业型硕士授权点。设有马克思主义哲学、马克思主义基本原理、外国哲学、思想政治教育、青年与国际政治、少年儿童与思想意识教育、刑法学、经济法学、诉讼法学、民商法学、国际法学、社会学、世界经济、金融学、数量经济学、新闻学、传播学、文化哲学、社会管理等 19 个学术型硕士学位专业，法律（法学）、法律（非法学）、教育管理、学科教学（思政）、社会工作等 5 个专业型硕士学位专业。设有思想政治教育、法学、社会工作、劳动与社会保障、社会学、经济学、财务管理、国际经济与贸易、新闻学、广播电视学、政治学与行政学、行政管理、汉语言文学和英语等 14 个学士学位专业，，其中思想政治教育、法学、社会工作、政治学与行政学为教育部特色专业；同时设有中国马克思主义研究中心、青少年研究院、共青团工作理论研究院、新农村发展研究院、中国志愿服务信息资料研究中心、青少年研究信息资料中心等科研机构。

在学校的跨越式发展中，科研工作一直作为体现学校质量和特色的重要内容而被予以高度重视。2002 年，学校制定了教师学术著作出版基金资助条例，旨在鼓励教师的个性化研究与著述，更期之以兼具人文精神与思想智慧的精品的涌现。出版基金创设之初，有学术丛书和学术译丛两个系列，意在开掘本校资源与迻译域外菁华。随着年轻教师的增加和学校科研支持力度的加大，2007 年又增设了博士论文文库系列，用以鼓励新人，成就学术。三个系列共同构成了对教师学术研究成果的多层次支持体系。

十几年来，学校共资助教师出版学术著作百余部，内容涉及哲学、政治学、法学、社会学、经济学、文学艺术、历史学、管理学、新闻与传播等学科。学校资助出版的初具规模，激励了教师的科研热情，活跃了校内的学术气氛，也获得了很好的社会影响。在特色化办学愈益成为当下各高校发展之路的共识中，2010 年，校学术委员会将遴选出的一批学术著作，辑为《中青文库》，予以资助出版。《中青文库》第一批（15 本）、第二批（6 本）、第三批（6 本）、第四批（10 本）、第五批（13 本）、第六批（9 本）陆续出版后，有效展示了学校的科研水平和实力，在学术界和社会上产生了很好的反响。本辑作为第七批共推出 5 本著作，并希冀通过这项工作的陆续展开而更加突出学校特色，形成自身的学术风格与学术品牌。

在《中青文库》的编辑、审校过程中，中国社会科学出版社的编辑人员认真负责，用力颇勤，在此一并予以感谢！

目　　录

前　言

　　企业会计准则是市场经济的重要规则，是生成和提供高质量会计信息、引导社会资源合理配置、保护投资者和社会公众利益的重要技术标准。近年来，我国企业会计准则紧跟时代经济发展脉搏，并保持与国际财务报告准则的持续全面趋同，先后发布和修订多项企业会计准则。同时，国际财务报告准则在 2008 年金融危机之后也进行了深刻反思，改革力度加大、速度加快。本书将对近期国内外企业会计准则的最新发展进行全面分析，并结合我国实际应用情况进行研究，探讨会计准则实施中可能面临的问题，提出有效的应对之策，并研判未来的发展趋势。

　　本书的主要内容分为三部分：我国最新企业会计准则解读、国际金融工具会计改革及启示、国际财务报告准则的最新发展及启示。

　　第一部分，我国最新企业会计准则解读。作为经济社会健康、协调、可持续发展的重要基础性工程，企业会计准则建设在我国深入实施"引进来"和"走出去"战略中发挥着重要作用。在沉寂了八年之后，我国企业会计准则改革在 2014 年再次迈上了快车道，先后发布了《企业会计准则第 39 号——公允价值计量》《企业会计准则第 40 号——合营安排》《企业会计准则第 41 号——在其他主体权益中的披露》《企业会计准则第 42 号——持有待售的非流动资产、处置组和终止经营》等四项新的会计准则，并重新修订发布了《企业会计准则第 2 号——长期股权投资》《企业会计准则第 9 号——职工薪酬》《企业会计准则第 30 号——财务报表列报》《企业会计准则第 33 号——合并财务报表》《企业会计准则第 37 号——金融工具列报》《企业会计准则第 22 号——金融工具确认和计量》《企业会计准则第 23 号——金融资产转移》《企业会计准则第 24 号——套期会计》《企业会计准则第 16 号——政府补助》《企业会计准则第 14 号——收入》等十项会计准则。这些最新的会计准则制定或修订的背景与初衷何在；这些新准则的主要内容有哪些；与原有准则或原有规定相比较有哪些新的突破，其难点与重点如何解读，这些问题迫切需要解决。为此，本书深入分析、解读我国最新的企业会计准则，借以答疑解惑、指导会计实务，促进会计准则的制定。

第二部分，国际金融工具会计改革及启示。2008 年美国金融危机爆发，由此引发了全球金融风暴，金融工具会计问题与公允价值计量问题首当其冲。金融工具会计准则体系普遍被认为太过复杂，而且金融资产减值"太少，太迟"，且具有"悬崖效应"。迫于政治和舆论双重压力，IASB 和 FASB 加速了金融工具准则的修订与改革。为了降低金融工具会计复杂性、改善财务报告质量，IASB 和 FASB 于 2008 年底联手启动了"金融工具确认和计量"改进项目。IASB 决定制定 IFRS 9 以替代 IAS 39，并将修订过程划分为三个阶段：一是金融资产和金融负债的分类与计量；二是金融资产减值方法；三是套期会计。每一个阶段完成后，就替换 IAS 39 中的相应内容，并成为 IFRS 9 中的一章。经过多轮反馈与修订，最终于 2014 年 7 月 24 日发布《国际财务报告准则第 9 号——金融工具》（IFRS 9）最终稿，内容包括金融资产分类和计量、金融工具减值和套期会计三部分。IFRS 9 已于 2018 年 1 月 1 日开始生效，允许提前采用。IFRS 9 的发布是对 IAS 39 的全面替代，具有重大的理论价值和现实意义。本书将对 IASB 金融工具准则的发展历程、IFRS 9 的三部分主要内容（金融工具的分类与计量、金融资产的减值和套期会计）、IFRS 9 对我国银行和非金融企业的影响以及 IFRS 9 改革的启示展开深入研究，以期完整理解 IFRS 9 的主要内容和精髓所在，探讨会计准则的发展趋势，并对中国应对 IFRS 9 提出建设性、针对性的策略。

第三部分，国际财务报告准则的最新发展及启示。2008 年国际金融危机爆发后，由于公允价值计量与金融工具等准则不够完善，会计界承受了社会各界的重大压力。国际会计准则理事会（IASB）经过深刻反思，加快了修改完善国际会计准则的过程，先后发布了多项国际财务报告准则。国际财务报告准则取得了长足的进步，也体现出一些新的发展趋势。本书对近期国际财务报告准则的改革进行分析，探讨了其最新的发展趋势，并提出应对之策，以期不断完善我国企业会计准则体系，在实现会计准则持续国际趋同的过程中积极维护我国国家权益。

本书除了对上述国内外企业会计准则的最新发展进行研究之外，还增加了作者近期相关的一些研究成果，如合并财务报表相关合并抵销分录的思考、动态拨备与金融资产减值会计准则等。

第一章　我国最新企业会计准则解读

在沉寂了八年之后，我国企业会计准则改革在 2014 年再次迈上了快车道，先后发布了《企业会计准则第 39 号——公允价值计量》《企业会计准则第 40 号——合营安排》《企业会计准则第 41 号——在其他主体权益中的披露》《企业会计准则第 42 号——持有待售的非流动资产、处置组和终止经营》等四项新的会计准则，并重新修订发布了《企业会计准则第 2 号——长期股权投资》《企业会计准则第 9 号——职工薪酬》《企业会计准则第 30 号——财务报表列报》《企业会计准则第 33 号——合并财务报表》《企业会计准则第 37 号——金融工具列报》《企业会计准则第 22 号——金融工具确认和计量》《企业会计准则第 23 号——金融资产转移》《企业会计准则第 24 号——套期会计》《企业会计准则第 16 号——政府补助》《企业会计准则第 14 号——收入》等十项会计准则。这些最新的会计准则制定或修订的背景与初衷何在；这些新准则的主要内容有哪些；与原有准则或原有规定相比较有哪些新的突破，其难点与重点如何解读；等等问题迫切需要解决。为此，笔者深入分析、解读我国最新的企业会计准则，借以答疑解惑、指导会计实务，促进会计准则的制定。

第一节　《企业会计准则第2号——长期股权投资》（2014）解读

一　《企业会计准则第 2 号——长期股权投资》修订背景

我国长期股权投资的会计处理主要通过《企业会计准则第 2 号——长期股权投资》及相关应用指南进行规范。该准则自 2007 年实施以来取得了显著效果，但在实务中也出现了一些问题，尤其是对企业长期股权投资的有关规定散见于准则的应用指南、讲解和企业会计准则解释中，一定程度上不利于准则的理解和实施，因此有必要对相关内容进行整合，充实和完善我国的长期股权投资准则。2011 年 5 月，国际会计准则理事会（IASB）发布了修订后的《国际会计准则第 27 号——个别财务报表》［IAS 27（2011）］和《国际会计准则第 28 号——联营和合营企业中的投资》［IAS 28（2011）］。为保持我国企业会计准则与国际财务报告准则的持续趋同，并对 2006 年后发布的相关修订进行整合完善，财政部于 2012 年 11 月 15 日发布了《企业会计准则第 2 号——长期股权投资（修订）》（征求意见稿）。

2014 年 3 月 13 日，财政部完成长期股权投资准则的修订工作，并发布了《关于印发修订〈企业会计准则第 2 号——长期股权投资〉的通知》（财会〔2014〕14 号），对 CAS 2（2006）进行了整体修订。新修订的《企业会计准则第 2 号——长期股权投资》［CAS 2（2014）］自 2014 年 7 月 1 日起在所有执行企业会计准则的企业范围内施行，鼓励在境外上市的企业提前执行，原 CAS 2（2006）同时废止。

二　CAS 2（2014）主要变化

（一）适用范围变小

CAS 2（2014）明确规范权益性投资，即投资方对被投资单位实施控制、重大影响的权益性投资，以及对其合营企业的权益性投资。不具有控制、共同控制和重大影响的其他投资，适用《企业会计准则第 22 号——金融工具确认和计量》（CAS 22）。在国际财务报告准则原体系中，企业持有的不具有控制、共同控制、重大影响，且其公允价值不能可靠计量的股权投资，作为按成本计量的可供出售金融资产进行核算，不作为长期股权投资核算。但国际财务报告准则委员会（IASB）于 2014 年 7 月发布、2018 年开始执行的《国际财务报告准则第 9 号——金融工具》（IFRS 9）中对金融资产进行重新分类，取消了按成本计量的可供出售金融资产的规定，改为以公允价值计量且其变动计入其他综合收益的金融资产。

（二）基本概念的界定

CAS 2（2014）明确了长期股权投资的概念。由于修订后的合并财务报表准则，以及新发布的合营安排准则，对"控制"、"共同控制"和"合营企业"的定义进行了重新修订，因此，CAS 2（2014）明确，在判断"控制"、"共同控制"和"合营企业"时，应按照《企业会计准则第 33 号——合并财务报表》［CAS 33（2014）］和《企业会计准则第 40 号——合营安排》［CAS 40（2014）］进行判断，CAS 2（2014）仅对"重大影响"的判断进行了规范。

（三）权益法下被投资方其他净资产变动的处理

作为国内国际准则讨论多年的问题，CAS 2（2014）率先明确，对于权益法核算的长期股权投资，被投资单位除净损益、其他综合收益和利润分配以外所有者权益的其他变动，应当调整长期股权投资的账面价值并计入所有者权益。

（四）不同计量单元的处理

CAS 2（2014）引入了 IAS 28（2011）中不同计量单元分别按不同方法进行会计处理的理念。在权益法下，对于部分通过风险投资机构、共同基金、信托公司或包括投连险基金在内的类似主体间接持有的投资，以及分类为持有待售的投资，可以单独按照 CAS 22 或持有待售资产相关规定进行核算，其余部分采用权益法核算。

（五）整合各项准则解释的相关内容

CAS 2（2014）整合了准则解释引入的几项变动：分步实现合并、分步处置子公司时个别财务报表中长期股权投资的处理；企业合并取得投资相关费用不再资本化；成本法和权益法转换中的"跨越会计处理界线"理念；等等。

（六）不再涉及披露要求

CAS 2（2014）不再涉及长期股权投资的披露要求，对于子公司、联营或合营企业中投资的披露，适用《企业会计准则第 41 号——在其他主体中权益的披露》［CAS 41（2014）］。

三　CAS 2（2014）主要内容

（一）适用范围

CAS 2（2014）所称长期股权投资，是指投资方对被投资单位实施控制、重大影响的权益性投资，以及对其合营企业的权益性投资。原"投资企业对被投资单位不具有共同控制或重大影响，并且在活跃市场

3

中没有报价、公允价值不能可靠计量的长期股权投资",被并入 CAS 22 规范,不再适用长期股权投资准则。

对被投资单位具有控制、共同控制或重大影响的权益性投资,投资方承担的是被投资方的经营风险。而不具有控制、共同控制或重大影响的投资,投资方承担的是投资资产的价格变动风险、被投资方的信用风险。两种投资所承担的风险特征显著不同,因此,应当由不同准则进行规范。

投资方对被投资单位实施控制的投资,即对子公司的投资,其定义和判断适用新修订的 CAS 33(2014)。投资方与其他合营方一同对被投资单位实施共同控制且对被投资方净资产享有权利的权益性投资,即对合营企业投资,其定义和判断适用 CAS 40(2014)。投资方对被投资单位具有重大影响的权益性投资,即对联营企业投资,CAS 2(2014)对重大影响的判断提供了指引。

(二)重大影响的判断

重大影响,是指投资方对被投资单位的财务和经营政策有参与决策的权力,但并不能够控制或者与其他方一起共同控制这些政策的制定。在确定能否对被投资单位施加重大影响时,应当考虑投资方和其他方持有的被投资单位当期可转换公司债券、当期可执行认股权证等潜在表决权因素。投资方能够对被投资单位施加重大影响的,被投资单位为其联营企业。

CAS 2(2014)并未实质修订重大影响的定义,但是新增强调,在判断重大影响时,应当考虑投资方和其他方持有的被投资单位当期可转换公司债券、当期可执行认股权证等潜在表决权因素。此规定是与合并财务报表中对控制的判断保持统一,它源于 IAS 28(2011)。需要注意的是,考虑潜在表决权时,只能考虑"当期"可转换或可执行的潜在表决权,对于以后期间才可转换或可执行的潜在表决权不应当考虑。虽然在判断重大影响时,需要考虑当期可转换或可执行潜在表决权的影响,但是,在采用权益法对享有被投资方所有者权益份额进行计算确认时,则不应当考虑潜在表决权或包含潜在表决权的其他衍生工具的影响,除非此类潜在表决权在当前即可获得与被投资方所有者权益相关的回报。

实务中,对于重大影响的判断,需要考虑以下因素:(1)在被投资单位的董事会或类似权力机构中派有代表；（2）参与被投资单位的政策制定过程，包括股利分配政策等的制定；（3）与被投资单位之间发生重要交易；（4）向被投资单位派出管理人员；（5）向被投资单位提供关键技术资料。

（三）初始确认和计量

对于长期股权投资在个别财务报表中的初始确认和计量，CAS 2（2014）仍然区分企业合并取得和其他方式取得两种类型进行规范，主要的确认和计量原则如表1-1所示。

表1-1 长期股权投资的初始确认和计量

项目	企业合并中取得的长期股权投资（对子公司的投资）		企业合并以外取得的长期股权投资（对联营/合营企业投资）
	同一控制下企业合并	非同一控制下企业合并	
长期股权投资初始确认和计量	以取得被合并方所有者权益账面价值的份额作为长期股权投资的初始投资成本。合并直接相关费用计入当期损益	以支付对价的公允价值作为长期股权投资的初始投资成本。合并直接相关费用计入当期损益	一般以支付对价的公允价值作为长期股权投资的初始投资成本；在交易不具有商业实质或公允价值无法取得时，以投出资产账面价值确认。取得投资直接相关费用计入投资成本

1. 同一控制下企业合并方式取得的投资

《企业会计准则第20号——企业合并》（CAS 20）将企业合并划分为同一控制下的企业合并与非同一控制下的企业合并。参与合并的企业在合并前后均受同一方或相同的多方最终控制且该控制并非暂时性的，为同一控制下的企业合并。合并方在企业合并中取得的资产和负债，应当按照合并日被合并方的账面价值计量。

同一控制下的企业合并，合并方以支付现金、转让非现金资产或承担债务方式作为合并对价的，合并方以发行权益性证券作为合并对价的，均应当在合并日以被合并方所有者权益在最终控制方合并财务报表中的账面价值的份额作为长期股权投资的初始投资成本。长期股权投资初始投资成本与支付的现金、转让的非现金资产以及所承担债务账面价值之间的差额，长期股权投资初始投资成本与所发行股份面值总额之间的差额，均应当调整资本公积；资本公积不足冲减的，调整留存收益。CAS 2（2014）强调被合并方所有者权益账面价值为"在最终控制方合并财务报表中的账面价值"，将《企业会计准则解释第 6 号》关于同一控制下企业合并成本的处理要求纳入准则正文（如图 1 - 1 所示）。

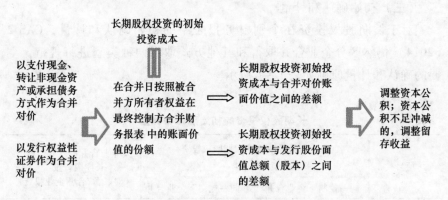

图 1 - 1 同一控制下企业合并取得长期股权投资的会计处理

在实际工作中，有些企业会利用同一控制下的合并来美化利润的情况。同一控制下企业合并采用类似权益结合法，而在权益结合法下，合并利润表的利润是由被合并企业合并日前实现的利润和合并日后实现的利润两部分组成的，只要合并不是发生在期初，并且被合并企业在合并日前又存在利润，那么就有可能将被合并企业的利润趁机纳入上市公司的报表中，进行报表粉饰。另外，当被合并企业净资产的账面价值小于其资产的公允价值时，还会因而形成较低的折旧基础，为企业日后获取较高收益提供了条件。当合并企业日后按公允价值出售该项资产时，自然就会因而取得一笔"额外"的收益，增加企业的净利润。

从最终控制方的角度看，其在合并前后实际控制的经济资源并没有发生变化，有关交易事项不应视为购买。合并方在编制财务报表时，应视同合并后形成的报告主体自最终控制方开始实施控制时一直是一体化存续下来的，在被合并方是最终控制方以前年度从第三方收购来的情况下，应以被合并方的资产、负债和净资产（包括最终控制方收购被合并方而形成的商誉）在最终控制方财务报表中的账面价值为基础进行相关会计处理。合并方的财务报表比较数据追溯调整的期间应不早于双方处于最终控制方的控制之下孰晚的时间。这种做法，有利于遏制同一控制下的企业通过合并进行舞弊的行为。

【例 1】甲公司为某一集团母公司，2011 年 1 月 1 日投资设立乙公司（全资子公司）。2012 年 1 月 1 日，甲公司支付 4 000 万元从本集团外部购入丁公司 80% 股权（属于非同一控制下企业合并）并能够控制丁公司的财务和经营政策，购买日，丁公司可辨认资产、负债的公允价值为 5 000 万元，账面价值为 3 500 万元。

2014 年 1 月 1 日，乙公司支付 4 500 万元购入甲公司所持有丁公司的 80% 股权，形成同一控制下的企业合并。2012 年 1 月至 2013 年 12 月 31 日，丁公司按照购买日公允价值净资产持续计算实现的净利润为 1 200 万元；按照购买日丁公司账面净资产计算实现的净利润为 1 500 万元。无其他所有者权益变动。

2014 年 1 月 1 日为合并日，丁公司的所有者权益相对于甲公司而言的账面价值为：自 2012 年 1 月 1 日丁公司净资产公允价值 5 000 万元持续计算至 2013 年 12 月 31 日的账面价值为 6 200 万元（5 000 + 1 200）。乙公司购入丁公司的初始投资成本（取得的净资产账面价值的份额）为 4 960 万元 [（5 000 + 1 200）×80%]。本例中，乙公司在合并日的账务处理（单位：万元）：

借：长期股权投资——丁公司 4 960 [（5 000 + 1 200）×80%]
　　贷：银行存款 4 500
　　　　资本公积——资本溢价 460（4 960 − 4 500）

乙公司在 2014 年末编制合并报表时，应以 2012 年 1 月 1 日甲公司购入丁公司时，丁公司资产、负债的公允价值为基础持续计量的金额来编制合并报表，而不能以丁公司本身账面价值来编合并报表。

合并方（乙公司）的财务报表比较数据追溯调整的期间应不早于双方处于最终控制方的控制之下孰晚的时间，即甲公司控制乙公司为 2011 年 1 月 1 日，甲公司控制丁公司为 2012 年 1 月 1 日，乙公司编制丁公司的合并报表时，追溯到 2012 年 1 月 1 日（孰晚）。

2. 非同一控制下企业合并方式取得的投资

非同一控制下的企业合并，购买方在购买日应当按照《企业会计准则第 20 号——企业合并》的有关规定确定的合并成本作为长期股权投资的初始投资成本。即以购买方付出的资产、发生或承担的负债、发行的权益性证券的公允价值作为长期股权投资的初始投资成本。此项处理，CAS 2（2014）与原准则无变化。

3. 其他方式取得的投资

其他方式取得的投资，主要是指对联营企业和合营企业的投资，一般以支付对价的公允价值作为长期股权投资的初始投资成本；在交易不具有商业实质或公允价值无法取得时，以投出资产账面价值确认。取得投资直接相关费用计入投资成本。具体内容如下。

（1）以支付现金取得的长期股权投资，应当按照实际支付的购买价款作为初始投资成本。初始投资成本包括与取得长期股权投资直接相关的费用、税金及其他必要支出。

（2）以发行权益性证券取得的长期股权投资，应当按照发行权益性证券的公允价值作为初始投资成本。与发行权益性证券直接相关的费用，按照《企业会计准则第 37 号——金融工具列报》确定（即冲减发行收到的对价）。

（3）通过非货币性资产交换取得的长期股权投资，初始投资成本按照《企业会计准则第 7 号——非货币性资产交换》确定。

（4）通过债务重组取得的长期股权投资，初始投资成本按照《企业会计准则第 12 号——债务重组》确定。

CAS 2（2014）删除投资者投入的长期股权投资确定初始投资成本的规定；将 2010 年报通知的要求纳入准则正文，明确与发行权益性证券直接相关的费用依据金融工具列报准则处理。

4. 合并直接相关费用的处理

CAS 2（2014）第五条新增规定："合并方或购买方为企业合并发生的审计、法律服务、评估咨询等中介费用以及其他相关管理费用，应当于发生时计入当期损益。"本条规定引入《国际财务报告准则第 3 号——业务合并》（2008 修订）［IFRS 3（2008）］合并成本的理念，并扩大至 IFRS 3（2008）未规范的同一控制企业合并，将 2010 年颁布的《企业会计准则解释第 4 号》中有关规定引入准则正文。

修订此项规定的原因在于，收购直接相关费用并不属于收购方和出售方为企业合并而交换的公允价值的一部分，而是收购方为获得公允价值服务而进行的单独交易。同时，无论这些服务是由收购方的外部主体还是内部成员提供的，一般均不形成收购方在收购日的资产，因为所获得的利益在接受服务时即已消耗。值得注意的是，在企业合并中，将收购直接相关费用作为单独交易，计入当期损益，与其他准则中，将直接相关费用作为购入资产的成本予以资本化，是存在不一致的。

CAS 2（2014）第六条规定："与发行权益性证券直接相关的费用，应当按照《企业会计准则第 37 号——金融工具列报》（CAS 37）的有关规定确定。"根据 CAS 37 规定，发行权益性证券的直接相关费用，应当冲减发行收到的对价后计入相关权益项目。在财政部《关于执行企业会计准则的上市公司和非上市企业做好 2010 年年报工作的通知》（财会〔2010〕25 号）中进一步明确，企业发行权益性证券过程中发生的广告费、路演费、上市酒会费等费用，不属于发行权益性证券的直接相关费用，应当计入当期损益。

5. 与国际财务报告准则的差异

在 IFRS 下，并未规范同一控制下企业合并的会计处理，一般以支付对价的公允价值（非企业合并时还包括直接相关费用）作为长期股权投资的初始成本。CAS 2（2014）采用了原 IFRS 和美国 GAAP 中的"权益结合法"，对同一控制下企业合并取得的长期股权投资进行核算，并下推到个别财务报表中，使得此类投资成本的初始确认和计量与 IF-RS 形成差异。同时，它和一般取得资产的初始确认和计量模式（以支付对价公允价值及直接相关费用作为初始成本）也形成差异。

（四）后续计量——成本法

1. 成本法的适用范围

由于 CAS 2（2014）将 CAS 2（2006）中"对被投资单位不具有共同控制或重大影响，并且在活跃市场中没有报价、公允价值不能可靠计量的长期股权投资"排除，因此，CAS 2（2014）中的成本法仅适用于对子公司的投资。在个别财务报表中，以成本法对子公司的投资进行核算，主要是为了避免母公司以权益法计算的利润进行提前分配，从而导致已分配利润无法从子公司足额收回，形成法律上的超额分配。

"投资性主体"对其子公司投资的核算方法，应按合并财务报表准则 CAS 33（2014）的相关规定进行处理。根据 CAS 33（2014），投资性主体对其不同类型子公司的核算方法为：为其投资活动提供相关服务的子公司，应纳入合并范围并编制合并财务报表，相应地，个别财务报表中对此类子公司采用成本法进行核算；投资性主体的其他子公司不应当予以合并，在个别财务报表和合并财务报表中，此类子公司均按照公允价值计量且其变动计入当期损益。

2. 投资收益的确认

CAS 2（2014）删除了 CAS 2（2006）中"投资企业确认投资收益，仅限于被投资单位接受投资后产生的累积净利润的分配额，所获得的利润或现金股利超过上述数额的部分作为初始投资成本的收回"，并修订为："被投资单位宣告分派的现金股利或利润，应当确认为当期投资收益。"即不再区分投资前获得的净利润分配额和投资后的分配额分别进行会计处理。

此项修订是在 2009 年 6 月财政部发布的《企业会计准则解释第 2 号》中引入的，它源于 IASB 于 2008 年 5 月发布的《在子公司、共同控制主体或联营企业中的投资成本》（对《国际财务报告准则第 1 号》和《国际会计准则第 27 号》的修订）。IASB 删除原先区分投资前和投资后留存收益分别进行会计处理，主要原因是重述投资前的留存收益难度较大且成本较高，某些情况下甚至是不可行的。有时，此类重述还可能涉及主观运用后见之明，从而降低了信息的相关性和可靠性。同时，为降低在个别财务报表中高估对子公司的投资，IASB 特别强调应当对此类投资按照资产减值准则规定进行减值测试。

【例 2】甲公司与 A 公司 2012—2014 年与投资有关的资料如下。

（1）2012 年 1 月 1 日甲公司支付现金 1 000 万元取得 A 公司 60% 的股权，取得了对 A 公司的控制权，发生相关税费 3 万元，假定甲公司与 A 公司无任何关联关系。

（2）2012 年 4 月 1 日，A 公司宣告分配 2011 年实现的净利润，分配现金股利 200 万元。

（3）甲公司于 2012 年 4 月 10 日收到现金股利。

（4）2012 年 A 公司发生亏损 300 万元。

（5）2013 年 A 公司发生巨额亏损，2013 年末甲公司对 A 公司的投资按当时市场收益率对未来现金流量折现确定的现值为 600 万元。

（6）2014 年 1 月 20 日，甲公司将持有的 A 公司的全部股权转让给乙企业，收到股权转让款 620 万元。

要求：编制甲公司上述与投资有关业务的会计分录（金额单位用万元表示）。

【解析】

（1）此项投资为非同一控制下企业合并取得的，合并成本为 1 000 万元，后续核算采取成本法。

借：长期股权投资——成本　　　　　1 000
　贷：银行存款　　　　　　　　　　1 000

借：管理费用　　　　3
　贷：银行存款　　　　3

（2）A 公司宣告分配现金股利，甲公司按照应享有的份额计入投资收益。

借：应收股利　　　　　　120（200×60%）
　贷：投资收益　　　　　120

（3）甲公司收到现金股利。

借：银行存款　　　　　　　　120
　贷：应收股利　　　　　　　120

（4）A 公司发生亏损，甲公司采用成本法核算，不作账务处理。

（5）长期股权投资发生减值损失，需要提取减值准备。

借：资产减值损失　　　400（1 000－600）
　贷：长期股权投资减值准备　　400

（6）处置长期股权投资，差额计入投资收益。

借：银行存款　　　　　　　　620
　　长期股权投资减值准备　　　400
　贷：长期股权投资——成本　　1 000
　　　投资收益　　　　　　　　20

（五）后续计量——权益法

1. 权益法的适用范围

权益法适用于对联营企业和合营企业的投资，其中合营企业的定义和判断指引已由 CAS 41（2014）修订。

CAS 2（2014）新增了两项权益法的适用豁免。

（1）投资方持有的联营企业投资，其中一部分是通过风险投资机构、共同基金、信托公司或包括投连险基金在内的类似主体间接持有的，可以对该部分投资选择以公允价值计量且其变动计入损益，对其余部分采用权益法核算。需要注意的是，该部分可选择单独处理的投资，首先应当满足 CAS 22 中以公允价值计量且其变动计入损益的分类条件。

（2）当持有联营企业或合营企业的权益性投资全部或部分分类为持有待售资产的，投资方应当按照《企业会计准则第 4 号——固定资产》中分类为持有待售非流动资产的有关规定处理，对于未划分为持有待售资产的剩余权益性投资，应当采用权益法进行会计处理。

上述两项权益法适用的范围豁免，均源于 IAS 28（2011），其体现了 IFRS 下根据投资方持有目的、风险特征等因素将同类资产分为不同计量单元，采取不同的会计处理的理念。

2. 权益法的应用程序

权益法的应用程序一般可以划分为两部分：初始投资成本的调整与对享有被投资方所有者权益变动份额的确认。

（1）初始投资成本的调整

CAS 2（2014）对权益法下初始投资成本的调整未做修订。应用权益法时，首先应当比较初始投资成本与投资时应享有被投资方可辨认净资产公允价值的份额，前者大于后者的，不调整长期股权投资的初始投资成本；前者小于后者的，其差额应当计入当期损益（营业外收入），同时调整长期股权投资的成本。

权益法下对初始投资成本的调整，类似于非同一控制下企业合并时，比较合并成本与被合并方可辨认净资产公允价值的程序。差异在于，权益法核算的投资，当投资成本大于享有可辨认净资产公允价值份额时，不会单独确认一项"商誉"，而仅对产生的"负商誉"进行确认，计入营业外收入。

（2）对享有被投资方所有者权益变动份额的确认

在对初始投资成本进行前述调整后，投资方对持有期间享有被投资方所有者权益变动份额进行确认。此时，确认程序也类似于针对子公司的合并报表程序，一般包括以下步骤。

①根据重要性原则，调整被投资方与投资方的重大会计政策差异，并以投资时被投资方可辨认净资产公允价值为基础，调整被投资方的当期损益、其他综合收益和所有者权益，以此为后续步骤的计算基础。一般的调整步骤如下。

一是被投资单位采用的会计政策及会计期间与投资企业不一致的，应按投资企业的会计政策及会计期间对被投资单位的财务报表进行调整；

二是以取得投资时被投资单位固定资产、无形资产的公允价值为基础计提的折旧额或摊销额，以及以投资企业取得投资时的公允价值为基础计算确定的资产减值准备等对被投资单位净利润的影响。

②抵销投资方和被投资方"顺流"和"逆流"交易未实现损益中归属于投资方的份额。

与联营企业、合营企业之间发生的未实现内部交易损益按照应享有的比例计算归属于投资方的部分，应当予以抵销，在此基础上确认投资收益。投资方与被投资单位发生的未实现内部交易损失，按照《企业会计准则第 8 号——资产减值》等的有关规定属于资产减值损失的，应当全额确认。

在权益法下抵销投资方和被投资方的未实现损益，也体现了权益法属于"单行合并"的本质，即，权益法采用了针对子公司的"完全合并"中类似的"主体观"，将投资方及其享有被投资方的份额作为一个经济主体，在该经济主体范围内发生的交易相关未实现损益，应当予以抵销。

值得注意的是，在合并财务报表中，投资方和被投资方被视为一个经济主体，但是，在个别财务报表中，它们是彼此独立的。由于合并财务报表和个别财务报表的固有视角差异，即使权益法被视为"单行合并"，并在个别财务报表中采用与"完全合并"类似的程序，仍然避免不了在合并财务报表中进行相应调整。当投资方和被投资方发生"顺流"和"逆流"交易时，在母公司主体视角下，投资方只能通过个别财务报表中的两个科目（即"长期股权投资"和"投资收益"），对交易中产生的归属于投资方的利得和损失进行抵销。但是，在经济主体视角下，交易中产生的归属于投资方的利得和损失，则需要通过合并财务报表中的其他相关科目进行抵销，例如收入、成本、存货、固定资产等科目。

③对享有被投资方所有者权益变动份额进行确认。根据 CAS 2（2014），基本确认原则有以下几方面。

第一，按照应享有或应分担的被投资单位实现的净损益，确认投资收益，同时调整长期股权投资的账面价值；

第二，按照应享有或应分担的被投资单位其他综合收益的份额，确认其他综合收益，同时调整长期股权投资的账面价值；

第三，投资方按照被投资单位宣告分派的利润或现金股利计算应享有的部分，相应减少长期股权投资的账面价值；

第四，投资方对于被投资单位除净损益、其他综合收益和利润分配以外所有者权益的其他变动，应当调整长期股权投资的账面价值并计入所有者权益。

具体确认方法如图 1 - 2 所示。

图 1 - 2　对享有被投资方所有者权益变动份额的确认方法

【例3】某投资企业 P 公司于 20×1 年 1 月 1 日取得对联营企业 S 公司 30% 的股权，取得投资时点 S 公司的固定资产公允价值为 1 200 万元，账面价值为 600 万元，固定资产的预计使用年限为 10 年，净残值为零，按照直线法计提折旧。S 公司 20×1 年度利润表中净利润为 500 万元。假定不考虑所得税影响。

S 公司利润表中已按固定资产账面价值计算扣除折旧费用 60 万元，但按照取得投资时点上固定资产的公允价值计算确定的折旧费用为 120 万元。

按照被投资单位的账面净利润计算确定的投资收益 = 500 × 30% = 150 万元

如按该固定资产的公允价值计算的净利润 = 500 - 60 = 440 万元

因此，投资企业按照持股比例计算确认的当期投资收益 = 440 × 30% = 132 万元

【例4】甲企业于 20×7 年 1 月取得乙公司 20% 有表决权股份，能够对乙公司施加重大影响。假定甲企业取得该项投资时，乙公司各项可辨认资产、负债的公允价值与其账面价值相同。20×7 年 8 月，乙公司将其成本为 600 万元的某商品以 1 000 万元的价格出售给甲企业，甲企业将取得的商品作为存货。至 20×7 年资产负债表日，甲企业仍未对外出售该存货。乙公司 20×7 年实现净利润为 3 200 万元。假定不考虑所

得税因素。

甲企业在按照权益法确认应享有乙公司 20×7 年净损益时，应进行以下账务处理：

借：长期股权投资—损益调整 560 ［（3 200－400）×20%］

　　贷：投资收益 560

进行上述处理后，投资企业有子公司，需要编制合并财务报表的，在合并财务报表中，因该未实现内部交易损益体现在投资企业持有存货的账面价值当中，应在合并财务报表中进行调整。《合并财务报表》准则并没有将联营企业、合营企业纳入合并范围，但按权益法核算后，联营企业净资产和净利润中归属于投资企业的份额已经通过计入投资企业会计报表的形式计入了投资企业所属集团的合并报表，即以净资产（体现为"长期股权投资"）和净利润（体现为"投资收益"）的方式计入合并报表。联营企业之间交易产生的"内部未实现损益"理所当然也应该抵销，否则就会虚增资产或利润，并且抵销的原理跟母子公司抵销的原理基本一致。具体调整如下：

借：长期股权投资—损益调整 80（400×20%）

　　贷：存货 80

合并报表调整分录后的合并结果：

借：长期股权投资 3 200×20%

　　贷：投资收益（3 200－400）×20%

　　　　存货 400×20%

（3）对超额亏损的确认

投资企业确认被投资单位发生的净亏损，应当以长期股权投资的账面价值以及其他实质上构成对被投资单位净投资的长期权益减记至零为限，投资企业负有承担额外损失义务的除外。其他实质上构成对被投资单位净投资的长期权益，通常是指长期性的应收项目，如企业对被投资单位的长期应收款，该款项的清偿没有明确的计划且在可预见的未来期间难以收回，实质上构成长期权益。

企业存在其他实质上构成对被投资单位净投资的长期权益项目以及负有承担额外损失义务的情况下，在确认应分担被投资单位发生的亏损时，应当按照以下顺序进行处理。

首先，减记长期股权投资的账面价值。

其次，长期股权投资的账面价值减记至零时，如果存在实质上构成对被投资单位净投资的长期权益，应以该长期权益的账面价值为限减记长期股权投资的账面价值，同时确认投资损失。

再次，长期权益的价值减记至零时，如果按照投资合同或协议约定需要企业承担额外义务的，应按预计承担的金额确认为投资损失，同时减记长期股权投资的账面价值。

如果仍有额外损失的，应在账外备查登记。

被投资单位以后期间实现盈利的，应按以上相反顺序恢复长期股权投资的账面价值，同时确认投资收益。

【例5】甲企业持有对乙企业20%的股权，能够对乙公司实施重大影响，20×1年12月31日该投资账面价值为1 000万元。假定取得投资时点被投资单位各资产公允价值等于账面价值，双方采用的会计政策、会计期间相同。

（1）情形1：假如乙企业20×2年亏损3 000万元

甲企业20×2年应确认投资损失=3 000×20%=600万元

借：投资收益600

　　贷：长期股权投资600

长期股权投资账面价值=1 000−600=400万元

（2）情形2：假如乙企业20×2年亏损6 000万元

甲企业当年度应分担损失=6 000×20%=1 200万元

长期股权投资账面价值减至0

借：投资收益1 000

　　贷：长期股权投资1 000

如果甲企业账上有应收乙企业长期应收款100万元，则应进一步确认损失。

借：投资收益100

　　贷：长期应收款100

此时，甲企业尚有未确认的投资损失100万元，需要在备查簿中进行登记。

（4）享有被投资方其他净资产变动份额的确认

在2012年11月，IASB发布的《ED/2012/3——权益法：享有被投资方其他净资产变动的份额（对国际会计准则第28号的修订建议）》

中，IASB 认为应将股权被动稀释或增加时的利得或损失计入权益而不是损益，并将讨论范围从股权被动稀释或增加扩大到所有除损益、其他综合收益和利润分配以外的其他净资产变动。

关于享有被投资方所有者权益变动份额的处理，存在不同观点，如表 1 - 2 所示。

表 1 - 2　　享有被投资方所有者权益变动份额处理的几种观点

观点	理由	缺陷
1. 投资方应当将享有被投资方其他净资产变动的份额直接确认为权益，并在后续处置被投资方股权时重分类至损益	（1）权益法的本质是"单行合并"，应当采用与针对子公司的"完全合并法"类似的处理，属于被投资方权益项目的变动，相应地也应计入投资方的权益项目。（2）从交易的性质看，引起被投资方其他净资产变动的交易，属于被投资方的权益性交易，此时，被投资方未产生任何损益，相对应的，投资方也不应将该变动作为损益确认	和权益性交易理论不符。《国际会计准则第 1 号——财务报表的列报》规定，应当将权益性交易结果和企业自身的经营成果分别列报。其中，权益性交易结果直接计入权益，经营成果计入当期损益或其他综合收益。权益法核算下，被投资方的其他净资产变动，并不属于投资方与其所有者发生的交易，其交易结果不应直接计入权益
2. 投资方不应确认享有被投资方其他净资产变动的份额，只需考虑所持有被投资方股权投资是否发生减值	在权益法下，被投资方权益性交易所引起的其他净资产变动，与未参与交易的投资方是不相关的，该投资方不应该进行会计处理。该观点同时也指出，被投资方权益性交易中的价格，可能表明被投资方的投资发生了减值。比如，被投资方以低于其净资产账面价值的价格发行或回购股份。此时，投资方应当根据资产减值相关准则，对所涉及的投资进行减值测试	与现行权益法的理论基础不符。现行权益法是以权责发生制为基础，要求投资方在持有联营和合营企业期间，及时、完整反映对被投资方的权利和义务。因此，权益法规定，投资方应当确认被投资方净资产的全部变动。此观点并没有完整、及时反映对被投资方的权利和义务
3. 对于被投资方其他净资产变动，投资方应当视同处置或购买被投资方股权投资，享有此类变动的份额，计入当期损益	（1）投资方享有被投资方其他净资产变动的份额，满足现行准则中收益和费用的定义，应当确认为损益。（2）间接导致享有被投资方净资产份额变动的交易，与直接处置或购买被投资方股权的交易，在经济实质上是一致的，应当采用相同的会计处理。直接处置或购买投资方股权，所产生的利得或损失计入损益，相对应的，间接导致的享有被投资方净资产份额变动，也应当计入损益	与历史成本会计原则不符。引起被投资方其他净资产变动的交易，属于被投资方与第三方之间的交易，与未参与交易的投资方无关。投资方在未实际参与任何交易的情况下，"凭空"确认了损益，缺乏相关法律和原始凭证依据，可能造成对投资方经营成果的误述

续表

观点	理由	缺陷
4. 投资方应当将享有被投资方其他净资产变动的份额确认为其他综合收益，并在后续处置相关股权投资时转入损益	被投资方其他净资产的变动，并不属于投资方权益性交易导致的结果，不应计入投资方的权益。但是，此类变动也并非产生于被投资方的经营损益，不应作为投资方的损益确认。作为两种观点的折中，可以将享有此类变动的份额，暂时计入投资方的其他综合收益，并在后续处置相关股权投资时转入损益	与其他综合收益理论不符。通常理解，其他综合收益本质上属于企业的未实现损益。而损益的实现，依赖于相关风险和报酬是否转移。权益法下，当被投资方与第三方发生权益性交易，各股东所持有股权相关的风险和报酬，在交易完成后即已转移，相关的损益已实现，不属于其他综合收益

最终，CAS 2（2014）采用了观点 1 的意见，将此类变动金额计入所有者权益。但是，CAS 2（2014）并未明确，享有被投资方其他净资产变动的份额应当计入所有者权益的哪一个明细科目，以及后续处置股权或终止采用权益法时，是否将此类变动转入当期损益，还需要在后续制定准则应用指南等文件时进一步明确。

3. CAS 2（2014）与国际财务报告准则在后续计量上的差异

2014 年 8 月，国际会计准则理事会发布了对《国际会计准则第 27 号——单独财务报表》（IAS 27）的修订。此次修订的主要内容为：允许主体在其单独财务报表中采用权益法对其在子公司、合营企业和联营企业中的投资进行核算。因此，允许主体采用以下任一方法核算此类投资，按成本或根据 IFRS 9（或 IAS 39）或采用权益法，可针对每一类别的投资作出会计政策选择。有关修订自 2016 年 1 月 1 日起生效，允许提前采用。根据我国 CAS 2（2014）的规定，对子公司的投资只能采用成本法，对合营企业和联营企业的投资只能采用权益法，企业是没有选择权的。

（六）长期股权投资核算方法的转换

长期股权投资核算方法根据投资方能否对被投资方施加控制、共同控制或重大影响分别采取成本法、权益法或按照 CAS 22 金融工具确认和计量的规定进行核算，具体的核算方法如图 1 - 3 所示。

长期股权投资方法的转换类型主要分为六种类型，分别为金融工具模式转换为权益法、金融工具模式转换为成本法、权益法转换为成本法、权益法转换为金融工具模式、成本法转换为金融工具模式、成本法转换为权益法，具体转换方式如图 1 - 4 所示。

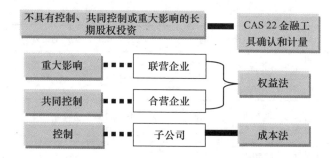

图 1-3　长期股权投资核算的方法

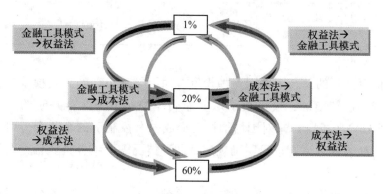

图 1-4　长期股权投资转换的类型示意

对于长期股权投资核算方法的转换，一般处理原则如下表 1-3 所示。

表 1-3　　　　　　　　长期股权投资核算方法转换的处理

变动原因	对原先/剩余股权的计量		累计其他综合收益的处理		新增投资或处置部分投资的处理
	个别财务报表	合并财务报表	个别财务报表	合并财务报表	
1. 因追加投资等原因导致的转换					
（1）金融工具模式→权益法	以公允价值重新计量	不适用	转换日结转计入当期损益	不适用	以追加对价的公允价值计量
（2）金融工具模式→成本法	以公允价值重新计量	以公允价值重新计量	转换日结转计入当期损益	转换日结转计入当期损益	
（3）权益法→成本法	以账面价值计量	以公允价值重新计量	转换日不结转，实际处置股权时结转	转换日结转计入当期损益	

续表

变动原因	对原先/剩余股权的计量		累计其他综合收益的处理		新增投资或处置部分投资的处理
	个别财务报表	合并财务报表	个别财务报表	合并财务报表	
2. 因减少投资等原因导致的转换					
（1）权益法→金融工具模式	以公允价值重新计量	不适用	与被投资方直接处置一致	不适用	以收到对价公允价值与减少部分账面价值的差额确认处置损益
（2）成本法→权益法	追溯适用权益法	不适用	不适用	不适用	
（3）成本法→金融工具模式	以公允价值重新计量	不适用	不适用	不适用	

值得注意的是，上述因追加投资等原因导致由金融工具模式或权益法向成本法转换的，仅反映了形成非同一控制下企业合并时的处理原则。CAS 2（2014）未对因增加投资形成同一控制下的企业合并时核算方法转换的处理原则进行明确规定，此种情况需要结合企业合并会计准则来分析。

长期股权投资核算方法的转换，关键在于对原先（或剩余）股权的计量，以及累计其他综合收益的处理。财政部自《企业会计准则解释第4号》引入了 IFRS 下的"跨越会计处理界线"的概念，即从不具有控制、共同控制或重大影响，跨越到具有重大影响、共同控制或控制，或者相反方向的跨越，属于一项重大经济事项，需要对原持有股权视同处置后，按转换日的公允价值重新计量。相反，如果未跨越界线，则不对原持有股权进行重新计量。

根据表 1 - 3，CAS 2（2014）尚未完全采用"跨越会计处理界线"的概念，主要的差异包括两种情况。

（1）因追加投资导致从权益法转换为成本法时，在个别财务报表中以原账面价值对原先持有股权持续计量，且个别财务报表中的累计其他综合收益也不在转换日结转计入损益；只有在合并报表层面，才以转换日的公允价值进行重新计量，并结转累计其他综合收益。

（2）因减少投资从成本法转为权益法时，需要对剩余投资追溯适用权益法，视同自取得时即采用权益法对该投资进行核算。

【例6】20×7 年 1 月 1 日，甲公司支付 600 万元取得乙公司 100%

的股权，投资当时乙公司可辨认净资产的公允价值为 500 万元，有商誉 100 万元。从 20×7 年 1 月 1 日至 20×8 年 12 月 31 日，乙公司的净资产增加了 75 万元，其中按购买日公允价值计算实现的净利润 50 万元，持有可供出售金融资产的公允价值升值 25 万元。

20×9 年 1 月 8 日，甲公司转让乙公司 60% 的股权，收取现金 480 万元存入银行，转让后甲公司对乙公司的持股比例为 40%，能对其施加重大影响。20×9 年 1 月 8 日，即甲公司丧失对乙公司的控制权日，乙公司剩余 40% 股权的公允价值为 320 万元。假定甲、乙公司提取盈余公积的比例均为 10%。假定乙公司未分配现金股利，并不考虑其他因素。

（1）甲公司个别财务报表的处理（单位为万元）：

①确认部分股权处置收益：

借：银行存款 480

　　贷：长期股权投资 360（600×60%）

　　　　投资收益 120

②对剩余股权改按权益法核算：

借：长期股权投资 30（75×40%）

　　贷：盈余公积 2（50×40%×10%）

　　　　利润分配 18（50×40%×90%）

　　　　其他综合收益 10（25×40%）

经上述调整后，在个别财务报表中，剩余股权的账面价值为 270 万元（600×40% +30）。

（2）合并财务报表的处理（单位为万元）。

合并财务报表中应确认的投资收益为 150 万元〔（480+320）－675+25〕。由于个别财务报表中已确认了 120 万元的投资收益，在合并财务报表中做如下调整。

①对于剩余股权按丧失控制权日的公允价值重新计量：

借：长期股权投资　　　　320

　　贷：长期股权投资　　　　270

　　　　投资收益　　　　　　50

②对于个别财务报表中的部分处置收益的归属期间进行调整：

借：投资收益　　　　30（50×60%）

21

贷：盈余公积　　　 3（50×60%×10%）

利润分配 27（50×60%×90%）

③转出与剩余股权投资相对应的原计入权益的其他综合收益 10 万元：

借：其他综合收益　　　 10

贷：投资收益　　　 10（25×40%）

【例7】甲公司 20×3 年 1 月 1 日购买了乙公司 10% 的股份，作为可供出售金融资产核算，初始取得成本为 200 万元，2013 年末因公允价值增值而追加 35 万元。20×4 年 1 月 1 日甲公司又支付银行存款 1 300 万元，取得了乙公司 50% 的股份，完成对乙公司的合并。合并当日乙公司可辨认净资产的公允价值为 2 200 万元。

1. 甲公司个别财务报表的处理（单位为万元）

（1）甲公司追加投资时，会计分录如下：

借：长期股权投资　　　 1 300

贷：银行存款　　　 1 300

（2）当初 10% 股权由可供出售金融资产转为长期股权投资，分录如下：

借：长期股权投资　　　　　 235

贷：可供出售金融资产　　 235

甲公司合并当日长期股权投资的账面余额 = 235 + 1 300 = 1 535（万元）。

上述两笔分录可合并如下：

借：长期股权投资　　　　　 1 535

贷：可供出售金融资产　　 235

银行存款　　　　　 1 300

2. 合并报表角度

（1）合并当日，当初 10% 的股份的公允价值为 260 万元（1 300 万元×20%），相比其账面余额 235 万元高出 25 万元，做如下合并报表的准备分录：

借：长期股权投资 25

贷：投资收益 25

（2）合并成本 = 当初 10% 公允价值 260 万元 + 追加投资 50% 的初

始成本 1 300 万元 = 1 560（万元）

（3）属于母公司的商誉 = 合并成本 1 560 万元 - 合并当日母公司所占可辨认净资产公允价值 1 320 万元（2 200×60%）= 240（万元）

（4）对 10% 股权的 35 万元增值，应做如下合并报表前的准备分录：

借：其他综合收益 35

　　贷：投资收益 35

（5）合并当日抵销分录

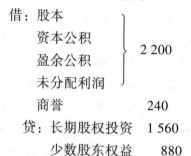

借：股本

　　资本公积

　　盈余公积　　　} 2 200

　　未分配利润

　　商誉　　　　240

　　贷：长期股权投资　　1 560

　　　　少数股东权益　　　880

（七）长期股权投资处置

1. 长期股权投资账面价值与实际取得价款之间的差额，计入当期损益。

2. 采用权益法核算的，处置长期股权投资时，采用与被投资单位直接处置相关资产或负债相同的基础，按相应比例对原计入其他综合收益的部分进行会计处理。

（八）长期股权投资减值

1. 投资方应当关注长期股权投资的账面价值是否大于享有被投资单位所有者权益账面价值的份额等类似情况。

2. 按照《企业会计准则第 8 号——资产减值》对长期股权投资进行减值测试，可收回金额低于长期股权投资账面价值的，应当计提减值准备。

3. 减值准备一经计提，不允许转回。

第二节 《企业会计准则第9号——职工薪酬》（2014）解读

一 准则修订的背景

截止到 2014 年初，我国关于职工薪酬会计处理的规范主要体现在

2006 年颁布的《企业会计准则第 9 号——职工薪酬》［CAS 9（2006），以下简称原准则］中。该准则主要规范了短期职工薪酬和辞退福利的会计处理，实施 7 年来，对于规范企业职工薪酬的会计核算，加强企业职工薪酬相关信息的披露，以及保护企业职工权益发挥了重要的积极作用。随着我国市场经济的发展，多层次社会保障体系逐渐完善，企业向职工提供福利的形式不断丰富，尤其是离职后福利计划日益发展，对职工薪酬的会计核算及相关信息披露提出了新的挑战和要求。同时，原准则在执行中也暴露出一些问题，需要对相关内容进行修改和完善，主要表现在：一是关于离职后福利的会计处理规范尚不完整，导致会计实务中离职后福利适用的会计政策、披露的内容等都有所不一致，这客观上亟须根据我国社会保障体系和企业职工薪酬制度的发展，完善职工薪酬准则；二是原准则及相关的应用指南在执行中也暴露出一些问题，例如劳务派遣人员的工资与购买劳务支出的区分、长期辞退计划导致的应付职工薪酬的估计和折现、企业内退职工的工资薪金调整等，需要对准则的相关规定予以补充说明，以提高准则的针对性和可操作性；三是原准则的正文过于原则，只规范了职工薪酬的定义、确认、计量和披露的基本原则，关于带薪缺勤、利润分享计划、辞退福利等的确认与计量的具体规定散见于准则的应用指南和讲解中，需要对准则、应用指南和讲解中的相关内容进行整合，充实和完善准则。

2011 年，国际会计准则理事会对《国际会计准则第 19 号——雇员福利》进行了重大修改，取消了区间法，要求全额确认重新计量设定受益计划净负债或净资产的变动，简化了设定受益计划的列报模式。修订后的《国际会计准则第 19 号——雇员福利》发布后，得到了全球各利益相关方的支持，为其他国家或地区完善关于职工薪酬的会计准则提供了有益的参考。

为进一步规范我国企业会计准则中关于职工薪酬的相关会计处理规定，并保持我国企业会计准则与国际财务报告准则的持续趋同，财政部会计司借鉴修订后《国际会计准则第 19 号——雇员福利》中的做法，结合我国实际情况，2012 年 9 月起草了《企业会计准则第 9 号——职工薪酬（修订）（征求意见稿）》。经过广泛征求意见之后，财政部于 2014 年 2 月 27 日发布了修订后的《企业会计准则第 9 号——职工薪酬》［CAS 9（2014），以下简称新准则］。该准则自 2014 年 7 月 1 日起在所有执行企业会计准则的企业范围内施行，鼓励在境外上市的企业提前执行。

二 准则修订的主要内容

新准则引入了离职后福利和其他长期辞退福利，充实和明确了短期薪酬和辞退福利的有关规定，修订后的准则将适用于短期薪酬、离职后福利、辞退福利和其他长期职工福利，涵盖了除以股份为基础的薪酬以外的各类职工薪酬。修订的主要内容如下。

（一）"职工"范围扩大，"薪酬"内涵增加

与原有准则相比，新修订的职工薪酬准则对"职工"范围的认定进行了进一步的扩充。除了与企业订立合同的人员外，企业的职工还应包括虽未与企业订立合同但由企业正式任命的人员，如董事会成员、监事会成员，以及满足一定条件的劳务派遣人员，这些人包含了通过企业与劳务中介公司签订合同而向企业提供劳务的人员。新准则进一步细化了"薪酬"这一概念。明确提出企业提供给职工配偶、子女、受赡养人、已故员工遗嘱及其他受益人等的福利属于职工薪酬，新增了离职后福利、其他长期职工福利项目，整合了带薪缺勤、辞退福利和利润分享计划等薪酬的相关内容，使其更加系统化、体系化。

（二）充实了离职后福利的内容，新增了设定受益计划的会计处理规范

原准则没有提出离职后福利的类别，除企业为职工缴纳的养老保险、失业保险等各种社会保障费用和企业年金外，没有关于离职后福利的相关规范。新准则增设"离职后福利"一章，区分设定提存计划和设定受益计划，完整地规范了离职后福利的会计处理。这有助于适用我国社会保障体系和企业职工薪酬制度的发展需要，统一规范离职后福利适用的会计政策、披露要求等，使财务报告更充分地反映企业提供的职工薪酬对其财务状况、经营成果和现金流量的影响。

（三）充实了短期薪酬会计处理规范，将养老、失业保险调整至离职后福利中

原准则没有提出短期薪酬的概念，且许多与之相关的规范性条文分散在应用指南和讲解中。新准则单设一章规范短期薪酬的会计处理。新准则对短期薪酬的具体会计处理修订如下。一是将原职工薪酬应用指南

和讲解中关于带薪缺勤、利润分享计划的有关会计处理规定，纳入准则正文。这主要是对准则体例的调整，将具有规范性的条文尽可能纳入准则的正文。二是企业缴纳的养老保险、失业保险等社会保险费，实质上向职工提供了离职后福利，属于设定提存计划，将这部分内容调整至离职后福利，这主要是引入离职后福利计划后，对准则内容结构所作的调整。三是企业向职工提供的非货币性福利统一采用公允价值计量。

（四）充实了关于辞退福利的会计处理规定

原准则中提出了关于辞退福利的定义及其会计处理规定，但相对简单，例如，实务中企业向职工提供长期辞退福利的现象比较普遍，原准则规定了长期辞退福利的折现率如何确定，但对其他变量所造成影响的处理尚未规范。新准则进一步明确了辞退福利与职工为企业提供的服务并不直接相关，要求明确区分辞退福利与离职后福利。同时，在报告期末十二个月内不需要支付的辞退福利应适用其他长期福利的有关规定，这为职工内退等长期辞退福利的会计处理提供了更充分的指南。

（五）引入其他长期职工福利，完整地规范职工薪酬的会计处理

原准则中没有提及其他长期职工薪酬，新准则提出，其他长期职工福利包括除短期薪酬、离职后福利和辞退福利以外的所有职工薪酬。对于不符合设定提存计划条件的其他长期职工福利，其确认与计量应适用设定受益计划的有关规定。实务中企业提供的职工薪酬种类繁多，准则无法完全列举，在列举常见的三类职工薪酬（短期薪酬、离职后福利、辞退福利）的基础上，增设"其他长期职工薪酬"有助于囊括实务中可能存在的其他职工薪酬，以完整规范与职工薪酬相关的会计处理问题。

三　准则内容的具体讲解

（一）明确职工薪酬的类别

职工薪酬，是指企业为获得职工提供的服务或解除劳动关系而给予的各种形式的报酬或补偿。职工薪酬包括短期薪酬、离职后福利、辞退福利和其他长期职工福利。企业提供给职工配偶、子女、受赡养人、已故员工遗属及其他受益人等的福利，也属于职工薪酬。新准则扩展了职工薪酬的范围，有利于企业完整地核算人力资源成本，有利于我国企业出口时减少或免于反倾销诉讼。

1. 短期薪酬

短期薪酬，是指企业在职工提供相关服务的年度报告期间结束后十二个月内需要全部予以支付的职工薪酬，因解除与职工的劳动关系给予的补偿除外。短期薪酬具体包括：职工工资、奖金、津贴和补贴，职工福利费，医疗保险费、工伤保险费和生育保险费等社会保险费，住房公积金，工会经费和职工教育经费，短期带薪缺勤，短期利润分享计划，非货币性福利以及其他短期薪酬。

2. 离职后福利

离职后福利，是指企业为获得职工提供的服务而在职工退休或与企业解除劳动关系后，提供的各种形式的报酬和福利，短期薪酬和辞退福利除外。值得注意的是，新准则将企业承担的养老保险和失业保险从社会保险费中分离出来，归类于离职后福利。

3. 辞退福利

辞退福利，是指企业在职工劳动合同到期之前解除与职工的劳动关系，或者为鼓励职工自愿接受裁减而给予职工的补偿。

4. 其他长期职工福利

其他长期职工福利，是指除短期薪酬、离职后福利、辞退福利之外所有的职工薪酬，包括长期带薪缺勤、长期残疾福利、长期利润分享计划等。

（二）规范职工的含义及其范围

新准则所称职工，是指与企业订立劳动合同的所有人员，含全职、兼职和临时职工，也包括虽未与企业订立劳动合同但由企业正式任命的人员。未与企业订立劳动合同或未由其正式任命，但向企业所提供服务与职工所提供服务类似的人员，也属于职工的范畴，包括企业董事会成员、监事会成员和通过企业与劳务中介公司签订用工合同而向企业提供服务的人员。此外，针对此前颇具争议的劳务派遣问题，新准则明确了那些向企业所提供服务与职工所提供服务类似的人员也都属于职工的范畴，而不管其是否与企业订立劳动合同或由其正式任命，这样的情况涵盖了通过企业与劳务中介公司签订用工合同而向企业提供服务的人员。

（三）完善短期薪酬的会计处理

短期职工薪酬的会计处理遵循了"谁受益谁承担"的原则。

1. 按照实际发生数确认负债，并计入当期损益或相关资产成本

企业应当在职工为其提供服务的会计期间，将实际发生的短期薪酬确认为负债，并计入当期损益，其他会计准则要求或允许计入资产成本的除外。

新准则明确了非货币性福利统一按公允价值计量。职工福利费为非货币性福利的，应当按照公允价值计量。企业发生的职工福利费，应当在实际发生时根据实际发生额计入当期损益或相关资产成本。

【例1】20×8年6月，丙公司当月应发工资1 000万元，其中：生产部门直接生产人员工资500万元；生产部门管理人员工资100万元；公司管理部门人员工资180万元；公司专设销售机构人员工资100万元；建造厂房人员工资220万元；内部开发存货管理系统人员工资120万元。

根据所在地政府规定，公司分别按照职工工资总额的10%、12%、2%和10.5%计提医疗保险费、养老保险费、失业保险费和住房公积金，缴纳给当地社会保险经办机构和住房公积金管理机构。公司内设医务室，根据20×7年实际发生的职工福利费情况，公司预计20×8年应承担的职工福利费义务金额为职工工资总额的2%，职工福利的受益对象为上述所有人员。公司分别按照职工工资总额的2%和1.5%计提工会经费和职工教育经费。假定公司存货管理系统已处于开发阶段，并符合《企业会计准则第6号——无形资产》资本化为无形资产的条件。

分析：养老保险费和失业保险费属于设定提存计划的离职后福利，其会计处理是按照应缴存金额确认负债，并计入当期损益或者资产成本。这与短期薪酬的会计处理是一致的。

应计入生产成本的职工薪酬金额

$= 1\ 000 + 1\ 000 \times (10\% + 12\% + 2\% + 10.5\% + 2\% + 2\% + 1.5\%) = 1\ 400$（万元）

应计入制造费用的职工薪酬金额

$= 200 + 200 \times (10\% + 12\% + 2\% + 10.5\% + 2\% + 2\% + 1.5\%) = 280$（万元）

应计入管理费用的职工薪酬金额

$= 360 + 360 \times (10\% + 12\% + 2\% + 10.5\% + 2\% + 2\% + 1.5\%) = 504$（万元）

应计入销售费用的职工薪酬金额

$=100+100 \times (10\% + 12\% + 2\% + 10.5\% + 2\% + 2\% + 1.5\%)$

$=140$（万元）

应计入在建工程成本的职工薪酬金额

$=220+220 \times (10\% + 12\% + 2\% + 10.5\% + 2\% + 2\% + 1.5\%)$

$=308$（万元）

应计入无形资产成本的职工薪酬金额

$=120+120 \times (10\% + 12\% + 2\% + 10.5\% + 2\% + 2\% + 1.5\%)$

$=168$（万元）

【例2】某公司为一家生产彩电的企业，共有职工100名，20×9年2月，公司以其生产的成本为5 000元的液晶彩电和外购的每台不含税价格为500元的电暖气作为春节福利发放给公司职工。该型号液晶彩电的售价为每台7 000元，某公司适用的增值税税率为17%；某公司购买电暖气开具了增值税专用发票，增值税税率为17%。假定100名职工中85名为直接参加生产的职工，15名为总部管理人员。

分析：企业以自己生产的产品作为福利发放给职工，应计入成本费用的职工薪酬金额以该产品公允价值计量，计入主营业务收入，产品按照成本结转，但要根据相关税收规定，视同销售计算增值税销项税额。在以自产产品或外购商品发放给职工作为福利的情况下，企业在进行账务处理时，应当先通过"应付职工薪酬"科目归集当期应计入成本费用的非货币性薪酬金额，以确定完整准确的企业人工成本金额。

彩电的售价总额 $= 7\,000 \times 85 + 7\,000 \times 15 = 595\,000 + 105\,000 = 700\,000$（元）

彩电的增值税销项税额 $= 7\,000 \times 85 \times 17\% + 7\,000 \times 15 \times 17\% = 119\,000$（元）

公司决定发放非货币性福利时，应作如下账务处理：

借：生产成本　　　　　696 150

　　管理费用　　　　　122 850

　　贷：应付职工薪酬——非货币性福利　　　819 000

实际发放非货币性福利时，应作如下账务处理：

借：应付职工薪酬——非货币性福利　　　819 000

　　贷：主营业务收入　　　700 000

应交税费——应交增值税（销项税额）119 000

借：主营业务成本　　　　500 000

　　贷：库存商品　　　　500 000

电暖气的售价金额 = 500 × 85 + 500 × 15 = 42 500 + 7 500 = 50 000（元）

电暖气的进项税额 = 500 × 85 × 17% + 500 × 15 × 17% = 7 225 + 1 275 = 8 500（元）

公司决定发放非货币性福利时，应作如下账务处理：

借：生产成本 49 725

　　管理费用　　8 775

　　贷：应付职工薪酬——非货币性福利　58 500

购买暖气时，公司作如下账务处理：

借：应付职工薪酬——非货币性福利　58 500

　　贷：银行存款　　58 500

2. 增加带薪缺勤的处理

企业可能对各种原因产生的缺勤进行补偿，比如年休假、生病、短期伤残、婚假、产假、丧假、探亲假等。带薪缺勤可以分为两类：非累积带薪缺勤和累积带薪缺勤。

（1）非累积带薪缺勤的会计处理：在职工实际发生缺勤时确认和计量

非累积带薪缺勤，是指带薪缺勤权利不能结转下期的带薪缺勤，本期尚未用完的带薪缺勤权利将予以取消，并且职工离开企业时也无权获得现金支付。

根据我国《劳动法》规定，国家实行带薪年休假制度，劳动者在法定休假日和婚丧假期间以及依法参加社会活动期间，用人单位应当依法支付工资。因此，我国企业职工休婚假、产假、丧假、探亲假、病假期间的工资通常属于非累积带薪缺勤。由于职工提供服务本身不能增加其能够享受的福利金额，企业应当在职工缺勤时确认负债和相关资产成本或当期损益。实务中，我国企业一般是在缺勤期间计提应付职工薪酬时一并处理。

【例3】某公司2014年10月有2名销售人员放弃15天的婚假，假设平均每名职工每个工作日工资为200元，月工资为6 000元。

① 设该公司未实行非累积带薪缺勤货币补偿制度，会计处理为：

借：销售费用   12 000

  贷：应付职工薪酬——工资   12 000

② 假设该公司实行非累积带薪缺勤货币补偿制度，补偿金额为放弃带薪休假期间平均日工资的 2 倍，会计处理为：

借：销售费用   24 000

  贷：应付职工薪酬——工资   12 000

    应付职工薪酬——非累积带薪休假 12 000（$2 \times 15 \times 200 \times 2$）

实际补偿时一般随工资同时支付：

借：应付职工薪酬——工资   12 000

    应付职工薪酬——非累积带薪休假   12 000

  贷：银行存款   24 000

（2）累积带薪缺勤的会计处理：在职工提供服务时确认和计量

累积带薪缺勤，是指带薪缺勤权利可以结转下期的带薪缺勤，本期尚未用完的带薪缺勤权利可以在未来期间使用。

当职工提供了服务从而增加了其享有的未来带薪缺勤的权利时，企业就产生了一项义务，应当确认与累积带薪缺勤相关的职工薪酬，并以累积未行使权利而增加的预期支付金额计量。

有些累积带薪缺勤在职工离开企业时，对未行使的权利有权获得现金支付。如果职工在离开企业时能够获得现金支付，企业就应当确认企业必须支付的、职工全部累积未使用权利的金额。如果职工在离开企业时不能获得现金支付，则企业应当根据资产负债表日因累积未使用权利而导致的预期支付的追加金额，作为累积带薪缺勤费用进行预计。

【例 4】丁公司共有 1 000 名职工，该公司实行累积带薪缺勤制度。该制度规定，每个职工每年可享受 5 个工作日带薪病假，未使用的病假只能向后结转一个日历年度，超过 1 年未使用的权利作废，不能在职工离开公司时获得现金支付；职工休病假是以后进先出为基础，即首先从当年可享受的权利中扣除，再从上年结转的带薪病假余额中扣除；职工离开公司时，公司对职工未使用的累积带薪病假不支付现金。

20×7 年 12 月 31 日，每个职工当年平均未使用带薪病假为 2 天。根据过去的经验并预期该经验将继续适用，丁公司预计 20×8 年有 950

名职工将享受不超过 5 天的带薪病假，剩余 50 名职工每人将平均享受 6 天半病假，假定这 50 名职工全部为总部各部门经理，该公司平均每名职工每个工作日工资为 300 元。

分析：丁公司在 20×7 年 12 月 31 日应当预计由于职工累积未使用的带薪病假权利而导致的预期支付的追加金额，即相当于 75 天（50×1.5 天）的病假工资 22 500 元（75×300），并做如下账务处理：

借：管理费用　　　　　　　　　　　　　　　22 500

　　贷：应付职工薪酬——累积带薪缺勤　　　　22 500

假定至 20×8 年 12 月 31 日，上述 50 名部门经理中有 40 名享受了 6 天半病假，并随同正常工资以银行存款支付。另有 10 名只享受了 5 天病假，由于该公司的带薪缺勤制度规定，未使用的权利只能结转 1 年，超过 1 年未使用的权利将作废。20×8 年，丁公司应做如下账务处理：

借：应付职工薪酬——累积带薪缺勤　　　　　18 000

　　贷：银行存款　　　　　　　　　　　　　　18 000

借：应付职工薪酬——累积带薪缺勤　　　　　4 500

　　贷：管理费用　　　　　　　　　　　　　　4 500

【例 5】甲公司从 20×7 年 1 月 1 日起实行累积带薪缺勤制度，制度规定，该公司每名职工每年有权享受 12 个工作日的带薪休假，休假权利可以向后结转 2 个日历年度。在第 2 年末，公司将对职工未使用的带薪休假权利支付现金。假定该公司每名职工平均每月工资 2 000 元，每名职工每月工作日为 20 个，每个工作日平均工资为 100 元。以公司一名直接参与生产的职工为例。

①假定 20×7 年 1 月，该名职工没有休假。公司应当在职工为其提供服务的当月，累积相当于 1 个工作日工资的带薪休假义务，并做如下账务处理：

借：生产成本　　2 100

　　贷：应付职工薪酬——工资　　　　　　　　2 000

　　　　　　　　　　——累积带薪缺勤　　　　100

②假定 20×7 年 2 月，该名职工休了 1 天假。公司应当在职工为其提供服务的当月，累积相当于 1 个工作日工资的带薪休假义务，反映职工使用累积权利的情况，并做如下账务处理：

借：生产成本　　2 100

  贷：应付职工薪酬——工资   2 000

        ——累积带薪缺勤   100

 借：应付职工薪酬——累积带薪缺勤 100

  贷：生产成本 100

  上述第 1 笔会计分录反映的是公司因职工提供服务而应付的工资和累积的带薪休假权利，第 2 笔分录反映的是该名职工使用上期累积的带薪休假权利。

  ③假定第 2 年末（20×8 年 12 月 31 日），该名职工有 5 个工作日未使用的带薪休假，公司以现金支付了未使用的带薪休假。

 借：应付职工薪酬——累积带薪缺勤 500

  贷：库存现金 500

  3. 增加利润分享计划（包括奖金）的会计处理

  （1）利润分享计划（包括奖金）确认条件

  为了鼓励职工长期留在企业提供服务，有的企业可能制订利润分享和奖金计划，规定当职工在企业工作了特定年限后，能够享有按照企业净利润的一定比例计算的奖金，如果职工在企业工作到特定期末，其提供的服务就会增加企业应付职工薪酬金额，尽管企业没有支付这类奖金的法定义务，但是如果有支付此类奖金的惯例，或者说企业除了支付奖金外没有其他现实的选择，这样的计划就使企业产生了一项推定义务。

  同时符合下列两个条件时，企业才应确认由利润分享和奖金计划所产生的应付职工薪酬义务。

  1）企业因过去事项导致现在具有支付的法定义务或推定义务。

  2）利润分享和奖金计划义务的金额能够可靠估计。属于以下三种情形之一的，视为义务金额能够可靠估计：

  ①在财务报表批准报出之前企业已确定应支付的奖金金额；

  ②该奖金计划的正式条款中包括确定奖金金额的方式；

  ③过去的惯例为企业确定推定义务金额提供了明显证据。

  企业根据其经济效益增长的实际情况提取的奖金，属于利润分享和奖金计划。但是，这类计划是按照企业实现净利润的一定比例确定享受的奖金，与企业经营业绩挂钩，仍然是由于职工提供服务而产生的，不是由企业与其所有者之间的交易而产生，因此，企业应当将利润分享和奖金计划作为费用处理（或根据相关准则，作为资产成本的一部分），不能作为净利润的分配。

（2）区分短期和长期利润分享利润

如果在职工为其提供相关服务的年度报告期间结束后十二个月内，企业不需要全部支付利润分享计划产生的应付职工薪酬，该利润分享计划应当适用其他长期职工福利的有关规定。

（3）考虑因职工离职而无法享受利润分享计划福利的可能性

职工只有在企业工作一段特定期间才能分享利润的，企业在计量利润分享计划产生的应付职工薪酬时，应当反映职工因离职而无法享受利润分享计划福利的可能性。

（四）全面规范离职后福利的会计处理

1. 离职后辞退福利的划分

企业应当将离职后福利计划分类为设定提存计划和设定受益计划。离职后福利计划，是指企业与职工就离职后福利达成的协议，或者企业为向职工提供离职后福利制定的规章或办法等。

设定提存计划，是指向独立的基金缴存固定费用后，企业不再承担进一步支付义务的离职后福利计划。设定受益计划，是指除设定提存计划以外的离职后福利计划。设定收益计划是本次会计准则修订新增加的内容，是养老金会计核算上的重要突破。

设定提存计划和设定受益计划区分的主要依据是企业义务、支付方式和风险承担主体：在设定提存计划下企业向独立基金缴费金额固定，不负进一步支付义务，不承担与基金资产有关的风险，此时企业不承担精算风险和投资风险；在设定受益计划下，企业与职工达成协议，在职工退休时一次或分期支付一定金额的养老金，企业向独立基金缴费金额要以满足未来养老金给付义务的顺利进行为限，负有进一步支付义务，与基金资产有关的风险由企业承担，此时企业承担精算风险和投资风险。在实务操作中，会计人员要对福利计划主要条款的经济实质进行分析，并依据上述原则进行离职后福利类型的划分。

2. 设定提存计划的会计处理

设定提存计划，按照应缴存金额确认负债，并计入当期损益或者资产成本。

企业应当在职工为其提供服务的会计期间，将根据设定提存计划计算的应缴存金额确认为负债，并计入当期损益或相关资产成本。根据设定提存计划，预期不会在职工提供相关服务的年度报告期结束后十二个月内支付全部应缴存金额的，企业应当将全部应缴存金额以折现后的金额计量应付职工薪酬。其中，折现时所采用的折现率应当根据资产负债表日与设定提存计划义务期限和币种相匹配的国债或活跃市场上的高质量公司债券的市场收益率确定。

3. 设定受益计划的会计处理

（1）计量设定受益计划所产生的义务，并确定相关义务的归属期间

根据预期累计福利单位法，采用无偏且相互一致的精算假设对有关人口统计变量和财务变量等做出估计，计量设定受益计划所产生的义务，并确定相关义务的归属期间。企业应当将设定受益计划所产生的义务予以折现，包括预期在职工提供服务的年度报告期间结束后的十二个月内支付的义务，以确定设定受益计划义务的现值和当期服务成本。折现时所采用的折现率应当根据资产负债表日与设定受益计划义务期限和币种相匹配的国债或活跃市场上的高质量公司债券的市场收益率确定。

为了保护员工利益，国际会计准则在总结世界各国实践经验的基础上形成了预期累计福利单位法。预期累计福利单位法的特点有以下两方面。①基于员工当前付出的劳务，设定和计算未来福利的支付单位，以便雇主给员工一个承诺。以雇主养老金计算为例，通常在考虑年薪和公司工作年限的基础上，通过一个系数来设定员工福利支出的合理性和激励性。②用于计算未来福利的现值和雇主当期的准备金。

在预期累计福利单位法下，每一服务期间会增加一个单位的福利权利，并且需对每一个单位单独计量，以形成最终义务。企业应当将福利归属于提供设定受益计划的义务发生的期间。这一期间是指从职工提供服务以获取企业在未来报告期间预计支付的设定受益计划福利开始，至职工的继续服务不会导致这一福利金额显著增加之日为止。

（2）把义务金额归属于职工提供服务的期间，计入当期损益或资产成本

企业应当根据预期累计福利单位法确定的公式将设定受益计划产生的福利义务归属于职工提供服务的期间，并计入当期损益或相关资产成本。

当职工后续年度的服务将导致其享有的设定受益计划福利水平显著

高于以前年度时，企业应当按照直线法将累计设定受益计划义务分摊确认于职工提供服务而导致企业第一次产生设定受益计划福利义务至职工提供服务不再导致该福利义务显著增加的期间。在确定该归属期间时，不应考虑仅因未来工资水平提高而导致设定受益计划义务显著增加的情况。

企业应根据预期累计福利单位法确定的本期福利义务，按受益原则进行账务处理：

借：管理费用等（现值）

　　未确认融资费用（利息）

　贷：应付职工薪酬（本期增加的义务）

期末：

借：财务费用

　贷：未确认融资费用

（3）设定受益计划存在资产的，确定设定收益计划净负债或净资产

设定受益计划存在资产的，企业应当将设定受益计划义务现值减去设定受益计划资产公允价值所形成的赤字或盈余确认为一项设定受益计划净负债或净资产。

设定收益计划净负债或净资产＝设定收益计划义务现值－设定受益计划资产公允价值

设定受益计划存在盈余的，企业应当以设定受益计划的盈余和资产上限两项的孰低者计量设定受益计划净资产。其中，资产上限，是指企业可从设定受益计划退款或减少未来对设定受益计划缴存资金而获得的经济利益的现值。

（4）根据服务成本与设定受益计划净负债或净资产的利息净额之和，确定应当计入当期损益的金额

①服务成本，包括当期服务成本、过去服务成本和结算利得或损失：其中，当期服务成本，是指职工当期提供服务所导致的设定受益计划义务现值的增加额；过去服务成本，是指设定受益计划修改所导致的与以前期间职工服务相关的设定受益计划义务现值的增加或减少。

在设定受益计划下，企业应当在下列日期孰早日将过去服务成本确认为当期费用：

　　a. 修改设定受益计划时；

　　b. 企业确认相关重组费用或辞退福利时。

　　在设定受益计划结算时，确认一项结算利得或损失。设定受益计划结算，是指企业为了消除设定受益计划所产生的部分或所有未来义务进行的交易，而不是根据计划条款和所包含的精算假设向职工支付福利。设定受益计划结算利得或损失是下列两项的差额：

　　a. 在结算日确定的设定受益计划义务现值；

　　b. 结算价格，包括转移的计划资产的公允价值和企业直接发生的与结算相关的支付。

　　②设定受益计划净负债或净资产的利息净额，包括计划资产的利息收益、设定受益计划义务的利息费用以及资产上限影响的利息。

　　（5）重新计量设定受益计划净负债或者净资产导致的变动（精算利得或损失等），计入其他综合收益，且在后续不允许转回至损益

　　重新计量设定受益计划净负债或净资产所产生的变动包括下列部分。

　　①精算利得或损失，即由于精算假设和经验调整导致之前所计量的设定受益计划义务现值的增加或减少。

　　②计划资产回报，扣除包括在设定受益计划净负债或净资产的利息净额中的金额。

　　③资产上限影响的变动，扣除包括在设定受益计划净负债或净资产的利息净额中的金额。

　　这部分其他综合收益，并且在后续会计期间不允许转回至损益，但企业可以在权益范围内转移这些在其他综合收益中确认的金额。

　　汇总起来，设定受益计划产生的职工薪酬成本包括：（1）服务成本，包括当期服务成本、过去服务成本和结算利得或损失；（2）设定受益计划净负债或净资产的利息净额，包括计划资产的利息收益、设定受益计划义务的利息费用以及资产上限影响的利息；（3）重新计量设定受益计划净负债或净资产所产生的变动。

　　设定受益计划产生的职工薪酬成本＝服务成本＋设定受益计划净负债或净资产的利息净额＋重新计量设定受益计划净负债或净资产所产生的变动

　　离职后辞退福利成本的具体构成与列报要求如图1－5所示。

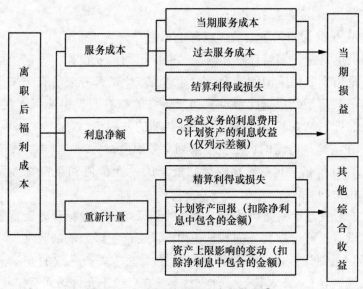

图 1-5　离职后福利成本的构成①

【例 6】某主体拥有一项设定受益计划，财务报告期末为 20×4 年 12 月 31 日，有关该计划的信息见表 1-4。假设前期没有任何精算损益，且在 20×4 年并没有向该计划支付任何提存金，也没有支付任何福利，参与该计划的雇员的平均剩余寿命为 15 年。该设定收益计划的有关资料分析如表 1-4 所示。

表 1-4　　　　　　　　设定收益计划的相关资料分析　　　　　　　单位：百万元

项　目	20×4 年 1 月 1 日	20×4 年 12 月 31 日
设定受益义务的现值	90	135
计划资产的公允价值	50	60
设定受益负债的净额	40	75
服务成本	25	
折现率（高质量公司债券的收益率）	3%	
计划资产的预期回报率	5%	

---

①　李岩：《离职后福利会计处理问题研究——关于〈职工薪酬（修订）（征求意见稿）〉研究与评价》，《商业会计》2013 年第 14 期。

该设定收益计划的综合收益计算过程如表 1 – 5 所示。

表 1 – 5　　　　　　　　　　**综合收益表**　　　　　　单位：百万元

项　目	金　额
设定受益负债净额	75
服务成本	25
净利息	1.2（40×3%）
损益	26.2
其他综合收益	8.3
综合收益总额	34.5

其中：

净利息 = 期初设定受益负债净额×折现率 = 40×3% = 1.2（百万元）

损益 = 服务成本 + 净利息 = 25 + 1.2 = 26.2（百万元）

设定受益义务产生的精算损失 = 期末设定受益义务的现值 – 期初设定受益义务的现值 – 服务成本 – 期初设定受益义务的现值×折现率

　　 = 135 – 90 – 25 – 90×3% = 17.3（百万元）

计划资产回报净额 = 期末计划资产的公允价值 – 期初计划资产的公允价值 – 期初计划资产的公允价值×计划资产的预期回报率 + 期初计划资产的公允价值×折现率

　　 = 60 – 50 – 50×5% + 50×3% = 9（百万元）

其他综合收益 = 17.3 – 9 = 8.3（百万元）。

综合收益 = 损益 + 其他综合收益 = 26.2 + 8.3 = 34.5（百万元）

【亏损】

4. 设定收益计划离职后福利会计处理的特点

设定收益计划离职后福利会计处理的突出特点是互相抵销、净额列报。首先要将设定受益义务现值与设定受益计划资产公允价值进行抵销，如抵销后为赤字，则将抵销后的差额列示于资产负债表，体现为设定受益计划净负债；如抵销后为盈余，则将设定受益计划的盈余与资产上限两者中较低者列示为资产负债表中的设定受益计划净资产；其次，利息净额体现为初期设定受益义务现值与设定受益计划资产公允价值之差折现后的金额；再次，计入其他综合收益中归属于"重新计量"部分的各项目的金额，都要消除设定受益计划净负债或净资产在利息净额中影响的金额。

（五）进一步规范辞退福利的会计处理

1. 明确确认时点：企业不能单方面撤回及确认重组相关成本与费用较早者

企业向职工提供辞退福利的，应当在下列两者孰早日确认辞退福利产生的职工薪酬负债，并计入当期损益。

（1）企业不能单方面撤回因解除劳动关系计划或裁减建议所提供的辞退福利时。

（2）企业确认与涉及支付辞退福利的重组相关的成本或费用时。

2. 明确会计处理：预期报告期后 12 个月内完全支付的，按照短期薪酬处理；超过 12 个月的，按照其他长期职工福利处理

企业应当按照辞退计划条款的规定，合理预计并确认辞退福利产生的应付职工薪酬。辞退福利预期在其确认的年度报告期结束后十二个月内完全支付的，应当按照短期薪酬处理；辞退福利预期在年度报告期结束后十二个月内不能完全支付的，应当按照其他长期职工福利处理。

总之，新准则简化确认辞退福利的条件；规范确认辞退福利的时点（增加涉及重组时的判断）；按支付期限，将辞退福利分为短期薪酬和其他长期职工福利。

【例 7】2014 年 10 月 1 日，A 企业集团主业改造、辅业分流过程，拟解除与一部分职工的劳动关系，因此一次性支付具有辞退福利性质的经济补偿，但未签订解除劳动合同，共计金额 100 万元。2014 年 12 月 31 日，A 企业集团支付辞退福利性质的经济补偿。

借：管理费用　　　　　　　　　　　　1 000 000

　　贷：应付职工薪酬——辞退福利　　　1 000 000

续上例，

借：应付职工薪酬——辞退福利　　　　1 000 000

　　贷：银行存款　　　　　　　　　　　1 000 000

（六）补充其他长期职工福利的会计处理

1. 其他长期职工福利包括的内容

其他长期职工福利，是指除短期薪酬、离职后福利、辞退福利之外所有的职工薪酬，包括长期带薪缺勤、长期残疾福利、长期利润分享计

划等。

2. 会计处理

符合设定提存计划的，按照设定提存计划进行会计处理；不符合的，按照设定受益计划进行会计处理，但重新计量所导致的其他长期职工福利净负债或者净资产的变动，应当计入当期损益。

报告期末，按照设定受益计划核算的其他长期职工福利产生的职工薪酬成本包括下列组成部分：（1）服务成本；（2）其他长期职工福利净负债或净资产的利息净额；（3）重新计量其他长期职工福利净负债或净资产所产生的变动。

长期残疾福利水平取决于职工提供服务期间长短的，企业应当在职工提供服务的期间确认应付长期残疾福利义务，计量时应当考虑长期残疾福利支付的可能性和预期支付的期限；长期残疾福利与职工提供服务期间长短无关的，企业应当在导致职工长期残疾的事件发生的当期确认应付长期残疾福利义务。

（七）增加相关披露

1. 短期职工薪酬相关信息

企业应当在附注中披露与短期职工薪酬有关的下列信息：

（1）应当支付给职工的工资、奖金、津贴和补贴及其期末应付未付金额；

（2）应当为职工缴纳的医疗保险费、工伤保险费和生育保险费等社会保险费及其期末应付未付金额；

（3）应当为职工缴存的住房公积金及其期末应付未付金额；

（4）为职工提供的非货币性福利及其计算依据；

（5）依据短期利润分享计划提供的职工薪酬金额及其计算依据；

（6）其他短期薪酬。

2. 设定提存计划相关信息

企业应当披露所设立或参与的设定提存计划的性质、计算缴费金额的公式或依据，当期缴费金额以及期末应付未付金额。

3. 设定受益计划相关信息

企业应当披露与设定受益计划有关的下列信息：

（1）设定受益计划的特征及与之相关的风险；

（2）设定受益计划在财务报表中确认的金额及其变动；

（3）设定受益计划对企业未来现金流量金额、时间和不确定性的影响；

（4）设定受益计划义务现值所依赖的重大精算假设及有关敏感性分析的结果。

4. 辞退福利相关信息

企业应当披露支付的因解除劳动关系所提供辞退福利及其期末应付未付金额。

5. 其他长期职工福利相关信息

企业应当披露提供的其他长期职工福利的性质、金额及其计算依据。

四 修订后准则对会计实务的重大影响

（一）离职后福利相关规定缺乏操作性强的指引

新修订准则最大的亮点在于增加了离职后福利的核算。将离职后福利划分为设定提存计划和设定受益计划符合目前我国经济发展的需要。虽然以设定提存计划为主的离职后福利形式在我国居主导地位，而且从较长的时间来看，这种主体地位不会动摇，但设定提存计划和设定受益计划并存与混合发展是未来国际社会离职后福利发展的总体趋势，它是缓解政府压力、促进民生、解决社会保障体系存在问题的有效途径。CAS 9（2014）的颁布规范了我国离职后福利的会计处理，解决了目前实务操作中存在的此类问题。但离职后福利的会计处理较为复杂，需要完善的规定与全面的实务操作指引，在《国际会计准则第 19 号——雇员福利》中，有关离职后福利的规定居准则的中心地位，而我国 CAS 9（2014）中对此类问题只做出框架性的规定，对相关会计要素的确认、计量及列报缺少翔实的描述，与国际会计准则的差距甚远，有待进一步丰富完善。

（二）精算力量的缺乏导致设定受益计划的实施受阻

在设定受益计划下，养老金的处理流程一般分为两个部分，第一部分是精算师的工作，首先精算师应结合企业的实际情况进行相应的精算假设，然后在精算假设的基础上给出精算报告。第二部分才是会计人员的工作，会计人员在得到精算师的精算报告后制定养老金的工作底稿，然后进行相应的会计处理。从以上的流程中可以看出，精算师得出的精算报告是前提，只有在精确的精算报告的基础上进行相应的会计处理才有客观性。美国在出台 ERISA 法案时就对精算师从业资格、职业道德和培养等方面做出了严格要求。经过多年的发展，美国的精算师力量已经完全能胜任开展设定受益计划所需要的精算假设。反观我国，自2000 年我国推出中国精算师资格考试以来至 2014 年初，仅有 1931 人取得中国准精算师资格，419 人取得中国精算师资格①。两千余人（包括准精算师）的精算师队伍要完成中国成千上万企业的设定受益计划的核算几乎是不可能的。精算力量的严重不足直接影响设定受益计划的有效实施。对于我国精算力量不足的现状，笔者建议可以优先在大型企业试行设定受益计划。在试行期间，可以出台相应的政策规范以鼓励精算师行业的健康有序发展。当试行取得较好成绩、精算力量得到一定的发展后，在某一地区进行试点，接着就是全国范围内设定受益计划的实施。

（三）对不少国有和国有控股企业的报表将产生重大影响

新修订准则对实务的最大影响可能体现在：以前准则没有明确设定受益计划的会计处理，在实务中仅在国有企业改制等特定情况下，按照财务和国资管理方面的规定对统筹外离退休福利等予以预提，并未建立起确认此类职工福利的常态化机制。现在新准则将这些内容纳入，也就是建立了确认和计量这些事项的常态化机制，因此原先很多没有予以确认和计量的表外职工福利负债将纳入表内，对不少国有和国有控股企业的报表将产生重大影响。例如，在预计负债核算的一些人员费用需要转移至应付职工薪酬进行核算，其中离退休人员的费用转入"应付职工薪酬——离职后福利"核算，内退人员的费用转入"应付职工薪酬——其他长期职工福利"中进行核算。同时对于精算利得或损失变动，属于离退休人员的部分记入"其他综合收益"，而属于内退人员的部分记入"当期损益"。以上账户的变动，将会影响报表的主要指标分析。

五　衔接规定

对于新准则施行日存在的离职后福利计划、辞退福利、其他长期职

---

① 李延霞、谭谟晓：《我国已有 419 人取得中国精算师资格》（http：//news. xinhuanet. com/fortune/2014 - 05/28/c_ 1110905312. htm）。

工福利，应当按照《企业会计准则第 28 号——会计政策、会计估计变更和差错更正》的规定采用追溯调整法处理。

企业比较财务报表中披露的新准则施行之前的信息与新准则要求不一致的，不需要按照新准则的规定进行调整。

第三节 《企业会计准则第30号——财务报表列报》 (2014)解读

一 财务报表列报准则的修订背景

（一）国际背景

《国际会计准则第 1 号——财务报表列报》（IAS 1，以下简称"国际列报准则"）由国际会计准则委员会（IASC）于 1997 年 9 月发布，其后有多次小修订，2006 年之后有两次较大变动：（1）国际会计准则理事会（IASB）于 2007 年 9 月发布了对国际列报准则的修订，正式引入了"综合收益"的概念，并在利润表中加以反映；（2）IASB 于 2011年 6 月发布《其他综合收益的列报》，生效日期 2012 年 7 月 1 日，允许提前采用。其他综合收益列报的修订内容主要包括：① 将其他综合收益项目划分为"满足特定条件时后续将重分类计入损益的项目"和"不能重分类计入损益的项目"两类区别列报；② 当企业选择以税前为基础列报其他综合收益项目时，要求将相关税收影响在上述两类项目之间分配；③ 只涉及其他综合收益的列报方式，并未从概念上解决其他综合收益问题。

（二）国内背景

我国《企业会计准则第 30 号——财务报表列报》（CAS 30，以下简称"财务报表列报准则"）自 2006 年 2 月发布后，《国际会计准则第1 号——财务报表列报》就综合收益的列报进行了两次修订，我国企业会计准则也通过发布解释等对财务报表列报提出了一些新的要求。我国于 2009 年 6 月 11 日发布了《企业会计准则解释第 3 号》，在利润表中增加了"其他综合收益"和"综合收益总额"项目，实现了与国际列报准则的持续趋同，并且在实务中实施良好。鉴于对企业财务报表列报的会计准则散见在 2006 年我国列报准则和 2009 年《解释第 3 号》中，因此，有必要将解释中的相关内容吸收进列报准则中，以更好地整合相关会计规定，完善准则体系。

2011 年 6 月，国际会计准则理事会正式发布了《其他综合收益的列报》，对其他综合收益的列报提出了新的要求。针对国际列报准则的这些新变化，为贯彻落实《中国企业会计准则与国际财务报告准则持续趋同路线图》，有必要对我国列报准则进行相应修订。

因此，财政部会计司在 2012 年正式启动了修订财务报表列报准则的工作，并于 2012 年 5 月 17 日将征求意见稿向社会公开征求意见。2014 年 1 月 26 日，财政部发布了（财会〔2014〕7 号），修订了财务报表列报准则。修订后的准则于 2014 年 7 月 1 日起在所有执行企业会计准则的企业范围内施行，鼓励在境外上市的企业提前执行

修订后的财务报表列报准则借鉴了国际财务报告准则的内容，整合了现有规定，完善了我国的企业会计准则体系，实现了与国际财务报告准则的持续趋同，也有利于更好指导会计实务。

二　财务报表列报准则修订的主要变化

新修订的《企业会计准则第 30 号——财务报表列报》与原准则对比，强调了财务报表列报对持续经营能力、终止经营的披露以及报表项目金额的重要性原则，并引入了综合收益的概念。

（一）突出持续经营能力

强调在编制财务报表的过程中，企业管理层应当利用所有可获得信息来评价企业自报告期末起至少 12 个月的持续经营能力。评价时需要考虑宏观政策风险、市场经营风险、企业目前或长期的盈利能力、偿债能力、财务弹性以及企业管理层改变经营政策的意向等因素。

（二）强调报表项目的重要性

对"重要性"进行了重述，明确重要性的判断标准一经确定，不得随意变更；强调既要判断项目性质的重要性，也要判断项目金额大小的重要性，提出重要性判断的量的要求。判断项目性质的重要性，应当考虑该项目在性质上是否属于企业日常活动，是否显著影响企业的财务状况、经营成果和现金流量等因素；判断项目金额大小的重要性，应当考虑该项目金额占资产总额、负债总额、所有者权益总额、营业收入总额、营业成本总额、净利润、综合收益总额等直接相关项目金额的比重或所属报表单列项目金额的比重。

（三）引入综合收益

本次修订，将原企业会计准则解释 3 号中有关综合收益的概念纳入正文，并进一步明确：①"其他综合收益"和"综合收益总额"的定义；②明确了"其他综合收益"和"综合收益总额"的报表列报方式；③对其他综合收益项目要求划分为"以后会计期间不能重分类进损益的其他综合收益项目""以后会计期间在满足规定条件时将重分类进损益的其他综合收益项目"二类分别列报；④对"其他综合收益"提出了附注披露的具体要求。在利润表中单独列示的信息增加了两项。其他综合收益各项目分别扣除所得税影响后的净额、综合收益总额。在合并利润表综合收益总额项目之下单独列示归属于母公司所有者的综合收益总额和归属于少数股东的综合收益总额。并要求在报表附注中详细披露其他综合收益各项目及其所得税影响、当期转出计入当期损益的金额、期初和期末余额及其调节情况。新修订的准则引入了综合收益的概念，对进一步完善我国综合收益报告有重要的意义，也是会计准则国际趋同深入发展的必然结果。

（四）增加了终止经营

新增对终止经营的披露单独列示，并细化披露具体内容，明确符合终止经营的判断条件。要求企业应当在附注中披露终止经营的收入、费用、利润总额、所得税费用和净利润，以及归属于母公司所有者的终止经营利润。并对已被企业处置或被企业划归为持有待售的、在经营和编制财务报表时能够单独区分的组成部分，符合终止经营的条件进行了划分。

（五）明确了一些概念和具体规定

明确提出"直接计入当期利润的利得项目和损失项目的金额不得相互抵销"，并说明了采取净额列示的三种情形。明确规定金融企业等销售产品或提供服务不具有明显可识别营业周期的企业，其各项资产或负债按照流动性列示能够提供可靠且更相关信息的，可以按照其流动性顺序列示。从事多种经营的企业，其部分资产或负债按照流动和非流动列报、其他部分资产或负债按照流动性列示能够提供可靠且更相关信息的，可以采用混合的列报方式。明确"与所有者的资本交易"定义，是指企业与所有者以其所有者身份进行的、导致企业所有者权益变动的交易。明确某些项目的重要性程度不足以在资产负债表、利润表、现金流量表或所有者权益变动表中单独列示，但对附注却具有重要性，则应当在附注中单独披露。对"正常营业周期"做出定义，是指企业从购买用于加工的资产起至实现现金或现金等价物的期间。

三　财务报表准则的主要内容

（一）总则

1. 财务报表的定义和构成

财务报表是对企业财务状况、经营成果和现金流量的结构性表述。财务报表至少应当包括下列组成部分（4 表 + 附注）：①资产负债表；②利润表；③现金流量表；④所有者权益（或股东权益）变动表；⑤附注。

修订后的准则特别强调，财务报表上述组成部分具有同等的重要程度。

2. 准则适用范围

本准则适用于：一般工商企业和银行、保险、证券等金融企业的个别财务报表和合并财务报表，以及年度财务报表和中期财务报表。准则规定了企业财务报表列报的一般要求，对各类企业财务报表列报的结构和内容等作了规定。其中，列报是指交易和事项在报表中的列示和在附注中的披露。

（二）基本要求

1. 依据各项会计准则确认和计量的结果编制财务报表

企业应当以持续经营为基础，根据实际发生的交易和事项，遵循各项具体会计准则的规定确认和计量发生的交易和事项，并在此基础上编制财务报表。企业应当对交易和事项进行正确的确认和计量；如不足以让报表使用者了解特定交易或事项对企业财务状况和经营成果的影响，企业还应披露其他的必要信息。

在某些特殊情况下，对于具体准则尚未规定确认和计量方法的交易和事项，企业应当按照《企业会计准则——基本准则》有关会计要素的定义和确认标准进行处理，同时还应当在附注中披露该交易或事项所采用的确认原则和计量方法。

企业不应以附注披露代替确认和计量，不恰当的确认和计量也不能通过充分披露相关会计政策而纠正。如果按照各项会计准则规定披露的信息不足以让报表使用者了解特定交易或事项对企业财务状况和经营成果的影响时，企业还应当披露其他的必要信息。

2. 列报基础

（1）企业管理层应当评价企业的持续经营能力

在编制财务报表的过程中，企业管理层应当利用所有可获得信息来评价企业自报告期末起至少12个月的持续经营能力。

（2）持续经营评价时需要考虑的因素

评价时需要考虑宏观政策风险、市场经营风险、企业目前或长期的盈利能力、偿债能力、财务弹性以及企业管理层改变经营政策的意向等因素。

（3）对持续经营能力产生重大怀疑的

评价结果表明对持续经营能力产生重大怀疑的，企业应当在附注中披露导致对持续经营能力产生重大怀疑的因素以及企业拟采取的改善措施。

（4）判断非持续经营

企业正式决定或被迫在当期或将在下一个会计期间进行清算或停止营业的，则表明以持续经营为基础编制财务报表不再合理。

（5）非持续经营下的处理

在非持续经营情况下，企业应当采用其他基础编制财务报表，并在附注中声明财务报表未以持续经营为基础编制的事实、披露未以持续经营为基础编制的原因和财务报表的编制基础。

3. 权责发生制

除现金流量表按照收付实现制原则编制外，企业应当按照权责发生制原则编制财务报表。

4. 列报的一致性

财务报表项目的列报应当在各个会计期间保持一致，不得随意变更。其目的是使同一企业不同期间和同一期间不同企业的财务报表相互可比。

在特殊情况下，财务报表项目的列报可以改变：①会计准则要求变更列报；②企业经营业务的性质发生重大变化或对企业经营影响较大的交易或事项发生后，变更财务报表项目的列报能够提供更可靠、更相关的会计信息。

5. 重要性和项目列报

（1）重要性的概念

准则借鉴审计准则中的"重要性"概念，修订了重要性的概念，强调了合理预期。重要性，是指在合理预期下，财务报表某项目的省略或错报会影响使用者据此作出经济决策的，该项目具有重要性。

（2）重要性的判断

进行重要性判断时，企业应当根据所处的具体环境，从项目的性质和金额两方面予以判断，且对各项目重要性的判断标准一经确定，不得随意变更。判断项目性质的重要性，应当考虑该项目在性质上是否属于企业日常活动，是否显著影响企业的财务状况、经营成果和现金流量等因素；判断项目金额大小的重要性，应当考虑该项目金额占资产总额、负债总额、所有者权益总额、营业收入总额、营业成本总额、净利润、综合收益总额等直接相关项目金额的比重或所属报表单列项目金额的比重。

6. 财务报表项目金额间的相互抵销

除其他会计准则另有规定外，财务报表中的资产项目和负债项目的金额、收入项目和费用项目的金额、直接计入当期利润的利得项目和损失项目的金额不得相互抵销。

财务报表项目金额间可以相互抵销的例外情况：①一组类似交易形成的利得和损失（不具有重要性）应当以净额列示；②资产或负债项目按扣除备抵项目后的净额列示；③非日常活动产生的利得和损失，以同一交易形成的收益扣减相关费用后的净额列示。

7. 比较信息的列报

除其他会计准则另有规定外，当期财务报表的列报，至少应当提供所有列报项目上一个可比会计期间的比较数据，以及与理解当期财务报表相关的说明。比较信息的列报既适用于四张报表，也适用于附注。对可比数据进行调整不切实可行的，应当在附注中披露不能调整的原因。不切实可行，是指企业在作出所有合理努力后仍然无法采用某项会计准则规定。

8. 财务报表表首的列报要求

企业应当在财务报表的显著位置至少披露下列各项：编报企业的名称、资产负债表日或财务报表涵盖的会计期间、人民币金额单位以及是否为合并报表等。

9. 报告期间

企业至少应当按年编制财务报表。年度财务报表涵盖的期间短于一年的，应当披露年度财务报表的涵盖期间、短于一年的原因以及报表数据不具可比性的事实。

（三）资产负债表

1. 资产和负债按流动性列报

①资产和负债应当分别按照流动资产和非流动资产、流动负债和非流动负债列示。

②金融企业大体按照流动性列示资产和负债。这是因为金融企业按照流动性列示能够供可靠且更相关的信息。

③从事多种经营的企业可以采用混合的列报方式。即部分资产或负债按照流动和非流动列报、其他部分资产或负债按照流动性列示。

④对于同时包含资产负债表日后一年内（含一年）和一年之后预期将收回或清偿金额的资产和负债单列项目，企业应当披露超过一年后预期收回或清偿的金额。

2. 流动资产/负债与非流动资产/负债的划分

（1）正常营业周期

正常营业周期，是指企业从购买用于加工的资产起至实现现金或现金等价物的期间。正常营业周期通常短于一年。因生产周期较长等导致正常营业周期长于一年的，尽管相关资产往往超过一年才变现、出售或耗用，仍应当划分为流动资产。正常营业周期不能确定的，应当以一年（12个月）作为正常营业周期。

（2）流动资产的划分

资产满足下列条件之一的，应当归类为流动资产：①预计在一个正常营业周期中变现、出售或耗用；②主要为交易目的而持有；③预计在资产负债表日起一年内变现；④自资产负债表日起一年内，交换其他资产或清偿负债的能力不受限制的现金或现金等价物。

（3）流动负债的划分

负债满足下列条件之一的，应当归类为流动负债：①预计在一个正常营业周期中清偿；②主要为交易目的而持有；③自资产负债表日起一年内到期应予以清偿；④企业无权自主地将清偿推迟至资产负债表日后一年以上。

（4）持有待售的列报

被划分为持有待售的非流动资产应当归类为流动资产。被划分为持有待售的非流动负债应当归类为流动负债。

（5）负债的流动性划分

负债在其对手方选择的情况下可通过发行权益进行清偿的条款与负债的流动性划分无关。企业对资产和负债进行流动性分类时，应当采用相同的正常营业周期。正常营业周期中的经营性负债项目即使在资产负债表日后超过一年才予清偿的，仍应当划分为流动负债。

（6）资产负债表日后事项对流动负债与非流动负债划分的影响

新旧准则无差异。企业在资产负债表日对流动负债与非流动负债的划分，应当反映在资产负债表日有效的合同安排，考虑在资产负债表日起一年内企业是否必须无条件清偿。资产负债表日后、财务报告批准报出日前再融资、展期或贷款人提供宽限期等行为，与资产负债表日判断负债的流动性状况无关。

3. 单列项目

新准则调整了有关资产、负债列报的顺序，增加了持有待售资产与负债的列报。

①第二十三条规定了资产中应单独列示的项目。新准则将"应收及预付款项"分拆为"应收款项"与"预付款项"，将"交易性投资"改为"以公允价值计量且其变动计入当期损益的金融资产"，增加了"被划分为持有待售的非流动资产及被划分为持有待售的处置组"。

②第二十四条规定了负债中应单独列示的项目。新准则将"应付及预收款项"分拆为"应付款项"与"预收款项"，增加了"以公允价值计量且其变动计入当期损益的金融负债"和"被划分为持有待售的处置组中的负债"；将"应交税金"改为"应交税费"。

③第二十七条规定了所有者权益中应单独列示的项目。新旧准则无变化，但实务中增加了一个项目"其他综合收益"。

（四）利润表

1. 费用的列报

在利润表中以"功能法"列报费用。企业在利润表中应当对费用按照功能分类，分为从事经营业务发生的成本、管理费用、销售费用和财务费用等。

在附注中以"费用性质法"列报费用。企业应当在附注中披露费用按照性质分类的利润表补充资料，可将费用分为耗用的原材料、职工薪酬费用、折旧费用、摊销费用等。

2. 单列项目

第三十一条规定了利润表应当单独列示的项目。新准则在利润表中增加了"其他综合收益"和"综合收益总额"项目，将"营业税金"改为"营业税金及附加"，并规定了其他综合收益各项目按照税后净额列示。

3. 综合收益总额的列报

综合收益，是指企业在某一期间除与所有者以其所有者身份进行的交易之外的其他交易或事项所引起的所有者权益变动。综合收益总额项目反映净利润和其他综合收益扣除所得税影响后的净额相加后的合计金额。即，综合收益 = 净利润 + 其他综合收益。

合并利润表的综合收益总额区分为归属于母公司所有者和归属于少数股东的综合收益，分别列报。

4. 其他综合收益的列报

其他综合收益，是指企业根据其他会计准则规定未在当期损益中确认的各项利得和损失。其他综合收益项目应当区分可重分类进损益与不可重分类进损益两类其他综合收益项目进行列报。

（1）以后会计期间不能重分类进损益的其他综合收益项目，具体内容如下。

①重新计量设定受益计划净负债或净资产导致的变动（相应准则：《企业会计准则第 9 号——职工薪酬》）。

②按照权益法核算的在被投资单位以后会计期间不能重分类进损益的其他综合收益中所享有的份额（相应准则：《企业会计准则第 2 号——长期股权投资》）。

（2）以后会计期间在满足规定条件时将重分类进损益的其他综合收益项目，具体内容如下。

①按照权益法核算的在被投资单位以后会计期间在满足规定条件时将重分类进损益的其他综合收益中所享有的份额（相应准则：《企业会计准则第 2 号——长期股权投资》）。

②可供出售金融资产公允价值变动形成的利得或损失、持有至到期投资重分类为可供出售金融资产形成的利得或损失（相应准则：《企业会计准则第22号——金融工具确认和计量》）。

③现金流量套期工具产生的利得或损失中属于有效套期的部分（相应准则：《企业会计准则第24号——套期保值》）。

④外币财务报表折算差额（相应准则：《企业会计准则第19号——外币折算》）。

⑤其他。如自用房地产或作为存货的房地产转换为以公允价值模式计量的投资性房地产在转换日公允价值大于账面价值部分（相应准则：《企业会计准则第3号——投资性房地产》）。

其他综合收益项目根据重要性原则单独列示。附注中披露关于其他综合收益各项目的信息：所得税影响；原计入其他综合收益、当期转出计入当期损益的金额（针对利润表）；期初和期末余额及其调节情况（针对所有者权益变动表）。

（五）所有者权益变动表

1. 基本要求

所有者权益变动表应当反映构成所有者权益的各组成部分当期的增减变动情况。即，以矩阵的形式列示所有者权益变动表：列示导致所有者权益变动的交易或事项；按照所有者权益各组成部分及其总额列示交易或事项对所有者权益的影响。

综合收益和与所有者（或股东）的资本交易导致的所有者权益的变动，应当分别列示。与所有者的资本交易，是指企业与所有者以其所有者身份进行的、导致企业所有者权益变动的交易。

2. 单列项目

第三十六条规定了所有者权益变动表应单独列示的项目。

综合收益的具体组成部分在利润表中列报，而不在所有者权益变动表中列报。

（六）附注

1. 附注的定义

附注是对在资产负债表、利润表、现金流量表和所有者权益变动表等报表中列示项目的文字描述或明细资料，以及对未能在这些报表中列示项目的说明等。附注应当按照一定的结构进行系统合理的排列和分类，有顺序地披露信息。

附注是财务报表不可或缺的组成部分，相对于报表而言，同样具有重要性，报表使用者了解企业的财务状况、经营成果和现金流量，应当全面阅读附注。

2. 披露内容

（1）企业的基本情况。

除了一般性的规定外，还需要注意两点：财务报告的批准报出者和财务报告批准报出日，或者以签字人及其签字日期为准；营业期限有限的企业，还应当披露有关其营业期限的信息。

（2）财务报表的编制基础。

（3）遵循企业会计准则的声明。

（4）重要会计政策和会计估计。

（5）会计政策和会计估计变更以及差错更正的说明。

（6）报表重要项目的说明。

对报表重要项目的说明采用文字和数字描述相结合的方式进行披露。报表重要项目的明细金额合计，应当与报表项目金额相衔接。

其他综合收益的列报是本次修订的重中之重。关于其他综合收益各项目的信息，包括：①其他综合收益各项目及其所得税影响；②其他综合收益各项目原计入其他综合收益、当期转出计入当期损益的金额；③其他综合收益各项目的期初和期末余额及其调节情况。上述①和②的具体披露格式如表1-6所示，③的具体披露格式如表1-7所示。

（7）其他有助于理解和分析报表项目的重要事项。如承诺事项、资产负债表日后非调整事项、关联方关系及其交易等需要说明的事项。

（8）资本管理的有关信息。即有助于财务报表使用者评价企业管理资本的目标、政策及程序的信息。

3. 终止经营的披露

企业应当在附注中披露终止经营的收入、费用、利润总额、所得税费用和净利润，以及归属于母公司所有者的终止经营利润。

终止经营，是指满足下列条件之一的已被企业处置或被企业划归为持有待售的、在经营和编制财务报表时能够单独区分的组成部分：（1）该组成部分代表一项独立的主要业务或一个主要经营地区；（2）该组成部分是拟对一项独立的主要业务或一个主要经营地区进行处置计划的一部分；（3）该组成部分是仅仅为了再出售而取得的子公司。

4. 持有待售的界定

同时满足下列条件的企业组成部分（或非流动资产）应当确认为持有待售。

（1）该组成部分必须在其当前状况下仅根据出售此类组成部分的惯常条款即可立即出售。

（2）企业已经就处置该组成部分作出决议，如按规定需得到股东批准的，应当已经取得股东大会或相应权力机构的批准；

（3）企业已经与受让方签订了不可撤销的转让协议；

（4）该项转让将在一年内完成。

（七）衔接规定

在本准则施行日之前已经执行企业会计准则的企业，应当按照本准则调整财务报表的列报项目；涉及有关报表和附注比较数据的，也应当做相应调整，调整不切实可行的除外。

表1-6　　　　其他综合收益各项目及其所得税影响和转入损益情况

项目	本期发生额			上期发生额		
	税前金额	所得税	税后净额	税前金额	所得税	税后净额
一、以后不能重分类进损益的其他综合收益						
1. 重新计量设定受益计划净负债或净资产所产生的变动						
2. 权益法核算的在被投资单位不能重分类进损益的其他综合收益中所享有的份额						
……						
二、以后将重分类进损益的其他综合收益						
1. 权益法核算的在被投资单位以后将重分类进损益的其他综合收益中所享有的份额						

续表

项目	本期发生额			上期发生额		
	税前金额	所得税	税后净额	税前金额	所得税	税后净额
减：前期计入其他综合收益当期转入损益						
小计						
2. 可供出售金融资产公允价值变动的利得或损失						
减：前期计入其他综合收益当期转入损益						
小计						
3. 持有至到期投资重分类为可供出售金融资产的利得或损失						
减：前期计入其他综合收益当期转入损益						
小计						
4. 现金流量套期利得或损失的有效部分						
减：前期计入其他综合收益当期转入损益						
转为被套期项目初始确认金额的调整额						
小计						
5. 外币财务报表折算差额						
减：前期计入其他综合收益当期转入损益的税后净额						
小计						
6. ……						
减：前期计入其他综合收益当期转入损益						
小计						
三、其他综合收益合计						

表 1 - 7　　　　　　　　　　其他综合收益各项目的调节情况

项目	重新计量设定受益计划净负债或净资产所产生的变动	权益法核算的在被投资单位不能重分类进损益的其他综合收益中所享有的份额	权益法核算的在被投资单位以后将重分类进损益的其他综合收益中所享有的份额	可供出售金融资产公允价值变动的利得或损失	持有至到期投资重分类为可供出售金融资产的利得或损失	现金流量套期利得或损失的有效部分	外币财务报表折算差额	其他综合收益合计
一、上年年初余额								
二、上年增减变动金额（减少以"－"号填列）								
三、本年年初余额								
四、本年增减变动金额（减少以"－"号填列）								
五、本年年末余额								

第四节　《企业会计准则第33号——合并财务报表》（2014）解读

一　准则的修订背景

（一）国际背景：保持与 IFRS 10 持续趋同

2008 年全球性金融危机爆发后，国际会计准则理事会（IASB）对准则的一系列项目做出重大修改，以适应社会经济的发展和国际社会对高质量会计准则的要求。2011 年 5 月，IASB 新发布了《国际财务报告准则第 10 号——合并财务报表》（IFRS 10），取代《国际会计准则第 27 号——合并财务报表和单独财务报表》有关合并的部分、《解释公告第 12 号——合并：特殊目的主体》。IFRS 10 最主要的变化是以控制作为合并的单一基础，并对控制的界定作了完全的修改。IFRS 10 明确规定控制构成的 3 个要素：主导被投资者的权力、面临被投资者可变回报的风险或取得可变回报的权利、利用对被投资者的权力影响投资者回报的能力。此外，IFRS 10 就一系列情况下如何应用控制原则提供了详细指引，比如说引入了实质性控制的判断、委托与代理关系的判断、潜在表决权的考虑等。

（二）国内背景：整合现有规定，充实完善准则

《企业会计准则第 33 号——合并财务报表》在 2006 年发布实施后，自 2007 年至 2013 年，财政部又陆续通过企业会计准则解释公告 1、2、4、6 号，《关于执行会计准则的上市公司和非上市企业做好 2009 年年报工作的通知》（财会〔2009〕16 号），《关于不丧失控制权情况下处置部分对子公司投资会计处理的复函》（财会便〔2009〕14 号），等等文件形式对准则中的部分内容进行了修订和完善。但由于上述规定散见在不同文件中，同时有的文件法律层次较低，不便于企业贯彻实施。因此，有必要将散见于解释公告、年报通知、司便函等文件中的有关规定进行全面梳理和整合，修订并完善合并财务报表准则。

为进一步规范我国合并财务报表的编制和列报，并保持我国企业会计准则与国际财务报告准则的持续趋同，财政部会计司借鉴 IFRS10 中的做法，并结合我国实际情况，着手修订合并财务报表准则。经过发布讨论稿、征求意见稿等一系列流程后，2014 年 2 月 17 日正式发布修订后的《企业会计准则 33 号——合并财务报表》［CAS 33（2014）］，要求 2014 年 7 月 1 日起在所有执行企业会计准则的企业范围内施行，鼓励在境外上市的企业提前执行。

二 CAS 33（2014）主要变化

CAS 33（2014）修订后由原来的四章 31 条扩充为六章 54 条，其中新增内容 23 条，主要补充修订内容 3 条。相比于原准则，CAS 33（2014）的主要变化如下。

（一）改进了控制的定义和具体判断原则

修订前准则规定，控制是指一个企业能够决定另一个企业的财务和经营政策，并能据以从另一个企业的经营活动中获取利益的权力。修订后准则在充分借鉴 IFRS 10 的基础上，同时考虑了对我国实务可能带来的影响，就控制的定义和具体判断原则进行了修订，主要包括以下几个方面。

1. 改进控制的定义，强调控制构成的三要素为对被投资者的权力、可变回报以及能够行使权力影响可变回报。

2. 引入实质性控制概念，即投资方虽持有小于50%的表决权，但综合考虑投资方拥有的表决权相对于其他各方持有的表决权份额的大小、其他各方持有表决权的分散程度、投资方和其他投资方持有的被投资方的潜在表决权（如可转换公司债券、可执行认股权证等）、其他合约性安排产生的权利、被投资方以往的表决权行使情况等所有因素和条件后，仍可具有控制。

3. 引入关于拥有决策制定权利的投资者是委托人还是代理人的判断指引。其中，代理人作为代表其他方行使权力的第三方，并不控制被投资方。

4. 引入对被投资方可分割部分的控制。投资方通常是在被投资方整体层面对是否控制进行评估，但极个别情况下，可以将被投资方的一部分视为被投资方可分割的部分，进而判断是否控制该部分。

（二）豁免投资性主体编制合并报表的规定

修订前准则强调所有子公司应纳入合并范围。修订后准则对豁免投资性主体编制合并报表进行了规定，并对投资性主体进行了界定。修订后的准则规定，母公司应当将其全部子公司（包括母公司所控制的单独主体）纳入合并财务报表的合并范围。如果母公司是投资性主体，且不存在为其投资活动提供相关服务的子公司，则不应当编制合并财务报表，该母公司按照规定以公允价值计量其对所有子公司的投资，且公允价值变动计入当期损益。如果存在为其投资活动提供相关服务的子公司，则母公司应当仅将为其投资活动提供相关服务的子公司纳入合并范围并编制合并财务报表，其他子公司不应当予以合并。这是因为对于为了实现资本增值、赚取投资收益或两者兼有而进行投资的主体（即投资性主体），其财报使用者通常更关注投资性主体持有投资的公允价值，而投资性主体控制的被投资单位是否应合并不是其关注的焦点。

虽然投资性主体可以豁免其控制的满足条件的主体不纳入该投资性主体的合并范围，但投资性主体的母公司（该母公司不是投资性主体）仍需要将其控制的全部主体（含投资性主体控制的主体）纳入合并范围。

（三）增加了特殊交易的会计处理

修订后准则吸纳了已发布的解释公告、年报通知、司便函等文件相关规定，增加了第四章特殊交易的会计处理。具体内容包括：明确规定购买少数股权、不丧失控制权情况下处置部分对子公司投资交易在合并财务报表层面应作为权益性交易进行会计处理；明确规定因处置部分股权投资或其他原因丧失对原有子公司控制权的，在合并财务报表层面应视为处置子公司同时取得一项新的投资性资产，对剩余股权应按照其在丧失控制权日的公允价值进行重新计量；明确了一揽子交易的判断和会计处理规定。

（四）其他重要变化

1. 基本概念的扩充。新修订的合并财务报表准则，丰富了"母公司""子公司"的定义，提出"主体"概念，并采取列举式对"主体"进行定义，提出了"投资性主体""结构化主体"概念，并列举了投资性主体一般特征。

2. 新增母公司在投资性主体与非投资性主体之间互相转换时的会计处理原则。

3. 删除了在编制合并报表时按照权益法调整对子公司长期股权投资的规定，也就是说在编制合并财务报表时，可以在成本法的基础上直接进行合并抵销处理。

4. 修改了交叉持股的合并抵销处理原则。对交叉持股的合并抵销处理进行了明确规定，即子公司持有母公司的长期股权投资，应当视为企业集团的库存股，作为所有者权益的减项，在合并资产负债表中所有者权益项目下以"减：库存股"项目列示。

5. 新增合并现金流量表可以根据合并资产负债表和合并利润表进行编制的规定，原只允许补充资料可以根据合并资产负债表和合并利润表进行编制。

6. 新增编制合并报表时要站在企业集团角度对特殊交易事项予以调整的条款。

三 合并财务报表准则——总则

（一）合并财务报表的相关概念

合并财务报表，是指反映母公司和其全部子公司形成的企业集团整体财务状况、经营成果和现金流量的财务报表。合并财务报表能够提供反映由母子公司组成的企业集团整体经营情况的会计信息，满足母公司的投资者、债权人及其他会计信息需求者的需要，有利于避免一些企业利用内部控股关系，人为粉饰财务报表情况的发生。

母公司，是指控制一个或一个以上主体（含企业、被投资单位中可分割的部分，以及企业所控制的结构化主体等）的主体。从母公司的定义可以看出，母公司要求同时具备两个条件。一是必须有一个或一个以上的子公司，即必须满足控制的要求，母公司可以只控制一个子公司，也可以同时控制多个子公司。二是母公司可以是企业，如《公司法》所规范的股份有限公司、有限责任公司等；也可以是主体，如非企业形式的、但形成会计主体的其他组织，如基金等。

子公司，是指被母公司控制的主体。从子公司的定义可以看出，子公司也要求同时具备两个条件。一是作为子公司必须被母公司控制，并且只能由一个母公司控制，不可能也不允许被两个或多个母公司同时控制，被两个或多个公司共同控制的被投资单位是合营企业，而不是子公司。二是子公司可以是企业，如《公司法》所规范的股份有限公司、有限责任公司等；也可以是主体，如非企业形式的但形成会计主体的其他组织，如基金以及信托项目等特殊目的主体等。

与修订前准则相比，母公司和子公司的概念有所变化，强调了"主体"概念，母公司和子公司的范畴有所扩展。

（二）合并财务报表的组成

合并财务报表主要包括合并资产负债表、合并利润表、合并现金流量表和合并所有者权益变动表及其附注。企业集团中期、期末编制合并财务报表的，至少应当包括合并资产负债表、合并利润表、合并现金流量表和附注。

（三）豁免投资性主体编制合并报表的规定

如果母公司是投资性主体，且不存在为其投资活动提供相关服务的子公司，则不应当编制合并财务报表，该母公司应以公允价值计量其对所有子公司的投资，且公允价值变动计入当期损益。

（四）合并财务报表的编制原则

合并财务报表与个别财务报表不同，具有以下特点：合并此财务报表反映的对象是与若干法人组成的会计主体，而非法律主体；这种会计主体仅仅是报告主体而不是记账主体，超出了传统会计主体的范围；合并财务报表由企业集团中对其他企业有控制权的控股公司或母公司编制；合并财务报表以个别财务报表为基础编制，不需单独设账；合并财务报表有其独特的编制方法。

（五）合并财务报表的适用范围

对于合并财务报表的适用范围进行了排除：外币财务报表折算，适用《企业会计准则第 19 号——外币折算》和《企业会计准则第 31 号——现金流量表》；关于在子公司权益的披露，适用《企业会计准则第 41 号——在其他主体中权益的披露》。

四 合并范围

（一）合并范围确定的一般原则与投资性主体

1. 合并范围确定的一般原则

合并财务报表的合并范围，应当以控制为基础予以确定。母公司应当将其全部子公司（包括母公司所控制的单独主体）纳入合并财务报表的合并范围。在判断合并范围时，如果涉及投资性主体，应区分情况考虑。即如果母公司是投资性主体，则母公司应当仅将为其投资活动提供相关服务的子公司（如有）纳入合并范围并编制合并财务报表；其他子公司不应当予以合并，母公司对其他子公司的投资应当按照公允价值计量且其变动计入当期损益。

2. 投资性主体

投资性主体是新准则新引入的概念。当母公司同时满足下列条件时，该母公司属于投资性主体：①该公司以向投资者提供投资管理服务为目的，从一个或多个投资者处获取资金；②该公司的唯一经营目的，是通过资本增值、投资收益或两者兼有而让投资者获得回报；③该公司按照公允价值对几乎所有投资的业绩进行考量和评价。

母公司属于投资性主体的，通常情况下应当符合下列所有特征：①拥有一个以上投资；②拥有一个以上投资者；③投资者不是该主体的关联方；④其所有者权益以股权或类似权益方式存在。

如果母公司是投资性主体，则母公司应当仅将为其投资活动提供相关服务的子公司（如有）纳入合并范围并编制合并财务报表；其他子公司不应当予以合并，母公司对其他子公司的投资应当按照公允价值计量且其变动计入当期损益。如图 1-6 所示。

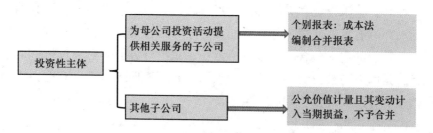

图 1-6 母公司为投资性主体的处理

如果投资性主体的母公司本身不是投资性主体，则应当将其控制的全部主体，包括那些通过投资性主体所间接控制的主体，纳入合并财务报表范围。如图 1-7 所示。

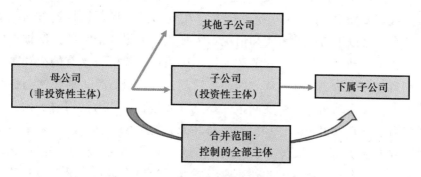

图 1-7 母公司为非投资性主体的处理

修订后的准则对非投资性主体和投资性主体相互转变时如何处理进行了规定。

当母公司由非投资性主体转变为投资性主体时，除将为其投资活动提供相关服务的子公司纳入合并财务报表范围编制合并财务报表外，企业自转变日起对其他子公司不再予以合并，并按照视同在转变日处置子公司但保留剩余股权的原则进行会计处理。

当母公司由投资性主体转变为非投资性主体时，应将原未纳入合并财务报表范围的子公司于转变日纳入合并财务报表范围，原未纳入合并财务报表范围的子公司在转变日的公允价值视同购买的交易对价。

（二）控制的概念

控制，是指投资方拥有对被投资方的权力，通过参与被投资方的相关活动而享有可变回报，并且有能力运用对被投资方的权力影响其回报金额。控制的定义包含三项基本要素：一是投资方拥有对被投资方的权力；二是因参与被投资方的相关活动而享有可变回报；三是有能力运用对被投资方的权力影响其回报金额。

（三）控制的判断

在判断投资方是否能够控制被投资方时，如果投资方具备以下所有的要素，则投资方能够控制被投资方：①拥有对被投资方的权力；②通过参与被投资方的相关活动而享有可变回报；③有能力运用对被投资方的权利影响其回报金额。投资方当且仅当具备三个要素时，投资方能够控制被投资方。

具体判断控制除了考虑上述三个基本因素之外，还要考虑其他要素。根据 CAS 33 第八条规定，投资方在判断是否控制被投资方时，应当综合考虑以下所有的事实和情况：①被投资方设立的目的；②被投资方的相关活动以及如何对相关活动做出决策；③投资方享有的权利是否使其目前有能力主导被投资方的相关活动；④投资方是否通过参与被投资方的相关活动而享有可变回报；⑤投资方是否有能力运用对被投资方的权力影响其回报金额；⑥投资方与其他方的关系。其中①②是第一个要素权力密切相关的，③④⑤涉及了权力、可变回报、权力和回报之间的关联这三个基本要素，此外还要考虑⑥。如果事实和情况表明一项或多项发生了变化，则投资方应重新评估其是否控制被投资方。

下面分别详细地讲述控制的三个要素。

1. 投资方拥有对被投资方的权力

投资方拥有对被投资方的权力是判断控制的第一要素，这要求投资方需要识别被投资方并评估其设立目的和设计、识别被投资方的相关活动以及对相关活动进行决策的机制、确定投资方及涉入被投资方的其他方拥有的与被投资方相关的权利等，以确定投资方当前是否有能力主导被投资方的相关活动。

（1）评估被投资方的设立目的和设计

评估被投资方的设立目的和设计，有助于识别被投资方的哪些活动是相关活动、相关活动的决策机制、被投资方相关活动的主导方以及涉入被投资方的那一方能从相关活动中取得可变回报。

①被投资方的设计安排表明表决权是判断控制的决定因素。当对被投资方的控制是通过持有其一定比例表决权或是潜在表决权的方式时，在不存在其他改变决策的安排的情况下，主要根据通过行使表决权来决定被投资方的财务和经营政策的情况判断控制。例如，在不存在其他因素时，通常持有半数以上表决权的投资方控制被投资方，但是，当章程或者其他协议存在某些特殊约定（如被投资方相关活动的决策需要三分之二以上表决权比例通过）时，拥有半数以上但未达到约定比例等并不意味着能够控制被投资方。

②被投资方的设计安排表明表决权不是判断控制的决定因素。当表决权仅与被投资方的日常行政管理活动有关，不能作为判断控制被投资方的决定性因素，被投资方的相关活动可能由其他合同安排规定时，投资方应结合被投资方设计产生的风险和收益、被投资方转移给其他投资方的风险和收益，以及投资方面临的风险和收益等一并判断是否控制被投资方。

（2）识别被投资方的相关活动及其决策机制

①被投资方的相关活动。被投资方为经营目的而从事众多活动，但这些活动并非都是相关活动，相关活动是对被投资方的回报产生重大影响的活动。不同企业的相关活动可能是不同的，应当根据企业的行业特征、业务特点、发展阶段、市场环境等具体情况来进行判断，这些活动可能包括但不限于下列活动：1）商品或劳务的销售和购买；2）金融资产的管理；3）资产的购买和处置；4）研究与开发；5）融资活动。对许多企业而言，经营和财务活动通常对其回报产生重大影响。

②被投资方相关活动的决策机制。投资方是否拥有权力，不仅取决于被投资方的相关活动，还取决于对相关活动进行决策的方式，例如，对被投资方的经营、融资等活动作出决策（包括编制预算）的方式，任命被投资方的关键管理人员、给付薪酬及终止劳动合同关系的决策方式，等等。

相关活动一般由企业章程、协议中约定的权力机构（例如股东会、董事会）来决策，特殊情况下，相关活动也可能根据合同协议约定等由其他主体决策，如专门设置的管理委员会等。有限合伙企业的相关活动可能由合伙人大会决策，也可能由普通合伙人或者投资管理公司等决策。

被投资方通常从事若干相关活动，并且这些活动可能不是同时进行。当两个或两个以上投资方能够分别单方面主导被投资方的不同相关活动时，能够主导对被投资方回报产生最重大影响的活动的一方拥有对被投资方的权力。

（3）确定投资方拥有的与被投资方相关的权力

通常情况下，当被投资方从事一系列对其回报产生显著影响的经营及财务活动，且需要就这些活动连续地进行实质性决策时，表决权或类似权利本身或者结合其他安排，将赋予投资方拥有权力。但在一些情况下，表决权不能对被投资方回报产生重大影响（例如，表决权可能仅与日常行政活动有关），被投资方的相关活动由一项或多项合同安排决定。

①投资方拥有多数表决权的权力。表决权比例通常与其出资比例或持股比例是一致的，但公司章程另有规定的除外。通常情况下，当被投资方的相关活动由持有半数以上表决权的投资方决定，或者主导被投资方相关活动的管理层多数成员（管理层决策由多数成员表决通过）由持有半数以上表决权的投资方聘任时，无论该表决权是否行使，持有被投资方过半数表决权的投资方拥有对被投资方的权力。但下述两种情况除外。

一是存在其他安排赋予被投资方的其他投资方拥有对被投资方的权力。例如，存在赋予其他方拥有表决权或实质性潜在表决权的合同安排，且该其他方不是投资方的代理人时，投资方不拥有对被投资方的权力。

二是投资方拥有的表决权不是实质性权利。例如，有确凿证据表明，由于客观原因无法获得必要的信息或存在法律法规的障碍，投资方虽持有半数以上表决权但无法行使该表决权时，该投资方不拥有对被投资方的权力。

投资方在判断是否拥有对被投资方的权力时，应当仅考虑与被投资方相关的实质性权利，包括自身所享有的实质性权利以及其他方所享有的实质性权利。

a. 实质性权利。实质性权利是持有人在对相关活动进行决策时有实际能力行使的可执行权利。判断一项权利是否为实质性权利，应当综合考虑所有相关因素，包括权利持有人行使该项权利是否存在财务、价格、条款、机制、信息、运营、法律法规等方面的障碍；当权利由多方持有或者行权需要多方同意时，是否存在实际可行的机制使得这些权利持有人在其愿意的情况下能够一致行权；权利持有人是否可从行权中获利；等等。实质性权利通常是当前可执行的权利，但某些情况下当前不可行使的权利也可能是实质性权利。对于投资方拥有的实质性权利，即便投资方并未实际行使，也应在评估投资方是否对被投资方拥有权力时予以考虑。

b. 保护性权利。保护性权利仅为了保护权利持有人利益却没有赋予持有人对相关活动的决策权。通常包括应由股东大会（或股东会，下同）行使的修改公司章程，增加或减少注册资本，发行公司债券，公司合并、分立、解散或变更公司形式等事项持有的表决权。例如，贷款方限制借款方从事损害贷款方权利的活动的权利，这些活动将对借款方信用风险产生不利影响从而损害贷款方权利，以及贷款方在借款方发生违约行为时扣押其资产的权利，等等。

保护性权利通常只能在被投资方发生根本性改变或某些例外情况发生时才能够行使，它既没有赋予其持有人对被投资方拥有权力，也不能阻止被投资方的其他投资方对被投资方拥有权力。仅享有保护性权利的投资方不拥有对被投资方的权力。保护性权利通常只能在被投资方发生根本性改变或某些例外情况发生时才能够行使，但并不是所有在例外情况下行使的权利或在不确定事项发生时才能行使的权利都是保护性权利。

【例1】被投资方甲公司举行年度股东大会，主导被投资方的相关活动。下次股东大会计划在8个月后举行。但是，单个股东或联合其他股东持有至少5%的投票权时，可以要求举行特别股东大会以改变相关活动的现有政策，但应提前1个月通知其他股东（意味着该种会议至少在1个月内不会举行）。被投资方相关活动的政策只能在特别股东大会或股东例会上进行变更。根据下列情形，分析投资方A是否拥有被投资方甲公司的权力。

情形1：投资方A拥有被投资方大多数的投票权。在此情况下，投票权来主导的被投资方的相关活动。投资方A拥有被投资方甲公司的权力。

情形2：投资方A通过一项远期合同获得被投资方大部分的股份。

远期合同的结算期是 25 天。投资方 A 拥有被投资方甲公司的权力。

情形 3：投资方 A 持有远期合同获得被投资方的大多数股权，除此之外，其对被投资方没有其他相关权利。远期合同的结算期是 6 个月。投资方 A 不拥有被投资方甲公司的权力。

投资方持有被投资方半数以上表决权的情况通常包括如下三种：一是投资方直接持有被投资方半数以上表决权；二是投资方间接持有被投资方半数以上表决权；三是投资方以直接和间接方式合计持有被投资方半数以上表决权。

②投资方持有被投资方半数或以下表决权，但通过与其他表决权持有人之间的协议能够控制半数以上表决权。投资方自己持有的表决权虽然只有半数或以下，但通过与其他表决权持有人之间的协议使其可以持有足以主导被投资方相关活动的表决权，从而拥有对被投资方的权力。该类协议安排需确保投资方能够主导其他表决权持有人的表决，即，其他表决权持有人按照投资方的意愿进行表决，而不是投资方与其他表决权持有人协商并根据双方协商一致的结果进行表决。

③投资方拥有多数表决权但没有权力。确定持有半数以上表决权的投资方是否拥有权力，关键在于该投资方现时是否有能力主导被投资方的相关活动。当其他投资方现时有权力能够主导被投资方的相关活动，且其他投资方不是投资方的代理人时，投资方就不拥有对被投资方的权力。当表决权不是实质性权利时，即使投资方持有被投资方多数表决权，也不拥有对被投资方的权力。例如，被投资方相关活动被政府、法院、管理人、接管人、清算人或监管人等其他方主导时，投资方虽然持有多数表决权，但也不可能主导被投资方的相关活动。被投资方自行清算的除外。

④持有被投资方半数或半数以下表决权。持有半数或半数以下表决权的投资方（或者虽持有半数以上表决权，但表决权比例仍不足以主导被投资方相关活动的投资方），应综合考虑下列事实和情况，以判断其持有的表决权与相关事实和情况相结合是否赋予投资方拥有对被投资方的权力。

a. 投资方持有的表决权份额相对于其他投资方持有的表决权份额的大小，以及其他投资方持有表决权的分散程度。投资方持有的绝对表决权比例或相对于其他投资方持有的表决权比例越高，其现时能够主导被投资方相关活动的可能性越大；为否决投资方意见而需要联合的其他投资方越多，投资方现时能够主导被投资方相关活动的可能性越大。

b. 投资方和其他投资方持有的潜在表决权。潜在表决权是获得被投资方表决权的权利，例如，可转换工具、可执行认股权证、远期股权购买合同或其他期权所产生的权利。

c. 其他合同安排产生的权利。投资方可能通过持有的表决权和其他决策权相结合的方式使其当前能够主导被投资方的相关活动。例如，合同安排赋予投资方能够聘任被投资方董事会或类似权力机构多数成员，这些成员能够主导董事会或类似权力机构对相关活动的决策。但是，在不存在其他权利时，仅仅是被投资方对投资方的经济依赖（如供应商和其主要客户的关系）不会导致投资方对被投资方拥有权力。

d. 其他相关事实或情况。如投资方享有的权利、被投资方以往表决权行使情况及有关事实或情况等。

在被投资方的相关活动是通过表决权进行决策的情况下，当投资方持有的表决权比例不超过半数时，投资方在考虑了所有相关情况和事实后仍不能确定投资方是否拥有被投资方的权力的，投资方不控制被投资方。

【例2】投资方A具有被投资方45%的投票权；被投资方的剩余投票权由数以千计的股东持有，没有任一股东单独持有超过1%的投票权，且没有任何股东与其他股东达成协议或能够做出集体决策。当以其他股权的相对规模为基础判断所获得的投票权的比例时，投资方A对被投资方拥有控制权力。

【例3】投资方A持有被投资方45%的投票权，其他11个投资方各持有被投资方5%的投票权。股东协议授予投资方A指派或开除管理层并确定管理层薪酬的权利，这些管理层将主导被投资方的相关活动。如果改变协议，需要股东2/3的投票权通过。在此情况下，投资方A认为，单凭投资者持有被投资方的投票权的绝对规模和其他投资者持有被投资方的投票权的相对规模，无法判断投资者是否拥有足以赋予其权力的权利。但是，投资方A确定股东协议授予投资方A指派或开除管理层并确定管理层薪酬的权利，足以说明投资方A拥有对被投资方的权力。

【例4】投资方A持有被投资方40%的投票权；其他12个股东各持

有被投资方 5% 的投票权。假定股东之间不存在合同安排以互相协商或集体决策，很难判断出投资方 A 对被投资方拥有权力。在此情况下，单凭投资者持有被投资方的投票权的绝对规模和其他股东持有被投资方的投票权的相对规模，无法判断投资者是否拥有足以赋予其权力的权利。还应考虑其他可能为投资方 A 是否拥有权力提供证据的额外事实和情况。

【例 5】投资方 A 与其他两个投资方 B 和 C 各自持有被投资方三分之一的表决权。被投资方的经营活动与投资方 A 密切相关。除了权益工具，投资方 A 同时也对被投资方持有债务工具，这些债务工具可以在任何时间以固定价格转换为被投资方的普通股。如果这些债权予以转换，投资方 A 将拥有被投资方 60% 的表决权，可主导被投资方的相关活动。在此情况下，投资方 A 持有的潜在表决权为实质性权利。投资方 A 持有的表决权和实质性潜在表决权相结合，使得投资方 A 对被投资方拥有权力。

⑤权力来自表决权之外的其他权利。投资方对被投资方的权力通常来自表决权，但有时，投资方对一些主体的权力不是来自表决权，而是由一项或多项合同安排决定。例如，证券化产品、资产支持融资工具、部分投资基金等结构化主体。结构化主体，是指在确定其控制方时没有将表决权或类似权利作为决定因素而设计的主体。主导该主体相关活动的依据通常是合同安排或其他安排形式。有关结构化主体的判断见《企业会计准则第 41 号——在其他主体中权益的披露》。

由于主导结构化主体的相关活动不是来自表决权（或类似权利），而是由合同安排决定，这无形中加大了投资方有关是否拥有对该类主体权力的判断难度。投资方需要评估合同安排，以评价其享有的权利是否足够使其拥有对被投资方的权力。在评估时，投资方通常应考虑下列四方面：（1）在设立被投资方时的决策及投资方的参与度；（2）相关合同安排；（3）仅在特定情况或事项发生时开展的相关活动；（4）投资方对被投资方做出的承诺。

另外，结构化主体在设立后的运营中，由其法律上的权力机构表决的事项通常仅与行政事务相关，表决权对投资方的回报往往不具有重大的直接联系。因此，投资方在评估结构化主体设立目的和设计时，应考虑其被专门设计用于承担回报可变性的类型、投资方通过参与其相关活动是否承担了部分或全部的回报可变性等。

2. 因参与被投资方的相关活动而享有可变回报

判断投资方是否控制被投资方的第二项基本要素是，因参与被投资方的相关活动而享有可变回报。可变回报是不固定的并可能随被投资方业绩而变动的回报，可能是正数，也可能是负数，或者有正有负。投资方在判断其享有被投资方的回报是否变动以及如何变动时，应当根据合同安排的实质，而不是法律形式。例如，投资方持有固定利率的交易性债券投资时，虽然利率是固定的，但该利率取决于债券违约风险及债券发行方的信用风险，因此，固定利率也可能属于可变回报。其他可变回报的例子包括以下几个部分。

（1）股利、被投资方经济利益的其他分配（例如，被投资方发行的债务工具产生的利息）、投资方对被投资方投资的价值变动。

（2）因向被投资方的资产或负债提供服务而得到的报酬、因提供信用支持或流动性支持收取的费用或承担的损失、被投资方清算时在其剩余净资产中所享有的权益、税务利益以及因涉入被投资方而获得的未来流动性。

（3）其他利益持有方无法得到的回报。例如，投资方将自身资产与被投资方的资产一并使用，以实现规模经济，达到节约成本、为稀缺产品提供资源、获得专有技术或限制某些运营或资产，从而提高投资方其他资产的价值。

3. 有能力运用对被投资方的权力影响其回报金额

判断控制的第三项基本要素是，有能力运用对被投资方的权力影响其回报金额。只有当投资方不仅拥有对被投资方的权力、通过参与被投资方的相关活动而享有可变回报，并且有能力运用对被投资方的权力来影响其回报的金额时，投资方才控制被投资方。因此，拥有决策权的投资方在判断是否控制被投资方时，需要考虑其决策行为是以主要责任人（实际决策人）的身份进行还是以代理人的身份进行。此外，在其他方拥有决策权时，投资方还需要考虑其他方是不是以代理人的身份代表该投资方行使决策权。

（1）投资方的代理人

代理人是相对于主要责任人而言的，代表主要责任人行动并服务于该主要责任人的利益。主要责任人可能将其对被投资方的某些或全部决策权授予代理人，但在代理人代表主要责任人行使决策权时，代理人并不对被投资方拥有控制。主要责任人的权力有时可以通过代理人根据主要责任人的利益持有并行使，但权力行使人不会仅仅因为其他方能从其行权中获益而成为代理人。

在判断控制时，代理人的决策权应被视为由主要责任人直接持有，权力属于主要责任人而非代理人，因此，投资方应当将授予代理人的决策权视为自己直接持有的决策权，即使被投资方有多个投资方且其中两个或两个以上投资方有代理人。

决策者在确定其是否为代理人时，应综合考虑该决策者与被投资方以及其他方之间的关系，尤其需要考虑下列四项：①决策者对被投资方的决策权范围；②其他方享有的实质性权利；③决策者的薪酬水平；④决策者因持有被投资方的其他利益而承担可变回报的风险。综合上述四项因素的分析，当存在单独一方持有实质性罢免权并能无理由罢免决策者时，决策者属于代理人。除此以外，需综合考虑上述四项因素以判断决策者是否作为代理人行使决策权。

（2）实质代理人

在判断控制时，投资方应当考虑与所有其他方之间的关系、他们是否代表投资方行动（识别投资方的"实质代理人"）以及其他方之间、其他方与投资方之间如何互动。上述关系不一定在合同安排中列明。当投资方（或有能力主导投资方活动的其他方）能够主导某一方代表其行动时，被主导方为投资方的实质代理人。在这种情况下，投资方在判断是否控制被投资方时，应将其实质代理人的决策权以及通过实质代理人而间接承担（或享有）的可变回报风险（或权利）与其自身的权利一并考虑。

根据各方的关系，表明一方可能是投资方的实质代理人的情况包括但不限于：投资方的关联方；因投资方出资或提供贷款而取得在被投资方中权益的一方；未经投资方同意，不得出售、转让或抵押其持有的被投资方权益的一方（不包括此项限制系通过投资方和其他非关联方之间自愿协商同意的情形）；没有投资方的财务支持难以获得资金支持其经营的一方；被投资方权力机构的多数成员或关键管理人员与投资方权力机构的多数成员或关键管理人员相同；与投资方具有密切业务往来的一方，如专业服务的提供者与其中一家重要客户的关系。

【例6】决策者（基金经理）建立、营销并管理某基金。基金经理必须基于投资方的最高利益并根据基金管理协议做出决策，但也拥有很宽的决策自主权。基金经理按其所管理资产的1%加上达到特定盈利水平后基金利润的20%作为管理服务费。

情形1：基金经理持有2%的基金投资，使其利益与其他投资方利益一致。基金经理对超过其2%投资以外的基金损失不承担任何义务。在基金经理违约的情况下，投资方可以通过简单多数投票解雇基金经理。在此情况下，基金经理不对基金拥有实质性控制。

情形2：基金经理在基金中持有20%的投资，但对其20%以外的基金损失不承担任何义务。基金设立董事会，所有董事都独立于基金经理，并由其他投资方任命。董事会每年任命基金经理。如果董事会决定不续任基金经理合同，基金经理提供的服务可以由同行业的其他经理接替。在此情况下，尽管基金经理拥有广泛的决策权，并面临重大的可变回报的风险，但如果综合考虑相关因素判断其他投资方享有的实质性罢免权，则基金经理是代理人，不对基金拥有实质性控制。

（四）对被投资方可分割部分（单独主体）的控制

这是对合并范围的新规定，和母公司与子公司的定义相关。通常情况下应对是否控制被投资方整体进行判断。但在极少数情况下，对单独主体进行判断是否控制。例如，有确凿证据表明同时满足下列条件并且符合相关法律法规规定的，投资方应当将被投资方的一部分视为被投资方可分割的部分（单独主体），进而判断是否控制该部分（单独主体）：（1）该部分的资产是偿付该部分负债或该部分其他权益的唯一来源，不能用于偿还该部分以外的被投资方的其他负债；（2）除与该部分相关的各方外，其他方不享有与该部分资产相关的权利，也不享有与该部分资产剩余现金流量相关的权利。

因此，实质上该部分的所有资产、负债及其他相关权益均与被投资方的剩余部分相隔离。即该部分的资产产生的回报不能由该部分以外的被投资方其他部分使用，该部分的负债也不能用该部分以外的被投资方资产偿还。

如果被投资方的一部分资产和负债及相关权益满足上述条件，构成可分割部分，则投资方应当基于控制的判断标准确定其是否能够控制该可分割部分，包括考虑该可分割部分的相关活动及其决策机制，投资方是否有能力主导可分割部分的相关活动并据以从中取得可变回报，等等。如果投资方控制该可分割部分，则应将其进行合并。此时，其他方在考虑是否控制并合并被投资方时，应仅对被投资方的剩余部分进行评估，应将该单独主体排除在外。

五 合并程序

（一）编制合并报表的前期准备与编制程序

1. 编制合并报表的前期准备事项

（1）统一母子公司的会计政策。母公司应当统一子公司所采用的会计政策，使子公司采用的会计政策与母公司保持一致。子公司所采用的会计政策与母公司不一致的，应当按照母公司的会计政策对子公司财务报表进行必要的调整；或者要求子公司按照母公司的会计政策另行编报财务报表。

（2）统一母子公司的会计期间。母公司应当统一子公司的会计期间，使子公司的会计期间与母公司保持一致。子公司的会计期间与母公司不一致的，应当按照母公司的会计期间对子公司财务报表进行调整；或者要求子公司按照母公司的会计期间另行编报财务报表。

（3）收集编制合并财务报表的相关资料。为了编制合并财务报表，母公司应要求子公司及时提供下列有关资料：采用的与母公司不一致的会计政策及其影响金额；与母公司不一致的会计期间的说明；与母公司、其他子公司之间发生的所有内部交易的相关资料；所有者权益变动的有关资料；编制合并财务报表所需要的其他资料，如非同一控制下企业合并购买日的公允价值资料。

（4）在集团角度调整特殊交易。母公司编制合并财务报表，应当将整个企业集团视为一个会计主体，依据相关企业会计准则的确认、计量和列报要求，按照统一的会计政策，反映企业集团整体财务状况、经营成果和现金流量。其要求包括合并母公司与子公司的资产、负债、所有者权益、收入、费用和现金流等项目；抵销母公司对子公司的长期股权投资与母公司在子公司所有者权益中所享有的份额；抵销母公司与子公司、子公司相互之间发生的内部交易的影响。内部交易表明相关资产发生减值损失的，应当全额确认该部分损失；站在企业集团角度对特殊交易事项予以调整。

2. 合并财务报表的编制程序：工作底稿法

合并工作底稿的作用是为合并财务报表的编制提供基础。在合并工作底稿中，对母公司和子公司的个别财务报表各项目的金额进行汇总和抵销处理，最终计算得出合并财务报表各项目的合并金额。在合并工作底稿中编制调整分录和抵销分录，将内部交易对合并财务报表有关项目的影响进行抵销处理。在合并工作底稿中编制的调整分录和抵销分录，借记或贷记的均为财务报表项目（资产负债表项目、利润表项目、现金流量表项目和所有者权益变动表项目），而不是具体的会计科目。

合并财务报表的编制程序：（1）设置合并工作底稿；（2）将母公司、纳入合并范围的子公司个别资产负债表、利润表及所有者权益变动表各项目的数据过入合并工作底稿，并在合并工作底稿中对母公司和子公司个别财务报表各项目的数据进行加总，计算得出个别资产负债表、个别利润表及个别所有者权益变动表各项目合计数额；（3）编制调整分录与抵销分录；（4）计算合并财务报表各项目的合并金额；（5）填列合并财务报表。根据合并工作底稿中计算出的资产、负债、所有者权益、收入、成本费用类以及现金流量表中各项目的合并金额，填列生成正式的合并财务报表。如图1-8所示。

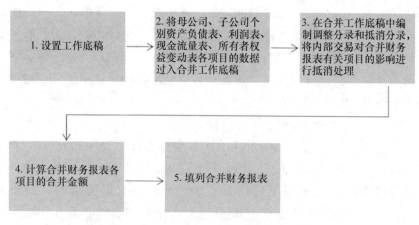

图1-8　合并财务报表的编制程序：工作底稿法

（二）合并资产负债表

合并资产负债表应当以母公司和子公司的资产负债表为基础，在抵销母公司与子公司、子公司相互之间发生的内部交易对合并资产负债表的影响后，由母公司合并编制。CAS 33（2014）相比于原准则新增加了两项内容。

一是子公司持有母公司的长期股权投资，应当视为企业集团的库存股，作为所有者权益的减项，在合并资产负债表中所有者权益项目下以"减：库存股"项目列示。这是对交叉持股下合并报表编制的规定。CAS 33（2006）没有明确指出交叉持股的处理方法，只是简单地规定将子公司持有母公司的长期股权投资、子公司相互之间持有的长期股权投资，应该比照母公司对子公司的股权投资的抵销方法，采用通常所说的交互分配法（传统法）进行抵销，没有给出具体的处理方法。CAS 33（2014）第三十条规定子公司持有母公司的长期股权投资，应当视为企业集团的库存股，作为所有者权益的减项，在合并资产负债表中所有者权益项目下以"减：库存股"项目列示。子公司相互之间持有的长期股权投资，应当比照母公司对子公司的股权投资的抵销方法，将长期股权投资与其对应的子公司所有者权益中所享有的份额相互抵销。

库藏股法源于母公司理论，母公司不承认子公司的投资，在编制合并财务报表时将子公司对母公司的长期股权投资作为母公司的库藏股，同时子公司不参与母公司的利润分配，并将母公司分配给子公司的股利也要抵销。传统法源于实体理论，此方法将子公司持有母公司的股份视为推定赎回，在母公司的账上直接调整"所有者权益"项目和"对子公司的长期股权投资"项目，因此，传统法反映的是抵销子公司对母公司投资后的"所有者权益"。

下面例子介绍库藏股法下的会计处理。

【例7】甲公司于20×4年1月1日取得乙公司75%的股份。当时，乙公司的净资产为400万元，甲公司支付现金300万元。在此之前，乙公司曾以200万元取得甲公司20%的股份，当时甲公司的净资产为1 000万元。20×4年甲、乙公司分别取得净利润200万元和100万元（不包括投资收益）。20×4年1月1日和12月31日的资产负债表如表1-8所示（为简化说明，假设甲乙公司均无任何负债，年末不提取任何公积金，对长期股权投资使用权益法核算）。

表1-8　　　　　　　　　　　　资产负债表　　　　　　　　单位：万元

项目	甲公司		乙公司	
	1月1日	12月31日	1月1日	12月31日
其他各项资产	700	900	200	300
在乙公司中投资75%	300	375		
在甲公司中投资25%			200	240
资产合计	1 000	1 250	400	540
股本	1 000	1 000	400	400
未分配利润	0	250	0	140
负债与所有者权益合计	1 000	1 250	400	540

在库藏股法下，编制合并报表时抵销分录如下（单位：万元）。

（1）在库藏股法下，子公司无权获得母公司的利润，所以要将其按权益法确认的投资收益冲销。

借：未分配利润（乙公司）40

　　贷：长期股权投资——甲公司（损益调整）40

（2）合并抵销分录。

借：库存股　　200

　　贷：长期股权投资——甲公司200

借：股本（乙公司）400

　　未分配利润（乙公司）100

　　贷：少数股东权益125

　　　　长期股权投资——乙公司375

根据上述分录编制合并工作底稿（略），并据以编制合并资产负债表，合并损益表（略）。

表1-9　　　　　　　　合并资产负债表（简表）20×4年12月31日单位：万元

资产		负债与所有者权益	
其他各项资产	1 200	股本	1 000
		减库藏股	-200
		未分配利润	275
		少数股东权益	125
资产合计	1 200	负债与所有者权益合计	1 200

二是抵销未实现内部销售损益需考虑所得税影响。企业在编制合并财务报表时，按照合并报表的编制原则，应将纳入合并范围的企业之间发生的未实现内部交易损益予以抵销，因此对于所涉及的资产负债项目在合并资产负债表中列示的价值与其所属的企业个别资产负债表中的价值会不同，进而可能产生与有关资产、负债所属个别纳税主体计税基础的不同，从合并财务报表作为一个完整经济主体的角度，应当确认该暂时性差异的所得税影响。因此，因抵销未实现内部销售损益导致合并资产负债表中资产、负债的账面价值与其在纳入合并范围的企业按照适用税法规定确定的计税基础之间产生暂时性差异的，在合并资产负债表中应当确认递延所得税资产或递延所得税负债，同时调整合并利润表中的所得税费用，但与直接计入所有者权益的交易或事项及企业合并相关的递延所得税除外。

（三）合并利润表

合并利润表应当以母公司和子公司的利润表为基础，在抵销母公司与子公司、子公司相互之间发生的内部交易对合并利润表的影响后，由母公司合并编制。与原准则相比，CAS 33（2014）在编制合并利润表方面的主要变化有以下几点。

一是子公司当期综合收益中属于少数股东权益的份额，应当在合并利润表中综合收益总额项目下以"归属于少数股东的综合收益总额"项目列示。

二是明确顺流、逆流交易及子公司之间交易抵销的会计处理。母公司向子公司出售资产所发生的未实现内部交易损益，应当全额抵销"归属于母公司所有者的净利润"。子公司向母公司出售资产所发生的未实现内部交易损益，应当按照母公司对该子公司的分配比例在"归属于母公司所有者的净利润"和"少数股东损益"之间分配抵销。子公司之间出售资产所发生的未实现内部交易损益，应当按照母公司对出售方子公司的分配比例在"归属于母公司所有者的净利润"和"少数股东损益"之间分配抵销。这条规定明确了未实现内部交易损益在顺流交易时全额抵销、在逆流交易和子公司之间交易时按分配比例抵销的会计处理。即顺流交易，母公司出售资产给子公司形成的未实现内部交易损益，在计算归属于子公司少数股权的净利润时，不考虑合并抵销分录（抵销未实现销货毛利）的影响；逆流交易，子公司出售资产给母公司形成的未实现内部交易损益，在计算归属于子公司少数股权的净利润时，需要考虑合并抵销分录（抵销未实现销货毛利）的影响。

三是少数股东分担超额亏损。子公司少数股东分担的当期亏损超过了少数股东在该子公司期初所有者权益中所享有的份额的，其余额仍应当冲减少数股东权益。

（四）合并现金流量表

有关合并现金流量表的规定，CAS 33（2014）与原准则基本一致。合并现金流量表是综合反映母公司及其所有子公司组成的企业集团在一定会计期间现金和现金等价物流入和流出的报表。合并现金流量表应当以母公司和子公司的现金流量表为基础，在抵销母公司与子公司、子公司相互之间发生的内部交易对合并现金流量表的影响后，由母公司合并编制。唯一不同的是，根据 CAS 33（2014）第四十二条规定，合并现金流量表及其补充资料也可以根据合并资产负债表和合并利润表进行编制。

（五）合并所有者权益变动表

合并所有者权益变动表是反映构成企业集团所有者权益的各组成部分当期的增减变动情况的财务报表。有关合并所有者权益变动表的规定，CAS 33（2014）与原准则相一致。合并所有者权益变动表应当以母公司和子公司的所有者权益变动表为基础，在抵销母公司与子公司、子公司相互之间发生的内部交易对合并所有者权益变动表的影响后，由母公司合并编制。

六 报告期内增减子公司的处理

（一）增加子公司

母公司因追加投资等原因控制了另一个企业即实现了企业合并，应当根据《企业会计准则第 20 号——企业合并》（CAS 20）的规定编制合并日或购买日的合并财务报表。在企业合并发生当期的期末和以后会计期间，母公司应当别情况进行处理，编制合并财务报表。

1. 同一控制下企业合并增加的子公司或业务，视同合并后形成的企业集团报告主体自最终控制方开始实施控制时一直是一体化存续下来的。编制合并资产负债表时，应当调整合并资产负债表的期初数，合并资产负债表的留存收益项目应当反映母子公司视同一直作为一个整体运行至合并日应实现的盈余公积和未分配利润的情况，同时应当对比较报表的相关项目进行调整；编制合并利润表时，应当将该子公司或业务自合并当期期初至报告期末的收入、费用、利润纳入合并利润表，而不是从合并日开始纳入合并利润表，同时应当对比较报表的相关项目进行调整。由于这部分净利润是因企业合并准则所规定的同一控制下企业合并的编表原则所致，而非母公司管理层通过生产经营活动实现的净利润，因此，应当在合并利润表中单列"其中：被合并方在合并前实现的净利润"项目进行反映；在编制合并现金流量表时，应当将该子公司或业务自合并当期期初到报告期末的现金流量纳入合并现金流量表，同时应当对比较报表的相关项目进行调整。

2. 非同一控制下企业合并或其他方式增加的子公司或业务，应当从购买日开始编制合并财务报表，在编制合并资产负债表时，不调整合并资产负债表的期初数；企业以非货币性资产出资设立子公司或对子公司增资的，需要将该非货币性资产调整恢复至原账面价值，并在此基础上持续编制合并财务报表；在编制合并利润表时，应当将该子公司或业务自购买日至报告期末的收入、费用、利润纳入合并利润表；在编制合并现金流量表时，应当将该子公司购买日至报告期期末的现金流量纳入合并现金流量表。

（二）处置子公司

在报告期内，如果母公司处置子公司或业务，失去对子公司或业务的控制，被投资方从处置日开始不再是母公司的子公司，不应继续将其纳入合并财务报表的合并范围，在编制合并资产负债表时，不应当调整合并资产负债表的期初数；在编制合并利润表时，应当将该子公司或业务自当期期初至处置日的收入、费用、利润纳入合并利润表；在编制合并现金流量表时，应将该子公司或业务自当期期初至处置日的现金流量纳入合并现金流量表。

七　特殊交易的会计处理

特殊交易的会计处理，主要内容包括购买少数股权、不丧失控制权情况下部分处置对子公司投资、因追加投资等原因对非同一控制下的被投资方实施控制、因处置部分股权投资等原因丧失对被投资方控制、一揽子交易等。这是 CAS 33（2014）新增加的一部分内容。

（一）控制权不变情况下的会计处理

由于股权变动而控制权不变有两种情况：一是母公司购买子公司少数股东拥有的子公司股权，二是母公司部分处置对子公司的长期股权投资而不丧失控制权。具体处理规定见表 1 - 10 所示。

表 1 - 10　　　　　　　　　**控制权不变情况下的会计处理**

购买少数股权	不丧失控制权情况下部分处置 对子公司的长期股权投资
因购买少数股权新取得的长期股权投资与按照新增持股比例计算应享有子公司自购买日或合并日开始持续计算的净资产份额之间的差额，调整资本公积（资本溢价或股本溢价），资本公积不足冲减的，调整留存收益	处置价款与处置长期股权投资相对应享有子公司自购买日或合并日开始持续计算的净资产份额之间的差额，调整资本公积（资本溢价或股本溢价），资本公积不足冲减的，调整留存收益

1. 母公司购买子公司少数股东拥有的子公司股权的处理

母公司购买子公司少数股东拥有的子公司股权，在合并财务报表中，因购买少数股权新取得的长期股权投资与按照新增持股比例计算应享有子公司自购买日或合并日开始持续计算的净资产份额之间的差额，应当调整资本公积（资本溢价或股本溢价），资本公积不足冲减的，调整留存收益。

【例 8】A 公司于 20×5 年 12 月 29 日以 20 000 万元取得对 B 公司 70% 的股权，能够对 B 公司实施控制，形成非同一控制下的企业合并。20×6 年 12 月 25 日 A 公司又出资 7 500 万元自 B 公司的其他股东处取得 B 公司 20% 的股权。本例中 A 公司与 B 公司及 B 公司的少数股东在相关交易发生前不存在任何关联方关系。

（1）20×5 年 12 月 29 日，A 公司在取得 B 公司 70% 股权时，B 公司可辨认净资产公允价值总额为 25 000 万元。

（2）20×6 年 12 月 25 日，B 公司有关资产、负债的账面价值、自购买日开始持续计算的金额（对母公司的价值）如表 1 - 11 所示。

表 1-11   **B 公司有关资产、负债的价值**   单位：万元

项目	B 公司的账面价值	B 公司资产、负债自购买日开始持续 计算的金额（对母公司的价值）
存货	1 250	1 250
应收款项	6 250	6 250
固定资产	10 000	11 500
无形资产	2 000	3 000
其他资产	5 500	8 000
应付款项	1 500	1 500
其他负债	1 000	1 000
净资产	22 500	27 500

分析：

（1）确定 A 公司对 B 公司长期股权投资的成本

20×5 年 12 月 29 日为该非同一控制下企业合并的购买日，A 公司取得对 B 公司长期股权投资的成本为 20 000 万元。20×6 年 12 月 25 日，A 公司在进一步取得 B 公司 20% 的少数股权时，支付价款 7 500 万元。该项长期股权投资在 20×6 年 12 月 25 日的账面余额为 27 500 万元。

（2）编制合并财务报表时的处理

1）商誉的计算：

A 公司取得对 B 公司 70% 股权时产生的商誉 = 20 000 - 25 000 × 70% = 2 500（万元）

在合并财务报表中应体现的商誉为 2 500 万元。

2）所有者权益的调整：

合并财务报表中，B 公司的有关资产、负债应以其对母公司 A 的价值进行合并，即与新取得的 20% 股权相对应的被投资单位可辨认资产、负债的金额 = 27 500 × 20% = 5 500（万元）。

因购买少数股权新增加的长期股权投资成本 7 500 万元与按照新取得的股权比例（20%）计算确定应享有子公司自购买日开始持续计算的可辨认净资产份额 5 500 万元之间的差额 2 000 万元，在合并资产负债表中应当调整所有者权益相关项目，首先调整资本公积（资本溢价或

股本溢价），在资本公积（资本溢价或股本溢价）的金额不足冲减的情况下，调整留存收益。

2. 不丧失控制权情况下处置部分对子公司投资的处理

根据 CAS 33（2014）第四十九条规定，母公司在不丧失控制权的情况下部分处置对子公司的长期股权投资，在合并财务报表中，处置价款与处置长期股权投资相对应享有子公司自购买日或合并日开始持续计算的净资产份额之间的差额，应当调整资本公积（资本溢价或股本溢价），资本公积不足冲减的，调整留存收益。

企业持有对子公司投资后，如将对子公司部分股权出售，但出售后仍保留对被投资单位控制权，被投资单位仍为其子公司的情况下，出售股权的交易应区别母公司个别财务报表与合并财务报表分别处理。

（1）从母公司个别财务报表角度，应作为长期股权投资的处置，确认有关处置损益。即出售股权取得的价款或对价的公允价值与所处置投资账面价值的差额，应作为投资收益或投资损失计入处置投资当期母公司的个别利润表。

（2）在合并财务报表中，因出售部分股权后，母公司仍能够对被投资单位实施控制，被投资单位应当纳入母公司合并财务报表。合并财务报表中，处置长期股权投资取得的价款（或对价的公允价值）与处置长期股权投资相对应享有子公司净资产的差额应当计入所有者权益（资本公积——资本溢价或股本溢价），资本公积（资本溢价或股本溢价）的余额不足冲减的，应当调整留存收益。

【例9】甲公司于20×5年2月20日取得乙公司80%股权，成本为8 600万元，购买日乙公司可辨认净资产公允价值总额为9 800万元。假定该项合并为非同一控制下企业合并，且按照税法规定该项合并为应税合并。20×7年1月2日，甲公司将其持有的对乙公司长期股权投资其中的25%对外出售，取得价款2 600万元。出售投资当日，乙公司自甲公司取得其80%股权之日持续计算的应当纳入甲公司合并财务报表的可辨认净资产总额为12 000万元。该项交易后，甲公司仍能够控制乙公司的财务和生产经营决策。

本例中甲公司出售部分对乙公司股权后，因仍能够对乙公司实施控制，该交易属于不丧失控制权情况下处置部分对子公司投资，甲公司应当分别对个别财务报表和合并财务报表进行处理：

（1）甲公司个别财务报表

借：银行存款 26 000 000

　　贷：长期股权投资 21 500 000

　　　　投资收益 4 500 000

（2）甲公司合并财务报表

出售股权交易日，在甲公司合并财务报表中，出售乙公司股权取得的价款 2 600 万元与所处置股权相对应乙公司净资产 2 400 万元之间的差额应当调整增加合并资产负债表中的资本公积。

【例10】甲公司于 20×1 年 1 月 1 日取得乙公司 80% 股权，成本为 8 600 万元，购买日乙公司可辨认净资产公允价值总额为 9 800 万元。假定该项合并为非同一控制下企业合并，且按照税法规定该项合并为应税合并。

20×2 年 1 月 1 日，甲公司将其持有的对乙公司长期股权投资其中的 25% 对外出售（即出售持有乙公司股权 20%），取得价款 2 600 万元。出售投资当日，乙公司自甲公司取得其 80% 股权之日持续计算的应当纳入甲公司合并财务报表的可辨认净资产总额为 10 000 万元。该项交易后，甲公司仍能够控制乙公司的财务和生产经营决策（80% - 20% = 60%）。从购买日到 20×1 年末净资产增加了 200 万元（10 000 - 9 800），其中由于净利润增加净资产 100 万元，由于其他因素增加净资产 100 万元。20×1 年 1 月 1 日甲公司出售股权会计处理如下（单位：万元）：

（1）甲公司个别财务报表层面（出售 20%）

借：银行存款　　　　　　2 600

　　贷：长期股权投资——乙公司（8 600×25%）2 150

　　　　投资收益　　　　　　　　　　　　450

（2）甲公司合并财务报表层面

购买日形成的商誉 = 8 600 - 9 800×80% = 8 600 - 7 840 = 760 万元；出售股权交易日，在甲公司合并财务报表中，出售乙公司股权取得的价款 2 600 万元与所处置股权相对应乙公司净资产份额 2 000 万元（10 000×20%）之间的差额 600 万元应当调整增加合并资产负债表中的资本公积（资本溢价）。在合并报表中的抵销分录是：

①将剩余投资 60% 由成本法调整为权益法

借：长期股权投资（10 000 - 9 800）×60%　　　　　120

　　贷：盈余公积（100×60%×10%）　　　　　　6
　　　　未分配利润（100×60%×90%）　　　　　54
　　　　资本公积　　　　　　　　　　　　　　60

　　②按照权益法，以前年度被投资单位由于实现净利润等，应该反映在投资企业以前年度的投资收益中，不应反映在当期损益，故应将母公司中的当期损益调入留存收益等：

　　借：投资收益（200×20%）40
　　　　贷：盈余公积　　　　　　　　　　　　2
　　　　　　未分配利润　　　　　　　　　　18
　　　　　　资本公积　　　　　　　　　　　20

　　③将处置长期股权投资取得的价款2 600万元与处置长期股权投资相对应享有子公司净资产份额2 000万元（10 000×20%）的差额600万元，应当计入所有者权益（资本公积——资本溢价或股本溢价）；由于商誉760万元包含在长期股权投资中，在处置25%长期股权投资时，将其中的商誉190万元（760×25%）结转了，但由于还有控制权，商誉还是760万元，故应恢复长期股权投资190万元；同时冲回没有抵销的投资收益410万元，因为合并报表层面不体现处置损益：

　　借：长期股权投资（760×25%）　　　　　　　　　190
　　　　投资收益（2 600－10 000×20%－760×25%）　　410
　　　　贷：资本公积——资本溢价（2 600－10 000×20%）　　600

　　④将母公司长期股权投资与子公司所有者权益抵销

　　借：股本、资本公积、盈余公积、未分配利润等　　10 000
　　　　商誉　　　　　　　　　　　　　　　　　　　760
　　　　贷：长期股权投资（8 600－2 150+120+190）　　6 760
　　　　　　少数股东权益（10 000×40%）　　　　　4 000

　　现将上述业务处置日在母公司报表和合并报表的列示金额归纳见表1－12。

表1－12　　　　　20×1年处置日报表项目列示的金额　　　　　单位：万元

报表项目	母公司报表	合并报表
长期股权投资	6 450（8 600－2 150）	0
投资收益	450	0

报表项目	母公司报表	合并报表
商誉	—	760
少数股东权益	—	4 000
其余略		

（二）因追加投资等原因，对非同一控制下的被投资方实施控制（增加子公司）的处理

根据 CAS 33（2014）第四十八条规定，企业因追加投资等原因能够对非同一控制下的被投资方实施控制的，在合并财务报表中，对于购买日之前持有的被购买方的股权，应当按照该股权在购买日的公允价值进行重新计量，公允价值与其账面价值的差额计入当期投资收益；购买日之前持有的被购买方的股权涉及权益法核算下的其他综合收益等的，与其相关的其他综合收益等应当转为购买日所属当期收益。购买方应当在附注中披露其在购买日之前持有的被购买方的股权在购买日的公允价值、按照公允价值重新计量产生的相关利得或损失的金额。

因追加投资等原因，对非同一控制下的被投资方实施控制的处理如表 1 - 13 所示。

表 1 - 13　　因追加投资在非同一控制下增加子公司的报表处理

变动原因	个别财务报表			合并财务报表	
	初始投资成本		其他综合收益/损益	原股权	其他综合收益/损益
	原股权	新增投资			
权益法→成本法	账面价值	新增投资成本	原股权因采用权益法核算而确认的其他综合收益，处置时采用与被投资单位直接处置相关资产或负债相同的基础进行会计处理	在购买日的公允价值重新计量	公允价值与其账面价值的差额计入当期投资收益，原股权涉及权益法核算的其他综合收益转为当期收益
金融工具→成本法	账面价值	新增投资成本	原计入其他综合收益的累计公允价值变动，改按成本法核算时转入当期损益		

增减子公司在合并报表中的反映如表 1-14 所示。

表 1-14   增减子公司在合并报表中的反映

合并资产负债表	增加子公司	不需要调整合并资产负债表的期初数
	处置子公司	不需要对该出售转让股份而成为非子公司的资产负债表进行合并
合并利润表	增加子公司	将本期取得的子公司自取得控制权日起至本期期末的收入、费用和利润纳入合并利润表
	处置子公司	将该子公司自期初至丧失控制权之日止的收入、费用、利润纳入合并利润表
合并现金流量表	增加子公司	将本期取得的子公司自取得控制权日起至本期期末止的现金流量纳入合并现金流量表
	处置子公司	将该子公司自期初至丧失控制权之日止的现金流量纳入合并现金流量表

（三）因处置部分股权投资等原因，丧失对被投资方控制权（减少子公司）

根据 CAS 33（2014）第五十条规定，企业因处置部分股权投资等原因丧失了对被投资方的控制权的，在编制合并财务报表时，对于剩余股权，应当按照其在丧失控制权日的公允价值进行重新计量。处置股权取得的对价与剩余股权公允价值之和，减去按原持股比例计算应享有原有子公司自购买日或合并日开始持续计算的净资产的份额之间的差额，计入丧失控制权当期的投资收益，同时冲减商誉。与原有子公司股权投资相关的其他综合收益等，应当在丧失控制权时转为当期投资收益。

企业因处置部分股权投资或其他原因丧失了对原有子公司控制权的，在个别财务报表中，应当按照《企业会计准则第 2 号——长期股权投资》的规定进行会计处理：处置后的剩余股权能够对被投资单位实施共同控制或施加重大影响的，应当改按权益法核算，并对该剩余股权视同自取得时即采用权益法核算进行调整；处置后的剩余股权不能对被投资单位实施共同控制或施加重大影响的，应当改按《企业会计准则第 22 号——金融工具确认和计量》的有关规定进行会计处理，其在丧失控制之日的公允价值与账面价值间的差额计入当期损益。

因处置部分股权投资等原因丧失了对被投资方的控制权的会计处理如表 1 – 15 所示。

表 1 – 15　　　　因处置部分股权投资等原因丧失了对被投资方的控制权的会计处理

变动原因	个别财务报表		合并财务报表	
	剩余股权	其他综合收益/损益	剩余股权	其他综合收益/损益
成本法 →权益法	追溯采用权益法	N/A（不适用）	在丧失控制权日的公允价值重新计量	处置股权取得的对价 + 剩余股权公允价值 – 按原持股比例计算应享有原有子公司自购买日或合并日开始持续计算的净资产的份额，计入当期投资收益，并冲减商誉；与原子公司股权投资相关的其他综合收益，在丧失控制权时转为当期投资收益
成本法 →金融工具模式	公允价值CAS 22	在丧失控制之日的公允价值与账面价值间的差额，计入当期损益		

【例 11】甲公司于 20 × 1 年 1 月 1 日取得乙公司 80% 股权，成本为 8 600 万元，购买日乙公司可辨认净资产公允价值总额为 9 800 万元。假定该项合并为非同一控制下企业合并，且按照税法规定该项合并为应税合并。

20 × 2 年 1 月 1 日，甲公司将其持有的对乙公司长期股权投资其中的 25% 对外出售（即出售持有乙公司股权 20%），取得价款 2 600 万元。出售投资当日，乙公司自甲公司取得其 80% 股权之日持续计算的应当纳入甲公司合并财务报表的可辨认净资产总额为 10 000 万元。该项交易后，甲公司仍能够控制乙公司的财务和生产经营决策（80% – 20% = 60%）（其会计处理见上例）。

20 × 3 年 1 月 1 日，甲公司转让乙公司 20% 的股权，收取现金 2 800 万元存入银行，转让后甲公司对乙公司的持股比例为 40%，能对其施加重大影响（60% – 20% = 40%）。

从 20 × 1 年 1 月 1 日至 20 × 2 年 12 月 31 日，乙公司净资产增加了 2 200 万元，其中按购买日公允价值计算实现的净利润 2 000 万元（其中 20 × 2 年实现净利润 1 900 万元），资本公积增加 200 万元（其中 20 × 2 年资本公积增加 100 万元）。20 × 3 年 1 月 1 日，乙公司剩余 40% 股权的公允价值为 5 600 万元。假定甲、乙公司提取盈余公积的比例均为10%。假定乙公司未分配现金股利，并不考虑其他因素。20×3年1月1日甲公司在其个别和合并财务报表的处理如下（单位：万元）：

（1）甲公司在个别财务报表的处理

①确认处置20%股权的收益

借：银行存款　　　　　　　　　　　　　　　　　2 800

　　贷：长期股权投资——乙公司 ［（8 600 - 2 150）/3］　2 150

　　　　投资收益　　　　　　　　　　　　　　　　650

②对剩余40%股权改按权益核算，进行追溯调整

借：长期股权投资——乙公司（2 200×40%）　　880

　　贷：盈余公积（2 000×40%×10%）　　　　　　　80

　　　　利润分配——未分配利润（2 000×40%×90%）　720

　　　　资本公积——其他资本公积（200×40%）　　　80

经上述调整后，在个别财务报表中，剩余40%股权的账面价值为5 180万元（4 300 + 880）。

（2）甲公司合并财务报表的处理

合并财务报表中应确认的投资收益 =（处置20%股权对价2 800 + 剩余40%股权公允价值5 600）- 按原持股比例60%计算应享有原有子公司自购买日开始持续计算的净资产的份额7 200 ［（9 800 + 2 200）× 60%］ - 商誉760 + 其他资本公积转入投资收益120（200×60%） = 8 400 - 7 200 - 760 + 120 = 560（万元）

由于个别财务报表中已经确认了650万元的投资收益，在合并财务报表中作如下调整：

①对剩余40%股权按丧失控制日的公允价值重新计量的调整

借：长期股权投资　5 600（公允价值）

　　贷：长期股权投资　　　　5 180（权益法下40%的账面价值）

　　　　投资收益　　　　　　420

注：剩余的40%股权部分看成是先卖后买，改按公允价值计量。

②对个别财务报表中的20%部分处置收益的归属期间进行调整

借：投资收益（2 200×20%）　　　　　　　　　440

　　贷：盈余公积（2 000×20%×10%）　　　　　40

　　　　未分配利润（2 000×20%×90%）　　　　360

　　　　资本公积（200×20%）　　　　　　　　40

注：因为在合并报表层面长期股权投资由成本法改为权益法，投资收益等已经在当年确认，因此，应将个别报表中的投资收益转出。

③在由80%股权处置20%股权时，个别报表中转出的长期股权投资为2 150万元（8 600×25%），包含了商誉190万元（8 600÷80%×20%－9 800×20%），从合并报表看，当时还有控制权，商誉不应转出；如果商誉不转出，则当年投资收益就会增加，从而留存收益增加；本次失去控制权，转出商誉后，投资收益应减少：

借：投资收益　　　　　　　　　　190
　　贷：盈余公积（190×10%）　　　　19
　　　　未分配利润（190×90%）　　　171

④转出与60%相对应的原计入权益的资本公积120万元，重分类转入投资收益：

借：资本公积　　　120
　　贷：投资收益　　120（200×60%）

注：在合并报表层面，因为20%本身处置了，另40%股权看成是先卖后买，因此，与60%股权对应的其他资本公积120万元转入投资收益。

检验：合并报表投资收益＝个表投资收益650＋420－440－190＋120＝560（万元），与上述计算结果一致。

（四）一揽子交易的有关规定

根据CAS 33（2014）第五十一条规定，企业通过多次交易分步处置对子公司股权投资直至丧失控制权的，如果处置对子公司股权投资直至丧失控制权的各项交易属于一揽子交易的，应当按照实质重于形式的原则（即法律上看尚未丧失控制权，但实质上已经丧失），将各项交易作为一项处置子公司并丧失控制权的交易进行会计处理；但是，在丧失控制权之前每一次处置价款与处置投资对应的享有该子公司净资产份额的差额，在合并财务报表中应当确认为其他综合收益，在丧失控制权时一并转入丧失控制权当期的损益。处置对子公司股权投资的各项交易的条款、条件以及经济影响符合下列一种或多种情况，通常表明应将多次交易事项作为一揽子交易进行会计处理。①这些交易是同时或者在考虑了彼此影响的情况下订立的。②这些交易整体才能达成一项完整的商业结果。③一项交易的发生取决于其他至少一项交易的发生。④一项交易单独考虑时是不经济的，但是和其他交易一并考虑时是经济的。

（五）兜底条款：站在企业集团角度对特殊交易事项调整

根据 CAS 33（2014）第五十二条规定，对于本章未列举的交易或者事项，如果站在企业集团合并财务报表角度的确认和计量结果与其所属的母公司或子公司的个别财务报表层面的确认和计量结果不一致的，则在编制合并财务报表时，也应当按照本准则第二十六条第二款第（四）项的规定，对其确认和计量结果予以相应调整。即站在企业集团角度对特殊交易事项予以调整。

八　衔接规定

首次采用本准则的企业应当根据本准则的规定对被投资方进行重新评估，确定其是否应纳入合并财务报表范围。因首次采用本准则导致合并范围发生变化的，应当进行追溯调整，追溯调整不切实可行的除外。比较期间已丧失控制权的原子公司，不再追溯调整。

第五节　《企业会计准则第39号——公允价值计量》（2014）解读

一　公允价值计量准则的制定背景

（一）国际背景

近年来，公允价值在国际财务报告准则中的使用愈加广泛和深入。很多具体国际财务报告准则要求或允许企业以公允价值计量或披露其资产、负债或权益工具。由于这些准则已经制定多年，关于公允价值的规定散见于各项准则中，无法更清晰地达到其计量或披露的目标。一些准则中规定了如何计量公允价值的有限指引，而一些准则中却包含了大量的指引，而且，这些指引又无法一致地适用于所有准则。为更加有效、统一地应用公允价值计量，有必要对公允价值计量制定相关的会计处理规定，并提供详尽的指引。

2008 年国际金融危机爆发后，公允价值计量受到全世界关注。为应对国际金融危机，二十国集团和金融稳定理事会提出建立一套全球统一的高质量会计准则。其中，公允价值计量准则就是与国际金融危机密切相关的重要准则之一。为响应二十国集团和金融稳定理事会提出的倡议，国际会计准则理事会加快了对公允价值计量准则项目的研究和制定工作，并于 2011 年 5 月 12 日发布了《国际财务报告准则第 13 号——公允价值计量》（IFRS 13 Fair Value Measurement），旨在完善与改革公允价值计量相关问题。该准则是 IASB 和 FASB 联合项目的成果。起初，双方理事会是单独进行其公允价值准则制定的。FASB 于 2003 年 6 月便开始其公允价值项目，直到 2006 年，FASB 发布了《财务会计准则公告第 157 号——公允价值计量》（SFAS 157）。2006 年 11 月，IASB 发布了首份讨论稿——《公允价值计量》，该讨论稿以 SFAS 157 为基础，采用了其中主要观点。2007 年 7 月，IASB 开始着手制定该准则的征求意见稿，并于 2009 年 5 月发布。该征求意见稿虽然是以 SFAS 157 为基础制定的，但二者之间仍然存在许多差异，为消除差异，IASB 和 FASB 于 2009 年 10 月召开联合会议，决定制定一项统一的公允价值准则。双方理事会于 2010 年开始了联合项目。在 IFRS 13 发布的同时，美国财务会计准则委员会（FSAB）发布《2011 年第 4 号会计准则更新——公允价值计量》文件，修订了 ASC 820，意味着国际财务报告准则（IFRS）与美国公认会计准则（GAAP）就公允价值的计量达成一致，公允价值计量准则的国际趋同化亦迈出历史性的一步。

IFRS 13 重新定义了公允价值，制定了统一的公允价值计量框架，规范了公允价值的披露要求，为其他国家或地区应用公允价值计量提供了有益参考。

（二）国内背景

2006 年 2 月 25 日，财政部正式对外发布了包括 1 项基本准则和 38 项具体准则在内的企业会计准则体系，标志着适应我国市场经济发展需求、与国际惯例趋同的企业会计准则体系正式建立，是我国会计发展史上新的里程碑。在基本会计准则中，引入了公允价值，形成了历史成本、重置成本、可变现净值、现值与公允价值五种计量属性并存的状态，并明确将公允价值作为重要的会计计量属性之一。在具体会计准则中，《企业会计准则第 3 号——投资性房地产》《企业会计准则第 8 号——资产减值》《企业会计准则第 20 号——企业合并》《企业会计准则第 22 号——金融工具确认和计量》等多项会计准则不同程度采用公允价值进行计量。随着我国市场经济体系建设的不断完善和企业会计准则体系在国内的广泛应用，公允价值计量在我国经济运行发展中所起的作用越来越重要。但我国企业会计准则体系中关于公允价值计量的相关会计处理规定相对分散，未形成统一规范的公允价值计量准则，实务界在使用公允价值计量方面面临诸多难题。为更加有效、统一地应用公允价值计量，有必要根据我国现有市场特征对公允价值计量制定相关的会计处理规定，并提供详尽的操作性指导。

为进一步规范我国公允价值计量的相关会计处理规定，并保持我国企业会计准则与国际财务报告准则的持续趋同，财政部借鉴了IFRS13中的做法，结合我国实际情况，在2012年5月公开征求公允价值计量准则的意见，并于2014年1月26日制定颁布了《企业会计准则第39号——公允价值计量》（即CAS 39，以下简称公允价值计量准则）。该准则自2014年7月1日起在所有执行企业会计准则的企业范围内施行，鼓励在境外上市的企业提前执行。

二　公允价值计量准则概述

CAS 39定义了公允价值，建立了一项单独的公允价值计量框架准则，并规范了公允价值计量相关的披露。除特定情况外，CAS 39适用所有要求或允许有关公允价值的计量或披露的准则，包括诸如公允价值减去销售费用、以公允价值为基础的计量及其披露。

CAS 39公允价值计量准则的主要突破与创新在于以下几点。

一是明确了公允价值的定义。公允价值准则根据国际财务报告准则的相关内容，修订了原有的公允价值的定义。CAS 39将公允价值定义为：市场参与者在计量日发生的有序交易中，出售一项资产所能收到或者转移一项负债所需支付的价格。该定义强调，公允价值是以市场为基础的计量，而不是特定企业的计量。计量公允价值时，企业应当采用当前市场条件下，市场参与者在对资产或负债进行定价时可能采用的假设。因此，企业持有资产或结算（或履行）负债的意图在计量公允价值时是不相关的。

二是规定了统一的公允价值计量要求。为了有效地进行公允价值计量和披露，公允价值计量准则规定了统一的公允价值计量要求，并规范了市场参与者、有序交易、主要市场或者最有利市场、估值技术、输入值和公允价值层次等具体内容。

三是改进了公允价值计量的相关披露。公允价值计量由于涉及大量的估计与判断，其披露内容对于财务报表使用者理解公允价值的使用具有重要作用。公允价值计量准则改进了公允价值计量的相关披露，使财务报表使用者能够合理评价公允价值计量所使用的估值技术和输入值，并且能够了解重大不可观察输入值在持续的公允价值计量中对当期损益或其他综合收益的影响。

CAS 39 规范了财务报告如何计量和披露公允价值，但它并未规定何种资产、负债或权益工具在何时采用公允价值，它也不是一项估值准则，不影响财务报告之外的估值方法。

鉴于 CAS 39 内容繁多，特将公允价值的主要内容按照公允价值的定义、公允价值准则的适用范围、公允价值计量的基本要求、公允价值计量的具体应用与公允价值的披露等部分进行讲解。

三 公允价值的定义

(一) 公允价值的含义

CAS 39 重新给出了公允价值的定义，"公允价值，是指市场参与者在计量日发生的有序交易中，出售一项资产所能收到或者转移一项负债所需支付的价格"。

对于公允价值的概念，我们从以下几个方面来理解。

(1) 明确公允价值是脱手价格

新的公允价值定义中明确指出，公允价值是脱手价格，即市场参与者在计量日发生的有序交易中，出售一项资产所能收到或者转移一项负债所需支付的价格，而非进入价格。

资产或负债的退出价格体现了持有资产或承担负债的市场参与者角度，在计量日对该资产或负债相关的未来现金流量入和流出的预期。企业通过资产的使用或出售获得资产产生的现金流量入。即使企业打算通过资产的使用而非出售来获得资产产生的现金流量入，退出价格仍能够通过向将以相同方式使用该资产的市场参与者出售该资产，体现从该资产的使用获得现金流量的预期。这是因为作为买方的市场参与者只会支付其预期将从资产的使用（或出售）获得的利益。因此，不论企业是打算使用还是出售资产，退出价格都是资产公允价值的合适定义。

负债将因企业在一定期间履行义务或者将义务转移给另一方导致现

金（或其他经济资源）的流出。即使企业打算在一定期间履行义务，退出价格仍能够体现相关现金流出的预期，因为作为受让人的市场参与者最终将被要求履行该义务。因此，不论企业是打算履行义务还是将义务转移给将履行该义务的另一方，退出价格总是负债公允价值的合适定义。

（2）基于市场的计量，即市场参与者角度

修订后的定义明确阐述了公允价值是以市场为基础的计量，即市场参与者角度的计量，而不是特定企业的计量；公允价值反映的是当前市场条件下的计量，它是市场参与者，而不是特定企业对未来市场条件的当前预期。

（3）强调当前市场条件下的有序交易

企业以公允价值计量相关资产或负债，应当假定市场参与者在计量日出售资产或者转移负债的交易，是在当前市场条件下的有序交易。有序交易，是指在计量日前一段时期内相关资产或负债具有惯常市场活动的交易。清算等被迫交易不属于有序交易。

（4）计量日

公允价值是基于计量日发生的有序交易中的脱手价格，特别明确了公允价值计量的金额是计量日的价格。原有的公允价值定义中就没有指出计量的金额是何时的，没有提出计量日的概念。

（5）假定发生交易

公允价值是基于假定发生的交易进行计量的，而交易并没有实际发生，所以公允价值是一个估计值。如果交易真实发生了，交易金额就是明确的了，一般情况下是不需要估值的。由于公允价值需要估值，就需要企业做出大量的估计和判断。

（二）新旧定义的比较

新旧准则中对公允价值的定义见表 1–16 所示。

表 1–16　　　　　　　　　　　**新旧公允价值定义的对比**

公允价值原定义	公允价值新定义
在公平交易中，熟悉情况的交易双方自愿进行资产交换或者债务清偿的金额。	公允价值是市场参与者在计量日发生的有序交易中，出售一项资产所能收到或者转移一项负债所需支付的价格，即脱手价格。

在先前的准则中，对公允价值的定义为："在公平交易中，熟悉交易情况的双方自愿进行资产交换或者债务清偿的金额。"①

和先前的定义一样，修订后的定义也设定了一项假设的和有序的交换交易，即该交易不是一项实际存在的销售或受迫交易或清算出售。但是，先前的定义存在以下缺陷：①并未明确企业是购买还是出售资产；②没有明确清偿债务的含义，因为它并未提及债权人，仅限定了熟悉情况、自愿交易的双方；③并没有明确规定该公平交易是发生在计量日还是其他日期。

因此，新的公允价值概念就较原有的定义更加完整、严谨与科学。

四　公允价值计量准则的适用范围

（一）公允价值计量准则适用范围的一般规定

公允价值计量准则适用于其他相关会计准则要求或者允许采用公允价值进行计量或披露的情形。本准则规范的内容见表 1 - 17 所示。公允价值计量框架适用于相关资产或负债的初始计量和后续计量；既适用于金融资产，也适用于非金融资产，还适用于企业自身以公允价值计量的权益工具。

表 1 - 17　　　　　　　　　公允价值计量准则规范的内容

如何计量相关资产或负债的公允价值	√
披露哪些公允价值计量的相关信息	√
是否应当以公允价值计量相关资产或负债	×
何时进行公允价值计量	×
公允价值变动应当计入当期损益还是其他综合收益	×

（二）适用其他相关会计准则的计量和披露

1. 与公允价值类似的其他计量属性的计量和披露，如《企业会计准则第 1 号——存货》规范的可变现净值、《企业会计准则第 8 号——资产减值》规范的预计未来现金流量现值，分别适用《企业会计准则

---

① 财政部：《企业会计准则 2006》，经济科学出版社 2006 年版，第 6 页。

第 1 号——存货》和《企业会计准则第 8 号——资产减值》。

2. 股份支付业务相关的计量和披露，适用《企业会计准则第 11 号——股份支付》。

3. 租赁业务相关的计量和披露，适用《企业会计准则第 21 号——租赁》。

（三）适用其他相关会计准则的披露

1. 以公允价值减去处置费用后的净额确定可收回金额的资产的披露，适用《企业会计准则第 8 号——资产减值》。

2. 以公允价值计量的职工离职后福利计划资产的披露，适用《企业会计准则第 9 号——职工薪酬》。

3. 以公允价值计量的企业年金基金投资的披露，适用《企业会计准则第 10 号——企业年金基金》。

五　公允价值计量的基本要求

公允价值计量的目标是估计市场参与者在计量日当前市场情况下的有序交易中出售资产或者转移负债的价格。

企业在公允价值计量过程中需要确定以下要素：以公允价值计量的相关资产或负债、有序交易和市场、市场参与者、恰当的估值技术、输入值与公允价值层次。

（一）作为计量对象的相关资产或负债

1. 相关资产或负债的范围

公允价值计量准则中相关资产或负债，是指其他相关会计准则要求或允许企业以公允价值计量的资产或负债，也包括企业自身权益工具。例如，《企业会计准则第 3 号——投资性房地产》中规范的采用公允价值模式进行后续计量的投资性房地产；《企业会计准则第 20 号——企业合并》中规范的企业在非同一控制下企业合并中作为对价发行的权益工具；《企业会计准则第 22 号——金融工具确认和计量》中规范的交易性金融资产和交易性金融负债；等等。

2. 相关资产或负债所具有的特征

企业以公允价值计量相关资产或负债，应当考虑该资产或负债所具有的特征。相关资产或负债的特征，是指市场参与者在计量日对该资产或负债进行定价时考虑的特征，包括资产状况及所在位置、对资产出售或者使用的限制等。

【例1】 考虑资产的状况及所在位置

2014年1月1日，A公司将刚开发建成的一栋写字楼作为投资性房地产，用于出租，并采用公允价值模式进行后续计量。2014年12月31日，A公司根据可获得的市场信息和相关数据，决定参考本地区同一地段的写字楼活跃市场价格，并考虑所处商圈位置、新旧程度、配套设施等因素，对本地区可比写字楼的市场交易价格进行调整，确定该写字楼在2014年12月31日的公允价值。

【例2】 对资产使用的限制

甲企业通过出让方式取得了一块土地，使用年限为50年。在土地使用权出让合同中，这块土地的用途被限定为工业用地。根据有关法律法规的要求，在完成相关审批程序前，企业持有该土地使用权期间，不可以擅自改变其土地用途。企业在土地使用年限（50年）内将该土地使用权转让给其他方的，受让方也不能擅自改变该土地用途。

该土地作为工业用地，这是土地本身的特征。即使企业转让该土地，作为受让方的市场参与者也不能擅自改变用途，在以公允价值计量该土地时会考虑这一特征。因此，企业在对该土地进行公允价值计量时，应当考虑土地使用用途受限的影响。

3. 相关资产或负债的计量单元

企业以公允价值计量相关资产或负债，应当考虑该资产或负债的计量单元。

以公允价值计量的相关资产或负债可以是：

（1）单项资产或负债（如一项金融工具或者一项非金融资产）；

（2）资产组、负债组或者资产和负债的组合（如现金产出单元或业务）。

企业是以单项还是以组合的方式对相关资产或负债进行公允价值计量，取决于该资产或负债的计量单元。

计量单元，是指相关资产或负债以单独或者组合方式进行计量的最小单位。相关资产或负债的计量单元应当由要求或者允许以公允价值计量的其他相关会计准则规定。举例如下。

（1）资产减值计量单位的选择。在资产减值准备准则中明确提到的计量单元有资产组。资产组是指企业可以认定的最小资产组，其产生的现金流入应当基本上独立于其他资产或者资产组产生的现金流入。资产组的认定，应当以资产组产生的主要现金流入是否独立于其他资产或者资产组的现金流入为依据。同时，在认定资产组时，应当考虑企业管理层管理生产经营活动的方式（如按照生产线、业务种类还是按照地区或者区域等）和对资产的持续使用或者处置的决策方式等。

（2）企业合并中业务组合的确认。有关资产或资产、负债的组合是否构成一项业务，应结合所取得资产、负债的内在联系及加工处理过程等进行综合判断。实务中出现的如一个企业对另一个企业某条具有独立生产能力的生产线的合并、一家保险公司对另一家保险公司寿险业务的合并等，一般构成业务合并。

（二）有序交易

1. 有序交易的定义

有序交易，是指在计量日前一段时期内相关资产或负债具有惯常市场活动的交易。清算等被迫交易不属于有序交易。企业以公允价值计量相关资产或负债，应当假定市场参与者在计量日出售资产或者转移负债的交易，是在当前市场条件下的有序交易。

2. 有序交易的识别

如果资产或负债的交易量或交易活跃程度与该资产或负债（或类似资产或负债）的正常市场活动相比出现大幅下降，确定交易是不是有序（或不是有序）交易更为困难。在这种情况下，认为该市场上的所有交易都不是有序的（即被迫清算或抛售）是不合适的。可能表明交易非有序的情形包括以下几方面。

（1）在当前市场条件下，计量日之前的一段时间内市场没有提供足够的空间来进行涉及此类资产或负债的常见或惯常的市场交易活动。

（2）有常见或惯常的营销期，但是卖方将资产或负债出售或转移给单一的市场参与者。

（3）卖方处于或接近于破产或者破产托管（即卖方陷于困境）。

（4）卖方的出售是为了满足监管或者法律的要求（即卖方被迫销售）。

（5）与相同或类似资产或负债近期发生的其他交易相比，该交易的价格是一个异常值。

企业应当基于可获取的证据，权衡不同情况来决定交易是否有序。

（三）主要市场或最有利市场

1. 基本规定

企业以公允价值计量相关资产或负债，应当假定出售资产或者转移负债的有序交易在相关资产或负债的主要市场进行。不存在主要市场的，企业应当假定该交易在相关资产或负债的最有利市场进行。

企业应当以主要市场的价格计量相关资产或负债的公允价值。不存在主要市场的，企业应当以最有利市场的价格计量相关资产或负债的公允价值。

2. 相关概念

主要市场，是指相关资产或负债交易量最大和交易活跃程度最高的市场。因为主要市场是相关资产或负债流通性最大的市场，它将提供公允价值计量中最有代表性的输入值。因此，计量公允价值时首先选择主要市场。

最有利市场，是指在考虑交易费用和运输费用后，能够以最高金额出售相关资产或者以最低金额转移相关负债的市场。

交易费用，是指在相关资产或负债的主要市场（或最有利市场）中，发生的可直接归属于资产出售或者负债转移的费用。交易费用要同时具备两个特征：（1）交易费用是直接由交易引起的、交易所必需的；（2）不出售资产或者不转移负债就不会发生的费用。

运输费用，是指将资产从当前位置运抵主要市场（或最有利市场）发生的费用。

3. 主要市场（或最有利市场）的识别

企业在识别主要市场（或最有利市场）时，应当考虑所有可合理取得的信息，但没有必要考察所有市场。通常情况下，企业正常进行资产出售或者负债转移的市场可以视为主要市场（或最有利市场）。

主要市场（或最有利市场）应当是企业在计量日能够进入的交易市场，但不要求企业于计量日在该市场上实际出售资产或者转移负债。由于不同企业可以进入的市场不同，对于不同企业，相同资产或负债可能具有不同的主要市场（或最有利市场）。

企业应当以主要市场的价格计量相关资产或负债的公允价值。不存在主要市场的，企业应当以最有利市场的价格计量相关资产或负债的公允价值。

4. 对交易费用和运输费用的处理

企业不应当因交易费用对该价格进行调整。交易费用不属于相关资产或负债的特征，只与特定交易有关。交易费用不包括运输费用。

相关资产所在的位置是该资产的特征，发生的运输费用能够使该资产从当前位置转移到主要市场（或最有利市场）的，企业应当根据使该资产从当前位置转移到主要市场（或最有利市场）的运输费用调整主要市场（或最有利市场）的价格。

当计量日不存在能够提供出售资产或者转移负债的相关价格信息的可观察市场时，企业应当从持有资产或者承担负债的市场参与者角度，假定计量日发生了出售资产或者转移负债的交易，并以该假定交易的价格为基础计量相关资产或负债的公允价值。

【例3】主要市场（或最有利市场）

某资产在两个不同的活跃市场中以不同价格出售。主体同时在这两个市场内进行交易，并且能够在计量日获得资产在这两个市场中的价格。在 A 市场，出售资产将收到的价格为 26 万元，该市场中的交易费用为 3 万元，且将资产运抵该市场的成本为 2 万元（即收到的净金额为 21 万元）。在 B 市场，出售资产将收到的价格为 25 万元，该市场中的交易费用为 1 万元，且将资产运抵该市场的成本为 2 万元（即收到的净金额为 22 万元）。

如果 A 市场是资产的主要市场（即该资产拥有最大交易量和交易水平的市场），则资产的公允价值计量应使用在该市场中出售该资产将收到的价格，并考虑运输费用（24 万元）。

如果这两个市场均不是资产的主要市场，则资产的公允价值计量应使用最有利市场中的价格。最有利市场是使出售资产收到的价格在考虑交易费用和运输费用后（即在相应市场中收到的净金额）实现最大化的市场。

由于主体在 B 市场中能够使出售资产收到的净金额最大化（22 万元），因此，资产的公允价值计量应使用该市场中的价格（25 万元）并减去运输费用（2 万元），从而公允价值计量值为 23 万元。尽管在确定哪一个市场是最有利市场时考虑了交易费用，但用于计量资产公允价值的价格不应就交易费用进行调整（但应针对运输费用进行调整）。

（四）市场参与者

企业以公允价值计量相关资产或负债，应当采用市场参与者在对该资产或负债定价时为实现其经济利益最大化所使用的假设。

市场参与者，是指在相关资产或负债的主要市场（或最有利市场）中，同时具备下列特征的买方和卖方：

（1）市场参与者应当相互独立，不存在《企业会计准则第36号——关联方披露》所述的关联方关系；

（2）市场参与者应当熟悉情况，能够根据可取得的信息对相关资产或负债以及交易具备合理认知；

（3）市场参与者应当有能力并自愿进行相关资产或负债的交易。

企业在确定市场参与者时，应当考虑所计量的相关资产或负债、该资产或负债的主要市场（或最有利市场）以及在该市场上与企业进行交易的市场参与者等因素，从总体上识别市场参与者。

（五）估值技术

企业以公允价值计量相关资产或负债，应当采用在当前情况下适用并且有足够可利用数据和其他信息支持的估值技术。企业使用估值技术的目的，是估计在计量日当前市场条件下，市场参与者在有序交易中出售一项资产或者转移一项负债的价格。

企业以公允价值计量相关资产或负债，使用的估值技术主要包括市场法、收益法和成本法。

1. 市场法

市场法，是利用相同或类似的资产、负债或资产和负债组合的价格以及其他相关市场交易信息进行估值的技术。

市场法使用相同或可比（即类似）资产、负债或资产和负债的组合（如业务）的市场交易所产生的价格和其他相关信息。市场法包括市场倍数法和矩阵定价法。

例如，与市场法一致的估值技术经常使用源自一系列可比值的市场倍数。该倍数可能位于一个范围之内，不同可比值对应不同倍数。在该范围内选择恰当的倍数需要运用判断，并考虑与计量相关的定性和定量因素。

与市场法一致的估值技术包括矩阵定价。矩阵定价是一种主要用于诸如债务性证券的一些类型的金融工具估值的数学方法，它不完全依赖于特定证券的报价,而是依赖于该证券与其他基准报价证券之间的关系。

2. 收益法

收益法,是将未来金额转换成单一现值的估值技术。

收益法将未来金额(例如现金流量或收入和费用)转换成一个单一的当前(即折现)金额。当使用收益法时,公允价值计量反映对这些未来金额的当前市场预期。

收益法估值技术包括以下几点。

(1)现值技术。现值是运用折现率将未来金额(如现金流量或价值)与现在金额联系起来所使用的工具。现金流量折现法是企业在收益法中最常用到的估值方法,包括传统法(即折现率调整法)和期望现金流量法。传统法是使用在估计金额范围内最有可能的现金流量和经风险调整的折现率的一种折现方法。期望现金流量法是使用风险调整的期望现金流量和无风险利率,或者使用未经风险调整的期望现金流量和包含市场参与者要求的风险溢价的折现率的一种折现方法。

(2)期权定价模型。企业可以使用布莱克—斯科尔斯期权定价模型、二叉树模型、蒙特卡洛模拟法等期权定价模型估计期权的公允价值。其中,布莱克—斯科尔斯期权定价模型可以用于认股权证和具有转换特征的金融工具的简单估值。布莱克—斯科尔斯期权定价模型中的输入值包括:即期价格、行权价格、合同期限、预计或内含波动率、无风险利率、期望股息率等。

(3)多期超额收益折现法。多期超额收益折现法主要用于计量某些无形资产的公允价值。

3. 成本法

成本法,是反映当前要求重置相关资产服务能力所需金额(通常指现行重置成本)的估值技术。成本法反映目前替代资产服务能力所需的金额(常被称为现行重置成本)。

从卖方市场参与者的角度来看,出售资产收到的价格取决于买方市场参与者获得或构建一项具有可比效用的替代资产的成本按陈旧贬值情况调整后的金额。这是因为买方市场参与者为该资产付出的金额不会比替代其服务能力所需的金额更高。陈旧贬值包括实物性损耗、功能性(技术)贬值以及经济性(外部)贬值,这种贬值要比出于财务报告目的（历史成本的分配）或纳税目的（使用特定的服务期限）的折旧范围更广。在很多情况下，现行重置成本法被用于计量与其他资产或其他资产和负债一起使用的有形资产的公允价值。

4. 估值技术的运用

企业应当使用与其中一种或多种估值技术相一致的方法计量公允价值。企业在某些情况下使用单项估值技术是适当的，但在某些情况下，企业可能需要使用多种估值技术。企业使用多种估值技术计量公允价值的，应当考虑各估值结果的合理性，选取在当前情况下最能代表公允价值的金额作为公允价值。

【例4】软件资产估值技术的应用

企业取得一个资产组。该资产组包括一项内部开发的通过向客户授予许可证赚取收入的软件资产及其配套资产（包括与该软件资产结合使用的相关数据库）和相关负债。为将资产组的成本分摊至所取得的单项资产，企业计量该软件资产的公允价值。企业确定该软件资产将通过与其他资产或者其他资产和负债（即其配套资产及相关负债）相结合使用来为市场参与者提供最大价值。并没有证据表明该软件资产的当前使用并非其最佳用途。因此，该软件资产的最佳用途是其当前的使用（在本例中，授予软件资产的许可证本身并未表明该资产的公允价值可通过该资产单独被市场参与者使用而实现最大化）。

企业确定，除收益法外，还可获得应用成本法的充分数据，但无法获得应用市场法的充分数据，因为无法获得关于可比软件资产的市场交易信息。收益法和成本法应用如下。

（1）应用收益法时，将采用现值技术。该技术所使用的现金流量反映软件资产在其经济寿命内预期产生的收入流（向客户收取的许可证费用）。该方法所得出的公允价值为3 000万元。

（2）应用成本法时，将估计当前建造具有可比用途的替代软件资产所需的金额（即考虑功能性陈旧以及经济性陈旧）。该方法所得出的公允价值为2 000万元。

通过应用成本法，企业确定市场参与者将无法建造具有可比用途的替代软件资产。该软件资产是利用专有信息开发的，其具有某些独有特征且不易被复制。因此，企业确定该软件资产的公允价值为根据收益法得出的3 000万元。

（六）输入值

1. 输入值的概念

企业以公允价值计量相关资产或负债，应当考虑市场参与者在对相关资产或负债进行定价时所使用的假设，包括有关风险的假设，例如所用特定估值技术的内在风险等。

输入值，是指市场参与者在给相关资产或负债定价时所使用的假设，包括可观察输入值和不可观察输入值。

可观察输入值，是指能够从市场数据中取得的输入值。该输入值反映了市场参与者在对相关资产或负债定价时所使用的假设。

可观察到某些资产和负债（例如金融工具）输入值的市场例子包括如下几点。

（1）交易所市场。在交易所市场上，收盘价是可获得的且通常能代表公允价值。此类市场的例子是上海证券交易所与深圳证券交易所。

（2）做市商市场。在做市商市场上，做市商随时准备交易（用自己的账户或买或卖），用自身资本持有做市项目的存货，以此提供流动性并形成市场。通常出价和要价（分别表示做市商愿意购买的价格和愿意出售的价格）比收盘价更容易获得。柜台交易市场（价格公开）是做市商市场。其他的一些资产或负债也存在做市商市场，包括金融工具、商品和有形资产（如二手设备）。

（3）经纪人市场。在经纪人市场上，经纪人试图撮合买方和卖方，但不用自身账户随时准备交易。换而言之，经纪人不利用自身的资本持有做市项目的存货。经纪人知道各方的出价和要价，但每一方通常不知道另一方的价格要求。完成交易的价格有时是可以获得的。经纪人市场包括撮合买方和卖方的电子交流网络，以及商用或民用房地产市场。

（4）买卖双方直接交易的市场。在买卖双方直接交易的市场上，一级或二级交易都是独立协商无中介参与。这些交易的信息很少能够公开获得。

不可观察输入值，是指不能从市场数据中取得的输入值。该输入值应当根据可获得的市场参与者在对相关资产或负债定价时所使用假设的最佳信息确定。

企业在估值技术的应用中，应当优先使用相关可观察输入值，只有在相关可观察输入值无法取得或取得不切实可行的情况下，才可以使用不可观察输入值。

当企业为估计相关资产或负债公允价值必须使用一些不可观察输入值时，如果市场参与者在对该资产或负债的公允价值计量会用到这些不可观察输入值，那么企业也应当使用这些不可观察输入值。

2. 对公允价值计量中相关溢价和折价的考虑

企业采用估值技术计量公允价值时，应当选择与市场参与者在相关资产或负债的交易中所考虑的资产或负债特征相一致的输入值，包括流动性折溢价、控制权溢价或少数股东权益折价等，但不包括与计量公允价值时确定的计量单元不一致的折溢价。

企业不应当考虑因其大量持有相关资产或负债所产生的折价或溢价。该折价或溢价反映了市场正常日交易量低于企业在当前市场出售或转让其持有的相关资产或负债数量时，市场参与者对该资产或负债报价的调整。即，当规模特征是企业对相关资产或负债的持有特征，而非相关资产或负债本身的特征时，企业不应当考虑该规模特征。

3. 对考虑相关资产或负债出价和要价的考虑

以公允价值计量的相关资产或负债存在出价和要价的，企业应当以在出价和要价之间最能代表当前情况下公允价值的价格确定该资产或负债的公允价值。企业可以使用出价计量资产头寸、使用要价计量负债头寸。

准则不限制企业使用市场参与者在实务中使用的在出价和要价之间的中间价或其他定价惯例计量相关资产或负债。

（七）估值技术的校正与变更

1. 估值技术的校正

企业以交易价格作为初始确认时的公允价值，且在公允价值后续计量中使用了涉及不可观察输入值的估值技术的，应当在估值过程中校正该估值技术，以使估值技术确定的初始确认结果与交易价格相等。

企业在公允价值后续计量中使用估值技术的，尤其是涉及不可观察输入值的，应当确保该估值技术反映了计量日可观察的市场数据，如类似资产或负债的价格等。

2. 估值技术的变更

公允价值计量使用的估值技术一经确定，不得随意变更，但变更估值技术或其应用能使计量结果在当前情况下同样或者更能代表公允价值的情况除外，包括但不限于下列情况：（1）出现新的市场；（2）可以取得新的信息；（3）无法再取得以前使用的信息；（4）改进了估值技术；（5）市场状况发生变化。

企业变更估值技术或其应用的，应当以《企业会计准则第 28 号——会计政策、会计估计变更和差错更正》（CAS 28）的规定作为会计估计变更，并根据公允价值计量准则的披露要求对估值技术及其应用的变更进行披露，而不需要按照 CAS 28 的规定对相关会计估计变更进行披露。

（八）公允价值层次

为提高公允价值计量和相关披露的一致性和可比性，企业应当将估值技术所使用的输入值划分为三个层次。企业应当首先使用第一层次输入值，其次使用第二层次输入值，最后使用第三层次输入值。

1. 第一层次输入值

第一层次输入值，是在计量日能够取得的相同资产或负债在活跃市场上未经调整的报价。活跃市场，是指相关资产或负债的交易量和交易频率足以持续提供定价信息的市场。

第一层次输入值为公允价值提供了最可靠的证据。在所有情况下，企业只要能够获得相同资产或负债在活跃市场上的报价，就应当将该报价不加调整地应用于该资产或负债的公允价值计量，但个别特殊情况除外。企业因特殊情况对相同资产或负债在活跃市场上的报价进行调整的，公允价值计量结果应当划分为较低层次。

2. 第二层次输入值

（1）第二层次输入值的含义

第二层次输入值，是除第一层次输入值外相关资产或负债直接或间接可观察的输入值。

企业在使用第二层次输入值对相关资产或负债进行公允价值计量时，应当根据该资产或负债的特征，对第二层次输入值进行调整。这些特征包括资产状况或所在位置、输入值与类似资产或负债的相关程度、可观察输入值所在市场的交易量和活跃程度等。

对于具有合同期限等具体期限的相关资产或负债，第二层次输入值应当在几乎整个期限内是可观察的。

（2）第二层次输入值的内容

第二层次输入值包括：

1）活跃市场中类似资产或负债的报价；

2）非活跃市场中相同或类似资产或负债的报价；

3）除报价以外的其他可观察输入值，包括在正常报价间隔期间可观察的利率和收益率曲线、隐含波动率和信用利差等；

4）市场验证的输入值等，市场验证的输入值是指通过相关性分析或其他手段获得的主要来源于可观察市场数据或者经过可观察市场数据验证的输入值。

（3）特定资产和负债第二层次输入值的例子

特定资产和负债第二层次输入值的例子包括如下几点。

1）基于伦敦同业拆借利率（LIBOR）互换利率的固定收入、变动支出的利率互换。如果伦敦银行间同业拆放利率互换利率在互换的几乎整个期限内的通常报价间隔内可观察，则第二层次输入值为该利率。

2）基于外币计价的收益率曲线的固定收入、变动支出的利率互换。如果基于外币计价的收益率曲线的互换利率在互换的几乎整个期限内的通常报价间隔内可观察，则第二层次输入值为该利率。例如，当利率互换期限为10年，并且9年利率都是在通常报价间隔内可观察的，则属于上述情况，其中，假设10年收益率曲线的合理外推值对互换公允价值计量的整体而言并不重要。

3）基于特定银行优惠利率的固定收入、变动支出的利率互换。如果外推价值由可观察市场数据证实，例如，通过与涵盖互换几乎整个期限的可观察利率建立起相关关系，则第二层次输入值为通过外推取得的银行优惠利率。

4）许可协议。对于在企业合并中获得的、近期由被合并主体（为许可协议方）与非关联方协商的许可协议，第二层次输入值为协议初始时与非关联方订立合同中的特许权费率。

5）持有并已使用的建筑物。第二层次输入值可能是来源于可观察市场数据的建筑物每平方米价格（估值乘数）。例如，来源于类似位置的可比（即类似）建筑物的可观察交易价格的乘数。

6）现金产出单元。第二层次输入值可能是来源于可观察市场数据的估值乘数（例如收益或收入或类似业绩度量的乘数）。例如，来源于涉及可比（即类似）业务的可观察交易价格的乘数，并考虑经营、市场、财务和非财务因素的影响。

企业使用重要的不可观察输入值对第二层次输入值进行调整，且该调整对公允价值计量整体而言是重要的，公允价值计量结果应当划分为第三层次。

3. 第三层次输入值

（1）第三层次输入值的含义

第三层次输入值，是指相关资产或负债的不可观察输入值。

企业只有在相关资产或负债不存在市场活动或者市场活动很少导致相关可观察输入值无法取得或取得不切实可行的情况下，才能使用第三层次输入值，即不可观察输入值。

（2）不可观察输入值的内容和例子

不可观察输入值包括：长期货币互换的利率、股票期权的波动率、利率互换的利率、企业合并中承担的弃置义务的未来现金流量等。

特定资产和负债第三层次输入值的例子包括以下几点。

1）长期货币互换。第三层次输入值为特定货币的利率，该利率不可观察，无法由通常报价间隔内或货币互换几乎整个期限内的可观察市场数据验证。货币互换中的利率是通过各自国家收益率曲线计算取得的互换利率。

2）利率互换。第三层次输入值为对互换的市场共识（非约束性）中间价格的调整，调整时使用不能直接观察和无法由可观察市场数据验证的数据。

3）现金产出单元。如果没有合理可获得的信息表明市场参与者将使用其他假定，第三层次输入值为使用主体自身数据作出的财务预测（例如现金流量或损益的财务预测）。

（3）不可观察输入值使用的要求

不可观察输入值应当反映市场参与者对相关资产或负债定价时所使用的假设，包括有关风险的假设，如特定估值技术的固有风险和估值技术输入值的固有风险等。

企业在确定不可观察输入值时，应当使用在当前情况下可合理取得的最佳信息，包括所有可合理取得的市场参与者假设。

企业可以使用内部数据作为不可观察输入值，但如果有证据表明其他市场参与者将使用不同于企业内部数据的其他数据，或者这些企业内部数据是企业特定数据其他市场参与者不具备企业相关特征时，企业应当对其内部数据做出相应调整。

4. 输入值的优先使用顺序

最优先使用活跃市场上相同资产或负债未调整的报价（第一层次输入值），最后使用不可观察输入值（第三层次输入值）。

5. 如何确定公允价值计量的层次

公允价值计量结果所属的层次，由对公允价值计量整体而言具有重要意义的输入值所属的最低层次决定。企业应当在考虑相关资产或负债特征的基础上判断所使用的输入值是否重要。

公允价值计量结果所属的层次，取决于估值技术的输入值，而不是估值技术本身。当企业使用的所有输入值都属于同一层次时，例如企业使用未经调整的活跃市场的报价计量公允价值，公允价值计量结果所属的层次就比较容易确定，但企业在公允价值计量中所使用的输入值可能会属于不同层次。在这种情况下，企业评价某一输入值对公允价值计量整体的重要性，需要职业判断，考虑与相关资产或负债有关的特定因素。

如果企业在公允价值计量中需要使用不可观察输入值对可观察输入值进行调整，并且该调整引起相关资产或负债公允价值计量结果显著增加或显著减少，则公允价值计量结果应当划入第三层次的公允价值计量。

6. 公允价值层级与估值技术的关系

公允价值层级强调的是估值技术所使用的输入值而非估值技术本身，因此，公允价值层级与市场法、成本法和收益法三者并不存在一一对应的关系。例如，用现值技术获取的公允价值计量结果可能落入公允价值层级的第二层级或第三层级，这取决于现值技术所使用的现金流量、折现率等输入值在公允价值层级里所属的层级以及它们对公允价值计量整体的影响程度。但是，企业在计量资产或负债的公允价值时，相关输入值的可获取程度及其相对的主观性可能影响合适的估值技术的选择，因此，在不同层级内适用的估值技术有一定规律可循，现将其总结如下。

（1）企业能够从市场中获取第一层级输入值时，可以直接以该报价来确定公允价值，此时适用的估值技术是市场法。

（2）市场的活跃程度下降，不足以提供第一层级输入值，但是企业仍能从市场上获取其他可观察输入值（第二层级输入值）时，企业可以考虑采用市场法、收益法和成本法来估计公允价值，具体估值技术的选取决定于所获取的输入值类型及质量。

（3）市场活跃程度显著下降且交易变得无序时，市场价格对价值的反映程度减弱（甚至变得"不相关"），企业需要更多地依赖于重要的不可观察输入值（第三层级输入值）来估计公允价值。此时，现值技术、多期超额收益法、期权定价模型等收益法下的估值技术更具有优势，从而被更多地采用，而市场法失去适用性。

此外，由于成本法假定公允价值为收购或建造具有可比效用的替代资产所需的成本，并根据损耗程度〔包括物理损耗、功能（技术）损耗以及经济损耗〕做出调整，反映的是"进入价格"，与公允价值计量的目标"脱手价格"不一致。因此，成本法通常是企业最后才考虑的估值技术，即只有在市场法、收益法都不可用时才使用成本法。公允价值层级与估值技术之间的关系如图1－9所示。

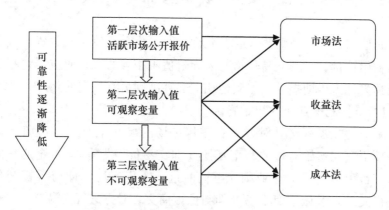

图1－9 公允价值层级与估值技术之间的关系

（九）公允价值初始计量

企业应当根据交易性质和相关资产或负债的特征等，判断初始确认时的公允价值是否与其交易价格相等。

在企业取得资产或者承担负债的交易中，交易价格是取得该项资产所支付或者承担该项负债所收到的价格（即进入价格）。公允价值是出售该项资产所能收到或者转移该项负债所需支付的价格（即脱手价格）。除少数情况外，相关资产或负债在初始确认时的公允价值通常与其交易价格相等。

但在下列情况中，交易价格和公允价值可能不相等。

（1）关联交易，即交易发生在关联方之间。但企业有证据表明该关联方交易是在市场条件下进行的除外。

（2）被迫交易，即交易是被迫的。例如，卖方正处于财务困难中可能就是这种情况。

（3）计量单元不同，即交易价格所代表的计量单元与以公允价值计量的资产或负债的计量单元不同。例如，以公允价值计量的资产或负债仅仅是交易（例如企业合并）中的一部分，交易还包括按照其他准则应单独计量的未申明权利和特权，或者交易价格中包含交易费用。

（4）市场差异，即交易市场不是相关资产或负债的主要市场（或最有利市场）。例如，如果企业作为做市商，与顾客在零售市场进行交易，但退出交易的主要市场（或最有利市场）是与其他做市商进行交易的做市商市场，此时，交易市场和主要市场（或最有利市场）就是不同的。

其他相关会计准则要求或者允许企业以公允价值对相关资产或负债进行初始计量，且其交易价格与公允价值不相等的，企业应当将相关利得或损失计入当期损益，但其他相关会计准则另有规定的除外。

【例5】利率互换的初始确认

A 企业（零售交易对方）在零售市场内与 B 企业（做市商）订立了一项不存在初始对价的利率互换（即交易价格为零）。A 企业只能够进入零售市场，而 B 企业则能够同时进入零售市场（即与零售交易对方进行交易）及做市商市场（即与做市商交易对方进行交易）。

从 A 企业的角度而言，其最初订立利率互换的零售市场是该利率互换的主要市场。如果 A 企业转让该利率互换下的权利和义务，其将与零售市场中的做市商交易对方进行交易。在该情况下，交易价格（零）将代表 A 企业对利率互换进行初始确认时的公允价值，即 A 企业在与零售市场中的做市商交易对方进行交易时，销售利率互换所收到或转移利率互换所支付的价格（即退出价格）。该价格不因做市商交易对方所收取的任何增量成本（交易费用）进行调整。

从 B 企业的角度而言，做市商市场（而不是零售市场）是该利率互换的主要市场。如果 B 企业转让该利率互换下的权利和义务，其将与该市场中的做市商进行交易。由于 B 企业最初订立利率互换的市场不同于该利率互换的主要市场，交易价格（零）不一定代表 B 企业对利率互换进行初始确认时的公允价值。如果公允价值不同于交易价格（零），则 B 企业应将两者的差额确认为一项利得或损失。

六　公允价值计量的具体应用

（一）金融资产的公允价值计量

按照金融工具确认与计量准则的规定，企业初始确认金融资产或金融负债，应当按照公允价值计量。一般情况下，交易价格和公允价值是相等的。

【例 6】交易性金融资产的计量

2014 年 12 月 1 日，甲公司用银行存款 1 000 万元购买了某上市公司 100 万股普通股股票，作为交易性金融资产持有，另支付相关的交易费用 6 万元。

本题中，甲公司取得的某上市公司股票的公允价值为 1 000 万元，并依此作为交易性金融资产的初始入账金额，发生的交易费用直接计入当期损益（投资收益）。

如果该公司将这些股票投资分类为可供出售金融资产，这些股票的公允价值计量是否会受影响？答案是否定的，其公允价值依然为 1 000 万元。与交易性金融资产不同之处在于，发生的交易费用应计入可供出售金融资产的初始入账金额。

【例 7】可供出售金融资产的计量

2014 年 7 月 1 日，甲企业购买了乙公司（一家未上市的股份公司）100 万股普通股股票，占乙公司发行在外股份数的 5%。甲企业为该项投资共支付 500 万元，并将其作为可供出售金融资产持有。假定不考虑交易费用。

本题中，甲企业购买的乙公司股票虽然没有上市，但购入价格是双方通过平等协商达成的，虽然没有活跃的交易市场、交易量少，但从市场参与者的角度看，转让（或购买）乙公司 100 万股普通股股票同样需要收取（或支付）500 万元，除非有相反的证据，购入股票的交易价格等于公允价值。因此，甲企业可供出售金融资产的初始入账金额为 500

万元。

（二）非金融资产的公允价值计量

1. 最佳用途的含义

企业以公允价值计量非金融资产，应当考虑市场参与者将该资产用于最佳用途产生经济利益的能力，或者将该资产出售给能够用于最佳用途的其他市场参与者产生经济利益的能力。

最佳用途（最高最佳使用），是指市场参与者实现一项非金融资产或其所属的一组资产和负债的价值最大化时该非金融资产的用途。

2. 最佳用途的确定

企业确定非金融资产的最佳用途，应当考虑法律上是否允许、实物上是否可能以及财务上是否可行等因素。

（1）企业判断非金融资产的用途在法律上是否允许，应当考虑市场参与者在对该资产定价时考虑的资产使用在法律上的限制。例如，不动产适用的区域归属。

（2）企业判断非金融资产的用途在实物上是否可能，应当考虑市场参与者在对该资产定价时考虑的资产实物特征。例如，不动产的位置和大小。

（3）企业判断非金融资产的用途在财务上是否可行，应当考虑在法律上允许且实物上可能的情况下，使用该资产能否产生足够的收益或现金流量，从而在补偿使资产用于该用途所发生的成本后，仍然能够满足市场参与者所要求的投资回报。

3. 从市场参与者的角度确定最佳用途

企业应当从市场参与者的角度确定非金融资产的最佳用途，即使企业已经或者计划将非金融资产用于不同于市场参与者的用途。

通常情况下，企业对非金融资产的现行用途可以视为最佳用途，除非市场因素或者其他因素表明市场参与者按照其他用途使用该资产可以实现价值最大化。

企业应当从市场参与者的角度判断该资产的最佳用途是单独使用、与其他资产组合使用，还是与其他资产和负债组合使用。但在计量非金融资产的公允价值时，应当假定按照本准则确定的计量单元出售该资产。

【例8】土地的最佳用途

某企业在企业合并中取得一块土地。该土地当前被开发用于工业用途，作为厂房用地。该土地的当前使用被假定为其最佳用途（最高效和最佳使用），除非市场或其他因素表明该土地的其他用途为最佳用途。邻近的一块土地近期被开发用于建造住宅，作为高层公寓大楼住宅用地。鉴于该土地的近期规划和其他变更，企业确定当前作为厂房用地的该土地可被开发为住宅（即高层公寓大楼住宅）用地，因为市场参与者在对该土地进行定价时将考虑该土地可作为住宅用地进行开发的潜力。

该土地的最佳用途将通过比较以下两项确定。

（1）该土地现时被开发用于工业用途（即该土地将与其他资产，如厂房或者其他资产和负债相结合使用）的价值。

（2）该土地作为用于建造住宅的空置土地的价值，同时应考虑为将该土地变为空置土地（即该土地可以被市场参与者单独使用）而必须发生的拆除厂房成本及其他成本（包括企业能否将该资产转换成替代用途的不确定性）。

该土地的最佳用途将根据上述两个价值的较高者来确定。在涉及房地产估值的情况下，最佳用途的确定可能需要考虑与工厂经营（包括其资产和负债）相关的因素。

【例9】研发项目的最佳用途

企业在企业合并中取得一个研发项目。企业并不打算完成该项目，因为该项目如果得以完成将与企业自身的一个（提供企业下一代商业化技术的）项目构成竞争。相反，企业打算持有（即锁定）该项目，以防止其竞争对方获得该项技术。据此，该项目预期主要通过提升具有竞争力的企业自身技术的发展前景，来提供防御性价值。为在初始确认时计量该项目的公允价值，该项目的最佳用途将基于市场参与者对其的使用来确定。例如：

（1）如果市场参与者将继续开发该项目，并且继续开发将实现利用该项目的资产组或者资产和负债组价值的最大化，那么，该研发项目的最佳用途是继续进行开发。如果市场参与者未拥有正在开发中或已商业化的类似技术，则属于这种情况。该项目的公允价值将基于在出售该项目的当前交易中收到的价格来确定，同时，假定该研发项目将与其配套资产及相关负债相结合使用，并且市场参与者将能够获得此类资产和负债。

(2) 如果出于竞争原因市场参与者将锁定该项目，并且锁定将实现利用该项目的资产组或者资产和负债组价值的最大化，那么，该研发项目的最佳用途是停止开发。如果市场参与者拥有处于更先进的开发阶段的技术，而该项目完成后将对其构成竞争，如果该项目被锁定预期能够提升具有竞争力的企业自身技术的发展前景，则属于这种情况。该项目的公允价值将基于在出售该项目的当前交易中收到的价格来确定，同时，假定该研发项目将与其配套资产及相关负债相结合使用（即被锁定），并且市场参与者将能够获得此类资产和负债。

(3) 如果市场参与者将不再对该研发项目进行开发，其最佳用途将是停止开发。如果预期该项目完成后将不能提供合理的市场回报，并且如果该项目被锁定也不能够提供防御性价值，则属于这种情况。该项目的公允价值将基于在单独出售该项目的当前交易中收到的价格来确定（可能为零）。

【例10】企业合并中取得机器的公允价值

企业在企业合并中取得一台机器。企业将在其经营中持有并使用该机器。该机器最初是由被购买企业向某一外部供应商购置的，而被购买企业在企业合并前对该机器进行了特定配置以使其适于自身经营。但是，对该机器的特定配置并未涉及很大范围。购买企业确定该资产将（在为使用安装或配置后）通过与其他资产或者其他资产和负债相结合使用来为市场参与者提供最大价值。没有证据表明该机器的当前使用并非其最佳用途。因此，该机器的最佳用途是与其他资产或者其他资产和负债相结合的当前使用。

企业确定可获得应用成本法和市场法（因为对该机器的特定配置并未涉及很大范围）的充分数据。未使用收益法，是因为该机器没有单独可辨认收入流以取得未来现金流量的可靠估计值。市场法和成本法的应用如下。

(1) 应用市场法时，将采用类似机器的报价，并就该（经配置的）机器与类似机器之间的差异进行调整。该计量反映了机器按其当前状况（二手机器）及（为使用安装或配置）地点出售将收到的价格。该方法所得出的公允价值范围为80 000元至98 000元。

(2) 应用成本法时，将估计当前建造具有可比用途的替代（经配置的）机器所需的金额。该估计考虑机器的现状及其运行所处的环境，包括实体磨损（即实体性陈旧）、技术改进（即功能性陈旧）、机器状况的外部条件，如类似机器市场需求的下降（即经济性陈旧），以及安装成本。该方法所得出的公允价值范围为 80 000 元至 106 000 元。

企业认为，市场法得出的公允价值范围内的最高值最能代表机器的公允价值，并因此赋予采用市场法得出的结果更多的权重。这一决定是基于输入值的相对主观性作出的，并考虑了该机器与类似机器之间的可比程度。与成本法所使用的输入值相比，市场法所使用的输入值（类似机器的报价）仅需作出较少的主观调整；市场法得出的公允价值范围与成本法得出的公允价值范围重叠，但范围更窄；该范围内不存在任何（该机器与类似机器之间的）已知的无法合理解释的差额。

因此，企业确定该机器的公允价值为 48 000 元。

（三）负债和企业自身权益工具的公允价值计量

1. 基本假定

企业以公允价值计量负债或企业自身权益工具的，应当假定在计量日将该负债或企业自身权益工具转移给其他市场参与者，而且该负债或企业自身权益工具在转移后继续存在。

2. 计量负债，考虑不履约风险

企业以公允价值计量负债，应当考虑不履约风险，并假定不履约风险在负债转移前后保持不变。

不履约风险，是指企业不履行义务的风险，包括但不限于企业自身信用风险。信用风险，是指金融工具的一方因另一方未能履行义务而导致财务损失的风险。

当以公允价值计量负债时，企业应当考虑其自身的信用风险（信誉）和其他可能影响义务被履行或不被履行的因素。不同的负债，其影响可能不同，例如：

（1）该负债的相关义务是交付现金（金融负债）还是交付商品或服务（非金融负债）；

（2）该负债的相关信用担保条款。

负债的公允价值是以其计量单元为基础反映不履约风险的影响的。当发行方发行了一份不可分的第三方信用担保（第三方信用增级）的负债时，对该负债的公允价值计量，不应包括该信用担保的影响。如果信用担保是可分离于该负债的，那么，计量该负债公允价值时，发行方应当考虑其自身的信誉而不是第三方的保证。

【例11】应付债券的公允价值的确定

2014 年 1 月 1 日，甲企业发行了面值总额为 5 000 万元的 AA 级 10 期固定利率债券，面值为 100 元，票面年利率为 10%。甲企业将该金融负债指定为以公允价值计量且其变动计入当期损益的金融负债。该债券在中国银行间债券市场具有大量交易。2014 年 12 月 31 日，每百元面值在考虑应计利息付款额后的交易价格为 92 元。甲企业使用该债券的活跃市场报价估计其负债的公允价值。

甲企业在确定该债券的活跃市场报价是否代表负债的公允价值时，应当评估债券的报价是否包含不适用于负债公允价值计量的因素的影响，例如，债券的报价是否包含了第三方信用增级的影响。甲企业确定无须对资产的报价进行任何调整。据此，甲企业认为，该负债在 2014 年 12 月 31 日的公允价值为 4 600 万元 [5 000 × （92 ÷ 100） = 4 600]。

3. 负债或自身权益工具存在转移受限的

企业以公允价值计量负债或自身权益工具，并且该负债或自身权益工具存在限制转移因素的，如果公允价值计量的输入值中已经考虑了该因素，企业不应当再单独设置相关输入值，也不应当对其他输入值进行相关调整。例如，在交易日，债权人和债务人都充分了解到，该义务中存在转移限制条款，并接受了交易价格。当交易价格中包含了该限制时，在交易日，不需要设定单独的输入值或现有输入值的调整值，以反映该转移限制的影响。类似的，在之后的计量日，也不需要设定单独的输入值或现有输入值的调整值，以反映该转移限制的影响。

企业持有的权益工具（金融资产）在指定期间内的出售受到法律或合同限制（例如，限制规定只能向合格投资者的出售）。此类限制是该工具的特征，因此将会转移给市场参与者。在该情况下，该工具的公允价值计量应基于在公开市场上交易的同一发行人相同的未受限制的权益工具报价，并作出调整以反映限制的影响。该调整将反映市场参与者因承担在指定期间内无法在公开市场上交易该工具的风险而要求获得的金额。该调整将根据以下所有各项而有所不同：（1）限制的性质和持续时间；（2）买方受到限制的程度（如可能存在大量合格投资者）；（3）特定于该工具及发行人的定性和定量因素。

4. 具有可随时要求偿还特征的金融负债的公允价值

活期存款等具有可随时要求偿还特征的金融负债的公允价值；不应

低于债权人随时要求偿还时的应付金额，即从债权人可要求偿还的第一天起折现的现值。

5. 确定负债或企业自身权益工具公允价值的方法

（1）相同或类似负债或企业自身权益工具在活跃市场中的报价

存在相同或类似负债或企业自身权益工具可观察市场报价的，应当以该报价为基础确定该负债或企业自身权益工具的公允价值。

（2）不存在上述报价的，应用其他可观察输入值，以其他方持有该资产的公允价值为基础

不存在相同或类似负债或企业自身权益工具可观察市场报价，但其他方将其作为资产持有的，企业应当在计量日从持有该资产的市场参与者角度，以该资产的公允价值为基础确定该负债或自身权益工具的公允价值。

（3）采用其他估值技术

不存在相同或类似负债或企业自身权益工具可观察市场报价，并且其他方未将其作为资产持有的，企业应当从承担负债或者发行权益工具的市场参与者角度，采用估值技术确定该负债或企业自身权益工具的公允价值。例如，采用收益法与市场法进行估值。

当使用现值技术计量未被其他方作为资产持有的负债（即退役负债）的公允价值时，企业应估计市场参与者为履行义务预期将引起的未来现金流出。这些未来现金流出应当包括市场参与者关于履行义务成本的预期以及市场参与者为承担义务所要求的补偿。该补偿包括市场参与者因下列方面所要求的回报：①采取此行动（即履行义务的价值，例如使用了本可用于其他用途的资源）；②承担与该义务相关的风险（即反映实际现金流出可能不同于预期现金流出风险的风险溢价）。

企业可以通过下列方法，在对未被其他方作为资产持有的负债和企业自身权益工具进行公允价值计量时考虑风险溢价：①通过调整现金流量（即增加现金流出金额）；②通过调整用于将未来现金流量折现到现值的比率（即降低折现率）。

企业应确保不重复计算或忽略对风险的调整。例如，如果因考虑与承担义务相关的风险补偿而增加了估计现金流量，则折现率不应为反映该风险而作出调整。

【例12】债务工具的现值技术

Y企业于20×1年1月1日以私募方式发行了面值为 20 000 000 元

的 BBB 级 5 年期固定利率债务工具，年票息为 10%。Y 企业将该金融
负债指定为以公允价值计量且其变动计入损益。在 20×1 年 12 月 31
日，Y 企业的信用评级仍是 BBB。自该债务工具发行以来，包括可获得
的利率、具有 BBB 信用评级债务工具的信用点差及流动性在内的市场
条件并未发生改变，但是，Y 企业不履约风险的变化，导致其信用点差
下降了 50 个基点。在考虑了所有市场条件后，Y 企业认为，如果该工
具在计量日发行，其利率将为 10.5%，或者 Y 企业发行该工具所取得
的收入将低于其面值。

假定 Y 企业负债的公允价值使用现值技术来计算。Y 企业认为市场
参与者将使用下列所有输入值来估计其承担 Y 企业义务时预计将收到的
价格。

（1）债务工具的条款，包括所有下列各项：

①10% 的票息；

②20 000 000 元的本金金额；

③4 年的期限。

（2）10.5% 的市场利率（其包含自发行日以来不履约风险的 50 个
基点的变动）。

根据其现值技术，Y 企业认为其负债在 20×1 年 12 月 31 日的公允
价值为 19 686 410 元。

Y 企业并未针对市场参与者就承担该负债而就风险或利润要求的补
偿而在其现值技术中纳入任何额外的输入值。由于 Y 企业的义务是一项
金融负债，Y 企业认为，其利率已经反映了市场参与者就承担该负债而
就风险或利润要求的补偿。而且，Y 企业亦未就防止其转让该负债的任
何限制对现值技术进行调整。

【例 13】预计弃置义务的计量

在 20×1 年 1 月 1 日，A 企业在企业合并中承担了一项预计弃置义
务。A 企业被法定要求在某海上石油平台的寿命期结束后将其拆除，平
台的寿命期预计为 10 年。A 企业使用期望现值技术来计量退役负债的
公允价值。

如果合同允许 A 企业将其退役负债转让给市场参与者，则 A 企业
认为，市场参与者在预计将收到的价格时将使用下列所有输入值，适当
时使用其加权平均数。

（1）人工成本；

（2）间接费用的分摊；

（3）市场参与者因实施相关活动及承担与拆除该资产相关的风险而要求的补偿。此类补偿包括下列两项：①来自人工成本和间接费用的利润；②实际现金流出可能不同于预计现金流出的风险，不包括通货膨胀影响；

（4）通货膨胀对估计的成本和利润的影响；

（5）货币的时间价值，由无风险利率反映；

（6）与 A 企业不履行义务的风险相关的不履约风险，包括 A 企业自身的信用风险。

A 企业计量公允价值所使用的重大假设如下。

（1）人工成本是依据当前市场聘请承包商拆除海上石油平台的薪金水平而确定的，并就预期未来薪金增长进行调整。A 企业对估计区间内的现金流量值评估其概率，概率评估是基于 A 企业履行此类义务的经验及其对市场的了解而确定的。详情如表 1-18。

表 1-18　　　　　　　　　　　　　　概率评估

现金流量估计值（万元）	概率评估（%）	预计现金流量（万元）
10 000	25	2 500
12 500	50	6 250
17 500	25	4 375
合计	100	13 125

（2）A 企业采用人工成本的一定比率（预计人工成本的80%）估计分摊的间接费用和设备运行成本。这与市场参与者的成本结构相符。

（3）A 企业估计市场参与者实施相关活动及承担与拆除该资产相关的风险而要求的补偿如下。

①第三方承包商通常对人工成本及分摊的内部成本进行加成以保证工程的利润率。所使用的利润率（20%）反映了 A 企业对业内承包商拆除海上石油平台通常赚取的经营利润的了解。A 企业认为，该利润率与市场参与者就实施相关活动而要求的补偿率一致。

②由于为可能在10年内都不会进行的项目锁定当前价格存在固有

不确定性，承包商通常要求就实际现金流出可能不同于预计现金流出的风险作出补偿。A 企业估计溢价金额为预计现金流量的 5%，并包括了通货膨胀的影响。

（4）A 企业根据可获得的市场数据，假设 10 年期间的通货膨胀率为 4%。

（5）于 20×1 年 1 月 1 日到期的 10 年期无风险利率为 5%。A 企业对该利率上调 3.5% 以反映其不履约风险（即其不履行义务的风险），包括其自身信用风险。因此，用于计算现金流量现值的折现率为 8.5%。

A 企业认为市场参与者将使用其所采用的假设。此外，A 企业并未就其转让该负债的任何限制对其公允价值计量作出调整。20×1 年 1 月 1 日，如表 1-19 所示，A 企业预计弃置义务的公允价值计量为 19 488 万元。

表 1-19　　　　石油平台拆除预计弃置义务公允价值的计算过程　　　单位：万元

项目	预计现金流量
预计人工成本	13 125
分摊的间接费用和设备成本	（0.80 × 13 125）10 500
承包商的利润加成	［0.20 × （13 125 + 10 500）］4 725
通货膨胀调整前的预计现金流量	28 350
通货膨胀率（10 年期 4%）系数 1.4802	
通货膨胀调整后的预计现金流量	41 964
市场风险溢价	（0.05 × 41 964）2 098
市场风险调整后的预计现金流量	44 062
按 8.5% 的利率对 10 年折现后的预计现值	19 488

（四）抵销市场风险和对方信用风险的金融资产和金融负债

以市场风险和信用风险的净敞口为基础进行管理的金融资产和金融负债，可以该金融资产和金融负债组合作为计量单元，以计量日市场参与者在当前市场条件下有序交易中出售净多头（即资产）或者转移净空头（即负债）的价格为基础，计量该金融资产和金融负债组合的公允价值。

企业按照上述规定计量金融资产和金融负债组合的公允价值的，该金融资产和金融负债面临的特定市场风险及其期限实质上应当相同。

如果市场参与者将会考虑假定出现违约情况下能够减小信用风险敞

口的所有现行安排，企业应当考虑交易对手信用风险净敞口的影响或者该交易对手对企业信用风险净敞口的影响，并预计市场参与者依法强制执行这些安排的可能性。

与市场风险或信用风险可抵销的金融资产和金融负债相关的列报，企业应当遵循其他相关会计准则的要求。

（五）现值技术的应用

现值技术是收益法中的一种估值技术。计量公允价值所使用的现值技术将取决于被计量的资产或负债的特定因素和情形（例如类似资产或负债的价格能否在市场上观察到）以及充足数据的可获得性。

1. 现值计量的构成

现值（即收益法的一种应用）是运用折现率将未来金额（如现金流量或价值）与现在金额联系起来所使用的工具。使用现值技术计量资产或负债的公允价值涵盖了计量日从市场参与者角度考虑的下列所有要素。

（1）对被计量资产或负债未来现金流量的估计。

（2）对代表现金流量固有不确定性的现金流量金额和时间可能变动的预期。

（3）资金的时间价值，由无风险货币资产的利率代表，该资产的到期日或期限与现金流量覆盖的期限相一致，且对持有人而言不存在时间的不确定性或违约风险（即无风险利率）。

（4）因承受现金流量固有不确定性要求的价格（即风险溢价）。

（5）市场参与者在当前情况下考虑的其他因素。

（6）对于负债，负债相关的不履约风险，包括企业（即债务人）的自身信用风险。

2. 一般原则

计量公允价值所使用的任何现值技术在应用中都应遵循下列一般原则。

（1）现金流量和折现率应反映市场参与者对资产或负债定价时使用的假设。

（2）现金流量和折现率应仅考虑与被计量资产或负债相关的特定因素。

（3）为避免重复计算或忽略风险因素的影响，折现率应反映与现金流量内在假定相一致的假设。例如,如果使用贷款的合同现金流量,反映未来违约预期不确定性的折现率(即折现率调整技术)是适当的。如果使用预期(即概率加权)现金流量(即预期现值技术)就不应采用该折现率,因为预期现金流量已经反映了对未来违约不确定性的假设;相反,应采用与预期现金流量固有风险相匹配的折现率。

(4)关于现金流量和折现率的假设应具有内在一致性。例如,包含了通货膨胀影响的名义现金流量应采用包含通货膨胀影响的比率折现。名义无风险利率包含了通货膨胀的影响。排除了通货膨胀影响的实际现金流量应采用排除通货膨胀影响的比率折现。类似地,税后现金流量应采用税后折现率折现。税前现金流量应采用与这些现金流量一致的比率折现。

(5)折现率应与现金流量计价货币的基础经济因素相一致。

3. 风险和不确定性

采用现值法计量公允价值是在不确定的条件下进行的,因为使用的现金流量是估计的而不是已知金额。很多情况下,现金流量的金额和时间都不确定。即使是合同固定的金额(如贷款支付额),在存在违约风险时也是不确定的。

市场参与者一般会为承担资产或负债现金流量中的固有不确定性而要求补偿(即风险溢价)。公允价值计量应包括风险溢价,以反映市场参与者就现金流量固有不确定性所要求的补偿金额。否则,该计量将无法如实代表公允价值。在某些情况下,确定合适的风险溢价可能很困难。但是,困难程度本身不足以作为不考虑风险溢价的理由。

现值法因对风险的调整方式和采用现金流量的类型的不同而不同。包括以下几点。

(1)折现率调整法(传统法):使用风险调整折现率和合同、承诺或最可能现金流量。

(2)期望现金流法1:使用风险调整预期现金流量和无风险利率。

(3)期望现金流法2:使用未经风险调整的预期现金流量和包含市场参与者要求的风险溢价的折现率。该折现率与折现率调整技术中使用的比率不同。

4. 折现率调整法

折现率调整法使用可能的估计金额范围内一组单一的现金流量中的

合同、承诺（如债券）或最可能现金流量。在任何情况下，这些现金流量都是以特定事项的出现为条件的（例如，债券的合同或承诺现金流量是以债务人不存在违约为条件的）。折现率调整技术使用的折现率源自市场上交易的可比资产或负债的可观察收益率。相应地，合同、承诺或最可能现金流量以这些附条件现金流量的可观察的或估计的市场利率（即市场回报率）进行折现。

折现率调整法要求对可比资产或负债的市场数据进行分析。在确定是否可比时，需要考虑现金流量的性质（例如现金流量是合同现金流量还是非合同现金流量、现金流量对经济条件的改变会否作出类似反应）以及其他因素（例如信用状况、抵押品、期限、限制性合同和流动性）。此外，如果单一的可比资产或负债无法公允反映被计量资产或负债现金流量的固有风险，可能通过使用多项可比资产或负债的数据并结合无风险利率曲线推演出折现率（即使用"构建"法）。

【例14】构建法的应用

假定 A 资产是在一年内收取 800 万元的合同权利（即不存在时间不确定性）。存在可比资产的现成市场，且关于这些资产的信息，包括价格信息，是可获得的。这些可比资产中：

（1）B 资产是在一年内收取 1 200 万元的合同权利，且市价为 1 083 万元。因此，内含的年度收益率（即一年的市场回报率）为 10.8% $[(1\,200/1\,083)-1]$；

（2）C 资产是在两年内收取 700 万元的合同权利，且市价为 566 万元。因此，内含的年度收益率（即两年的市场回报率）为 11.2% $[\sqrt[2]{\dfrac{700}{566}}-1]$；

（3）三项资产在风险方面（即可能的支付分布和信用状况）是可比的。

基于 A 资产相对于 B 资产和 C 资产收到合同支付的时间（即 B 资产一年，C 资产两年），B 资产被认为与 A 资产更可比。利用 A 资产收到的合同支付（800 万元）和从 B 资产推演的一年期市场利率（10.8%），计算得到 A 资产的公允价值为 722 万元（800 万元/1.108）。此外，如果不能获得 B 资产的市场信息，可以采用构建法从 C 资产推演出一年期市场利率。在这种情况下，可以利用无风险收益率曲线的期限结构将 C 资产计算出的两年期市场利率（11.2%）调整为一年期市场利率。为确定一年期和两年期资产的风险溢价是否相同，可能要求获取更多信息和进行额外分析。如果确定一年期资产和两年期资产的风险溢价不同，两年期市场收益率将对这一影响作进一步调整。

当折现率调整法应用于固定收入或支出时，折现率中应包括对被计量资产或负债现金流量中固有风险的调整。有时，折现率调整法应用于现金流量不是固定收入或支出的情况，这可能需要对现金流量进行调整，以使其与推演出折现率的可观察资产或负债具有可比性。

5. 期望现金流法

（1）概述

期望现金流法以反映所有可能未来现金流量加权平均的一组现金流量（即预期现金流量）为起点。得到的估计值应与期望值相同，期望值在统计术语中是指离散随机变量的可能值以各自概率作为权重计算的加权平均值。由于对所有可能的现金流量都给予了概率加权，得到的预期现金流量不再以特定事项的出现为条件（与折现率调整法中使用的现金流量不同）。

在作出投资决策时，风险厌恶型市场参与者将考虑实际现金流量可能不同于预期现金流量的风险。组合理论将下列两种风险区分开来：①非系统性（可分散）风险，即个别资产或负债的特定风险；②系统性（不可分散）风险，即分散化组合中资产或负债与其他项目承担的共同风险。

组合理论认为，在市场均衡的情况下，市场参与者仅会因承担现金流量的固有系统性风险而得到补偿（在市场无效或不均衡时，可能存在其他形式的回报或补偿）。

（2）期望现金流法 1

通过扣减现金风险溢价（即风险调整期望现金流量）对资产期望现金流量的系统性（即市场）风险进行调整。经风险调整后的期望现金流量代表确定的等值现金流量，并按照无风险利率折现。确定的等值现金流量是指经风险调整后的期望现金流量（如定义），从而是否以确定现金流量交换期望现金流量对市场参与者来说无关紧要。例如，如果市场参与者愿意以 1 200 元的期望现金流量交换 1 000 元的确定现金流量，该 1 000 元即为 1 200 元的确定等值金额（即 200 元代表现金风险溢价）。在这种情况下，市场参与者对于所持有的资产不存在偏好。

（3）期望现金流法的方法2

通过在无风险利率之上应用风险溢价对系统性（即市场）风险进行调整。相应地，期望现金流量以与概率加权现金流量相关的期望利率相对应的利率（即期望回报率）进行折现。可以使用对风险资产进行计价的模型，如资本资产定价模型来估计期望回报率。由于折现率调整法中使用的折现率是与附条件现金流量相关的回报率，该折现率可能比期望现金流法方法2中使用的折现率高，方法2中的折现率是与期望或概率加权现金流量相关的期望回报率。

【例15】期望现金流法的应用

假定根据以下列示的可能现金流量和概率，计算确定资产在一年内拥有780元的期望现金流量。适用的一年期现金流量无风险利率为5%，具有相同风险状况的资产的系统性风险溢价为3%。可能的现金流量与相应概率及期望现金流量如表1－20所示。

表1－20　　　　　　　　　　期望现金流量的计算

可能的现金流量（元）	概率（%）	概率加权现金流量（元）
500	15	75
800	60	480
900	25	225
期望现金流量（元）		780

在这个简单的示例中，期望现金流量（780元）代表三个可能结果的概率加权平均。在更现实的情况下，可能存在许多可能的结果。但是，应用期望现金流法时，不总是需要运用复杂的模型和技术考虑所有可能的现金流量分布，而是构造能够刻画可能现金流量数组的有限数量的离散情景和概率。例如，企业可能使用相关历史期间的实际现金流量，并在考虑市场参与者假定的基础上，对后续发生的情况（例如外部因素的改变，包括经济或市场条件、行业趋势和竞争，以及具体影响企业的内部因素的改变）进行调整。

理论上讲，无论使用方法1还是方法2确定的资产现金流量的现值（即公允价值）都是一样的，具体计算分析如下。

（1）使用方法1时，期望现金流量因系统性（即市场）风险而进行调整。当直接表示风险调整金额的市场数据缺失时，这种调整可以从资产定价模型推演出来并使用确定等值额概念。例如，风险调整（即22元的现金风险溢价）可以通过使用3%的系统性风险溢价确定 {780元 − [780元 × (1.05/1.08)]}，得出758元（780元 − 22元）的风险调整期望现金流量。758元是780元的确定等值额，并以无风险利率（5%）折现，资产的现值（即公允价值）为722元（758元/1.05）。

（2）使用方法2时，期望现金流量不因系统性（即市场）风险而进行调整。对这一风险的调整被包括在折现率中。因此，期望现金流量以8%（即5%的无风险利率加上3%的系统性风险溢价）的期望回报率折现。资产的现值（即公允价值）为722元（780元/1.08）。

当使用期望现金流法计量公允价值时，方法1或方法2均可使用。对方法1或方法2的选择取决于被计量资产或负债的特定事实和环境，以及可获取足够数据和运用判断的程度。

七　公允价值披露

（一）按照组别披露公允价值计量的相关信息

企业应当根据所处的特定环境，考虑公允价值披露的详尽程度、重要程度、汇总或分解程度，以及是否需要向报表使用者提供额外信息。

企业应当根据相关资产或负债的性质、特征、风险以及公允价值计量的层次对该资产或负债进行恰当分组，并按照组别披露公允价值计量的相关信息。

为确定资产和负债的组别，企业通常应当对资产负债表列报项目做进一步分解。企业应当披露各组别与报表列报项目之间的调节信息。其他相关会计准则明确规定了相关资产或负债组别且其分组原则符合本条规定的，企业可以直接使用该组别提供相关信息。

（二）区分持续的公允价值计量披露和非持续的公允价值计量披露

企业应当区分持续的公允价值计量和非持续的公允价值计量。持续的公允价值计量，是指其他相关会计准则要求或者允许企业在每个资产负债表日持续以公允价值进行的计量。非持续的公允价值计量，是指其他相关会计准则要求或者允许企业在特定情况下的资产负债表中以公允价值进行的计量。持续的公允价值计量和非持续公允价值计量的披露的具体内容见表 1 – 21 所示。

（三）不以公允价值计量但以公允价值披露的资产和负债的披露

不以公允价值计量但以公允价值披露的资产和负债的披露适当简化，具体披露要求见表 1 – 21 所示。

（四）应当以表格形式披露本准则要求的量化信息

企业应当以表格形式披露本准则要求的量化信息，除非其他形式更适当。

表 1 – 21　　　　　　　　　**公允价值计量披露的具体内容**

披露内容	持续的公允价值计量的披露	非持续的公允价值计量的披露	不以公允价值计量但以公允价值披露的资产和负债的披露
以公允价值计量的项目及其金额	√	√以及以公允价值计量的原因	√
公允价值计量的层次	√	√	√
对于第二层次的公允价值计量，企业还应披露：估值技术和输入值	√	√	√
对于第三层次的公允价值计量，企业还应披露：			
• 估值技术、输入值和估值流程的描述性信息	√	√	仅估值技术和输入值
• 重要的、可合理取得的不可观察输入值的量化信息	√	√	
• 期初余额与期末余额之间的调节信息	√		
• 当改变不可观察输入值的金额可能导致公允价值显著变化时，按照相关资产或负债的类别披露有关敏感性分析的描述性信息	√		
当变更估值技术时，企业还应当披露这一变更以及变更的原因	√	√	√
在各层次之间转换的金额和原因，以及确定各层次之间转换时点的政策。每一层次的转入与转出应当分别披露	√		

续表

披露内容	持续的公允价值计量的披露	非持续的公允价值计量的披露	不以公允价值计量但以公允价值披露的资产和负债的披露
非金融资产的最佳用途与当前用途不同的事实和原因	√	√	√
企业以市场风险和信用风险的净敞口为基础管理金融资产和金融负债的，计量该组合公允价值的事实	√	√	√
对于以公允价值计量并且附有不可分割的第三方信用增级的负债，企业应当披露该信用增级，并说明其公允价值计量中是否已反映该信用增级	√	√	√

八 公允价值计量准则对现行会计实务的影响

（一）对公允价值计量方面的影响

在公允价值计量方面，公允价值计量准则具有若干重大突破与创新，具体体现在脱手价格、市场参与者视角、有序交易和主要市场（或最有利市场）、估值技术、输入值以及公允价值计量层次。企业会计人员应当深入学习和领会准则相关规定和精神，并通过不断的实践摸索，逐渐积累经验与数据，努力增强职业判断能力，稳步提高公允价值计量的能力。

（二）对公允价值披露方面的影响

公允价值计量准则将有关公允价值的披露进行了汇总整理，如对相关资产或负债进行分组、区分持续和非持续的公允价值计量、细化第三层次公允价值计量的披露要求等，使得公允价值披露内容更加全面、完整，增强了会计信息的透明度，提高了会计信息的决策有用性，但这也会增加披露的难度与成本。

（三）公允价值计量实务运用中可能存在的问题及对策

1. 市场法中市场乘数的选择过于主观

与市场法一致的估值技术经常使用源自一系列可比值的市场倍数。该倍数可能位于一个范围之内，不同可比值对应不同倍数。在该范围内选择恰当的倍数需要运用判断，并考虑与计量相关的定性和定量因素。

市场法中市场乘数的选择过于主观，而且市场法的应用，与市场完善程度密切相关。因此，应逐步完善我国社会主义市场体系与定价机制，为公允价值计量提供可靠性较高的数据。

2. 现值技术的估值主观性较强

现值技术的估值主观性较强，并因此影响了它的可靠性。在确定某项资产的现值时，必须先确定以下四个因素：资产尚可使用年限、某资产可能产生的预计净现金流量、净现金流量流入企业的具体时间以及折现率。这些因素都存在一定的不确定性，通常只能靠主观预计。预计净现金流量是多少以及何时流入，很难找到客观的、令众人信服方法，因此主观随意性较高，而且不同的会计人员的主观估计也会产生很大的差异。另外，由于现金流量事实上都是在未来期间均匀地发生，而计算现值时预计净现金流量又只能按照时点来表述，于是通常只能假设净现金流量发生在期末，从而导致现值偏小。

我国会计人员的专业素养还不足以支撑现值计量属性的广泛使用。目前，我国会计人员数量巨大，层次参差不齐，总体来说知识结构单一，职业判断水平较差。另外，现值计量属性需要对未来诸多因素进行主观判断，对职业判断水平的要求较高，现实中很多会计人员这种会计职业判断的能力有待提高，这进一步增加了现值技术估值结果的不可靠性。因此，应不断完善现值估值技术，同时加强学习与培训，不断提高会计人员的职业判断能力，为现值技术的使用打下良好的基础。目前，现值估值技术需要谨慎使用。

3. 在资产或负债交易量或交易活跃程度大幅下降时计量公允价值

当资产或负债的交易量或交易活跃程度与该资产或负债（或类似资产或负债）的正常市场活动相比出现大幅下降时，资产或负债的公允价值可能受到影响，企业需要对交易或报价进行进一步分析。交易量或交易活跃程度降低本身可能并不意味着交易价格或报价不代表公允价值，或在该市场中的交易不是有序的。但是，如果企业确定交易或报价不代表公允价值（例如，可能存在非有序交易），并且以这些价格为基础计量公允价值，需要对交易或报价进行调整，且该调整可能对公允价值计量整体具有重要意义。其他情况下，例如，为使类似资产价格与被计量资产可比而需要进行重大调整或者价格过期，调整也可能是必要的。

如果资产或负债的交易量或交易活跃程度大幅下降，可能需要改变估值技术或者使用多种估值技术（例如使用市场法和现值法）。当权衡使用不同估值技术取得的公允价值计量结果时，企业应考虑公允价值计量范围的合理性。目标是确定范围内在当前市场条件下最能代表公允价值的金额。公允价值计量范围过于大，可能说明需要进行进一步分析。

即使资产或负债的交易量或交易活跃程度出现大幅下降，公允价值计量的目标仍应保持不变。公允价值是在当前市场条件下，市场参与者之间在计量日进行的有序交易（即非被迫清算或抛售）中，出售一项资产所能收到或转移一项负债所需支付的价格。

4. 第三方估值机构报价的应用

如果企业确定由诸如定价服务等第三方（例如经纪人、做市商等）提供的报价是遵循公允价值计量准则形成的，准则不限制使用第三方提供的报价。企业应当综合考虑相关资产或负债所处市场的特点、交易是否活跃、是否有足够数量的报价方、报价方是否权威、报价是否持续等因素，对出价和要价的质量进行判断。

企业应当了解估值服务中应用到的输入值，并根据该输入值的可观察性和重要性，确定相关资产或负债公允价值计量结果的层次。例如，第三方报价机构提供了相同资产或负债在活跃市场报价的，企业应当将该资产或负债的公允价值计量划入第一层次。

如果相关资产或负债的交易量或交易活跃程度出现大幅下降，企业应当评估第三方报价机构在形成报价过程中是否使用了反映有序交易的当前信息或是反映市场参与者假定（包括有关风险的假定）的估值技术。

企业在权衡作为公允价值计量输入值的报价时，应当考虑报价的性质，例如报价是参考价格还是具有约束性的要约，对第三方报价机构提供的具有约束性要约的报价应赋予更多权重，并对不能反映交易结果的报价赋予较少权重。

第六节 《企业会计准则第40号——合营安排》（2014）解读

一 制定背景

从2003年合营安排计划的提出到2011年合营安排准则正式发布，

国际会计准则理事会对该准则进行了多次讨论和修改。2003 年 4 月国际会计准则理事会和澳大利亚会计准则委员会共同研究合营安排相关事项。2004 年合营安排计划被提到 IASB 的工作议程中。2007 年 IASB 发布 ED9 以建议替代 IAS 31。2009 年 5 月 IASB 会议上讨论了共同控制替代决策共享，用共同经营和合营企业替代 ED9 中的共同资产、共同经营、合营企业。2010 年 2 月 IASB 会议讨论了合营安排准则的范围和共同控制损益的计量要求。2011 年 2 月 IASB 会议上讨论了 IFRS 11 的生效日期和前期应用，并于 5 月正式发布 IFRS 11。

相对于国际上合营安排准则的发展，我国会计准则中，长期以来一直没有单独的合营安排准则。合营安排的相关内容都通过长期股权投资准则应用指南和相关讲解予以规范。一方面，我国市场经济不断发展，合营安排日益增多，实务界、监管部门等在企业会计准则执行过程中迫切需要一项基于我国实际情况的单独的会计准则以规范合营安排各参与方的会计处理。另一方面，国际财务报告准则第 11 号（IFRS 11）发布后，为保持我国企业会计准则与国际财务报告准则的持续趋同，我国目前亟须制定一项单独的合营安排准则。

在这样的背景下，我国财政部会计司成立合营安排准则项目组，全面研究我国合营安排的有关情况及相关会计问题，并紧密跟踪国际会计准则理事会相关项目的进展。最后，借鉴《国际财务报告准则第 11 号——合营安排》，并结合我国实际情况，财政部会计司制订发布了《企业会计准则第 40 号——合营安排》（CAS 40，以下简称合营安排准则），并于 2014 年 7 月 1 日开始执行。该准则的发布，规范了合营安排各参与方的会计处理，保持我国企业会计准则与国际财务报告准则的持续趋同。

二 合营安排准则的主要内容

（一）合营安排的定义

合营安排准则首次明确给出了合营安排的定义。合营安排，是指一项由两个或两个以上的参与方共同控制的安排。合营安排具有下列特征。①各参与方均受到该安排的约束；②两个或两个以上的参与方对该安排实施共同控制。合营安排强调共同控制，任何一方都有否决权。任何一个参与方都不能够单独控制该安排，对该安排具有共同控制的任何一个参与方均能够阻止其他参与方或参与方组合单独控制该安排。

（二）共同控制的定义与判断

1. 共同控制的定义

合营安排准则重新给出了共同控制的定义。共同控制，是指按照相关约定对某项安排所共有的控制，并且该安排的相关活动必须经过分享控制权的参与方一致同意后才能决策。相关活动，是指对某项安排的回报产生重大影响的活动。某项安排的相关活动应当根据具体情况进行判断，通常包括商品或劳务的销售和购买、金融资产的管理、资产的购买和处置、研究与开发活动以及融资活动等。这里某项安排的回报应该是指合营安排（共同经营或者合营企业）本身能够产生的经济利益，应该不是指参与方能够从合营安排中获得的回报。

共同控制的实质就是集体控制该安排，并且该安排相关活动的决策必须经过参与方（集体控制的参与方而不是其他参与方）一致同意。

判断是否存在共同控制是运用 CAS 40 的第一步，如果不存在共同控制，就被排除在 CAS 40 规范的适用范围之外。例如，投资企业能够对被投资单位施加重大影响的，被投资单位为其联营企业，不属于合营安排。根据 CAS 40 的规定，只有对相关活动（对合营安排产生的回报有重大影响的活动）的决策需要几方一致同意时才存在共同控制。

合营安排不要求所有参与方都对该安排实施共同控制。合营安排参与方既包括对合营安排享有共同控制的参与方（即合营方），也包括对合营安排不享有共同控制的参与方。

2. 共同控制的判断

在判断是否存在共同控制时，应当首先判断所有参与方或参与方组合是否集体控制该安排，其次再判断该安排相关活动的决策是否必须经过这些集体控制该安排的参与方一致同意。即对安排之协议或者契约、合同的分析，要分层次进行。

当会计主体中只有一部分投资者拥有共同控制权时，该主体仍然属于 CAS 40 规范的范围，不过此时的投资者分为共同控制者和纯粹的参与者两种类型，纯粹的参与者应根据《企业会计准则第 22 号——金融工具确认和计量》（CAS 22）等相关准则的规定进行会计核算。例如，某项安排由 A、B、C、D、E、F、G 公司共同参与，如果仅由 A、B 公司共同控制，该项安排也构成合营安排。

注意两种例外情况。

（1）如果存在两个或两个以上的参与方组合能够集体控制某项安排的，不构成共同控制。

如果存在两个或两个以上的参与方组合能够集体控制某项安排的，不构成共同控制。例如，某项安排由 A、B、C、D、E、F、G 公司共同参与，如果其中两个或两个以上公司不能单独集体控制该安排，而是必须经过 A、B 与 C、D、E 或者 E、F、G 等的组合才能够集体控制该项安排，该项安排不构成合营安排。

有时合营安排对相关活动的决策有最小投票权比例的要求，当这个最小比例可以由一个以上的投资者组合实现时，就不是一个合营安排，除非合同特别说明需要某几个投资者同时投赞成票。例如，A、B、C 三个投资者成立了一个企业，各自拥有 50%、30%、20% 的投票权，合同约定对相关活动的决策需要 75% 以上的投票权才获通过，AB 和 ABC 这两种组合的投票权比例满足该要求，也就是说相关决策不论 C 是否赞成，只要 A、B 一致赞成就获通过，所以结论为 A、B 共同控制该企业，应根据 CAS 40 相关规定进行会计核算；而 C 是纯粹的参与者，不是共同控制者，应根据 CAS 22 等相关准则进行会计核算。再例如，A、B、C 三个投资者成立了一个企业，各自拥有 35%、35%、30% 的投票权，合同约定对相关活动的决策需要 51% 以上的投票权才获通过。三个投资者之间共有 AB、BC、AC、ABC 四种不同的组合，投票权比例分别为 70%、65%、65%、100%，均大于 51% 的最低要求，也就是说只要任意两个投资者同意，决策均获通过，由于达到最低要求的组合多于一个，所以不存在共同控制，应排除在 CAS 40 规范的范围之外，除非合同约定某两个投资者（比如 A 和 B）必须一致同意时决策方获通过。

（2）仅享有保护性权利的参与方不享有共同控制。

据修订后的《企业会计准则第 33 号——合并财务报表》，保护性权利，是指仅为了保护权利持有人利益却没有赋予持有人对相关活动决策权的一项权利。保护性权利通常只能在被投资方发生根本性改变或某些例外情况发生时才能够行使，它既没有赋予其持有人对被投资方拥有权力，也不能阻止其他方对被投资方拥有权力。仅享有保护性权利的参与方不享有共同控制。

（三）合营安排的分类和确认

1. 合营安排分为共同经营和合营企业

判断出某项安排属于合营安排后，接下来需要将其进一步分为共同经营或合营企业，这是一个非常关键的环节，因为分类直接决定其会计核算方法。合营安排分为共同经营和合营企业。共同经营，是指合营方享有该安排相关资产且承担该安排相关负债的合营安排。合营企业，是指合营方仅对该安排的净资产享有权利的合营安排。

投资企业能够对被投资单位施加重大影响的，被投资单位为投资企业的联营企业。重大影响，是指对一个企业的财务和经营政策有参与决策的权力，但并不能够控制或者与其他方一起共同控制这些政策的制定。在确定能否对被投资单位施加重大影响时，应当考虑投资企业和其他方持有的被投资单位当期可转换公司债券、当期可执行认股权证等潜在表决权因素。联营企业不是合营企业。

2. 单独主体的存在是某一合营安排被划分为合营企业的必要条件

合营方应当根据其在合营安排中享有的权利和承担的义务确定合营安排的分类。对权利和义务进行评价时应当考虑该安排的结构、法律形式以及合同条款等因素。单独主体的存在是某一合营安排被划分为合营企业的必要条件，但非充分条件。单独主体，是指具有单独可辨认的财务架构的主体，包括单独的法人主体和不具备法人主体资格但法律认可的主体。单独主体的法律形式、合同条款及其他情况也可能会影响合营安排的划分，要求企业结合各相关因素进行恰当的职业判断。

通过单独主体达成的合营安排，通常应当划分为合营企业。未通过单独主体达成的合营安排，应当划分为共同经营。

3. 合营安排的分类应从法律形式、合同条款以及其他事实和环境三个方面进行判断

在对合营安排进行分类时，应着眼于合营安排所界定的权利义务关系，从法律形式、合同条款以及其他事实和环境三个方面进行判断。

（1）法律形式。合营安排的法律形式是指是否存在一个独立的组织（如成立一个具有法人资格的公司）来运作相关业务。在不存在独立组织的情况下，一般可直接判断为共同经营，当存在独立组织时，则

需要结合合同条款、其他事实和环境来判断是属于共同经营还是合营企业。

　　例如，A、B 两家公司一起运作一个生产飞机的项目，未成立独立的公司，A 负责生产发动机，B 负责生产其余的部分并负责组装整机，双方按照一定的比例分享销售收入并各自承担由此产生的负债。与此相关的重大决策，如飞机的定价等必须由双方一致同意。再例如，A、B 两家公司一起运作一个油气勘探开发项目，双方签订了一个产品分成合同，约定共同对某区块的油气资源进行开采，双方各占 50% 的权益，由此产生的勘探费用、操作成本、筹资成本等成本费用以及油气资源的销售收入由双方平摊，采矿权由双方共同享有。与此相关的重大决策，如筹融资、油气资源挂靠价格等必须由双方一致同意。在组织结构上，未成立独立的公司，指定其中一方为作业者，在双方授权的范围内进行日常事务管理。以上两个例子分别为共同控制资产和共同控制经营，由于不存在一个独立于 A、B 公司之外的组织来运作该项目，相关的权利、义务缺乏独立的载体，难以将合营安排的权利义务和投资者的权利义务割裂开来，换句话说，合营安排的权利义务就是投资者的权利义务，因此应判断为共同经营，A、B 公司应在其报表中确认在该项目中的相关资产、负债份额等。

　　以上是没有法律实体的情形，下面分析一个具有法律实体的情形。比如，A、B 两家公司各出资 50% 共同成立 C 公司运营某高档酒店，酒店资产在 C 公司名下，A、B 公司以其出资额为限对 C 公司债务承担有限责任并共同分享酒店带来的收益，相关经济活动的决策需经 A、B 双方一致同意。C 公司属于共同控制实体，由于存在单独的法律实体，可独立承担权利义务，所以合营安排的权利义务能和投资者的权利义务严格区分开来，即投资者不直接对合营安排相关的资产负债享有权利义务，只能对这些资产负债综合运用的结果——净资产享有权益，所以应判断为合营企业，采用权益法核算（除非有别的证据推翻这一结论）。

　　（2）合同条款。一般说来，合同条款界定的权利义务和法律形式是一致的（至少是不矛盾的），但是有时候也有可能推翻法律形式界定的权利义务。比如，上述高档酒店的例子中，双方签订了补充协议，约定 C 公司所有的资产、负债、盈利或亏损均由 A、B 公司依持股比例享有或承担。通过合同约定，A、B 公司对合营安排的相关资产和负债直接拥有了权利义务，所以应判断为共同经营，A、B 公司依持股比例确认相关的资产负债、收入成本等。

（3）其他事实和环境。有时其他事实和环境也能对合营安排的权利和义务提供一定的证据。对资产享有权利既包括从法律形式上享有（如资产的所有权等），也包括实质性地享有资产带来的全部经济利益。

【例1】共同经营的判断

A、B 两家制造企业各出资 50% 成立了具有独立法人资格的 C 公司，C 公司唯一的业务就是根据 A、B 公司的需要为其提供加工业务，所有的原材料均从 A、B 公司购买，加工后全部卖给 A、B 公司，除非征得 A、B 公司的一致同意，C 公司没有权利对外卖出任何产品，也没有独立定价权，产品销售价格由 A、B 公司共同决定，一般要能够覆盖 C 公司所发生的制造费用、期间费用并保留一定的毛利空间。加工业务相关资产如设备、厂房等在 C 公司名下，重大决策须经 A、B 公司一致同意。

分析：从法律形式来看，存在一个独立的组织（C 公司）运作该项合营安排，相关资产的所有权在 C 公司名下，C 公司独立承担由此产生的债务；从合同条款来看，无任何特别的权利义务约定；但是从其他事实和环境来看，由于 A、B 公司享有购买所有产品的权利，所以实质上享有 C 公司资产带来的全部经济利益，又由于 C 公司的产品不能卖给第三方，所以其任何负债的清偿排他性地依赖于 A、B 公司带来的现金流入。由此可见，股东垄断购买所有的产品这个事实，推翻了先前从法律形式得出的结论，应将这个案例判断为共同经营，A、B 公司应确认他们在 C 公司的相关资产负债、收入成本等。

【例2】合营企业的判断

A、B 两家制造企业各出资 50% 成立了具有独立法人资格的 C 公司，相关经济活动的决策需要 A、B 双方一致同意，由于 C 公司的经营范围和 A、B 公司相差较大，所以其主要市场在外部市场，另外为了保证 C 公司能持续经营下去，当 C 公司由于资金短缺需要外部融资时，由 A、B 公司提供担保。从法律形式上来看，由于 C 公司是一个独立的法人实体，对自己的资产、负债享有权利义务，所以股东不能直接对合营企业享有权利和义务，初步判断为合营企业，用权益法核算；从合同条款来看，没有关于权利义务关系的特别界定；从其他事实和环境来看，A、B 公司需要为其外部融资提供担保，这让 A、B 公司比一个普通的有限责任公司的股东承担了更多的义务，然而，CAS 40 指出，不能仅凭合营方对合营安排提供债务担保即将其视为合营方承担该安排相关负债。担保、保证及类似性质的经济事项存在，本身并不能决定一个合营企业应该被划分为共同经营，应着眼于合营安排界定的权利义务关系，本例中，没有其他的证据推翻从法律形式得出的结论，所以最后可以得出结论，C 为合营企业，应采用权益法核算。

4. 合营安排的分类要及时进行调整

相关事实和情况变化导致合营方在合营安排中享有的权利和承担的义务发生变化的，合营方应当对合营安排的分类进行重新评估。合营安排不是一劳永逸的，相关事实和情况变化导致合营方在合营安排中享有的权利和承担的义务发生变化的情况下，就需要对合营安排的分类进行重新评估，评估后很可能改变原来的分类，即将原来的合营企业分类改成共同经营或者相反。

对于为完成不同活动而设立多项合营安排的一个框架性协议，企业应当分别确定各项合营安排的分类。框架性质的协议如果设立了多项合营安排，企业必须分别确定合营安排。比如，某集团就遇到过此种情况，框架协议由集团总部老总和另一个集团总部的老总协商后签署，该集团的下属单位是具体参与方，这个框架协议往往就涉及不同活动的，如果每个活动单独设立合营安排，企业必须分别确定各项合营安排，否则无法准确甚至都无法进行会计核算。

5. 与原准则分类的区别

原准则及其讲解中实际上对合营安排采取了三分类法，即将合营安排分类为共同控制资产、共同控制经营、共同控制主体。CAS 40 对合营安排变为两分类法，即合营安排分类为共同经营和合营企业。共同控制资产和共同控制经营，归属于新分类法中的共同经营。对于共同控制实体，如果安排的各方对该安排的净资产享有权利的合营安排，则其归属于新分类法中的合营企业，否则归属于新分类法中的共同经营。具体划分见图 1 - 10 所示。

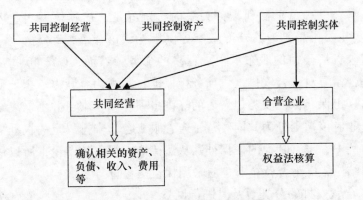

图 1 - 10　合营安排新旧分类的衔接

（四）共同经营参与方的会计处理

1. 合营方的会计处理

合营方的会计处理类似于比例合并法，要单独确认有关资产、负债、收入和费用。合营方应当确认其与共同经营中利益份额相关的下列项目，并按照相关企业会计准则的规定进行会计处理。

（1）确认单独所持有的资产，以及按其份额确认共同持有的资产。自己单独持有资产肯定是自己单独确认，不可能从参与方自己的账簿上转出去或者不将自己拥有产权或者控制的资产记录在自己的账本上，哪怕这些资产是为了合营安排使用的。共同持有的资产按照份额确认，因为这个资产能够带来的未来经济利益参与方只能按照对合营安排的份额确认。

例如：共同经营生产出 A 产品 400 个单位，总成本为 1 000 万元，如果某个参与方（B 公司）按照协议应该分回 40% 的共同经营产出，本期 B 公司应该分回来 160 个 A 产品，由于该产品在共同经营中成本是 400 万元，因此 B 公司会计分录应该是：

　　借：库存商品——共同经营——A 产品　　　　　　4 000 000

　　　贷：生产成本——共同经营——A 产品　　　　　　4 000 000

等到 B 公司将 A 产品销售后再确认产品销售收入和结转产品销售成本。

（2）确认单独所承担的负债，以及按其份额确认共同承担的负债。

（3）确认出售其享有的共同经营产出份额所产生的收入。

（4）按其份额确认共同经营因出售产出所产生的收入。

例如：共同经营生产出的产品本期销售获得收入 1 500 万元，如果某个参与方对此应该享有的份额是 40%，该参与方应该确认 600 万元的收入。

借：银行存款——共同经营　　　　　　6 000 000

　贷：主营业务收入——共同经营　　　　6 000 000

（5）确认单独所发生的费用，以及按其份额确认共同经营发生的费用。如果共同经营协议约定，分回来的是产品，构成产品成本的费用应该在生产成本科目归集，其他期间费用应该在当期确认损益。

例如：共同经营本期所销售产品的生产成本为 1 000 万元，如果某个参与方对此应该享有的份额是 40%，该参与方应该确认 400 万元的销售成本。

借：主营业务成本——共同经营——A 产品　　4 000 000

　贷：库存商品——共同经营——A 产品　　　4 000 000

（6）顺流交易的处理

合营方向共同经营投出或出售资产等（该资产构成业务的除外），在该资产等由共同经营出售给第三方之前，应当仅确认因该交易产生的损益中归属于共同经营其他参与方的部分。投出或出售的资产发生符合《企业会计准则第 8 号——资产减值》等规定的资产减值损失的，合营方应当全额确认该损失。

出售给其他参与方的部分相当于卖给了其他方，这和某一个参与方独立销售产品给其他参与方一样，因此应该确认损益。至于没有销售出去的归属于自己的份额，相当于自己卖给自己，因此属于资产的转移，不属于销售。

（7）逆流交易的处理

合营方自共同经营购买资产等（该资产构成业务的除外），在将该资产等出售给第三方之前，应当仅确认因该交易产生的损益中归属于共同经营其他参与方的部分。购入的资产发生符合《企业会计准则第 8 号——资产减值》等规定的资产减值损失的，合营方应当按其承担的份额确认该部分损失。

购买的资产属于其他参与方的部分，相当于从其他方独立购买商品，因此确认这部分的损益，但是没有售出给第三方之前自己的份额，相当于自己买自己的资产，因此不产生损益。

构成业务的买卖行为，因为不需要售出给第三方，形成参与一方自己使用的构成业务的资产，因此除外。比如某一个参与方购买共同经营中形成的一组固定资产，构成业务，这组固定资产属于自己份额的部分相当于自己建造的固定资产，属于其他参与方份额的部分相当于从独立第三方购买固定资产，该参与方不能从这个业务中确认损益，而是按照共同经营中形成的资产的成本归属自己的份额加上其他参与方按照协议约定销售价格属于其他参与方的金额之和，作为购买这组固定资产的成本。

2. 参与方的会计处理

（1）享有资产并承担债务的，按照合营方的会计处理方法处理；

（2）反之，按照其他相关准则处理。

对共同经营不享有共同控制的参与方，如果享有该共同经营相关资产且承担该共同经营相关负债的，应当按照合营方的会计处理方法进行处理；否则，应当按照相关企业会计准则的规定进行会计处理。

不享有共同控制的参与方对共同经营没有控制权，如果享有该共同经营相关资产且承担该共同经营相关负债，可以比照享有共同控制权的那些参与方同样的会计处理办法。否则，由于其和共同经营中产生的资产和负债没有关系，因此它从共同经营中购买的资产或者销售给共同经营的资产，和在正常经营中进行的采购或者销售行为一样的方法进行会计处理。

（五）合营企业参与方的会计处理

1. 合营方的处理：权益法（根据长期股权投资准则）

合营方应当按照《企业会计准则第2号——长期股权投资》的规定对合营企业的投资进行会计处理。投资企业能够对被投资单位具有共同控制或重大影响的股权投资，应当采用权益法核算，在编制个别财务报表和合并财务报表时也据此列报。具体核算方法参见长期股权投资准则的解析，在此不再赘述。

2. 对合营企业不享有共同控制的参与方

（1）对该合营企业具有重大影响的，按照长期股权投资准则处理；

（2）对该合营企业不具有重大影响的，按照金融工具准则处理。

（六）案例分析：产品的共同制造和配送是属于共同经营还是合营企业

1. 资料

企业 A 和 B（参与方）签订了一份战略性和经营性的安排（框架协议），在该协议中他们同意在不同市场共同生产和配送一项产品（产品 P）的条款。参与方同意通过签订合营安排进行生产和配送活动，这些活动如下。

生产活动：参与方同意通过合营安排（即制造安排）进行生产活动。该制造安排通过一个单独主体（主体 M）进行构造，该主体的法律形式使其在自身立场上考虑问题（即主体 M 持有的资产和负债是其自身的资产和负债，不是参与方的资产和负债）。根据该框架协议，参与方承诺按照其在主体 M 中的所有者权益购买根据制造安排生产的所有产品 P。参与方随后向另一个由其共同控制的安排出售这些产品 P，并按照以下描述对产品 P 进行配送。处理 A 和 B 之间制造活动的框架协议和合同安排都没有表明参与方拥有与制造活动相关的资产权利和负债义务。

配送活动：参与方同意通过合营安排（即配送安排）进行配送活动。该配送安排通过一个单独主体（主体 D）进行构造，该主体的法律形式使其在自身立场上考虑问题（即主体 D 持有的资产和负债是其自身的资产和负债，不是参与方的资产和负债）。根据该框架协议，配送安排按照不同市场需求从参与方订购产品 P，在这些市场上配送安排销售这些产品。处理 A 和 B 之间配送活动的框架协议和合同安排都没有表明参与方拥有与配送活动相关的资产权利和负债义务。

此外，框架协议规定：制造安排将生产产品 P，以满足配送安排对参与方设定的产品 P 的需求；制造安排将根据 A 和 B 同意的价格向参与方销售产品 P，以收回所有发生的生产成本；随后，参与方以 A 和 B 同意的价格向配送安排销售该产品；制造安排可能出现的任何现金短缺，都将由参与方根据其在主体 M 中的所有者权益进行出资。

2. 分析

框架协议设定了参与方 A 和 B 制造和配送产品 P 的条款。这些活动通过合营安排进行，旨在制造和配送产品 P。

参与方通过主体 M 执行制造安排，主体 M 的法律形式区分了参与方和该主体。处理制造活动的框架协议和合同安排都没有表明参与方拥有与制造活动相关的资产权利和负债义务。然而，当考虑以下事实和情况时，参与方确定该制造安排是共同经营：①制造安排生产产品 P，以满足参与方的数量和质量要求，从而实现配送安排对产品 P 的需求。参与方承诺购买根据制造安排生产的所有产品 P，因此，参与方实质上拥有与该安排相关的资产的所有经济利益；②制造安排可能出现的任何现金短缺，都将由参与方根据其在主体 M 中的所有者权益进行出资。这表明参与方对制造安排的负债承担义务，因为这些负债通过参与方购买产品 P 进行清偿或直接由参与方提供资金。

参与方通过主体 D 进行配送活动，主体 D 的法律形式区分了参与方和该主体。此外，处理配送活动的框架协议和合同安排都没有表明参与方拥有与配送活动相关的资产权利和负债义务。没有其他事实和情形表明参与方实质上拥有与该安排相关资产的所有经济利益，参与方承担与该安排相关的负债义务。因此，该配送合营安排是合营企业。

A 和 B 根据其在主体 M 中的所有者权益，各自在财务报表中确认由制造安排产生的资产（例如，不动产、厂房和设备，现金）的份额和负债（例如，对第三方的应付账款）的份额。各参与方也确认由制造安排产生的生产产品 P 费用份额，以及销售产品 P 给配送安排相关的收入份额。

参与方将其在配送安排中对净资产的权利确认为投资，并以权益法进行会计处理。

3. 附加分析

假设参与方同意上述制造安排不仅负责产品 P 的生产，还负责向第三方客户配送。参与方也同意建立与上述配送安排相似的专门配送产品 P 的配送安排，以帮助将产品 P 配送至其他特定市场。制造安排也直接向配送安排销售产品 P。配送安排没有承诺购买或者保留规定比例的制造安排产量。

上述变动既不影响从事制造活动的单独主体的法律形式，也不影响参与方对制造活动相关的资产权利和负债义务的合同条款。然而，它使得制造安排成为一项自我融资的安排，因为它能出于自身利益的考虑与第三方客户进行交易并配送产品 P，因此，自己负责需求、存货和信用风险。尽管制造安排还可以向配送安排销售产品 P，在这种情况下，制造安排不依赖于那些能够在持续的基础上执行其活动的参与方。如果这样，该制造安排就是合营企业。

上述变动没有影响到该配送安排分类为合营企业。参与方将其在制造安排中对净资产的权利和在配送安排中的对净资产的权利确认为投资，并以权益法进行会计处理。

三　衔接规定

首次采用本准则的企业应当根据本准则的规定对其合营安排进行重新评估，确定其分类。合营企业重新分类为共同经营的，采用追溯法调整，不确认当期损益。

合营企业重新分类为共同经营的，合营方应当在比较财务报表最早期间期初，终止确认以前采用权益法核算的长期股权投资，以及其他实质上构成对合营企业净投资的长期权益；同时根据比较财务报表最早期间期初采用权益法核算时使用的相关信息，确认本企业在共同经营中的利益份额所产生的各项资产（包括商誉）和负债，所确认资产和负债的账面价值与其计税基础之间存在暂时性差异的，应当按照《企业会计准则第18号——所得税》的规定进行会计处理。

确认的各项资产和负债的净额与终止确认的长期股权投资以及其他实质上构成对合营企业净投资的长期权益的账面金额存在差额的，应当按照下列规定处理：

（1）前者大于后者的，其差额应当首先抵减与该投资相关的商誉，仍有余额的，再调增比较财务报表最早期间的期初留存收益；

（2）前者小于后者的，其差额应当冲减比较财务报表最早期间的期初留存收益。

第七节　《企业会计准则第41号——在其他主体中权益的披露》（2014）解读

一　准则的制定背景

（一）国际背景

2008年以来，由结构性金融产品引发的世界金融危机给全球资本市场带来了巨大灾难。国际财务报告准则因为缺乏对结构化主体和表外主体的披露而遭受众多批判和指责。因此加强结构化主体的披露工作成为应对金融危机迫在眉睫的任务之一。2010 年 1 月，国际会计准则理事会（IASB）即决定在 IAS 39 和 IFRS 9 之外，单独发布一项关于报告主体参与其他主体活动的披露准则。2011 年 5 月，IASB 正式发布了国际财务报告准则第 12 号（IFRS 12）"在其他主体中权益的披露"，规定了与主体在子公司、合营安排、联营企业和未予合并的结构化主体的权益相关的广泛披露。它规定主体必须披露有助于财务报表使用者评价该主体在其他主体中权益的性质和相关风险以及此类权益对其财务报表的影响信息。IFRS 12 统一和改进了现行国际财务报告准则对被投资主体具有控制或重大影响的长期股权投资的相关披露要求，并新增了未纳入合并范围的结构化主体的披露要求。与此同时，IASB 还发布了国际财务报告准则第 10 号（IFRS 10）"合并财务报表"、国际财务报告准则第 11 号（IFRS 11）"合营安排"、国际会计准则第 27 号（IAS 27）"单独财务报表"（2011 年修订）及国际会计准则第 28 号（IAS 28）"合营和联营中的投资"（2011 年修订）。此"一套五项"准则为合并、合营的会计处理及涉及其他主体的跨级披露制定了标准。

（二）国内背景

我国在发布《企业会计准则第 41 号——在其他主体中权益的披露》（IAS 41）之前，有关企业在其他主体中权益的披露散见于"长期股权投资"和"合并财务报表"之中，不仅披露范围有限，而且披露内容不全面，披露的内容仅涉及子公司、联营企业和合营企业，不包括有关共同经营和结构化主体的披露，财务报表使用者难以了解表外主体风险。这就不利于财务报表使用者全面了解并评估企业在其他主体中权益的风险及其对本企业财务状况和经营业绩的影响。为了及时和充分披露包括部分表外业务在内的其他主体等的相关信息，有效揭示相关金融产品风险，同时保持与国际财务报告准则的持续趋同，我国单独制定一项"在其他主体中权益披露"的具体准则势在必行。

二 准则的制定过程

在国际上"一套五项"准则发布后，我国财政部会计司即着手立项研究合并财务报表、合营安排、长期股权投资及在结构化主体中的权益等及相关披露要求，起草了我国《企业会计准则第 X 号——在其他主体中权益的披露（草稿）》，并广泛征求部分中央国有企业、商业银行、会计师事务所等的意见，数次修改，几易其稿，形成讨论稿并征求了会计准则委员会委员意见，根据委员反馈意见修改后形成该征求意见稿。2012 年 11 月征求意见稿向社会公开征求意见，并于 2013 年 8 月形成草案。最终，财政部会计司于 2014 年 3 月 14 日发布了《企业会计准则第 41 号——在其他主体中权益的披露》（财会〔2014〕16 号）。该准则借鉴国际经验，整合现有规定，完善了在其他主体中权益的披露内容。该准则于 2014 年 7 月 1 日起在所有执行企业会计准则的企业范围内施行，鼓励在境外上市的企业提前执行。

三 准则的主要内容

（一）披露的总体要求与适用范围

1. 披露的总体要求

企业披露的在其他主体中权益的信息，应当有助于财务报表使用者评估企业在其他主体中权益的性质和相关风险，以及该权益对企业财务状况、经营成果和现金流量的影响。

披露时应遵循重要性原则，不重要的信息可以汇总披露，同时披露其汇总的方法，但不得模糊重要信息的披露。不重要的信息也可以省略披露。

2. 相关概念

（1）其他主体中权益的概念。准则所指的在其他主体中的权益，是指通过合同或其他形式能够使企业参与其他主体的相关活动并因此享有可变回报的权益。参与方式包括持有其他主体的股权、债权，或向其他主体提供资金、流动性支持、信用增级和担保等。企业通过这些参与方式实现对其他主体的控制、共同控制或重大影响。

（2）其他主体的构成。其他主体包括企业的子公司、合营安排（包括共同经营和合营企业）、联营企业以及未纳入合并财务报表范围的结构化主体等。

（3）结构化主体的概念。结构化主体，是指在确定其控制方时没有将表决权或类似权利作为决定因素而设计的主体。

结构化主体包括证券化工具、资产支持融资、部分投资基金等内容。主导该主体相关活动的依据通常是合同安排或其他安排形式。结构化主体通常具有下列一项或多项特征：经营活动受到限定；设立目标受到限定；在不存在次级财务支持情况下，其所拥有的权益不足以对所从事的活动进行融资；以多项基于合同相关联的工具向投资者进行融资，导致信用风险集中或其他风险集中。

3. 准则的适用范围

准则适用于企业在子公司、合营安排、联营企业和未纳入合并财务报表范围的结构化主体中权益的披露。

企业同时提供合并财务报表和母公司个别财务报表的，应当在合并财务报表附注中披露本准则要求的信息，不需要在母公司个别财务报表附注中重复披露相关信息。不编制合并报表的，在个别报表中披露本准则规范的信息。

4. 准则适用范围的排除

离职后福利计划或其他长期职工福利计划，适用《企业会计准则第9号——职工薪酬》。

企业在其参与的但不享有共同控制的合营安排中的权益，适用《企业会计准则第37号——金融工具列报》。例外情况，企业对该合营安排具有重大影响或该合营安排是结构化主体的，适用本准则。具体如图1-11所示。

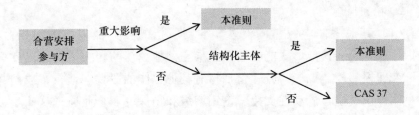

图 1 - 11　合营企业参与方适用的会计准则

企业持有的由《企业会计准则第22号——金融工具确认和计量》规范的在其他主体中的权益，适用《企业会计准则第37号——金融工具列报》。例外情况，企业在未纳入合并财务报表范围的结构化主体中的权益，以及根据其他相关会计准则以公允价值计量且其变动计入当期损益的在联营企业或合营企业中的权益，适用本准则。

（二）重大判断和假设的披露

1. 基本要求

企业应当披露对其他主体实施控制、共同控制或重大影响的重大判断和假设，以及这些判断和假设变更的情况。

2. 主要情形

包括但不限于：持有其他主体半数或以下的表决权但仍控制该主体；持有其他主体半数以上的表决权但并不控制该主体；持有其他主体20%以下的表决权但对该主体具有重大影响；持有其他主体20%或以上的表决权但对该主体不具有重大影响；企业通过单独主体达成合营安排的，确定该合营安排是共同经营还是合营企业；确定企业是代理人还是委托人的判断和假设；等等。

3. 投资性主体

首先要把握投资性主体的概念。当母公司同时满足下列三个条件时，该母公司属于投资性主体：该公司是以向投资者提供投资管理服务为目的，从一个或多个投资者处获取资金；该公司的唯一经营目的，是通过资本增值、投资收益或两者兼有而让投资者获得回报；该公司按照公允价值对几乎所有投资的业绩进行考量和评价。母公司属于投资性主体的，通常情况下应当符合下列所有特征：拥有一个以上投资；拥有一个以上投资者；投资者不是该主体的关联方；其所有者权益以股权或类似权益方式存在。

（1）一般性披露

企业应当披露按照《企业会计准则第33号——合并财务报表》（简称CAS 33）被确定为投资性主体的重大判断和假设，以及虽然不符合《企业会计准则第33号——合并财务报表》有关投资性主体的一项或多项特征但仍被确定为投资性主体的原因。

（2）企业（母公司）由非投资性主体转变为投资性主体

根据CAS 33第二十五条的规定，当母公司由非投资性主体转变为投资性主体时，除仅将为其投资活动提供相关服务的子公司纳入合并财务报表范围编制合并财务报表外，企业自转变日起对其他子公司不再予以合并，并参照准则的规定，按照视同在转变日处置子公司但保留剩余股权的原则进行会计处理。

企业（母公司）由非投资性主体转变为投资性主体的，应当披露该变化及其原因，并披露该变化对财务报表的影响，包括对变化当日不再纳入合并财务报表范围子公司的投资的公允价值、按照公允价值重新计量产生的利得或损失以及相应的列报项目。

（3）企业（母公司）由投资性主体转变为非投资性主体

根据 CAS 33 第二十五条规定，当母公司由投资性主体转变为非投资性主体时，应将原未纳入合并财务报表范围的子公司于转变日纳入合并财务报表范围，原未纳入合并财务报表范围的子公司在转变日的公允价值视同购买的交易对价。

企业（母公司）由投资性主体转变为非投资性主体的，应当披露该变化及其原因。

（三）在子公司中权益的披露

1. 基本信息

企业应当在合并财务报表附注中披露企业集团的构成，包括子公司的名称、主要经营地及注册地、业务性质、企业的持股比例（或类似权益比例）等。

子公司少数股东持有的权益对企业集团重要的，企业还应当在合并财务报表附注中披露下列信息：

（1）子公司少数股东的持股比例，子公司少数股东的持股比例不同于其持有的表决权比例的，企业还应当披露该表决权比例；

（2）当期归属于子公司少数股东的损益以及向少数股东支付的股利；

（3）子公司在当期期末累计的少数股东权益余额；

（4）子公司的主要财务信息。

2. 子公司主要财务信息

子公司主要财务信息是指有关子公司资产负债、经营成果、现金流量的信息，包括流动资产、非流动资产、流动负债、非流动负债、收入、净利润、综合收益总额等。

在此需注意以下几点：

（1）披露的金额是子公司财务报表中的金额，不是根据持股比例享有的份额；

（2）披露的金额是集团内公司之间内部交易抵销前的金额；

（3）在子公司中的权益（或其一部分）划分为持有待售的，不需要披露子公司主要财务信息。

3. 使用企业集团资产和清偿企业集团债务存在重大限制的披露

使用企业集团资产和清偿企业集团债务存在重大限制的，企业应当在合并财务报表附注中披露下列信息。

（1）限制的内容：包括对母公司或其子公司与企业集团内其他主体相互转移现金或其他资产的限制，以及对企业集团内主体之间发放股利或进行利润分配、发放或收回贷款或垫款等的限制。

（2）子公司少数股东保护性权利的性质和程度：子公司少数股东享有保护性权利，并且该保护性权利对企业使用企业集团资产或清偿企业集团负债的能力存在重大限制的，该限制的性质和程度。

（3）限制涉及的资产和负债在合并财务报表中的金额。

4. 在合并结构化主体中权益的风险

（1）存在合同关系

合同约定企业或其子公司向该结构化主体提供财务支持的，应当披露提供财务支持的合同条款，包括可能导致企业承担损失的事项或情况。

（2）不存在合同关系

在没有合同约定的情况下，企业或其子公司当期向该结构化主体提供了财务支持或其他支持，应当披露所提供支持的类型、金额及原因，包括帮助该结构化主体获得财务支持的情况。其中，由于提供了财务支持或其他支持并且该支持导致企业控制了该结构化主体的，还应当披露决定提供支持的相关因素。

（3）提供支持的意图

企业存在向该结构化主体提供财务支持或其他支持的意图的，应当披露该意图，包括帮助该结构化主体获得财务支持的意图。

5. 企业在子公司所有者权益份额变化

（1）未导致丧失对子公司控制

企业在其子公司所有者权益份额发生变化且该变化未导致企业丧失对子公司控制权的，应当在合并财务报表附注中披露该变化对本企业所有者权益的影响。

（2）导致丧失对子公司控制

企业丧失对子公司控制权的，应当在合并财务报表附注中披露按照《企业会计准则第 33 号——合并财务报表》计算的下列信息：①由于丧失控制权而产生的利得或损失以及相应的列报项目；②剩余股权在丧失控制权日按照公允价值重新计量而产生的利得或损失。

CAS 33 第五十条规定，企业因处置部分股权投资等原因丧失了对被投资方的控制权的，在编制合并财务报表时，对于剩余股权，应当按照其在丧失控制权日的公允价值进行重新计量。处置股权取得的对价与剩余股权公允价值之和，减去按原持股比例计算应享有原有子公司自购买日或合并日开始持续计算的净资产的份额之间的差额，计入丧失控制权当期的投资收益，同时冲减商誉。与原有子公司股权投资相关的其他综合收益等，应当在丧失控制权时转为当期投资收益。

6. 投资性主体——基本信息

企业是投资性主体且存在未纳入合并财务报表范围的子公司，并对该子公司权益按照公允价值计量且其变动计入当期损益的，应当在财务报表附注中对该情况予以说明。同时，对于未纳入合并财务报表范围的子公司，企业应当披露下列信息。

（1）子公司的名称、主要经营地及注册地。

（2）企业对子公司的持股比例。持股比例不同于企业持有的表决权比例的，企业还应当披露该表决权比例。

企业的子公司也是投资性主体且该子公司存在未纳入合并财务报表范围的下属子公司的，企业应当按照上述要求披露该下属子公司的相关信息。具体如图 1 - 12 所示。

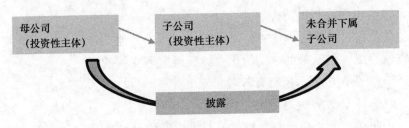

图 1 - 12　对属于投资性主体的子公司未合并下属子公司的披露

7. 投资性主体——风险信息

企业是投资性主体的，对其在未纳入合并财务报表范围的子公司中的权益，应当披露与该权益相关的风险信息。

（1）未合并子公司向企业转移资金（发放现金股利、归还贷款或垫款）的能力存在重大限制的性质和程度。

（2）企业向未合并子公司提供支持的承诺或意图。

企业存在向未纳入合并财务报表范围的子公司提供财务支持或其他支持的承诺或意图的，企业应当披露该承诺或意图，包括帮助该子公司获得财务支持的承诺或意图。

在没有合同约定的情况下，企业或其子公司当期向未纳入合并财务报表范围的子公司提供财务支持或其他支持的，企业应当披露提供支持的类型、金额及原因。

（3）向企业控制的结构化主体提供财务支持的披露。

合同约定企业或其未纳入合并财务报表范围的子公司向未纳入合并财务报表范围，但受企业控制的结构化主体提供财务支持的，企业应当披露相关合同条款，以及可能导致企业承担损失的事项或情况。

在没有合同约定的情况下，企业或其未纳入合并财务报表范围的子公司当期向原先不受企业控制且未纳入合并财务报表范围的结构化主体提供财务支持或其他支持，并且所提供的支持导致企业控制该结构化主体的，企业应当披露决定提供上述支持的相关因素，具体内容包括投资性主体或其子公司当期向未合并子公司提供支持的类型、金额及原因等。

（四）在合营安排或联营企业中权益的披露

1. 基本信息

存在重要的合营安排或联营企业的，企业应当披露下列信息：

（1）合营安排或联营企业的名称、主要经营地及注册地。

（2）企业与合营安排或联营企业的关系的性质，包括合营安排或联营企业活动的性质，以及合营安排或联营企业对企业活动是否具有战略性等。

（3）企业的持股比例。持股比例不同于企业持有的表决权比例的，企业还应当披露该表决权比例。

对于重要的合营企业或联营企业，还应当披露对合营企业或联营企业投资的会计处理方法，从合营企业或联营企业收到的股利，以及合营企业或联营企业在其自身财务报表中的主要财务信息。

企业对上述合营企业或联营企业投资采用权益法进行会计处理但该

投资存在公开报价的，还应当披露其公允价值。

2．主要财务信息

合营企业或联营企业在其自身财务报表中的主要财务信息包括：流动资产、非流动资产、流动负债、非流动负债、收入、净利润、终止经营净利润、其他综合收益、综合收益总额等。此外，合营企业的主要财务信息还包括现金和现金等价物、流动金融负债、非流动金融负债、折旧摊销、利息收入、利息费用、所得税等。

在此需注意以下几点：

（1）联营企业和合营企业财务报表中的金额，不是根据持股比例享有的份额；

（2）按权益法调整后，但未与企业或其子公司内部交易抵销的金额（权益法调整：企业获得对联营企业或合营企业的权益投资时所进行的公允价值调整、会计政策和会计期间调整等）；

（3）将主要财务信息按照权益法调整至企业对合营企业或联营企业投资账面价值的调节过程；

（4）对合营企业或联营企业投资存在公开报价的，披露公允价值；

（5）持有待售的联营企业和合营企业，不需要披露主要财务信息。

3．在单个合营企业或联营企业中的权益不重要的

合营企业和联营企业披露下列信息：

（1）按照权益法核算的对合营企业或联营企业投资的账面价值合计数；

（2）对合营企业或联营企业的净利润、终止经营的净利润、其他综合收益、综合收益等项目，企业按照其持股比例计算的所享有份额的合计数。

4．重要限制

合营企业或联营企业向企业转移资金（发放现金股利、归还贷款或垫款等形式）的能力存在重大限制，企业应当披露该限制的性质和程度。

5．超额亏损

按照《企业会计准则第2号——长期股权投资》采用权益法核算在合营企业或联营企业的投资，投资方确认被投资单位发生的净亏损，应当以长期股权投资的账面价值以及其他实质上构成对被投资单位净投资

的长期权益减记至零为限，投资方负有承担额外损失义务的除外。被投资方发生超额亏损，投资方不再确认其应分担合营企业或联营企业损失份额。此时，应当披露未确认的合营企业或联营企业损失份额，包括当期份额和累积份额。

6. 风险信息

企业应当单独披露与其对合营企业投资相关的未确认承诺（包括与合营企业其他投资方共同作出的承诺中属于企业的份额、导致现金或其他资源的未来流出等），以及与其对合营企业或联营企业投资相关的或有负债。

（五）在未纳入合并财务报表范围的结构化主体中权益的披露

1. 基本信息

未纳入合并财务报表范围的结构化主体的性质、目的、规模、活动及融资方式。

2. 风险信息一

（1）在财务报表中确认的与企业在未纳入合并财务报表范围的结构化主体中权益相关的资产和负债的账面价值及其在资产负债表中的列报项目。

（2）在未纳入合并财务报表范围的结构化主体中权益的最大损失敞口及其确定方法。企业不能量化最大损失敞口的，应当披露这一事实及其原因。

（3）上述两项的比较。

企业发起设立未纳入合并财务报表范围的结构化主体，但资产负债表日在该结构化主体中没有权益的，企业不需要披露上述风险信息，但应当披露企业作为该结构化主体发起人的认定依据，并分类披露企业当期从该结构化主体获得的收益、收益类型，以及转移至该结构化主体的所有资产在转移时的账面价值。

3. 风险信息二

企业应当披露其向未纳入合并财务报表范围的结构化主体提供财务支持或其他支持的意图，包括帮助该结构化主体获得财务支持的意图。

在没有合同约定的情况下，企业当期向结构化主体（包括企业前期或当期持有权益的结构化主体）提供财务支持或其他支持的，还应当披露提供支持的类型、金额及原因，包括帮助该结构化主体获得财务支持的情况。

第八节 《企业会计准则第16号——政府补助》（2017）解读

一 准则的修订背景

《企业会计准则第 16 号——政府补助》（CAS 16，以下简称政府补助准则）及其应用指南施行至今已近十年。随着经济业务日益复杂，政府补助准则执行中存在的一些问题也逐渐显现出来。主要体现在以下几方面。一是政府补助和收入需明确区分。企业从政府取得的经济资源并不一定都是政府补助，还有可能是政府对企业的资本性投入和政府购买服务。新能源汽车价格补贴、家电下乡补贴等名义上是政府补贴，实际上与企业日常经营活动密切相关且构成了企业商品或服务对价的组成部分，应当作为收入而不是政府补助进行会计处理。实务界希望在政府补助准则中明确规定政府补助和收入的区分原则。二是关于会计科目的使用问题。现行应用指南规定，政府补助计入营业外收入。但在实务中，部分补助资金与企业日常经营活动密切相关，不宜计入营业外收入。实务界建议修改现行应用指南中不适应实务操作需求的规定。三是关于财政贴息的会计处理。实务界对《国际会计准则第 20 号——政府补助的会计和政府援助的披露》中关于财政贴息会计处理持有不同观点，希望在我国政府补助准则中明确财政贴息的处理原则。

为切实解决我国企业相关会计实务问题，进一步规范我国政府补助的确认、计量和披露，提高会计信息质量，财政部结合我国实际，同时保持与国际财务报告准则的持续趋同，于 2016 年 8 月 1 日修订起草了《政府补助（修订）（征求意见稿）》。在经过近 10 个月的征求意见后，财政部于 2017 年 5 月 25 日公布了修订后的《企业会计准则第 16 号——政府补助》［CAS 16（2017）］，自 2017 年 6 月 12 日起施行。

二 准则修订的主要内容

现阶段修订政府补助准则的目的是解决实务中的问题，原准则规定的原则仍然适用，但亟须对应用指南的内容进行修改，并对实务中难以判断的问题给予更加详细的指导。本次准则修订的主要内容如下。

（一）政府补助的范围

在原准则的基础上，新准则增加了对政府补助特征的表述，以便于区分企业从政府取得的经济资源是政府补助、政府资本性投入还是政府购买服务。

（二）政府补助相关会计科目的使用

新准则允许企业从经济业务的实质出发，判断政府补助如何计入损益。与企业日常经营活动相关的政府补助，应当计入其他收益，并在利润表中的"营业利润"项目之上单独列报；与企业日常经营活动无关的政府补助，应当计入营业外收入。

（三）关于财政贴息的会计处理

新准则对财政贴息的会计处理做了更加详细的规定，并提供了两种方法供企业选择，既不违背国际趋同的原则，也允许企业选择简易方法，满足不同企业的现实需求。同时，对财政贴息的账务处理与《基本建设财务规则》（财政部第81号令）的相关规定保持一致。

三 CAS 16（2017）主要内容分析

（一）总则

1. 概念

本准则中的政府补助，是指企业从政府无偿取得货币性资产或非货币性资产。政府补助不包括政府以投资者身份向企业投入资本。政府如以企业所有者身份向企业投入资本，将拥有企业相应的所有权，分享企业利润。在这种情况下，政府与企业之间的关系是投资者与被投资者的关系，属于互惠交易。这与其他单位或个人对企业的投资在性质上是一致的。

2. 特征

政府补助准则规范的政府补助主要有如下特征。

（1）来源于政府的经济资源。比如，企业取得政府拨付的补助，先征后返（退）、即征即退等办法返还的税款，行政划拨的土地使用权，天然起源的天然林，等等。不涉及资产直接转移的经济支持不属于政府补助准则规范的政府补助，比如政府与企业间的债务豁免，除税收返还外的税收优惠，如直接减征、免征、增加计税抵扣额、抵免部分税额等。对于企业收到的来自其他方的补助，有确凿证据表明政府是补助的实际拨付者，其他方只起到代收代付作用的，该项补助也属于来源于政府的经济资源。

（2）无偿性。即企业取得来源于政府的经济资源，不需要向政府交付商品或服务等对价。无偿性是政府补助的基本特征。政府并不因此享有企业的所有权，企业将来也不需要偿还。这一特征将政府补助与政府作为企业所有者投入的资本、政府采购等政府与企业之间双向、互惠的经济活动区分开来。政府补助通常附有一定的条件，这与政府补助的无偿性并无矛盾，并不表明该项补助有偿，而是企业经法定程序申请取得政府补助后，应当按照政府规定的用途使用该项补助。

此外，还需说明的是，增值税出口退税不属于政府补助。根据相关税收法规规定，对增值税出口货物实行零税率，即对出口环节的增值部分免征增值税，同时退回出口货物前道环节所征的进项税额。由于增值税是价外税，出口货物前道环节所含的进项税额是抵扣项目，体现为企业垫付资金的性质，增值税出口退税实质上是政府归还企业事先垫付的资金，不属于政府补助。

在实际工作中，政府补助的形式主要有财政拨款、财政贴息、税收返还和无偿划拨非货币性资产等。

3. 分类

政府补助分为与资产相关的政府补助和与收益相关的政府补助。与资产相关的政府补助，是指企业取得的、用于购建或以其他方式形成长期资产的政府补助。与收益相关的政府补助，是指除与资产相关的政府补助之外的政府补助。

通常情况下，政府补助为与收益相关的政府补助，因为根据市场经济条件下政府补助的原则和理念，政府补助主要是对企业特定产品由于非市场因素导致的价格低于成本的一种补偿。与资产相关的政府补助最终也是与收益相关，只是暂时作为递延收益处理，在相关资产形成、投入使用并提取折旧或摊销时从递延收益转入当期损益。

4. 适用范围的界定

下列各项适用其他相关会计准则。

（1）企业从政府取得的经济资源，如果与企业销售商品或提供服务等活动密切相关，且是企业商品或服务的对价或者是对价的组成部分，适用《企业会计准则第 14 号——收入》等相关会计准则。

（2）所得税减免，适用《企业会计准则第 18 号——所得税》。

政府以投资者身份向企业投入资本，享有相应的所有者权益，不适用本准则。

（二）确认和计量

1. 政府补助的确认

政府补助同时满足下列条件的，才能予以确认：（1）企业能够满足政府补助所附条件；（2）企业能够收到政府补助。

2. 政府补助的计量

政府补助为货币性资产的，应当按照收到或应收的金额计量。政府补助为非货币性资产的，应当按照公允价值计量；公允价值不能可靠取得的，按照名义金额计量。

（三）会计处理

政府补助有两种会计处理方法：收益法与资本法。所谓收益法是将政府补助计入当期收益或递延收益；所谓资本法是将政府补助计入所有者权益。收益法又有两种具体方法：总额法与净额法。总额法是在确认政府补助时，将其全额确认为收益，而不是作为相关资产账面余额或者费用的扣减。净额法是将政府补助确认为对相关资产账面余额或者所补偿费用的扣减。原政府补助准则要求采用的是收益法中的总额法，新准则允许采用总额法或净额法进行相关的会计处理。

在 2006 版准则下，政府补助最终都会计入"营业外收入"科目（或直接计入或通过"递延收益"科目过渡分期计入）。"递延收益"科目就是专为核算不能一次而应分期计入当期损益的政府补助而设置的。本次修订最大的变化是根据政府补助的具体性质，分别计入营业收入、其他收益、营业外收入，或者冲减资产账面价值、成本费用。也就是说，新准则要求企业和中介机构对从政府无偿取得货币性资产或非货币性资产的具体性质进行判断，根据实际情况确定会计处理方式。

1. 与资产相关的政府补助

与资产相关的政府补助，应当冲减相关资产的账面价值或确认为递延收益。与资产相关的政府补助确认为递延收益的，应当在相关资产使用寿命内按照合理、系统的方法分期计入损益。按照名义金额计量的政府补助，直接计入当期损益。相关资产在使用寿命结束前被出售、转让、报废或发生毁损的，应当将尚未分配的相关递延收益余额转入资产处置当期的损益。

在 2006 版准则中，与资产相关的政府补助，只能确认为递延收益，然后在资产使用寿命内平均分配计入损益（营业外收入）。新准则保留了将政府补助分为与资产相关和与收益相关两类的表述，对于与资产相关的政府补助，提供了冲减资产账面价值的新选择。企业既可以继续按原准则确认为递延收益，也可以冲减资产账面价值，当然一经选定，不得随意变更。我们认为新准则提供的新选择，可以更准确地反映企业真实的资产规模，同时把原来一方面多计提折旧、一方面确认营业外收入修订为合并反映在折旧中，真实反映企业折旧情况。

与资产相关的政府补助在实际工作中较为少见，如用于购买固定资产或无形资产的财政拨款等，一般应当分步处理。

第一步，企业实际收到款项时，按照到账的实际金额计量，确认资产（银行存款）和递延收益。

第二步，企业将政府补助用于购建长期资产。该长期资产的购建与企业正常的资产购建或研发处理一致，通过"在建工程""研发支出"等科目归集，完成后转为固定资产或无形资产。

第三步，该长期资产交付使用。自长期资产可供使用时起，按照长期资产的预计使用期限，将递延收益平均分摊转入当期损益。（1）递延收益分配的起点是"相关资产可供使用时"，对于应计提折旧或摊销的长期资产，即为资产开始折旧或摊销的时点。（2）递延收益分配的终点是"资产使用寿命结束或资产被处置时（孰早）"。相关资产在使用寿命结束时或结束前被处置（出售、转让、报废等），尚未分摊的递延收益余额应当一次性转入资产处置当期的收益，不再予以递延。

同时，新政府补助准则提供了另一种处理方式，即冲减资产账面价值。下面举例予以说明。

【例 1】20×1 年 1 月 5 日，政府拨付 A 企业 150 万元财政拨款（同日到账），要求用于购买大型科研设备 1 台。20×1 年 1 月 31 日，A 企业购入大型设备（假设不需安装），实际成本为 480 万元，其中 300 万元以自有资金支付，使用寿命 10 年，采用直线法计提折旧（假设无残值）。20×9年2月1日，A企业出售了这台设备，取得价款120万元。假定不考虑增值税等其他因素。

第一种处理方式：政府补助确认为递延收益

（1）20×1年1月5日实际收到财政拨款，确认政府补助

借：银行存款1 500 000

　　贷：递延收益1 500 000

（2）20×1年1月31日购入设备

借：固定资产4 800 000

　　贷：银行存款4 800 000

（3）自20×1年2月起每个资产负债表日，计提折旧，同时分摊递延收益

①计提折旧

借：研发支出40 000

　　贷：累计折旧40 000

②分摊递延收益

借：递延收益12 500

　　贷：营业外收入12 500

（4）20×9年2月1日出售设备，同时转销递延收益余额

①出售设备

借：固定资产清理960 000

　　累计折旧3 840 000

　　贷：固定资产4 800 000

借：银行存款1 200 000

　　贷：固定资产清理　960 000

　　　　营业外收入　240 000

②转销递延收益余额

借：递延收益300 000

　　贷：营业外收入300 000

第二种处理方式：政府补助冲减资产账面价值

（1）20×1年1月5日实际收到财政拨款，确认政府补助

借：银行存款1 500 000

　　贷：递延收益1 500 000

（2）20×1 年 1 月 31 日购入设备

借：固定资产 3 300 000

　　递延收益　　　　　　 1 500 000

　贷：银行存款 4 800 000

（3）自 20×1 年 2 月起每个资产负债表日，计提折旧

借：研发支出 27 500

　贷：累计折旧 27 500

（4）20×9 年 2 月 1 日出售设备

借：固定资产清理 660 000

　　累计折旧 2 640 000

　贷：固定资产 3 300 000

借：银行存款 1 200 000

　贷：固定资产清理 660 000

　　营业外收入 540 000

在很少的情况下，与资产相关的政府补助也可能表现为政府向企业无偿划拨长期非货币性资产，应当在实际取得资产并办妥相关受让手续时按照其公允价值确认和计量，如该资产相关凭证上注明的价值与公允价值差异不大的，应当以有关凭证中注明的价值作为公允价值；如该资产相关凭证上没有注明价值或者注明价值与公允价值差异较大，但有活跃市场的，应当根据有确凿证据表明的同类或类似资产市场价格作为公允价值。公允价值不能可靠取得的，按照名义金额（1元）计量。企业取得的政府补助为非货币性资产的，应当首先同时确认一项资产和递延收益，然后在相关资产使用寿命内平均分摊递延收益，计入当期收益。但是，以名义金额计量的政府补助，在取得时计入当期损益。为了避免财务报表产生误导，对于不能合理确定价值的政府补助，应当在附注中披露该政府补助的性质、范围和期限。

2. 与收益相关的政府补助

与收益相关的政府补助，应当分情况按照以下规定进行会计处理：（1）用于补偿企业以后期间的相关成本费用或损失的，确认为递延收益，并在确认相关成本费用或损失的期间，计入当期损益或冲减相关成本；（2）用于补偿企业已发生的相关成本费用或损失的，直接计入当期损益或冲减相关成本。

与企业日常活动相关的政府补助，应当按照经济业务实质，计入其他收益或冲减相关成本费用。与企业日常活动无关的政府补助，应当计入营业外收支。

（1）计入其他收益

"其他收益"是本次修订新增的一个会计科目，专门用于核算与企业日常活动相关，但又不宜确认收入或冲减成本费用的政府补助。

【例2】甲企业为一家储备粮企业，20×7年实际粮食储备量1亿斤。根据国家有关规定，财政部门按照企业的实际储备量给予每季度每斤0.039元的粮食保管费补贴，于每个季度初支付。20×7年1月10日，甲企业收到财政拨付的第一季度补贴款390万元。

分析：粮食保管费补贴是与企业日常活动相关的，应作为经常性损益，应计入其他收益，更加明确了其与日常活动相关的地位。

（1）20×7年1月1日，甲企业确认应收的财政补贴款

借：其他应收款 3 900 000

　　贷：递延收益 3 900 000

（2）20×7年1月10日，甲企业实际收到财政补贴款

借：银行存款 3 900 000

　　贷：其他应收款 3 900 000

（3）20×7年1月，将补偿1月份保管费的补贴计入当期收益

借：递延收益 1 300 000

　　贷：其他收益 1 300 000

20×7年2月和3月的分录同上

（2）冲减成本费用

将企业收到的政府补助冲减成本，是准则新增的处理方式。政府按芳烃生产企业实际耗用的石脑油数量退还石脑油成本中所含的消费税，应当冲减芳烃生产成本。这样处理的理由是，这部分已向政府缴纳的消费税包含在石脑油成本中，将退还的消费税冲减生产成本能够更真实准确地反映芳烃的实际生产成本和毛利。对于类似的政府补助，如有确凿证据表明抵减相关成本费用能够更好地反映经济业务实质，可以按照同一原则处理。

（3）计入营业外收入

与企业日常活动无关的政府补助，应当计入营业外收入。

【例3】20×7年12月1日，丙公司接到当地政府通知，将向其提供180 000元的政府补助，以鼓励丙公司安排相关的残疾人员就业。有关款项已存入丙公司。

这是一项与收益相关的政府补助，且与企业的日常活动无关，因此应计入营业外收入。丙公司的会计处理如下：

借：银行存款　　　180 000

　贷：营业外收入　180 000

（4）适用收入准则的，计入营业收入

新准则第五条规定：企业从政府取得的经济资源，如果与企业销售商品或提供服务等活动密切相关，且是企业商品或服务的对价或者是对价的组成部分，适用《企业会计准则第14号——收入》等相关会计准则。

这一规定在2006版准则上是没有的，与2016年8月公布的征求意见稿也有较大差异。征求意见稿仅规定企业与政府系交易双方时，从政府所取得的收入才可以计入营业收入。对于企业与第三方发生日常经营活动相关的交易而从政府取得的收入，征求意见稿认为应当计入其他收益。从正式发布的准则中，我们可以合理推断：企业因与第三方发生日常经营活动相关的交易而从政府取得的收入，实际上可以认定为政府替第三方支付了部分对价，因此企业应当将从第三方和政府取得的收入合并计算，作为企业的营业收入。这种会计处理方式，最能准确反映企业真实的收入和毛利情况。

这种情况通常出现在政府希望刺激某些产品的生产与消费时，比如可再生能源发电项目上网电价补助、高效照明产品推广财政补贴、新能源汽车推广补助等。

【例4】南方公司生产高效节能灯，每一个节能灯的生产成本为10元，享受政府的高效照明产品推广财政补贴，政府要求企业只能按照10元单价（不含税）卖给顾客，然后再每个补贴给企业3元。20×7年5月，南方公司共销售节能灯10万个，实现销售收入100万元，增值税销项税额17万元，销售款及税金已收到存入银行，并应享受政府补助30万元。

对于 20×7 年 5 月南方公司享受的政府补助 30 万元,该怎么处理呢?

在 2006 版准则下,企业确认 100 万元营业收入和 30 万元营业外收入;

在 2016 年征求意见稿中,企业确认 100 万元营业收入和 30 万元其他收益;

在 2017 版新准则中,企业应将享受的政府补助 30 万元确认为营业收入,共确认营业收入 130 万元。具体的会计处理如下(单位:万元):

借:银行存款　　　117
　　贷:主营业务收入　　　　　　　　　　　100
　　　　应交税费——增值税——销项税　　　17
借:其他应收款　　　　　30
　　贷:主营业务收入　　　30

结合前面的讨论可以看出,新准则对于收益性政府补助处理规定的内涵:如果政府是针对企业低价销售进行补贴,则确认收入;如果政府是针对企业高价采购进行补贴,则冲减成本;如果都不是,而又确实与日常经营活动相关,则计入其他收益;如果与日常经营活动无关,则计入营业外收入。总之,此处修订的目的就是还原企业真实的收入和成本结构,不因会计处理的原因扭曲财务报表,有利于科学有效地开展财务分析。

3. 财政贴息的会计处理

企业取得政策性优惠贷款贴息的,应当区分财政将贴息资金拨付给贷款银行和财政将贴息资金直接拨付给企业两种情况,分别按照本准则第十三条和第十四条进行会计处理。这与原准则的会计处理有很大的不同。原准则的处理思路是将财政贴息确认为营业外收入,不调整利息费用;新准则的处理思路是直接将财政贴息或按优惠利率贷款反映在财务费用中,更真实地反映企业的融资成本。

(1)财政将贴息资金拨付给贷款银行

财政将贴息资金拨付给贷款银行,由贷款银行以政策性优惠利率向企业提供贷款的,企业可以选择下列方法之一进行会计处理。(1)以实际收到的借款金额作为借款的入账价值,按照借款本金和该政策性优惠利率计算相关借款费用；（2）以借款的公允价值作为借款的入账价值并按照实际利率法计算借款费用，实际收到的金额与借款公允价值之间的差额确认为递延收益。递延收益在借款存续期内采用实际利率法摊销，冲减相关借款费用。企业选择了上述两种方法之一后，应当一致地运用，不得随意变更。

其中，第二种处理方式是一种常规的会计处理方式，要采用实际利率法和摊余成本进行相应的会计处理，比较复杂；第一种处理方式是一种简化的会计处理方法，简化了会计计算和核算的工作量，易于操作执行。

【例5】20×7年1月1日，丁粮食企业为购买储备粮从国家农业发展银行贷款1000万元，实际收到贷款990万元，贷款期三年，每年年底支付利息，同期银行贷款利率为6%，由财政将贴息资金拨付给农业发展银行，实际执行政策性优惠利率2%。

①第一种处理方式（单位：万元）：

借款时：

借：银行存款　　　　　　　　990

　贷：长期借款——成本　　　990

每年年底支付借款利息时：

借：财务费用　　　　20

　贷：银行存款　　　20

到期偿还本金时：

借：长期借款——成本　　　990

　　财务费用　　　　　　　10

　贷：银行存款　　　　　　1 000

各年分别确认利息费用20万元、20万元和30万元，总共确认财务费用 = 20 × 3 + 10 = 70万元。

②第二种处理方式（单位：万元）：

计算借款的公允价值使用的利率为同期的银行贷款利率6%。

借款的公允价值 = $20 \times (1 + 0.06)^{-1} + 20 \times (1 + 0.06)^{-2} + 20 \times (1 + 0.06)^{-3} + 1000 \times (1 + 0.06)^{-3} = 893.08$

递延收益 = 实际收到的金额990万元 - 借款公允价值893.08万元 = 96.92万元

利息费用和利息调整摊销表（实际利率为6%）   单位：万元

付息日期	支付利息	利息费用	摊销的利息调整	摊余成本
20×1年1月1日				893.08
20×1年12月31日	20	53.58	33.58	926.66
20×2年12月31日	20	55.60	35.60	962.26
20×3年12月31日	20	57.74	37.74	1 000.00
合　计	60	166.92	106.92	

＊含尾差调整

借款时：

借：银行存款　　　　　　　　　990

　　长期借款——利息调整　　　106.92

　　贷：长期借款——本金　　　1 000

　　　　递延收益　　　　　　　96.92

20×7年12月31日支付借款利息时：

借：财务费用　　　　　　　　　53.58

　　贷：银行存款　　　　　　　20

　　　　长期借款——利息调整　33.58

递延收益在借款存续期内采用实际利率法摊销，冲减相关借款费用。需要首先确定实际利率 r，可列出下列等式：

$$20 \times (1 + r)^{-1} + 20 \times (1 + r)^{-2} + 20 \times (1 + r)^{-3} + 1\,000 \times (1 + r)^{-3} = 1\,000 - 96.92 = 903.08$$

利用 EXCEL 可求得实际利率为 0.056。

递延收益摊销表（实际利率为5.6%）   单位：万元

付息日期	支付利息	借款费用	摊销的递延收益	摊余成本
20×1年1月1日				903.08
20×1年12月31日	20	50.57	30.57	933.65
20×2年12月31日	20	52.28	32.28	965.93
20×3年12月31日	20	54.07	34.07＊	1 000.00
合　计	60	156.92	96.92	

＊含尾差调整

摊销递延收益时：

借：递延收益 30.57

　　贷：财务费用　　　30.57

20×1 年实际确认利息费用 = 53.58 - 30.57 = 23.01 万元。

以后各年的会计分录类似。

到期偿还本金时：

借：长期借款——本金　　　　　1 000

　　贷：银行存款　　　　　　　1 000

各年分别确认利息费用 23.01 万元、23.32 万元和 23.67 万元，总共确认财务费用 = 23.01 + 23.32 + 23.67 = 利息费用合计 166.92 - 递延收益 96.92 = 70 万元。

通过对比可以看出，两种处理方式各年确认的利息费用有所差异，但差异并不大，且总共确认的利息费用相等。第二种处理方式计算较为准确，各年确认的利息费用更加均衡，但计算和会计处理较为复杂，第一种处理方式简单易行，但不够准确。在实务中，如果利息费用不是很大，建议选择第一种处理方式。

（2）财政将贴息资金直接拨付给企业

财政将贴息资金直接拨付给企业，企业应当将对应的贴息冲减相关借款费用。

【例6】20×7 年 3 月，丁粮食企业为购买储备粮从国家农业发展银行贷款 2 000 万元，同期银行贷款利率为 6%。自 20×7 年 4 月开始，财政部门于每季度初，按照丁企业的实际贷款额和贷款利率拨付丁企业该季度储备粮贷款利息，丁企业收到财政部门拨付的利息后再支付给银行。

（1）20×7 年 4 月，实际收到财政贴息 30 万元时

借：银行存款 300 000

　　贷：递延收益 300 000

（2）将补偿 20×7 年 4 月份利息费用的补贴计入当期收益

借：递延收益 100 000

　　贷：财务费用 100 000

20×7 年 5 月和 6 月的分录同上。

4. 混合时的处理

对于同时包含与资产相关部分和与收益相关部分的政府补助，应当区分不同部分分别进行会计处理；难以区分的，应当整体归类为与收益相关的政府补助，视情况不同计入当期损益，或者在项目期内分期确认为当期收益。

【例7】A公司20×6年12月申请某国家级研发补贴。申请报告书中的有关内容如下：本公司于20×6年1月启动数字印刷技术开发项目，预计总投资360万元，为期3年，已投入资金120万元。项目还需新增投资240万（其中，购置固定资产80万元、场地租赁费40万元、人员费100万元、市场营销20万元），计划自筹资金120万元、申请财政拨款120万元。

20×7年1月1日，主管部门批准了A公司的申请，签订的补贴协议规定：批准A公司补贴申请，共补贴款项120万元，分两次拨付。合同签订日拨付60万元，结项验收时支付60万元（如果不能通过验收，则不支付第二笔款项）。

（1）20×7年1月1日，实际收到拨款60万元

借；银行存款600 000

　　贷：递延收益600 000

（2）自20×7年1月1日至20×9年1月1日，每个资产负债表日，分配递延收益（假设按年分配）

借：递延收益300 000

　　贷：营业外收入300 000

（3）20×9年项目完工，假设通过验收，于5月1日实际收到拨付60万元

借：银行存款600 000

　　贷：营业外收入600 000

5. 退回财政补助的处理

已确认的政府补助需要退回的，应当在需要退回的当期分情况按照以下规定进行会计处理：

（1）初始确认时冲减相关资产账面价值的，调整资产账面价值；

（2）存在相关递延收益的，冲减相关递延收益账面余额，超出部分计入当期损益；

（3）属于其他情况的，直接计入当期损益。

（四）政府补助的列报

企业应当在利润表中的"营业利润"项目之上单独列报"其他收益"项目，计入其他收益的政府补助在该项目中反映。这是新增的列报项目。

企业应当在附注中单独披露与政府补助有关的下列信息：

（1）政府补助的种类、金额和列报项目；

（2）计入当期损益的政府补助金额；

（3）本期退回的政府补助金额及原因。

（五）衔接规定

企业对 2017 年 1 月 1 日存在的政府补助采用未来适用法处理，对 2017 年 1 月 1 日至本准则施行日之间新增的政府补助根据本准则进行调整。

本准则自 2017 年 6 月 12 日起施行。

第九节　《企业会计准则第22号——金融工具确认和计量》（2017）解读

2017 年 4 月 6 日，财政部修订发布了修订后的《企业会计准则第 22 号——金融工具确认和计量》、《企业会计准则第 23 号——金融资产转移》和《企业会计准则第 24 号——套期会计》等三项金融工具会计准则，这是我国企业会计准则体系修订完善、保持与国际财务报告准则持续全面趋同的重要成果。本部分将对三项金融工具准则中最重要的核心准则——金融工具确认和计量准则进行讲解。

一　准则修订的背景

2006 年财政部发布了《企业会计准则第 22 号——金融工具确认和计量》。该准则的实施对规范金融工具会计处理、促进企业改进风险管理、提升企业金融工具披露透明度，都发挥了积极作用。但随着我国多层次资本市场的建设、金融创新的发展和对外开放的深化，有关金融工具会计处理实务出现了一些新情况和新问题。比如，现行金融工具分类和计量过于复杂，主观性强，影响金融工具会计信息的可比性；金融资产转移的会计处理过于原则，对金融资产证券化等会计实务指导不够；等等。因此，迫切需要通过修订金融工具相关会计准则来及时、有效地解决上述问题。

2008 年国际金融危机发生后，二十国集团要求国际会计准则理事会加紧修订金融工具等会计准则，以解决现行金融工具分类随意性较大，有关企业对贷款等金融资产减值计提不及时、不足额，等等问题。国际会计准则理事会于 2009 年启动了金融工具准则改革项目，并于 2014 年发布了《国际财务报告准则第 9 号——金融工具》（IFRS 9），拟于 2018 年 1 月 1 日生效并取代现行《国际会计准则第 39 号——金融工具》（IAS 39）。

为切实解决我国企业金融工具相关会计实务问题、实现我国企业会计准则与国际财务报告准则的持续全面趋同，财政部会计准则委员会借鉴《国际财务报告准则第 9 号——金融工具》，并结合我国实际情况和需要，2017 年 4 月 6 日，财政部正式发布了《关于印发修订〈企业会计准则第 22 号——金融工具确认和计量〉的通知》（财会〔2017〕7 号）。在境内外同时上市的企业以及在境外上市并采用国际财务报告准则或企业会计准则编制财务报告的企业，自 2018 年 1 月 1 日起施行；其他境内上市企业自 2019 年 1 月 1 日起施行；执行企业会计准则的非上市企业自 2021 年 1 月 1 日起施行。同时，鼓励企业提前执行。

二 准则修订的主要变化

（一）金融资产分类由现行"四分类"改为"三分类"

现行金融工具确认和计量准则按照持有金融资产的意图和目的将金融资产分为四类（即以公允价值计量且其变动计入当期损益的金融资产、持有至到期投资、贷款和应收款项、可供出售金融资产），分类较为复杂，存在一定的主观性，在一定程度上影响了会计信息的可比性。新修订的金融工具确认和计量准则规定以企业持有金融资产的"业务模式"和"金融资产合同现金流量特征"作为金融资产分类的判断依据，将金融资产分为以摊余成本计量的金融资产、以公允价值计量且其变动计入其他综合收益的金融资产以及以公允价值计量且其变动计入当期损益的金融资产三类，减少了金融资产类别，提高了分类的客观性和会计处理的一致性。

（二）金融资产减值会计由"已发生损失法"改为"预期损失法"

现行金融工具确认和计量准则对于金融资产减值的会计处理采用的是"已发生损失法"，即只有在客观证据表明金融资产已经发生损失时，才对相关金融资产计提减值准备。已发生损失法不考虑预期损失信息，难以及时足额地反映有关金融资产在资产负债表日的信用风险状况。新修订的金融工具确认和计量准则将金融资产减值会计处理由"已发生损失法"修改为"预期损失法"，要求考虑包括前瞻性信息在内的各种可获得信息，预计金融资产未来预期信用损失情况，从而更加及时、足额地计提金融资产减值准备，便于揭示和防控金融资产信用风险。

（三）简化嵌入衍生工具的会计处理

按照现行金融工具确认和计量准则规定，满足一定条件的嵌入衍生工具应当从混合合同中分拆，作为单独的衍生工具进行处理。如无法对嵌入衍生工具进行单独计量，应将混合合同整体指定为以公允价值计量且其变动计入当期损益。此规定涉及的专业判断较多，企业对其理解和把握口径存在差异。修订后的金融工具确认和计量准则对嵌入衍生工具的会计处理进行了简化：混合合同主合同为金融资产的，应将混合合同作为一个整体进行会计处理，不再分拆；混合合同不属于金融资产的，基本继续沿用现行准则关于分拆的规定。

（四）调整非交易性权益工具投资的会计处理

在现行金融工具确认和计量准则下，许多企业将非交易性权益工具投资分类为可供出售金融资产处理，在可供出售金融资产处置时，原计入其他综合收益的累计公允价值变动额可转出计入当期损益。而在修订后的金融工具确认和计量准则下，允许企业将非交易性权益工具投资指定为以公允价值计量且其变动计入其他综合收益进行处理，但该指定不可撤销，且在处置时不得将原计入其他综合收益的累计公允价值变动额结转计入当期损益。

三　新金融工具确认与计量准则的主要内容

（一）金融工具的确认和终止确认

1. 金融工具的确认

金融工具，是指形成一方的金融资产并形成其他方的金融负债或权益工具的合同。

企业成为金融工具合同的一方时，应当确认一项金融资产或金融负债。

对于以常规方式购买或出售金融资产的，企业应当在交易日确认将收到的资产和为此将承担的负债，或者在交易日终止确认已出售的资产，同时确认处置利得或损失以及应向买方收取的应收款项。

以常规方式购买或出售金融资产，是指企业按照合同规定购买或出售金融资产，并且该合同条款规定，企业应当根据通常由法规或市场惯例所确定的时间安排来交付金融资产。

2. 金融工具的终止确认

金融资产或金融负债终止确认，是指企业将之前确认的金融资产或金融负债从其资产负债表中予以转出。

（1）金融资产的终止确认

对于以常规方式出售金融资产的，企业应当在交易日终止确认已出售的资产，同时确认处置利得或损失以及应向买方收取的应收款项。

金融资产满足下列条件之一的，应当终止确认：

①收取该金融资产现金流量的合同权利终止；

②该金融资产已转移，且该转移满足《企业会计准则第 23 号——金融资产转移》关于金融资产终止确认的规定。

（2）金融负债的终止确认

金融负债（或其一部分）的现时义务已经解除的，企业应当终止确认该金融负债（或该部分金融负债）。

企业（借入方）与借出方之间签订协议，以承担新金融负债方式替换原金融负债，且新金融负债与原金融负债的合同条款实质上不同的，企业应当终止确认原金融负债，同时确认一项新金融负债。企业对原金融负债（或其一部分）的合同条款做出实质性修改的，应当终止确认原金融负债，同时按照修改后的条款确认一项新金融负债。

金融负债（或其一部分）终止确认的，企业应当将其账面价值与支付的对价（包括转出的非现金资产或承担的负债）之间的差额，计入当期损益。

企业回购金融负债一部分的，应当按照继续确认部分和终止确认部分在回购日各自的公允价值占整体公允价值的比例，对该金融负债整体的账面价值进行分配。分配给终止确认部分的账面价值与支付的对价（包括转出的非现金资产或承担的负债）之间的差额，应当计入当期损益。

（二）金融资产的分类

1. 分类的标准

（1）企业管理金融资产的业务模式，是指企业如何管理其金融资产以产生现金流量。业务模式决定企业所管理金融资产现金流量的来源是收取合同现金流量、出售金融资产还是两者兼有。企业管理金融资产的业务模式，应当以企业关键管理人员决定的对金融资产进行管理的特定业务目标为基础确定。

（2）金融资产的合同现金流量特征，是指金融工具合同约定的、反映相关金融资产经济特征的现金流量属性。即相关金融资产在特定日期产生的合同现金流量仅为对本金和以未偿付本金金额为基础的利息的支付，其中，本金是指金融资产在初始确认时的公允价值，本金金额可能因提前还款等原因在金融资产的存续期内发生变动。利息包括对货币时间价值、与特定时期未偿付本金金额相关的信用风险，以及其他基本借贷风险、成本和利润的对价。此外，金融资产包含可能导致其合同现金流量的时间分布或金额发生变更的合同条款（如包含提前还款特征）的，企业应当对相关条款进行评估（如评估提前还款特征的公允价值是否非常小），以确定其是否满足上述合同现金流量特征的要求。

2. 基本分类

企业应当根据其管理金融资产的业务模式和金融资产的合同现金流量特征，将金融资产划分为以下三类：①以摊余成本计量的金融资产；②以公允价值计量且其变动计入其他综合收益的金融资产；③以公允价值计量且其变动计入当期损益的金融资产。

（1）以摊余成本计量的金融资产

金融资产同时符合下列条件的，应当分类为以摊余成本计量的金融资产：①企业管理该金融资产的业务模式是以收取合同现金流量为目标；②该金融资产的合同条款规定，在特定日期产生的现金流量，仅为对本金和以未偿付本金金额为基础的利息的支付。

（2）以公允价值计量且其变动计入其他综合收益的金融资产（简称 FVOCI）

金融资产同时符合下列条件的，应当分类为以公允价值计量且其变动计入其他综合收益的金融资产：①企业管理该金融资产的业务模式既以收取合同现金流量为目标又以出售该金融资产为目标；②该金融资产的合同条款规定，在特定日期产生的现金流量，仅为对本金和以未偿付本金金额为基础的利息的支付。

（3）以公允价值计量且其变动计入当期损益的金融资产（简称 FVTPL）

除了分类为以摊余成本计量的金融资产和以公允价值计量且其变动计入其他综合收益的金融资产之外的金融资产，企业应当将其分类为以公允价值计量且其变动计入当期损益的金融资产。

分类依据不再规则导向，而是引入业务模式和合同现金流量特征分析。

FVOCI 不再成为剩余分类，FVTPL 成为剩余分类。

3. 非交易性权益工具投资可指定为 FVOCI

在初始确认时，企业可以将非交易性权益工具投资指定为以公允价值计量且其变动计入其他综合收益的金融资产，并在符合相关条件时确认股利收入。该指定一经做出，不得撤销。

此时，注意例外事项：企业在非同一控制下的企业合并中确认的或有对价构成金融资产的，该金融资产应当分类为以公允价值计量且其变动计入当期损益的金融资产，不得指定为以公允价值计量且其变动计入其他综合收益的金融资产。

4. 能够消除或显著减少会计错配时，可以将金融资产指定为 FVT-PL

在初始确认时，如果能够消除或显著减少会计错配，企业可以将金融资产指定为以公允价值计量且其变动计入当期损益的金融资产。该指定一经做出，不得撤销。

会计错配，是指当企业以不同的会计确认方法和计量属性，对在经济上相关的资产和负债进行确认或计量而产生利得或损失时，可能导致的会计确认和计量上的不一致。

金融资产的分类可以参照图 1 - 13 所示。

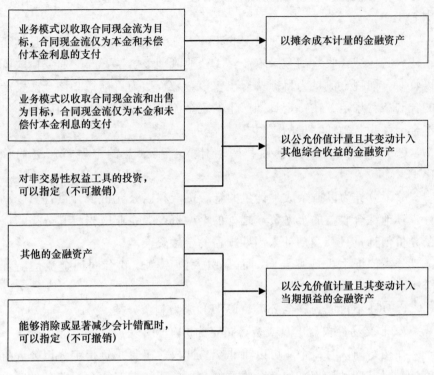

图 1 - 13   金融资产分类示意

（三）金融负债的分类

金融负债的分类更加复杂和多样化，可以分类为：以公允价值计量且其变动计入当期损益的金融负债、以摊余成本计量的金融负债和其他金融负债。

1. 以公允价值计量且其变动计入当期损益的金融负债

以公允价值计量且其变动计入当期损益的金融负债，包括交易性金融负债（含属于金融负债的衍生工具）和指定为以公允价值计量且其变动计入当期损益的金融负债。

在非同一控制下的企业合并中，企业作为购买方确认的或有对价形成金融负债的，该金融负债应当按照以公允价值计量且其变动计入当期损益进行会计处理。

2. 以摊余成本计量的金融负债

除下列各项外，企业应当将金融负债分类为以摊余成本计量的金融负债。

（1）以公允价值计量且其变动计入当期损益的金融负债，包括交易性金融负债（含属于金融负债的衍生工具）和指定为以公允价值计量且其变动计入当期损益的金融负债。

（2）金融资产转移不符合终止确认条件或继续涉入被转移金融资产所形成的金融负债。对此类金融负债，企业应当按照《企业会计准则第23号——金融资产转移》相关规定进行计量。

（3）不属于上述情形的财务担保合同，以及以低于市场利率贷款的贷款承诺。企业作为此类金融负债发行方的，应当在初始确认后按照依据本准则所确定的损失准备金额以及初始确认金额扣除依据收入准则相关规定所确定的累计摊销额后的余额孰高进行计量。

3. 特别指定

在初始确认时，为了提供更相关的会计信息，企业可以将金融负债指定为以公允价值计量且其变动计入当期损益的金融负债，但该指定应当满足下列条件之一：（1）能够消除或显著减少会计错配；（2）根据正式书面文件载明的企业风险管理或投资策略，以公允价值为基础对金融负债组合或金融资产和金融负债组合进行管理和业绩评价，并在企业内部以此为基础向关键管理人员报告。

该指定一经做出，不得撤销。

（四）嵌入衍生工具

嵌入衍生工具，是指嵌入非衍生工具（即主合同）中的衍生工具。嵌入衍生工具与主合同构成混合合同。衍生工具如果附属于一项金融工具但根据合同规定可以独立于该金融工具进行转让，或者具有与该金融工具不同的交易对手方，则该衍生工具不是嵌入衍生工具，应当作为一项单独存在的衍生工具处理。

1. 对于主合同为金融资产的混合合同

混合合同包含的主合同属于金融资产的，企业不应从该混合合同中分拆嵌入衍生工具，而应当将该混合合同作为一个整体适用关于金融资产分类的相关规定。

2. 对于主合同不属于金融资产的混合合同

混合合同包含的主合同不属于金融资产，且同时符合下列条件的，企业应当从混合合同中分拆嵌入衍生工具，将其作为单独存在的衍生工具处理：

（1）嵌入衍生工具的经济特征和风险与主合同的经济特征和风险不紧密相关；

（2）与嵌入衍生工具具有相同条款的单独工具符合衍生工具的定义；

（3）该混合合同不是以公允价值计量且其变动计入当期损益进行会计处理。

嵌入衍生工具从混合合同中分拆的，企业应当按照适用的会计准则规定，对混合合同的主合同进行会计处理。企业无法根据嵌入衍生工具的条款和条件对嵌入衍生工具的公允价值进行可靠计量的，该嵌入衍生工具的公允价值应当根据混合合同公允价值和主合同公允价值之间的差额确定。使用了上述方法后，该嵌入衍生工具在取得日或后续资产负债表日的公允价值仍然无法单独计量的，企业应当将该混合合同整体指定为以公允价值计量且其变动计入当期损益的金融工具。

3. 整体指定

混合合同包含一项或多项嵌入衍生工具，且其主合同不属于金融资产的，企业可以将其整体指定为以公允价值计量且其变动计入当期损益的金融工具，但下列情况除外。

（1）嵌入衍生工具不会对混合合同的现金流量产生重大改变；

（2）在初次确定类似的混合合同是否需要分拆时，几乎不需分析就能明确其包含的嵌入衍生工具不应分拆。如嵌入贷款的提前还款权，允许持有人以接近摊余成本的金额提前偿还贷款，该提前还款权不需要分拆。

（五）金融工具的重分类

1. 基本原则

企业改变其管理金融资产的业务模式时，应当按照准则的规定对所有受影响的相关金融资产进行重分类。

企业对所有金融负债均不得进行重分类。

企业对金融资产进行重分类，应当自重分类日起采用未来适用法进行相关会计处理，不得对以前已经确认的利得、损失（包括减值损失或利得）或利息进行追溯调整。

重分类日，是指导致企业对金融资产进行重分类的业务模式发生变更后的首个报告期间的第一天。

2. 以摊余成本计量的金融资产的重分类

企业将一项以摊余成本计量的金融资产重分类为以公允价值计量且其变动计入当期损益的金融资产（FVTPL）的，应当按照该资产在重分类日的公允价值进行计量。原账面价值与公允价值之间的差额计入当期损益。

企业将一项以摊余成本计量的金融资产重分类为以公允价值计量且其变动计入其他综合收益的金融资产（FVOCI）的，应当按照该金融资产在重分类日的公允价值进行计量。原账面价值与公允价值之间的差额计入其他综合收益。该金融资产重分类不影响其实际利率和预期信用损失的计量。

3. 以公允价值计量且其变动计入其他综合收益的金融资产（FVOCI）的重分类

企业将一项以公允价值计量且其变动计入其他综合收益的金融资产重分类为以摊余成本计量的金融资产的，应当将之前计入其他综合收益的累计利得或损失转出，调整该金融资产在重分类日的公允价值，并以调整后的金额作为新的账面价值，即视同该金融资产一直以摊余成本计量。该金融资产重分类不影响其实际利率和预期信用损失的计量。

企业将一项以公允价值计量且其变动计入其他综合收益的金融资产重分类为以公允价值计量且其变动计入当期损益的金融资产的，应当继续以公允价值计量该金融资产。同时，企业应当将之前计入其他综合收益的累计利得或损失从其他综合收益转入当期损益。

4. 以公允价值计量且其变动计入当期损益的金融资产（FVTPL）的重分类

企业将一项以公允价值计量且其变动计入当期损益的金融资产重分类为以摊余成本计量的金融资产的，应当以其在重分类日的公允价值作为新的账面余额。

企业将一项以公允价值计量且其变动计入当期损益的金融资产重分类为以公允价值计量且其变动计入其他综合收益的金融资产的，应当继续以公允价值计量该金融资产。

重分类处理时，企业应当根据该金融资产在重分类日的公允价值确定其实际利率。同时，企业应当自重分类日起对该金融资产适用金融资产减值的相关规定，并将重分类日视为初始确认日。

（六）金融工具的计量

1. 初始计量

企业初始确认金融资产或金融负债，应当按照公允价值计量。对于以公允价值计量且其变动计入当期损益的金融资产和金融负债，相关交易费用应当直接计入当期损益；对于其他类别的金融资产或金融负债，相关交易费用应当计入初始确认金额。但是，企业初始确认的应收账款未包含重大融资成分或不考虑不超过一年的合同中的融资成分的，应当按照交易价格进行初始计量。

交易费用，是指可直接归属于购买、发行或处置金融工具的增量费用。增量费用是指企业没有发生购买、发行或处置相关金融工具的情形就不会发生的费用，包括支付给代理机构、咨询公司、券商、证券交易所、政府有关部门等的手续费、佣金、相关税费以及其他必要支出，不包括债券溢价、折价、融资费用、内部管理成本和持有成本等与交易不直接相关的费用。

企业应当根据公允价值计量准则的规定，确定金融资产和金融负债在初始确认时的公允价值。公允价值通常为相关金融资产或金融负债的交易价格。金融资产或金融负债公允价值与交易价格存在差异的，企业应当区别下列情况进行处理。

①在初始确认时，金融资产或金融负债的公允价值依据相同资产或负债在活跃市场上的报价或者以仅使用可观察市场数据的估值技术确定的，企业应当将该公允价值与交易价格之间的差额确认为一项利得或损失。

②在初始确认时，金融资产或金融负债的公允价值以其他方式确定的，企业应当将该公允价值与交易价格之间的差额递延。初始确认后，企业应当根据某一因素在相应会计期间的变动程度将该递延差额确认为相应会计期间的利得或损失。该因素应当仅限于市场参与者对该金融工具定价时将予考虑的因素，包括时间等。

2. 后续计量的基本原则

初始确认后，企业应当对不同类别的金融资产，分别以摊余成本、以公允价值计量且其变动计入其他综合收益（FVOCI）或以公允价值计量且其变动计入当期损益（FVTPL）进行后续计量。

企业应当对不同类别的金融负债，分别以摊余成本、以公允价值计量且其变动计入当期损益或以其他适当方法进行后续计量。

金融资产或金融负债被指定为被套期项目的，企业应当根据套期会计准则的规定进行后续计量。

3. 摊余成本

金融资产或金融负债的摊余成本，应当以该金融资产或金融负债的初始确认金额经下列调整后的结果确定：（1）扣除已偿还的本金；（2）加上或减去采用实际利率法将该初始确认金额与到期日金额之间的差额（即利息调整）进行摊销形成的累计摊销额；（3）扣除累计计提的损失准备（仅适用于金融资产）。

实际利率法，是指计算金融资产或金融负债的摊余成本以及将利息收入或利息费用分摊计入各会计期间的方法。

实际利率，是指将金融资产或金融负债在预计存续期的估计未来现金流量，折现为该金融资产账面余额或该金融负债摊余成本所使用的利率。在确定实际利率时，应当在考虑金融资产或金融负债所有合同条款（如提前还款、展期、看涨期权或其他类似期权等）的基础上估计预期现金流量，但不应当考虑预期信用损失。

企业应当按照实际利率法确认利息收入。利息收入应当根据金融资产账面余额乘以实际利率计算确定，但下列情况除外。

（1）对于购入或源生的已发生信用减值的金融资产，企业应当自初始确认起，按照该金融资产的摊余成本和经信用调整的实际利率计算确定其利息收入。

经信用调整的实际利率，是指将购入或源生的已发生信用减值的金融资产在预计存续期的估计未来现金流量，折现为该金融资产摊余成本的利率。在确定经信用调整的实际利率时，应当在考虑金融资产的所有合同条款（例如提前还款、展期、看涨期权或其他类似期权等）以及初始预期信用损失的基础上估计预期现金流量。

（2）对于购入或源生的未发生信用减值，但在后续期间成为已发生信用减值的金融资产，企业应当在后续期间，按照该金融资产的摊余成本和实际利率计算确定其利息收入。

4. 已发生信用减值的证据

当对金融资产预期未来现金流量具有不利影响的一项或多项事件发生时，该金融资产成为已发生信用减值的金融资产。

金融资产已发生信用减值的证据包括下列可观察信息：①发行方或债务人发生重大财务困难；②债务人违反合同，如偿付利息或本金违约或逾期等；③债权人出于与债务人财务困难有关的经济或合同考虑，给予债务人在任何其他情况下都不会做出的让步；④债务人很可能破产或进行其他财务重组；⑤发行方或债务人财务困难导致该金融资产的活跃市场消失；⑥以大幅折扣购买或源生一项金融资产，该折扣反映了发生信用损失的事实。

金融资产发生信用减值，有可能是多个事件的共同作用所致，未必是可单独识别的事件所致。

5. 确定实际利率时考虑的因素

合同各方之间支付或收取的、属于实际利率或经信用调整的实际利率组成部分的各项费用、交易费用及溢价或折价等，应当在确定实际利率或经信用调整的实际利率时予以考虑。

企业通常能够可靠估计金融工具（或一组类似金融工具）的现金流量和预计存续期。在极少数情况下，金融工具（或一组金融工具）的估计未来现金流量或预计存续期无法可靠估计的，企业在计算确定其实际利率（或经信用调整的实际利率）时，应当基于该金融工具在整个合同期内的合同现金流量。

企业与交易对手方修改或重新议定合同，未导致金融资产终止确认，但导致合同现金流量发生变化的，应当重新计算该金融资产的账面余额，并将相关利得或损失计入当期损益。

企业不再合理预期金融资产合同现金流量能够全部或部分收回的，应当直接减记该金融资产的账面余额。这种减记构成相关金融资产的终止确认。

6. 权益工具投资的公允价值计量

企业对权益工具的投资和与此类投资相联系的合同应当以公允价值计量。新准则取消了成本法的豁免规定。在有限情况下，成本可以代表对公允价值的恰当估计。如果用以确定公允价值的近期信息不足，或者公允价值的可能估计金额分布范围很广，而成本代表了该范围内对公允价值的最佳估计的，该成本可代表其在该分布范围内对公允价值的恰当估计。权益工具投资或合同存在报价的，企业不应当将成本作为对其公允价值的最佳估计。

企业应当利用初始确认日后可获得的关于被投资方业绩和经营的所有信息，判断成本能否代表公允价值。存在下列情形（包含但不限于）之一的，可能表明成本不代表相关金融资产的公允价值，企业应当对其公允价值进行估值：①与预算、计划或阶段性目标相比，被投资方业绩发生重大变化；②对被投资方技术产品实现阶段性目标的预期发生变化；③被投资方的权益、产品或潜在产品的市场发生重大变化；④全球经济或被投资方经营所处的经济环境发生重大变化；⑤被投资方可比企业的业绩或整体市场所显示的估值结果发生重大变化；⑥被投资方的内部问题，如欺诈、商业纠纷、诉讼、管理或战略变化；⑦被投资方权益发生了外部交易并有客观证据，包括发行新股等被投资方发生的交易和第三方之间转让被投资方权益工具的交易等。

（七）金融工具的减值

1. 计提减值的金融资产的范围

企业应当以预期信用损失为基础，对下列项目进行减值会计处理并确认损失准备。

①为以摊余成本计量的金融资产和以公允价值计量且其变动计入其他综合收益的（债务工具）金融资产；②租赁应收款；③合同资产；④企业发行的分类为以公允价值计量且其变动计入当期损益的金融负债以外的贷款承诺和特定的财务担保合同。

损失准备，是指针对以摊余成本计量的金融资产、租赁应收款和合同资产的预期信用损失计提的准备，以公允价值计量且其变动计入其他综合收益的（债务工具）金融资产的累计减值金额以及针对贷款承诺和财务担保合同的预期信用损失计提的准备。

值得注意的是，以公允价值计量且其变动计入其他综合收益的权益工具金融资产是不需要计提减值损失准备的。

2. 预期信用损失

预期信用损失，是指以发生违约的风险为权重的金融工具信用损失的加权平均值。

估计预期信用损失的目的并非对最坏的情形或最好的情形作出估

计，取而代之的是，预期信用是，预期信用损失的估计应当始终反映发生信用损失的可能性以及不发生信用损失的可能性。

信用损失，是指企业按照原实际利率折现的、根据合同应收的所有合同现金流量与预期收取的所有现金流量之间的差额，即全部现金短缺的现值。其中，对于企业购买或源生的已发生信用减值的金融资产，应按照该金融资产经信用调整的实际利率折现。由于预期信用损失考虑付款的金额和时间分布，因此即使企业预计可以全额收款但收款时间晚于合同规定的到期期限，也会产生信用损失。

企业通常能够可靠估计金融工具的预计存续期。在极少数情况下，金融工具预计存续期无法可靠估计的，企业在计算确定预期信用损失时，应当基于该金融工具的剩余合同期间。

3. 一般性减值规定

（1）基本原则

除特殊情形以外，企业应当在每个资产负债表日评估相关金融工具的信用风险自初始确认后是否已显著增加，并按照下列情形分别计量其损失准备、确认预期信用损失及其变动。

①如果该金融工具的信用风险自初始确认后已显著增加，企业应当按照相当于该金融工具整个存续期内预期信用损失的金额计量其损失准备（阶段2）。

整个存续期预期信用损失，是指因金融工具整个预计存续期内所有可能发生的违约事件而导致的预期信用损失。

②如果该金融工具的信用风险自初始确认后并未显著增加，企业应当按照相当于该金融工具未来12个月内预期信用损失的金额计量其损失准备（阶段1）。

未来12个月内预期信用损失，是指因资产负债表日后12个月内（若金融工具的预计存续期少于12个月，则为预计存续期）可能发生的金融工具违约事件而导致的预期信用损失，是整个存续期预期信用损失的一部分。未来12个月内预期信用损失并非预计将在未来12个月内违约时将发生的整个存续期预期信用损失，也不是预计在未来12个月内将发生的现金短缺。

企业在进行相关评估时，应当考虑所有合理且有依据的信息，包括前瞻性信息。为确保自金融工具初始确认后信用风险显著增加即确认整个存续期预期信用损失，企业在一些情况下应当以组合为基础考虑评估信用风险是否显著增加。

无论企业评估信用损失的基础是单项金融工具还是金融工具组合，由此形成的损失准备的增加或转回金额，应当作为减值损失或利得计入当期损益。

减值模型是对称的。企业在前一会计期间已经按照相当于金融工具整个存续期内预期信用损失的金额计量了损失准备，但在当期资产负债表日，该金融工具已不再属于自初始确认后信用风险显著增加的情形的，企业应当在当期资产负债表日按照相当于未来 12 个月内预期信用损失的金额计量该金融工具的损失准备，由此形成的损失准备的转回金额应当作为减值利得计入当期损益。

（2）信用风险是否显著增加的判断

企业在评估金融工具的信用风险自初始确认后是否已显著增加时，应当考虑金融工具预计存续期内发生违约风险的变化，而不是预期信用损失金额的变化。企业应当通过比较金融工具在资产负债表日发生违约的风险与在初始确认日发生违约的风险，以确定金融工具预计存续期内发生违约风险的变化情况。

企业在评估金融工具的信用风险自初始确认后是否已显著增加时，应当考虑违约风险的相对变化，而非违约风险变动的绝对值。在同一后续资产负债表日，对于违约风险变动的绝对值相同的两项金融资产，初始确认时违约风险较低的金融工具比初始确认时违约风险较高的金融工具的信用风险变化更为显著。

在为确定是否发生违约风险而对违约进行界定时，企业所采用的界定标准，应当与其内部针对相关金融工具的信用风险管理目标保持一致，并考虑财务限制条款等其他定性指标。

在确定信用风险自初始确认后是否显著增加时，企业无须付出不必要的额外成本或努力即可获得合理且有依据的前瞻性信息的，不得仅依赖逾期信息来确定信用风险自初始确认后是否显著增加；企业必须付出不必要的额外成本或努力才可获得合理且有依据的逾期信息以外的单独或汇总的前瞻性信息的，可以采用逾期信息来确定信用风险自初始确认后是否显著增加。

企业通常应当在金融工具逾期前确认该工具整个存续期预期信用损

失。无论企业采用何种方式评估信用风险是否显著增加，通常情况下，如果逾期超过 30 日，则表明金融工具的信用风险已经显著增加。除非企业在无须付出不必要的额外成本或努力的情况下即可获得合理且有依据的信息，证明即使逾期超过 30 日，信用风险自初始确认后仍未显著增加。如果企业在合同付款逾期超过 30 日前已确定信用风险显著增加，则应当按照整个存续期的预期信用损失确认损失准备。

如果交易对手方未按合同规定时间支付约定的款项，则表明该金融资产发生逾期。

企业确定金融工具在资产负债表日只具有较低的信用风险的，可以假设该金融工具的信用风险自初始确认后并未显著增加。

（3）会计处理的特殊规定

对于为以公允价值计量且其变动计入其他综合收益的（债务工具）金融资产，企业应当在其他综合收益中确认其损失准备，并将减值损失或利得计入当期损益，且不应减少该金融资产在资产负债表中列示的账面价值。如果发生减值损失，其会计分录为：借记资产减值损失，贷记其他综合收益；如果发生减值利得，则做相反的会计分录：借记其他综合收益，贷记资产减值损失。

4. 购买或源生的已发生信用减值的金融资产

对于购买或源生的已发生信用减值的金融资产，企业应当在资产负债表日仅将自初始确认后整个存续期内预期信用损失的累计变动确认为损失准备。

在每个资产负债表日，企业应当将整个存续期内预期信用损失的变动金额作为减值损失或利得计入当期损益。即使该资产负债表日确定的整个存续期内预期信用损失小于初始确认时估计现金流量所反映的预期信用损失的金额，企业也应当将预期信用损失的有利变动确认为减值利得。

5. 信用损失的确定

企业计量金融工具预期信用损失的方法应当反映下列各项要素：①通过评价一系列可能的结果而确定的无偏概率加权平均金额；②货币时间价值；③在资产负债表日无须付出不必要的额外成本或努力即可获得的有关过去事项、当前状况以及未来经济状况预测的合理且有依据的信息。

信用损失是应收取的合同现金流量与预期收取的现金流量之间差额的现值；所有的现金差额（无论正负）都应包含在预期信用损失的计算中。具体规定如下。

（1）对于金融资产，信用损失应为企业应收取的合同现金流量与预期收取的现金流量之间差额的现值；

（2）对于租赁应收款项，信用损失应为企业应收取的合同现金流量与预期收取的现金流量之间差额的现值。其中，用于确定预期信用损失的现金流量，应与用于计量租赁应收款项的现金流量保持一致。

（3）对于未提用的贷款承诺，信用损失应为在贷款承诺持有人提用相应贷款的情况下，企业应收取的合同现金流量与预期收取的现金流量之间差额的现值。企业对贷款承诺预期信用损失的估计，应当与其对该贷款承诺提用情况的预期保持一致。

（4）对于财务担保合同，信用损失应为企业就该合同持有人发生的信用损失向其做出赔付的预计付款额，减去企业预期向该合同持有人、债务人或任何其他方收取的金额之间差额的现值。

（5）对于资产负债表日已发生信用减值但并非购买或源生已发生信用减值的金融资产，信用损失应为该金融资产账面余额与按原实际利率折现的估计未来现金流量的现值之间的差额。

企业应当以概率加权平均为基础对预期信用损失进行计量。企业对预期信用损失的计量应当反映发生信用损失的各种可能性，但不必识别所有可能的情形。准则禁止仅基于最可能的结果或以最佳估计数来估计预期信用损失。

在计量预期信用损失时，企业需考虑的最长期限为企业面临信用风险的最长合同期限（包括考虑续约选择权），而不是更长期间，即使该期间与业务实践相一致。

对于循环信用额度，确认预期信用损失的期间，应当为其面临信用风险且无法用信用风险管理措施予以缓释的期间，即使该期间超过了最长合同期限。

6. 计提损失准备的简化方法

对于下列各项目，企业应当始终按照相当于整个存续期内预期信用损失的金额计量其损失准备。

（1）由《企业会计准则第 14 号——收入》规范的交易形成的应收

款项或合同资产，且符合下列条件之一：①该项目未包含重大融资成分或企业根据规定不考虑不超过一年的合同中的融资成分；②该项目包含重大融资成分，同时企业做出会计政策选择，按照相当于整个存续期内预期信用损失的金额计量损失准备。企业应当将该会计政策选择适用于所有此类应收款项和合同资产，但可对应收款项类和合同资产类分别做出会计政策选择。

（2）由《企业会计准则第 21 号——租赁》规范的交易形成的租赁应收款，同时企业做出会计政策选择，按照相当于整个存续期内预期信用损失的金额计量损失准备。企业应当将该会计政策选择适用于所有租赁应收款，但可对应收融资租赁款和应收经营租赁款分别做出会计政策选择。

企业可对应收款项、合同资产和租赁应收款分别选择减值会计政策。

7. 总结

修订后的准则实现了 IFRS 9（2014）的趋同，对金融资产减值实际上采取了三阶段模型的分类处理方法，如表 1 - 22 所示。

表 1 - 22　　　　　　　　　　　　三阶段模型的主要内容

阶段	阶段 1	阶段 2	阶段 3
信用质量	低信用风险或初始确认后信用质量无显著恶化	初始确认后信用质量显著恶化，但报告日无客观减值证据	报告日存在客观减值证据
减值确认	12 个月预期信用损失	生命周期预期信用损失	生命周期预期信用损失
利息收入	以账面余额乘以实际利率计算	以账面余额乘以实际利率计算	以摊余成本乘以实际利率计算

此外，对应收款项或合同资产、租赁应收款可以选择简化的减值处理方法，始终按照相当于整个存续期内预期信用损失的金额计量其损失准备。

整个减值模型的应用流程见图 1 - 14 所示。

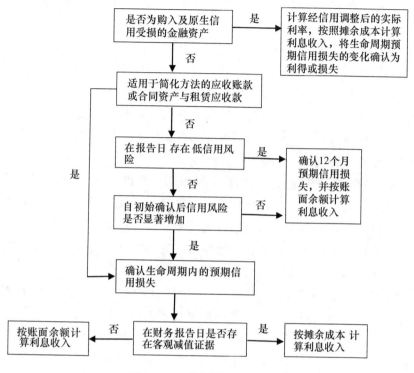

图 1-14 减值模型应用流程

（八）利得和损失

1. 以公允价值计量且其变动计入当期损益的金融资产（FVTPL）的利得或损失应当计入当期损益。

2. 被指定为以公允价值计量且其变动计入当期损益的金融负债，该负债由企业自身信用风险变动引起的其公允价值变动应当计入其他综合收益，其他公允价值变动计入当期损益。如果对该金融负债的自身信用风险变动的影响进行处理会造成或扩大损益中的会计错配的，企业应当将该金融负债的全部利得或损失（包括企业自身信用风险变动的影响金额）计入当期损益。该金融负债终止确认时，之前计入其他综合收益的累计利得或损失应当从其他综合收益中转出，计入留存收益。

3. 以公允价值计量且其变动计入其他综合收益的（债务工具）金融资产所产生的所有利得或损失，除减值损失或利得和汇兑损益之外，均应当计入其他综合收益，直至该金融资产终止确认或被重分类。但是，采用实际利率法计算的该金融资产的利息应当计入当期损益。该金融资产计入各期损益的金额应当与视同其一直按摊余成本计量而计入各期损益的金额相等。该金融资产终止确认时，之前计入其他综合收益的累计利得或损失应当从其他综合收益中转出，计入当期损益。

4. 以公允价值计量且其变动计入其他综合收益的非交易性权益工具类金融资产，股利收入之外的利得或损失计入其他综合收益。当该金融资产终止确认时，之前计入其他综合收益的累计利得或损失应当从其他综合收益中转出，计入留存收益。

5. 以摊余成本计量且不属于任何套期关系的一部分的金融资产所产生的利得或损失，应当在终止确认、重分类、按照实际利率法摊销或确认减值时，计入当期损益。以摊余成本计量且不属于任何套期关系的一部分的金融负债所产生的利得或损失，应当在终止确认时计入当期损益或在按照实际利率法摊销时计入相关期间损益。

6. 属于套期关系中被套期项目的金融资产或金融负债所产生的利得或损失，应当按照套期会计准则相关规定进行处理。

7. 指定为以公允价值计量且其变动计入当期损益的金融负债的财务担保合同和不可撤销贷款承诺所产生的全部利得或损失，应当计入当期损益。

（九）衔接规定

本准则施行日之前的金融工具确认和计量与本准则要求不一致的，企业应当追溯调整，但另有规定的除外。在本准则施行日已经终止确认的项目不适用本准则。

在本准则施行日，企业应当按照本准则的规定对金融工具进行分类和计量（含减值），涉及前期比较财务报表数据与本准则要求不一致的，无须调整。金融工具原账面价值和在本准则施行日的新账面价值之间的差额，应当计入本准则施行日所在年度报告期间的期初留存收益或其他综合收益。

在本准则施行日，企业应当以该日的既有事实和情况为基础，评估其管理金融资产的业务模式是以收取合同现金流量为目标，还是以既收取合同现金流量又出售金融资产为目标，并据此确定金融资产的分类，进行追溯调整，无须考虑企业之前的业务模式。

在本准则施行日，企业存在根据本准则相关规定应当以公允价值计量的混合合同但之前未以公允价值计量的，该混合合同在前期比较财务报表期末的公允价值应当等于其各组成部分在前期比较财务报表期末公允价值之和。在本准则施行日，企业应当将整个混合合同在该日的公允价值与该混合合同各组成部分在该日的公允价值之和之间的差额，计入本准则施行日所在报告期间的期初留存收益或其他综合收益。

在本准则施行日，企业应当以该日的既有事实和情况为基础，对相关金融资产进行指定或撤销指定，并追溯调整。（1）在本准则施行日，企业可以根据规定，将满足条件的金融资产指定为以公允价值计量且其变动计入当期损益的金融资产。但企业之前指定为以公允价值计量且其变动计入当期损益的金融资产，不满足本准则规定的指定条件的，应当解除之前做出的指定；之前指定为以公允价值计量且其变动计入当期损益的金融资产继续满足本准则规定的指定条件的，企业可以选择继续指定或撤销之前的指定。（2）在本准则施行日，企业可以将非交易性权益工具投资指定为以公允价值计量且其变动计入其他综合收益的金融资产。

在本准则施行日，企业应当以该日的既有事实和情况为基础，对相关金融负债进行指定或撤销指定，并追溯调整。（1）在本准则施行日，为了消除或显著减少会计错配，企业可以根据本准则的规定，将金融负债指定为以公允价值计量且其变动计入当期损益的金融负债。（2）企业之前初始确认金融负债时，为了消除或显著减少会计错配，已将该金融负债指定为以公允价值计量且其变动计入当期损益的金融负债，但在本准则施行日不再满足本准则规定的指定条件的，企业应当撤销之前的指定；该金融负债在本准则施行日仍然满足本准则规定的指定条件的，企业可以选择继续指定或撤销之前的指定。

在本准则施行日，企业按照本准则规定对相关金融资产或金融负债以摊余成本进行计量、应用实际利率法追溯调整不切实可行的，应当按照以下原则进行处理：（1）以金融资产或金融负债在前期比较财务报表期末的公允价值，作为企业调整前期比较财务报表数据时该金融资产的账面余额或该金融负债的摊余成本；（2）以金融资产或金融负债在本准则施行日的公允价值，作为该金融资产在本准则施行日的新账面余额或该金融负债的新摊余成本。

在本准则施行日，对于之前以成本计量的、在活跃市场中没有报价且其公允价值不能可靠计量的权益工具投资或与该权益工具挂钩并须通过交付该工具进行结算的衍生金融资产,企业应当以其在本准则施行日的公允价值计量。原账面价值与公允价值之间的差额,应当计入本准则施行日所在报告期间的期初留存收益或其他综合收益。

在本准则施行日,对于之前以成本计量的、与在活跃市场中没有报价的权益工具挂钩并须通过交付该权益工具进行结算的衍生金融负债,企业应当以其在本准则施行日的公允价值计量。原账面价值与公允价值之间的差额,应当计入本准则施行日所在报告期间的期初留存收益。

在本准则施行日,企业按照本准则计量金融工具减值的,应当使用无须付出不必要的额外成本或努力即可获得的合理且有依据的信息,确定金融工具在初始确认日的信用风险,并将该信用风险与本准则施行日的信用风险进行比较。在确定自初始确认后信用风险是否显著增加时,企业可以根据其是否具有较低的信用风险进行判断,或者根据相关金融资产逾期是否超过 30 日进行判断。企业在本准则施行日必须付出不必要的额外成本或努力才可获得合理且有依据的信息的,企业在该金融工具终止确认前的所有资产负债表日的损失准备应当等于其整个存续期的预期信用损失。

四 修订金融工具相关会计准则的重要意义

本次金融工具相关会计准则的修订是我国 2006 年发布金融工具相关会计准则十年来对该准则的第一次全面修订,无论是在金融工具会计处理的基本理念,还是金融工具分类、确认和计量等具体会计处理方面,都有较大变化。从总体上看,新准则对强化企业管理、促进资本市场健康发展、优化市场资源配置、提升金融监管效能意义重大,影响深远。

(一)有利于企业加强金融资产和负债管理,切实保护投资者和债权人利益

新金融工具相关会计准则关于金融资产的分类发生了较大决策改变,对金融资产的分类突出了企业持有金融资产的"业务模式"和金融资产的"合同现金流量特征",有助于推动企业在战略决策、业务管理和合同管理层面提升金融资产和负债的精细化管理水平。同时,为了消除或显著减少金融资产和负债的会计错配,新金融工具相关会计准则

还赋予了企业灵活的选择权，允许企业将金融资产和负债指定为以公允价值计量且其变动计入当期损益，从而提升企业资产负债匹配管理水平。这些修订有助于提高会计信息质量，能够向企业的投资者和债权人提供更有针对性的信息，提高决策质量。

（二）有利于推动企业加强风险管理，有效防范和化解金融风险

新准则要求基于过去、现在和前瞻性信息，按照"预期损失法"计提金融资产减值准备，将推动企业建立以信用数据和评价为基础的信用风险管理体系，提升应对信用风险事件和信用损失的能力；新准则要求对相关金融资产和金融负债采用公允价值计量，从而可以及时预警和反映金融资产和金融负债面临的市场风险等金融风险，提高企业风险识别、计量、防范和控制能力；新准则更加强调套期会计与企业风险管理活动的有机结合，使企业能够更好地利用各种金融工具管理企业所面临的各种风险。

（三）有利于促进企业转型升级，全面提升企业管理水平和效率

金融工具相关会计准则的实施需要前台业务、中台风险和后台财务部门的密切配合，需要整合来自上述多个部门的专业团队形成统一的实施团队。对业务模式的判断可能使业务部门的业务流程产生变化，预期信用损失将对许多业务部门的经济实质产生重大影响，业务部门的参与和意见至关重要。这些都将推动企业风险管理和会计工作的有机融合，全面提升企业的风险管理水平。

（四）有利于提高金融市场透明度，强化金融监管，提升监管效能

新金融工具相关会计准则高度重视企业信息披露，要求企业充分披露信用风险等相关信息，其基本理念和方法与新巴塞尔协议一脉相承。企业在实施新金融工具相关会计准则后将能够进一步提升信息披露的质量和深度，有助于提高金融市场的整体透明度，为监管部门强化金融监管、提升监管效能奠定坚实基础。

五 准则修订给我国银行业带来的挑战

受金融工具准则影响最大的当属金融机构了，而其中重中之重的是银行业将面临重大的挑战。

（一）金融资产会计科目体系需要全面重构

我国商业银行现行金融资产会计科目按照 CAS 22 四分类体系进行

设置。实施新准则后需要将金融资产改为三分类，因而在实施过程中，需停用原来的一些科目，如贷款和应收款项类、可供出售类金融资产、持有至到期投资等科目，增设摊余成本类金融资产、以公允价值计量且其变动计入其他综合收益类金融资产科目，调整的科目较多，整个会计科目体系面临重构。而且我国金融资产的类型与其他国家存在一定差异，譬如非标投资就是国际上很少有的一个概念，我国的非标投资以信托计划、资管计划及结构化主体投资为主。对于非标投资这类有中国特色的金融资产，可能需要业务模式和现金流特征这两个维度的测试结果根据层层打开，视基础资产来进行后续分类，这是有难度的，不能简单对应某一类金融资产。

（二）相关业务系统和工作流程需要重新改造

为提高金融资产分类判断的效率和及时性，新准则实施后需将分类判断流程标准嵌入业务处理系统中，对业务模式的判断可能使业务部门的业务流程产生变化，因此需对相关业务系统进行整合改造。同时，预期信用损失模型的采用需要改变现有的工作流程。计算贷款预期信用损失已不再是一个纯粹的会计处理问题，需要通过不同流程和部门交互测算，测算结果也会运用于更多的领域。如何改变现有的工作流程以适应预期损失模型的管理要求将是银行实施新准则必须应对的问题。新准则的实施需要前台业务、中台风险和后台财务部门的密切配合，需要形成统一的实施团队，整合会计数据、风险管理数据和市场交易数据，构建内部信息共享平台，提升数据治理水平。这对银行业将会带来重大挑战。

（三）构建模型费时费力

预期信用损失模型要求商业银行综合考虑历史事件、当前状况及对未来状况的预测，并构建恰当的模型来确认预期信用损失。目前，主要商业银行一般通过调整现有的巴塞尔内部评级模型构建预期信用损失模型。通常可以考虑两种方法：一是借助内评法，已经用信用风险内部评级法替代权重法的商业银行，可以基于内评法下的违约概率数据做调整；二是针对尚未采纳内评法的银行，或者部分贷款尚未被内评法覆盖的银行，开发适应新准则的 PD、LGD 模型或者直接去做一个预期损失率模型。在模型调整的过程中，银行需要评估相关数据的可用性，改造系统并调整内部工作流程，每项工作都需要投入大量的时间和资源。据了解，欧洲银行普遍预计实施预期损失模型需要花费 1.5—3 年的时间，我国商业银行因为管理基础薄弱可能需要花费更多的时间、投入更多的人力物力。

（四）会计人员素质亟待提升

实施预期信用损失模型和公允价值估值对会计人员素质提出更高要求，尤其是风险衡量能力和专业判断能力方面。预期信用损失模型要求会计人员能根据金融资产所处的风险恶化阶段来进行分类，并对每一类别做出不同的会计处理。这就需要会计人员能准确把握金融资产信用风险的变化，进行恰当评级，并对未来预期信用损失的金额、时点和概率做出准确估计，整个过程都需要会计人员做出大量的专业判断和估计。比如，信用风险显著恶化的标准，需要会计人员根据贷款的类别和特征、银行本身风险管理的实践等具体情况进行职业判断。实施新准则对会计人员的专业判断能力提出了较高的要求，会计人员的综合素质亟待提升。

第十节　《企业会计准则第23号——金融资产转移》（2017）解读

一　准则修订的背景

《企业会计准则第 23 号——金融资产转移》主要规范金融资产转移是否应当终止确认以及终止确认的相关会计处理，能够终止确认的金融资产将从企业的资产负债表转销，即金融资产"出表"，是投资者和监管部门等会计信息使用者关注的重点之一。

自 2006 年企业会计准则发布以来，我国金融创新步伐不断加快，资产证券化这一金融资产转移的常见模式在近年来得到了较快发展。在我国经济转型升级的大背景下，资产证券化作为激活存量资产、提高资金配置效率的重要工具，是金融机构和工商企业转型发展的重要选择，尤其在中央提出的"去产能、去库存、去杠杆"过程中，资产证券化还成为不良资产处置的一种方式。

为了及时、有效地对资产证券化等金融资产转移创新业务进行会计处理，如实反映企业财务状况和经营业绩，防范和控制金融风险，保持我国企业会计准则与国际财务报告准则的持续趋同，财政部会计准则委员会对现行金融资产转移准则进行了修订，并于 2017 年 4 月 6 日，正式发布了《关于印发修订〈企业会计准则第 23 号——金融资产转移〉的通知》（财会〔2017〕8 号）。

二 准则修订的主要变化

相对于现行准则，准则修订的主要变化如下几点。

（一）进一步明晰金融资产转移及其终止确认的判断原则

为了进一步提升准则的可操作性，此次修订在维持金融资产转移及其终止确认判断原则不变的前提下对相关判断标准、过程及会计处理进行了梳理，突出金融资产终止确认的判断流程，从金融资产终止确认的一般原则、金融资产转移的具体情形及其终止确认、金融资产转移是否导致终止确认的三种结果及其会计处理等方面对企业金融资产转移业务进行会计规范。

（二）进一步满足金融资产转移创新业务的实际需要

为了切实解决我国企业金融资产转移创新实务中的问题，此次修订对相关实务问题提供了更加详细的指引，增加了继续涉入情况下相关负债计量的相关规定，并对此情况下企业判断是否继续控制被转移资产提供更多指引，对不满足终止确认条件情况下转入方的会计处理和可能产生的对同一权利或义务的重复确认等问题进行了明确。

（三）进一步反映金融工具分类和计量的最新变化对本准则的影响

我国《企业会计准则第 22 号——金融工具确认和计量》（CAS 22）对金融工具的分类和计量进行了调整，从而对本准则产生影响：一是对于分类为以公允价值变动计入其他综合收益的金融资产中的债务工具，在确定资产转移损益时，其计入其他综合收益的累计金额应予转回；二是对于继续涉入情况下金融资产发生重分类时，相关负债的计量需要进行追溯调整。

三 新准则的主要内容

（一）金融资产终止确认的一般原则

金融资产转移，是指企业（转出方）将金融资产（或其现金流量）让与或交付给该金融资产发行方之外的另一方（转入方）。与原有概念相比，明确转移包括现金流量的让与或交付。

金融资产终止确认,是指企业将之前确认的金融资产从其资产负债表中予以转出。

金融资产满足下列条件之一的,应当终止确认以下几个问题。

(1)收取该金融资产现金流量的合同权利终止。

(2)该金融资产已转移,且该转移满足本准则关于终止确认的规定。

金融资产的一部分满足下列条件之一的,企业应当将终止确认的规定适用于该金融资产部分,除此之外,企业应当将终止确认的规定适用于该金融资产整体。

(1)该金融资产部分仅包括金融资产所产生的特定可辨认现金流量。如企业就某债务工具与转入方签订一项利息剥离合同,合同规定转入方有权获得该债务工具利息现金流量,但无权获得该债务工具本金现金流量,终止确认的规定适用于该债务工具的利息现金流量。

(2)该金融资产部分仅包括与该金融资产所产生的全部现金流量完全成比例的现金流量部分。如企业就某债务工具与转入方签订转让合同,合同规定转入方拥有获得该债务工具全部现金流量一定比例的权利,终止确认的规定适用于该债务工具全部现金流量一定比例的部分。

(3)该金融资产部分仅包括与该金融资产所产生的特定可辨认现金流量完全成比例的现金流量部分。如企业就某债务工具与转入方签订转让合同,合同规定转入方拥有获得该债务工具利息现金流量一定比例的权利,终止确认的规定适用于该债务工具利息现金流量一定比例的部分。

(二)金融资产转移的情形及其终止确认

1. 金融资产转移的情形

金融资产转移,包括下列两种情形。

(1)企业将收取金融资产现金流量的合同权利转移给其他方。

(2)企业保留了收取金融资产现金流量的合同权利,但承担了将收取的该现金流量支付给一个或多个最终收款方的合同义务,且同时满足下列条件。

①企业只有从该金融资产收到对等的现金流量时,才有义务将其支付给最终收款方。企业提供短期垫付款,但有权全额收回该垫付款并按照市场利率计收利息的,视同满足本条件。

②转让合同规定禁止企业出售或抵押该金融资产,但企业可以将其

作为向最终收款方支付现金流量义务的保证。

③企业有义务将代表最终收款方收取的所有现金流量及时划转给最终收款方，且无重大延误。企业无权将该现金流量进行再投资，但在收款日和最终收款方要求的划转日之间的短暂结算期内，将所收到的现金流量进行现金或现金等价物投资，并且按照合同约定将此类投资的收益支付给最终收款方的，视同满足本条件。

2. 金融资产转移是否导致终止确认的三种结果

企业在发生金融资产转移时，应当评估其保留金融资产所有权上的风险和报酬的程度，并分别按下列情形处理。

（1）企业转移了金融资产所有权上几乎所有风险和报酬的，应当终止确认该金融资产，并将转移中产生或保留的权利和义务单独确认为资产或负债。

（2）企业保留了金融资产所有权上几乎所有风险和报酬的，应当继续确认该金融资产。

（3）企业既没有转移也没有保留金融资产所有权上几乎所有风险和报酬的［即除上述（1）（2）之外的其他情形］，应当根据其是否保留了对金融资产的控制，分别按下列情形处理：

①企业未保留对该金融资产控制的，应当终止确认该金融资产，并将转移中产生或保留的权利和义务单独确认为资产或负债；

②企业保留了对该金融资产控制的，应当按照其继续涉入被转移金融资产的程度继续确认有关金融资产，并相应确认相关负债。

继续涉入被转移金融资产的程度，是指企业承担的被转移金融资产价值变动风险或报酬的程度。

3. 如何评估金融资产所有权上风险和报酬的转移程度

企业在评估金融资产所有权上风险和报酬的转移程度时，应当比较转移前后其所承担的该金融资产未来净现金流量金额及其时间分布变动的风险。

（1）企业承担的金融资产未来净现金流量现值变动的风险没有因转移而发生显著变化的，表明该企业仍保留了金融资产所有权上几乎所有风险和报酬。如将贷款整体转移并对该贷款可能发生的所有损失进行全额补偿，或者出售一项金融资产但约定以固定价格或者售价加上出借人回报的价格回购。

（2）企业承担的金融资产未来净现金流量现值变动的风险相对于金融资产的未来净现金流量现值的全部变动风险不再显著的，表明该企业已经转移了金融资产所有权上几乎所有风险和报酬。如无条件出售金融资产，或者出售金融资产且仅保留以其在回购时的公允价值进行回购的选择权。

企业通常不需要通过计算即可判断其是否转移或保留了金融资产所有权上几乎所有风险和报酬。在其他情况下，企业需要通过计算评估是否已经转移了金融资产所有权上几乎所有风险和报酬的，在计算和比较金融资产未来现金流量净现值的变动时，应当考虑所有合理、可能的现金流量变动，对于更可能发生的结果赋予更高的权重，并采用适当的市场利率作为折现率。

4. 如何判断是否保留了对被转移金融资产的控制

企业在判断是否保留了对被转移金融资产的控制时，应当根据转入方是否具有出售被转移金融资产的实际能力而确定。转入方能够单方面将被转移金融资产整体出售给不相关的第三方，且没有额外条件对此项出售加以限制的，表明转入方有出售被转移金融资产的实际能力，从而表明企业未保留对被转移金融资产的控制；在其他情形下，表明企业保留了对被转移金融资产的控制。

在判断转入方是否具有出售被转移金融资产的实际能力时，企业考虑的关键应当是转入方实际上能够采取的行动。被转移金融资产不存在市场或转入方不能单方面自由地处置被转移金融资产的，通常表明转入方不具有出售被转移金融资产的实际能力。

转入方不大可能出售被转移金融资产并不意味着企业（转出方）保留了对被转移金融资产的控制。但存在看跌期权或担保而限制转入方出售被转移金融资产的，转出方实际上保留了对被转移金融资产的控制。如存在看跌期权或担保且很有价值，导致转入方实际上不能在不附加类似期权或其他限制条件的情形下将该被转移金融资产出售给第三方，从而限制了转入方出售被转移金融资产的能力，转入方将持有被转移金融资产以获取看跌期权或担保下相应付款的，企业保留了对被转移金融资产的控制。

5. 未能终止确认时的规定

在金融资产转移不满足终止确认条件的情况下，如果同时确认衍生工具和被转移金融资产或转移产生的负债会导致对同一权利或义务的重复确认，则企业（转出方）与转移有关的合同权利或义务不应当作为衍生工具进行单独会计处理。

在金融资产转移不满足终止确认条件的情况下，转入方不应当将被转移金融资产全部或部分确认为自己的资产。转入方应当终止确认所支付的现金或其他对价，同时确认一项应收转出方的款项。

6. 终止确认条件被转移金融资产的常见情形

企业转移了金融资产所有权上几乎所有风险和报酬，应当终止确认被转移金融资产的常见情形有：①企业无条件出售金融资产；②企业出售金融资产，同时约定按回购日该金融资产的公允价值回购；③企业出售金融资产，同时与转入方签订看跌期权合同（即转入方有权将该金融资产返售给企业）或看涨期权合同（即转出方有权回购该金融资产），且根据合同条款判断，该看跌期权或看涨期权为一项重大价外期权（即期权合约的条款设计，使得金融资产的转入方或转出方极小可能会行权）。

7. 继续确认被转移金融资产的常见情形

企业保留了金融资产所有权上几乎所有风险和报酬，应当继续确认被转移金融资产的常见情形有：①企业出售金融资产并与转入方签订回购协议，协议规定企业将回购原被转移金融资产，或者将予回购的金融资产与售出的金融资产相同或实质上相同、回购价格固定或原售价加上回报；②企业融出证券或进行证券出借；③企业出售金融资产并附有将市场风险敞口转回给企业的总回报互换；④企业出售短期应收款项或信贷资产，并且全额补偿转入方可能因被转移金融资产发生的信用损失；⑤企业出售金融资产，同时与转入方签订看跌期权合同或看涨期权合同，且根据合同条款判断，该看跌期权或看涨期权为一项重大价内期权（即期权合约的条款设计，使得金融资产的转入方或转出方很可能会行权）。

8. 按照继续涉入程度继续确认被转移金融资产的常见情形

企业应当按照其继续涉入程度继续确认被转移金融资产的常见情形有：①企业转移金融资产，并采用保留次级权益或提供信用担保等方式进行信用增级，企业只转移了被转移金融资产所有权上的部分（非几乎所有）风险和报酬，且保留了对被转移金融资产的控制；②企业转移金融资产，并附有既非重大价内也非重大价外的看涨期权或看跌期权，导致企业既没有转移也没有保留所有权上几乎所有风险和报酬，且保留了对被转移金融资产的控制。

（三）满足终止确认条件的金融资产转移的会计处理

1. 金融资产转移整体满足终止确认条件

金融资产转移整体满足终止确认条件的，应当将下列两项金额的差额计入当期损益。

（1）被转移金融资产在终止确认日的账面价值；

（2）因转移金融资产而收到的对价，与原直接计入其他综合收益的公允价值变动累计额中对应终止确认部分的金额（涉及转移的金融资产不包括指定为 FVOCI 的非交易性权益工具）之和。

新准则明确了服务资产和服务负债的确认情形。企业保留了向该金融资产提供相关收费服务的权利（包括收取该金融资产的现金流量，并将所收取的现金流量划转给指定的资金保管机构等），应当就该服务合同确认一项服务资产或服务负债。如果企业将收取的费用预计超过对服务的充分补偿的，应当将该服务权利作为继续确认部分确认为一项服务资产。如果将收取的费用预计不能充分补偿企业所提供服务的，则应当将由此形成的服务义务确认一项服务负债，并以公允价值进行初始计量。

企业因金融资产转移导致整体终止确认金融资产，同时获得了新金融资产或承担了新金融负债或服务负债的，应当在转移日确认该金融资产、金融负债（包括看涨期权、看跌期权、担保负债、远期合同、互换等）或服务负债，并以公允价值进行初始计量。该金融资产扣除金融负债和服务负债后的净额应当作为上述对价的组成部分。

2. 被转移部分整体满足终止确认条件

企业转移了金融资产的一部分，且该被转移部分整体满足终止确认条件的，应当将转移前金融资产整体的账面价值，在终止确认部分和继续确认部分（在此种情形下，所保留的服务资产应当视同继续确认金融资产的一部分）之间，按照转移日各自的相对公允价值进行分摊，并将下列两项金额的差额计入当期损益。

（1）终止确认部分在终止确认日的账面价值；

（2）终止确认部分收到的对价，与原计入其他综合收益的公允价值变动累计额中对应终止确认部分的金额（规定同前面的一致）之和。对价包括获得的所有新资产减去承担的所有新负债后的金额。

原计入其他综合收益的公允价值变动累计额中对应终止确认部分的金额，应当按照金融资产终止确认部分和继续确认部分的相对公允价值，对该累计额进行分摊后确定。

3. 分摊时继续确认部分公允价值的确定

企业将转移前金融资产整体的账面价值按相对公允价值在终止确认部分和继续确认部分之间进行分摊时，应当按照下列规定确定继续确认部分的公允价值。

（1）企业出售过与继续确认部分类似的金融资产，或继续确认部分存在其他市场交易的，近期实际交易价格可作为其公允价值的最佳估计；

（2）继续确认部分没有报价或近期没有市场交易的，其公允价值的最佳估计为转移前金融资产整体的公允价值扣除终止确认部分的对价后的差额。

（四）继续确认被转移金融资产的会计处理

企业保留了被转移金融资产所有权上几乎所有风险和报酬而不满足终止确认条件的，应当继续确认被转移金融资产整体，并将收到的对价确认为一项金融负债。

在继续确认被转移金融资产的情形下，金融资产转移所涉及的金融资产与所确认的相关金融负债不得相互抵销。在后续会计期间，企业应当继续确认该金融资产产生的收入（或利得）和该金融负债产生的费用（或损失），不得相互抵销。

（五）继续涉入被转移金融资产的会计处理

1. 继续涉入情况下相关负债的计量

企业既没有转移也没有保留金融资产所有权上几乎所有风险和报酬，且保留了对该金融资产控制的，应当按照其继续涉入被转移金融资产的程度继续确认该被转移金融资产，并相应确认相关负债。被转移金融资产和相关负债应当在充分反映企业因金融资产转移所保留的权利和承担的义务的基础上进行计量。企业应当按照下列规定对相关负债进行计量。

（1）被转移金融资产以摊余成本计量的

相关负债的账面价值＝继续涉入被转移金融资产的账面价值－企业

保留的权利的摊余成本 + 企业承担的义务的摊余成本

相关负债不得指定为以公允价值计量且其变动计入当期损益的金融负债。

（2）被转移金融资产以公允价值计量的

相关负债的账面价值 = 继续涉入被转移金融资产的账面价值 – 企业保留的权利的公允价值 + 企业承担的义务的公允价值

该权利和义务的公允价值应为按独立基础计量时的公允价值。

2. 提供担保方式继续涉入的

企业通过对被转移金融资产提供担保方式继续涉入的，应当在转移日按照金融资产的账面价值和担保金额两者的较低者，继续确认被转移金融资产，同时按照担保金额和担保合同的公允价值（通常是提供担保收到的对价）之和确认相关负债。担保金额，是指企业所收到的对价中，可被要求偿还的最高金额。

在后续会计期间，担保合同的初始确认金额应当随担保义务的履行进行摊销，计入当期损益。被转移金融资产发生减值的，计提的损失准备应从被转移金融资产的账面价值中抵减。

3. 持有看涨期权或签出看跌期权而继续涉入以摊余成本计量的被转移金融资产

企业因持有看涨期权或签出看跌期权而继续涉入被转移金融资产，且该金融资产以摊余成本计量的，应当按照其可能回购的被转移金融资产的金额继续确认被转移金融资产，在转移日按照收到的对价确认相关负债。

被转移金融资产在期权到期日的摊余成本和相关负债初始确认金额之间的差额，应当采用实际利率法摊销，计入当期损益，同时调整相关负债的账面价值。相关期权行权的，应当在行权时，将相关负债的账面价值与行权价格之间的差额计入当期损益。

4. 持有看涨期权或签出看跌期权而继续涉入以公允价值计量的被转移金融资产

企业因持有看涨期权或签出看跌期权（或两者兼有，即上下限期权）而继续涉入被转移金融资产，且以公允价值计量该金融资产的，应当分别按以下情形进行处理。

（1）企业因持有看涨期权而继续涉入被转移金融资产的，应当继续按照公允价值计量被转移金融资产，同时按照下列规定计量相关负债。

①该期权是价内或平价期权的，应当按照期权的行权价格扣除期权的时间价值后的金额，计量相关负债。

②该期权是价外期权的，应当按照被转移金融资产的公允价值扣除期权的时间价值后的金额，计量相关负债。

（2）企业因签出看跌期权形成的义务而继续涉入被转移金融资产的，应当按照该金融资产的公允价值和该期权行权价格两者的较低者，计量继续涉入形成的资产；同时，按照该期权的行权价格与时间价值之和，计量相关负债。

（3）企业因持有看涨期权和签出看跌期权（即上下限期权）而继续涉入被转移金融资产的，应当继续按照公允价值计量被转移金融资产，同时按照下列规定计量相关负债。

①该看涨期权是价内或平价期权的，应当按照看涨期权的行权价格和看跌期权的公允价值之和，扣除看涨期权的时间价值后的金额，计量相关负债。

②该看涨期权是价外期权的，应当按照被转移金融资产的公允价值和看跌期权的公允价值之和，扣除看涨期权的时间价值后的金额，计量相关负债。

5. 继续涉入涉及抵销的规定

企业按继续涉入程度继续确认的被转移金融资产以及确认的相关负债不应当相互抵销。企业应当对继续确认的被转移金融资产确认所产生的收入（或利得），对相关负债确认所产生的费用（或损失），两者不得相互抵销。继续确认的被转移金融资产以公允价值计量的，在后续计量时对其公允价值变动应根据《企业会计准则第 22 号——金融工具确认和计量》第六十四条的规定进行确认，同时相关负债公允价值变动的确认应当与之保持一致，且两者不得相互抵销。

6. 继续涉入仅限于金融资产一部分的

企业对金融资产的继续涉入仅限于金融资产一部分的，企业应当根据本准则第十六条的规定，按照转移日因继续涉入而继续确认部分和不再确认部分的相对公允价值，在两者之间分配金融资产的账面价值，并将下列两项金额的差额计入当期损益。

（1）分配至不再确认部分的账面金额（以转移日计量的为准）；

（2）不再确认部分所收到的对价。

如果涉及转移的金融资产为以公允价值计量且其变动计入其他综合收益的金融资产（非交易性权益工具）的，不再确认部分的金额对应的原计入其他综合收益的公允价值变动累计额计入当期损益。

（六）向转入方提供非现金担保物的会计处理

企业向金融资产转入方提供了非现金担保物（如债务工具或权益工具投资等）的，企业（转出方）和转入方应当按照下列规定进行处理。

1. 转入方按照合同或惯例有权出售该担保物或将其再作为担保物的，企业应当将该非现金担保物在财务报表中单独列报。

2. 转入方已将该担保物出售的，应当就归还担保物的义务，按照公允价值确认一项负债。

3. 除因违约丧失赎回担保物权利外，企业应当继续将担保物确认为一项资产。

企业因违约丧失赎回担保物权利的，应当终止确认该担保物；转入方应当将该担保物确认为一项资产，并以公允价值计量。转入方已出售该担保物的，应当终止确认归还担保物的义务。

（七）衔接规定

在本准则施行日，企业仍继续涉入被转移金融资产的，应当按照《企业会计准则第22号——金融工具确认和计量》及本准则关于被转移金融资产确认和计量的相关规定进行追溯调整，再按照本准则的规定对其所确认的相关负债进行重新计量，并将相关影响按照与被转移金融资产一致的方式在本准则施行日进行调整。追溯调整不切实可行的除外。

第十一节 《企业会计准则第24号——套期会计》（2017）解读

一 准则修订的背景

相比于传统财务会计，套期会计方法是一种特殊的会计处理方法，它允许企业对冲有关资产或负债的利得和损失，减少利润表的波动性。2006年财政部发布了《企业会计准则第24号——套期保值》，该准则的实施对规范企业套期会计处理、促进企业风险管理起到了积极作用。

但为防止企业滥用套期会计方法，原有准则设置了较高的适用性门槛。企业在实务中从事的某些套期业务，可能无法运用套期会计方法处理。若不采用套期会计方法，就会造成套期损益无法与被套期项目公允价值和现金流量变动实现对冲，从而加剧企业损益的波动性，这会背离企业风险管理的初衷，影响企业参与套期业务的积极性。因此，社会各方面迫切希望对现行套期会计予以改进，降低企业运用套期会计的成本，以更好地反映企业运用套期业务进行风险管理活动的情况。

2008 年国际金融危机发生后，国际会计准则理事会在金融工具准则的修订中也认识到了这一问题，进行了修改和完善，于 2014 年 7 月发布了新国际金融工具准则——《国际财务报告准则第 9 号——金融工具》（IFRS 9），将于 2018 年 1 月 1 日正式生效，从而取代《国际会计准则第 39 号——金融工具》（IAS 39）。新国际金融工具会计准则对套期会计进行了大幅改进，降低了套期会计运用门槛，更加紧密地结合了企业的风险管理活动。

为进一步完善套期会计处理，切实解决我国企业相关会计实务问题，并保持我国企业会计准则与国际财务报告准则的持续趋同，财政部借鉴新国际金融工具会计准则的做法，结合我国实际情况，于 2016 年 8 月发布了《企业会计准则第 24 号——套期会计（修订）（征求意见稿)》公开征求意见，并于 2017 年 4 月 6 日，正式发布了《关于印发修订〈企业会计准则第 24 号——套期会计〉的通知》（财会〔2017〕9 号）。

二　准则修订的主要变化

修订的套期会计准则将准则名称由"套期保值"改为"套期会计"，核心理念是将套期会计和风险管理紧密结合，使企业的风险管理活动能够恰当地体现在财务报告中。相对于原有准则，修订的主要内容如下几点。

（一）拓宽套期工具和被套期项目的范围

新准则拓宽了可以被指定的套期工具的范围，增加了允许将以公允价值计量且其变动计入当期损益的非衍生金融工具指定为套期工具。同时，新准则也拓宽了可以被指定的被套期项目的范围，增加了以下符合条件的被套期项目：一是允许将非金融项目的组成部分指定为被套期项目，例如非金融项目风险敞口的某一风险成分（如铜线价格中的铜基准价格风险）或某一层级（如库存原油中最先实现销售的100桶原油的价格风险）；二是允许将一组项目的风险总敞口和风险净敞口指定为被套期项目，并且对于风险净敞口套期的列报作出了单独的要求；三是允许将包括衍生工具在内的汇总风险敞口指定为被套期项目。

（二）改进套期有效性评估

新准则取消了原有准则中80%—125%的套期高度有效性量化指标及回顾性评估要求，代之以定性的套期有效性要求，更加注重预期有效性评估。定性的套期有效性要求的重点是，套期工具和被套期项目之间应当具有经济关系，使得套期工具和被套期项目的价值因面临相同的被套期风险而发生方向相反的变动，并且套期关系的套期比率不应当反映被套期项目和套期工具相对权重的失衡，否则会产生套期无效以及与套期会计目标不一致的会计结果。

（三）引入套期关系"再平衡"机制

原有准则要求，如果套期关系不再符合套期有效性要求，企业应当终止套期会计。新准则引入了灵活的套期关系"再平衡"机制，如果套期关系由于套期比率的原因而不再满足套期有效性要求，但指定该套期关系的风险管理目标没有改变的，企业可以进行套期关系再平衡，通过调整套期关系的套期比率，使其重新满足套期有效性要求，从而延续套期关系，而不必如原有准则所要求先终止再重新指定套期关系。

（四）增加期权时间价值的会计处理方法

原有准则规定，当企业仅指定期权的内在价值为被套期项目时，剩余的未指定部分即期权的时间价值部分作为衍生工具的一部分，应当以公允价值计量且其变动计入当期损益，造成了损益的潜在波动，不利于反映企业风险管理的成果。新准则引入了新的会计处理方法，期权时间价值的公允价值变动应当首先计入其他综合收益，后续的会计处理取决于被套期项目的性质，被套期项目与交易相关的（如对预期商品采购进行套期），对其进行套期的期权时间价值具备交易成本的特征，累计计入其他综合收益的金额应当采用与现金流量套期储备金额相同的会计处理方法进行处理；被套期项目与时间段相关的（如对六个月内的商品存货进行套期），对其进行套期的期权时间价值具备为保护企业在特定时间段内规避风险所需支付成本的特征，累计计入其他综合收益的金额应当按照系统、合理的方法，在套期关系影响损益（或其他综合收益）的期间内摊销，计入当期损益。

（五）增加信用风险敞口的公允价值选择权

实务中，许多企业使用信用衍生工具来管理借贷活动所产生的信用风险敞口，但信用风险成分通常不能够被单独辨认且可靠计量，且信用风险敞口通常以摊余成本计量或者尚未确认，而用来管理信用风险的信用衍生工具以公允价值计量，计量方式的不匹配就会引起损益的波动。新准则规定，符合一定条件时，企业可以在金融工具初始确认时、后续计量中或尚未确认（如贷款承诺）时，将金融工具的信用风险敞口指定为以公允价值计量且其变动计入当期损益的金融工具；当条件不再符合时，应当撤销指定。

三 准则修订的主要特点

（一）更好地反映主体的风险管理活动

套期会计的核心理念是将套期会计和风险管理紧密结合，使企业的风险管理活动能够恰当地体现在财务报告中。在实务中常遇到主体对非金融资产和负债的部分风险组合以及净头寸等进行套期保值的情况，在原有准则下是无法使用套期准则进行处理的，但新准则对被套期项目类型的扩展解决了这一问题，体现了套期会计反映风险管理活动的目的。套期工具和被套期项目范围的扩大，能够更好地适应企业的风险管理策略和目标，使得企业对于套期工具和被套期项目的指定具有更大的灵活性，大大地提高了企业应用套期会计的可能性。借助公允价值选择权的使用，可以更好地反映企业管理信用风险活动的结果，提高企业管理信用风险的积极性。针对期权时间价值的新会计处理方法的引入，有利于更好地反映企业交易的经济实质，提供了与其他领域相一致的会计处理方法，提高了会计结果的可比性，减少了企业损益的波动性。

（二）简化准则，降低准则的复杂性

新准则秉承了"原则导向"的理念，在原有准则基础上进行简化。原有套期会计以"规则导向"为主，规定过于复杂，降低了准则的实际使用率，也无法实现利用准则来反映主体风险管理活动的初衷。在新准则中，对套期高度有效性量化指标以及回顾性评估要求的取消，使得套期会计可以更多地适用于企业的风险管理活动，从而有效降低企业运用套期会计的门槛，减少企业运用套期会计的成本和工作量。套期关系"再平衡"机制的引入，更加贴近企业的风险管理活动实务，在一些情形下避免了套期关系的终止，简化了企业的会计处理，适应了企业实务发展和风险管理的需要。同时，新准则扩大了公允价值选择权，允许企业对金融工具的信用风险敞口选择以公允价值计量且其变动计入当期损益的方式来进行会计处理，以实现信用风险敞口和信用衍生工具公允价值变动在损益表中的自然对冲，而不需要采用套期会计，以此作为套期会计的一种替代，降到了会计处理的成本和工作量。

第十二节　《企业会计准则第37号——金融工具列报》（2017）解读

一　准则的修订背景

2006 年财政部发布的《企业会计准则第 37 号——金融工具列报》[CAS 37（2006）] 对规范金融工具列示和披露起到了良好的作用。随着国内金融市场的不断完善和发展，CAS 37（2006）在实务执行中也出现了一些问题。例如，符合一定条件的金融负债，根据其交易实质，可以划分为权益工具，而根据 CAS 37（2006）仍然归类为金融负债，这对一些多地上市的公司和开放式共同基金、信托等类型主体的财务报告将产生较大影响。投资者、债权人和其他报表使用者对企业金融工具相关信息的列报提出了更高的要求，金融机构和监管部门也对金融工具列报准则提出了修订要求。同时期，国际会计准则理事会（IASB）也对金融工具列报准则进行了多次修订。为了不断提升财务报告的透明度、有用性和可比性，充分发挥会计在防范金融风险中的作用，并实现与国际财务报告准则持续趋同，2014 年 6 月 20 日，财政部印发了修订版《企业会计准则第 37 号——金融工具列报》[CAS 37（2014）]（财会〔2014〕23 号），规定执行企业会计准则的企业应当在 2014 年年度及以后期间的财务报告中按照该准则要求对金融工具进行列报。

值得注意的是，IASB 在 2014 年发布了《国际财务报告准则第 9 号——金融工具》（IFRS 9），并修订完善了《国际会计准则第 32 号——金融工具：列报》（IAS 32）和《国际财务报告准则第 7 号——金融工具：披露》（IFRS 7）的相关内容。为实现与 IFRS 9 的持续全面趋同，我国财政部也于 2017 年 4 月发布了修订后的 IAS 22、IAS 23 和 IAS 24 等金融工具相关准则。相应的金融工具列报准则也需要随之修订，财政部于 2016 年 9 月发布了《企业会计准则第 37 号——金融工具列报（修订）（征求意见稿）》，修订的主要内容有：金融工具分类变化涉及的报表列示项目与披露内容的变化、金融资产减值的披露和套期会计的相关披露，修订后的金融工具列报准则 CAS 37（2017）已于 2017 年 5 月 15 日正式发布，自 2018 年 1 月 1 日起施行。因此，本节主要就 CAS 37（2017）展开讨论分析。

二 准则修订的主要变化

CAS 37 在短短 3 年内经历了两次修订，本节分别分析这两次修订的主要变化，以厘清准则修订的发展脉络，更好地理解本准则的变化。

（一）CAS 37（2014）相较于 CAS 37（2006）的主要变化

此次修订借鉴相关国际准则，对原准则内容作了较为全面的补充和完善，主要的修订内容涉及金融负债和权益工具的区分、金融资产和金融负债的抵销以及披露要求、金融资产转移的披露要求以及金融资产和金融负债到期期限分析的披露要求，并删除了有关金融工具公允价值的部分披露要求。修订的主要内容有如下几点。

1. 将外币“固定换固定”的配股权等归类为权益工具

原准则规定，如果金融工具为衍生工具，企业只有通过交付固定数量的自身权益工具交换固定金额的现金或其他金融资产进行结算（即“固定换固定”）时，才能将该衍生工具确认为权益工具。但是，对于以外币结算的衍生工具，固定金额的外币折算为企业的记账本位币后，就成为可变金额，故不满足衍生金融工具确认为权益的“固定换固定”的要求，在原准则下只能确认为金融负债。为反映交易实质，促进中国企业更好地适应全球化发展，借鉴相关国际准则，本准则规定，如果企业对全部现有同类别非衍生自身权益工具的持有方同比例发行配股权、期权或认股权证，使之有权按比例以固定金额的任何货币换取固定数量的该企业自身权益工具（即外币“固定换固定”）的，该类配股权、期权或认股权证应当分类为权益工具。

2. 将符合一定条件的可回售工具等归类为权益工具

原准则将可回售工具和发行方仅在清算时才有义务向另一方按比例

交付其净资产的金融工具确认为金融负债。但是，在一些特定情况下，这两类工具代表企业对净资产的剩余要求权。若仍将这两类工具确认为金融负债，会导致财务信息缺乏相关性和可理解性，尤其是对一些开放式基金、信托等类型的主体，可能会导致其财务报表中仅有资产和负债而无权益。为改进对代表企业净资产剩余权益的金融工具的列报，借鉴相关国际准则，本准则规定在符合一定条件的情况下，将可回售工具和发行方仅在清算时才有义务向另一方按比例交付其净资产的金融工具归类为权益工具。

3. 完善金融资产和金融负债的抵销规定和披露要求

原准则对金融资产和金融负债的抵销作了原则性规定，但没有对其披露作出具体要求。实务中，有条件的抵销条款常见于我国金融机构一些衍生工具的交易协议中，对抵销规定的把握和运用至关重要。多数企业反映，原准则对抵销的规定过于原则化，在实务中不好运用。为进一步指导企业正确把握金融资产和金融负债的抵销原则，并加强相关信息披露要求，借鉴相关国际准则，本准则对"已确认金额的法定权利"和"计划以净额结算"等原则作了进一步说明，并对抵销的金融工具和可执行的总互抵协议或类似协议下金融工具的披露作出了详细规定，要求企业披露相关定量信息并对抵销权利及其性质进行描述。

4. 完善金融资产转移的披露要求

原准则只笼统对不满足金融资产终止确认条件的金融资产转移的披露进行了规定。近年来随着我国金融创新步伐的不断加快，涉及金融资产转移的新业务越来越多，对金融资产转移的披露作进一步要求，可以提高财务信息的透明度和可比性。为了提高金融资产转移信息披露的质量，全面反映金融资产转移活动中的风险，借鉴相关国际准则，本准则增加了对已转移尚未全部终止确认的金融资产，以及已全部终止确认但转出方继续涉入的被转移金融资产的披露要求。

5. 修改金融资产和金融负债到期期限分析披露要求

原准则规定，企业应当披露金融资产和金融负债按剩余到期日所作的到期期限分析，以及管理这些金融负债流动性风险的方法。本准则阐明了金融资产和金融负债纳入期期限分析项目的范围，删除了披露金融资产到期期限分析的要求，规定只有当企业将所持有的金融资产作为流动性风险管理的一部分，且披露金融资产的到期期限分析使财务报告使用者能够恰当地评估企业流动性风险的性质和范围时，企业才应当披露这些金融资产的到期期限分析。同时，对衍生和非衍生金融负债的到期期限分析不同情况处理，以减轻对衍生金融负债到期期限分析的披露要求，规定只有衍生金融负债的合同到期期限对于理解现金流量时间分布是关键的，到期期限分析才应当基于合同剩余到期期限。

6. 删除有关金融工具公允价值部分披露要求

原准则规定了金融资产和金融负债公允价值相关的披露要求。由于部分公允价值披露要求已在新发布的《企业会计准则第 39 号——公允价值计量》中体现，本次修订删除了有关公允价值的部分披露要求，以保持整个准则体系的内在协调性。

（二）CAS 37（2017）相较于 CAS 37（2014）的主要变化

CAS 37（2017）与国际会计准则理事会 2014 年发布的《国际财务报告准则第 9 号——金融工具》（IFRS 9）实现了趋同。主要修订内容包括以下几点。

1. 适用范围增加

适用范围较原准则有所增加，具体体现在：股份支付中属于本准则范围的买入或卖出非金融项目的合同适用本准则；CAS 14（收入准则）要求在确认和计量相关合同权利的减值损失和利得时，应当按照 CAS 22 进行会计处理的合同权利，适用本准则有关信用风险披露的规定。

2. 金融资产分类列报

根据金融资产新的三分类，对企业财务报表相关列示项目和附注披露内容作出了相应修改，保持与金融工具确认和计量准则的一致。例如，根据 CAS 22 的分类及 CAS 24 中的信用风险敞口的公允价值选择权规定，修订应在附注中列报账面价值的金融资产或金融负债；要求披露用于确定自身信用风险变动计入其他综合收益是否会造成或扩大会计错配的方法，及与预期抵销自身信用风险变动的金融工具之间的经济关系；FVOCI（权益工具）要求披露单项项目、指定原因、期末公允价值、股利收入、累计利得和损失转入留存收益的金额及其原因；FVOCI（债务工具）应披露损失准备，但损失准备不作为账面金额的扣减项目单独列示；终止确认以摊余成本计量的金融资产时披露利得和损失金额及其相关分析（包括原因）。

3. 金融资产减值的列报

结合新的"预期信用损失法",详细规定了企业信用风险、预期信用损失的计量和减值损失准备等金融工具减值相关信息的列报要求。例如,要求披露信用风险管理实务、计量金融工具预期信用损失的方法、假设、信息、变动及其原因、信用风险敞口;使用简化方法计提减值的,适用特殊披露规定;要求披露与信用风险管理实务有关的信息,如评估信用风险自初始确认后是否已显著增加的方法、低信用风险的确定依据、推翻逾期30 天假设的依据、对违约的界定及其原因、组合方法、确定已发生信用减值的依据、直接减记金融工具的政策、对修改或重新议定合同信用风险的评估方法;要求披露减值所采用的输入值、假设和估值技术;要求按类别披露最大信用风险敞口、所持有担保物的性质和质量的描述及发生显著变化的说明、由于存在担保物而未确认损失准备的信息、持有的担保物和其他信用增级为已发生减值的金融资产作抵押的定量信息。

4. 套期会计的列报

结合套期会计的修订,根据套期业务特点、套期会计披露目标和有关金融风险类型,以不同套期类型对套期会计相关风险披露策略、套期工具、被套期项目、套期关系等要求进行了重新梳理,全面修订了套期会计相关披露要求。例如,要求披露风险管理策略,包括套期工具、如何套期、如何确定经济关系、确定套期比率的方法,以及套期无效部分的来源;要求定量披露套期工具名义金额的时间分布、平均价格或利率;要求按风险类型披露套期无效部分的来源;要求以表格形式、按风险类型分别披露与被套期项目、套期工具相关的金额。

5. 其他修订

其他修订包括:不再单独定义交易费用,而是由 CAS 22 定义;可以不披露公允价值信息的范围不再包括权益工具及与该工具挂钩的衍生工具,范围增加租赁负债;不再要求按类别披露已逾期未减值的账龄分析。CAS 37(2017)不要求追溯调整,比较财务报表也无须调整。

下面就 CAS 37(2017)的主要内容做简要解析。

三 总体要求和适用范围

(一)总体要求

金融工具列报是金融工具确认和计量结果的综合性描述,是金融工

213

具会计处理的重要组成部分。《企业会计准则第 37 号——金融工具列报》（以下简称"本准则"）规范了金融负债和权益工具的区分，所发行金融工具相关利息、股利、利得或损失的会计处理，金融资产和金融负债的抵销，以及金融工具在财务报表中的列示和披露。企业按照本准则要求提供的金融工具各项信息，应当有助于全面地反映企业因发行或持有金融工具所面临的风险、采用的风险管理策略和风险管理水平等信息，便于财务报表使用者对企业进行综合评价。

1. 企业应当按照《企业会计准则第 30 号——财务报表列报》（以下简称"财务报表列报准则"）的规定列报财务报表信息。因金融工具交易相对于企业的其他经济业务更具特殊性，具有与金融市场结合紧密、风险敏感性强、对企业财务状况和经营成果影响大等特点，对于与金融工具列报相关的信息，除按照财务报表列报准则的要求列报外，还应当按照本准则的要求列报。

2. 企业应当按照《企业会计准则第 22 号——金融工具确认和计量》（以下简称"金融工具确认和计量准则"）确认和计量相关的金融资产和金融负债，对于金融负债和权益工具的区分，按照本准则的规定执行。

3. 企业应当正确划分和列示金融资产、金融负债和权益工具。本准则针对实务中企业发行的各类金融工具阐述了金融负债和权益工具的区分原则。企业应当根据合同条款所反映的经济实质以及本准则规定，将金融工具或其组成部分正确地分类为金融资产、金融负债或权益工具。

4. 企业应当正确确定利息、股利（或股息，下同）、利得或损失的会计处理。根据本准则规定，金融工具或其组成部分分类为金融负债还是权益工具，决定了与该工具或其组成部分相关的利息、股利、利得或损失的会计处理方法。与金融负债或复合金融工具负债成分相关的利息、股利、利得或损失，应当计入当期损益；与权益工具或复合金融工具权益成分相关的利息、股利、利得或损失，应当作为权益的变动处理。

5. 企业应当正确把握金融资产和金融负债的抵销原则。满足本准则规定抵销条件的，金融资产和金融负债应当以相互抵销后的净额在资产负债表内列示。企业应当充分考虑相关法律法规要求、合同或协议约定等各方面因素以及自身以总额还是净额结算的意图，对金融资产和金融负债是否符合抵销条件进行评估。

（二）适用范围

通常情况下，符合金融工具确认和计量准则中金融工具定义的项目，应当按照金融工具确认和计量准则核算，并按照本准则列报。但一些符合金融工具定义的项目适用其他准则，因此不按照金融工具确认和计量准则核算，也不按照本准则列报，或者不按照金融工具确认和计量准则核算但应按照本准则列报。同时，一些非金融项目合同有可能按照金融工具确认和计量准则核算并按照本准则列报。

四　金融负债和权益工具的区分

企业发行金融工具，应当按照该金融工具的合同条款及其所反映的经济实质而非法律形式，以及金融资产、金融负债和权益工具的定义，在初始确认时将该金融工具或其组成部分分类为金融资产、金融负债或权益工具。

（一）金融负债和权益工具的定义

1. 金融负债

金融负债，是指企业符合下列条件之一的负债：①向其他方交付现金或其他金融资产的合同义务；②在潜在不利条件下，与其他方交换金融资产或金融负债的合同义务；③将来须用或可用企业自身权益工具进行结算的非衍生工具合同，且企业根据该合同将交付可变数量的自身权益工具；④将来须用或可用企业自身权益工具进行结算的衍生工具合同，但以固定数量的自身权益工具交换固定金额的现金或其他金融资产的衍生工具合同除外。企业对全部现有同类别非衍生自身权益工具的持有方同比例发行配股权、期权或认股权证，使之有权按比例以固定金额的任何货币换取固定数量的该企业自身权益工具的，该类配股权、期权或认股权证应当分类为权益工具。其中，企业自身权益工具不包括应按照本准则第三章分类为权益工具的金融工具，也不包括本身就要求在未来收取或交付企业自身权益工具的合同。

2. 权益工具

权益工具，是指能证明拥有某个企业在扣除所有负债后的资产中的剩余权益的合同。在同时满足下列条件的情况下，企业应当将发行的金融工具分类为权益工具：（1）该金融工具应当不包括交付现金或其他金融资产给其他方，或在潜在不利条件下与其他方交换金融资产或金融负债的合同义务；（2）将来须用或可用企业自身权益工具结算该金融工具。如为非衍生工具，该金融工具应当不包括交付可变数量的自身权益工具进行结算的合同义务；如为衍生工具，企业只能通过以固定数量的自身权益工具交换固定金额的现金或其他金融资产结算该金融工具。企业自身权益工具不包括应按照本准则第三章分类为权益工具的金融工具，也不包括本身就要求在未来收取或交付企业自身权益工具的合同。

（二）金融负债和权益工具区分的基本原则

1. 是否存在无条件地避免交付现金或其他金融资产的合同义务

（1）如果企业不能无条件地避免以交付现金或其他金融资产来履行一项合同义务，则该合同义务符合金融负债的定义。实务中，常见的该类合同义务情形包括：①不能无条件地避免的赎回，即金融工具发行方不能无条件地避免赎回此金融工具；②强制付息，即金融工具发行方被要求强制支付利息。需要说明的是，对企业履行交付现金或其他金融资产的合同义务能力的限制（如无法获得外币、需要得到有关监管部门的批准才能支付或其他法律法规的限制等），并不能解除企业就该金融工具所承担的合同义务，也不能表明该企业无须承担该金融工具的合同义务。

（2）如果企业能够无条件地避免交付现金或其他金融资产，例如能够根据相应的议事机制自主决定是否支付股息（即无支付股息的义务），同时所发行的金融工具没有到期日且合同对手方没有回售权，或虽有固定期限但发行方有权无限期递延（即无支付本金的义务），则此类交付现金或其他金融资产的结算条款不构成金融负债。如果发放股利由发行方根据相应的议事机制自主决定，则股利是累积股利还是非累积股利本身不会影响该金融工具被分类为权益工具。

实务中，优先股等金融工具发行时还可能会附有与普通股股利支付相联结的合同条款。这类工具常见的联结条款包括"股利制动机制""股利推动机制"等。"股利制动机制"的合同条款要求企业如果不宣派或支付（视具体合同条款而定）优先股等金融工具的股利，则其也不能宣派或支付普通股股利。"股利推动机制"的合同条款要求企业如果宣派或支付普通股股利，则其也须宣派或支付优先股等金融工具的股利。如果优先股等金融工具所联结的是诸如普通股的股利，发行方根据相应的议事机制能够自主决定普通股股利的支付，则"股利制动机制"及"股利推动机制"本身均不会导致相关金融工具被分类为金融负债。

（3）有些金融工具虽然没有明确地包含交付现金或其他金融资产义务的条款和条件，但有可能通过其他条款和条件间接地形成合同义务。

（4）判断一项金融工具是划分为权益工具还是金融负债，不受下列因素的影响：

①以前实施分配的情况；

②未来实施分配的意向；

③相关金融工具如果没有发放股利对发行方普通股的价格可能产生的负面影响；

④发行方的未分配利润等可供分配权益的金额；

⑤发行方对一段期间内损益的预期；

⑥发行方是否有能力影响其当期损益。

【例1】强制性固定股利（市场利率）的不可赎回优先股

A主体发行了不可赎回优先股（或其他永续债务工具），每年需按6%支付股息。发行方不能递延股利。发行日市场利率为6%。

分析：该工具规定股票不可赎回，因此其本金具有权益的特征。但是股利需强制支付，支付股利的义务符合金融负债的定义。由于票面利率按发行日的市场利率设定，且没有支付任意股利（自主决定的股利）的条款，故发行收入等于支付的永续股利的公允价值，即持有方实际上通过利息收回了本金。

因此，该工具整体上属于金融负债。

2. 是否通过交付固定数量的自身权益工具结算

如果一项金融工具须用或可用企业自身权益工具进行结算，企业需要考虑用于结算该工具的自身权益工具，是作为现金或其他金融资产的替代品，还是为了使该工具持有方享有在发行方扣除所有负债后的资产中的剩余权益。如果是前者，该工具是发行方的金融负债；如果是后者，该工具是发行方的权益工具。因此，对于以企业自身权益工具结算的金融工具，其分类需要考虑所交付的自身权益工具的数量是可变的还是固定的。

对于将来须用或可用企业自身权益工具结算的金融工具的分类，应当区分衍生工具和非衍生工具。

（1）基于自身权益工具的非衍生工具。

对于非衍生工具，如果发行方未来有义务交付可变数量的自身权益工具进行结算，则该非衍生工具是金融负债；否则，该非衍生工具是权益工具。

某项合同并不仅仅因为其可能导致企业交付自身权益工具而成为一项权益工具。企业可能承担交付一定数量的自身权益工具的合同义务，如果将交付的企业自身权益工具数量是变化的，使得将交付的企业自身权益工具的数量乘以其结算时的公允价值等于合同义务的金额，则无论该合同义务的金额是固定的，还是完全或部分地基于除企业自身权益工具的市场价格以外变量（例如利率、某种商品的价格或某项金融工具的价格）的变动而变化，该合同应当分类为金融负债。

（2）基于自身权益工具的衍生工具。

对于衍生工具，如果发行方只能通过以固定数量的自身权益工具交换固定金额的现金或其他金融资产进行结算（即"固定换固定"），则该衍生工具是权益工具；如果发行方以固定数量自身权益工具交换可变金额现金或其他金融资产，或以可变数量自身权益工具交换固定金额现金或其他金融资产，或以可变数量自身权益工具交换可变金额现金或其他金融资产，则该衍生工具应当确认为衍生金融负债或衍生金融资产。因此，除非满足"固定换固定"条件，否则将来须用或可用企业自身权益工具结算的衍生工具应分类为衍生金融负债或衍生金融资产。例如，发行在外的股票期权赋予了其持有方以固定价格购买固定数量的发行方股票的权利。该合同的公允价值可能会随着股票价格以及市场利率的波动而变动。但是，只要该合同的公允价值变动不影响结算时发行方可收取的现金或其他金融资产的金额，也不影响需交付的权益工具的数量，则发行方应将该股票期权作为一项权益工具处理。

运用上述"固定换固定"原则来判断会计分类的金融工具常见于可转换债券，具备转股条款的永续债、优先股等。实务中，转股条款呈现的形式可能纷繁复杂，发行方应审慎确定其合同条款及所反映的经济实质是否能够满足"固定换固定"原则。

【例2】用可变数量普通股结算的债券

B主体发行了一项名义金额为100元的债券，合同条款规定主体在

5 年后需支付价值 200 元的自身普通股来偿付该债券。

分析：主体有以可变数量的自身普通股偿付固定价值的合同义务，其所发行的普通股的数量会发生变动以使其价值等于 200 元。主体的普通股被用作了现金的替代品，不满足"固定换固定"的要求。

因此，该工具是一项金融负债。

【例 3】以固定数量的股票偿付固定价值的义务

C 主体发行了每股面值 100 元的优先股，主体能够自主决定是否派发优先股股息，当期未派发的股息不会累积至下一年度。该优先股具有一项强制转股条款，即当某些特定触发事件发生时，优先股持有方需按每股 10 元的转股价将其持有的优先股转换为 10 股主体的普通股。

分析：主体拥有无条件避免支付股息的合同义务，同时当强制转股事件发生时，优先股持有方需按每股优先股转换 10 股普通股的方式转股，符合"固定换固定"原则。

因此，该优先股属于权益工具。

【例 4】以可变数量的普通股偿付固定价值的义务

D 主体发行了名义金额人民币 100 万元的优先股，合同条款规定甲公司在 3 年后将优先股强制转换为普通股，转股价格为转股日前一工作日的该普通股市价。

分析：转股价格是变动的，未来须交付的普通股数量是可变的，实质可视作 D 主体将在 3 年后使用自身普通股并按其市价履行支付优先股每股人民币 100 元的义务。在这种情况下，该强制可转换优先股不满足"固定换固定"的要求。

因此，该优先股是一项金融负债。

（三）复合金融工具

企业应对发行的非衍生工具进行评估，以确定所发行的工具是否为复合金融工具。企业所发行的非衍生工具可能同时包含金融负债成分和权益工具成分。对于复合金融工具，发行方应于初始确认时将各组成部分分别分类为金融负债、金融资产或权益工具。企业发行的一项非衍生工具同时包含金融负债成分和权益工具成分的，应于初始计量时先确定金融负债成分的公允价值（包括其中可能包含的非权益性嵌入衍生工具的公允价值），再从复合金融工具公允价值中扣除负债成分的公允价值，作为权益工具成分的价值。

可转换债券等可转换工具可能被分类为复合金融工具。发行方对该类可转换工具进行会计处理时，应当注意以下方面。

1. 在可转换工具转换时，应终止确认负债成分，并将其确认为权益。原来的权益成分仍旧保留为权益（从权益的一个项目结转到另一个项目，如从"其他权益工具"转入"资本公积——资本溢价或股本溢价"）。可转换工具转换时不产生损益。

2. 企业通过在到期日前赎回或回购而终止一项仍具有转换权的可转换工具时，应在交易日将赎回或回购所支付的价款以及发生的交易费用分配至该工具的权益成分和负债成分。分配价款和交易费用的方法应与该工具发行时采用的分配方法一致。价款和交易费用分配后，所产生的利得或损失应分别根据权益成分和负债成分所适用的会计原则进行处理，分配至权益成分的款项计入权益，与债务成分相关的利得或损失计入损益。

3. 企业可能修订可转换工具的条款以促成持有方提前转换。例如，提供更有利的转换比率或在特定日期前转换则支付额外的对价。在条款修订日，对于持有方根据修订后的条款进行转换所能获得的对价的公允价值与根据原有条款进行转换所能获得的对价的公允价值之间的差额，企业应将其确认为一项损失。

4. 企业发行认股权和债权分离交易的可转换公司债券，所发行的认股权符合本准则有关权益工具定义的，应当确认为一项权益工具（其他权益工具），并以发行价格减去不附认股权且其他条件相同的公司债券公允价值后的净额进行计量。认股权持有方到期没有行权的，企业应当在到期时将原计入其他权益工具的部分转入资本公积（股本溢价）。

（四）合并财务报表中金融负债和权益工具的区分

在合并财务报表中对金融工具（或其组成部分）进行分类时，企业应考虑集团成员和金融工具的持有方之间达成的所有条款和条件，以确定集团作为一个整体是否由于该工具而承担了交付现金或其他金融资产的义务，或者承担了以其他导致该工具分类为金融负债的方式进行结算的义务。例如，某集团一子公司发行一项金融工具，同时其母公司或集团其他成员与该工具的持有方达成了其他附加协议，母公司或集团其他成员可能对股份相关的支付金额（如股利）作出担保；或者集团另一成员可能承诺在该子公司不能支付预期款项时购买这些股份。在这种情形下，尽管集团子公司（发行方）在没有考虑这些附加协议的情况下，在其个别财务报表中对这项工具进行了适当的分类，但是在合并财务报表中，集团成员与该工具的持有方之间的附加协议的影响意味着集团作为一个整体无法避免经济利益的转移。因此合并财务报表应当考虑这些附加协议，以确保从集团整体的角度反映所签订的所有合同和相关交易。只要集团作为一个整体由于该工具承担了交付现金、其他金融资产或以其他导致该工具成为金融负债的方式进行结算的义务，则该工具（或其中与上述义务相关的部分）在合并财务报表中就应当分类为金融负债。

【例5】少数股东持有的优先股的列报

P公司控制S公司，因此P公司的合并财务报表包括S公司。S公司资本结构的一部分由优先股（其中一部分由P公司持有，其余部分由其他外部投资者持有）构成。S公司可以自主决定无限期的延期支付固定股利，但该延期支付权受制于P公司是否分配利润。

分析：对于少数股东的出资，由于不能无条件避免交付现金的义务，S公司应列示为金融负债。对于少数股东的出资，集团层面可以无条件避免交付现金的义务，母公司合并层面应列示为权益工具。

（五）特殊金融工具的区分

1. 可回售工具

可回售工具，是指根据合同约定，持有方有权将该工具回售给发行方以获取现金或其他金融资产的权利，或者在未来某一不确定事项发生或者持有方死亡或退休时，自动回售给发行方的金融工具。

根据本准则，符合金融负债定义，但同时具有一定特征的可回售工具，应当分类为权益工具。对于分类为权益工具的可回售工具的特征要求，有以下几点补充说明。

（1）在企业清算时具有优先要求权的工具不是有权按比例份额获得企业净资产的工具。例如，如果一项工具使持有方有权在企业清算时享有除企业净资产份额之外的固定股利，而类别次于该工具的其他工具在企业清算时仅仅享有企业净资产份额，则该工具所属类别中所有工具均不属于在企业清算时有权按比例份额获得企业净资产的工具。

（2）在确定一项工具是否属于最次级类别时，应当评估若企业在评估日发生清算时该工具对企业净资产的要求权。同时，应当在相关情

221

况发生变化时重新评估对该工具的分类。例如，如果企业发行或赎回了另一项金融工具，可能会影响对该工具是否属于最次级类别的评估结果。如果企业只发行一类金融工具，则可视为该工具属于最次级类别。

【例6】甲公司设立时发行了 100 单位 A 类股份，而后发行了 10 000 单位 B 类股份给其他投资人，B 类股份为可回售股份。假定甲公司只发行了 A、B 两种金融工具，A 类股份为甲公司最次级权益工具。

本例中，在甲公司的整个资本结构中，A 类股份并不重大，且甲公司的主要资本来自 B 类股份，但由于 B 类股份并非甲公司发行的最次级的工具，因此不应当将 B 类股份归类为权益工具。

（3）除了发行方应当以现金或金融资产回购或赎回该工具的合同义务外，该工具不包括其他符合金融负债定义的合同义务。将特征限于该唯一义务可以确保有限范围的例外不能适用于具有除回售权以外其他合同义务的可回售工具。将具有除回售权以外的其他合同义务的可回售工具纳入有限范围的例外，会将可能不代表企业剩余权益的工具包括在内，因为持有方可能会对一些净资产拥有优先于其他工具持有方的要求权。

例如，企业发行的工具是可回售的，除了这一回售特征外，还在合同中约定每年必须向工具持有方按照净利润的一定比例进行分配，这一约定构成了一项交付现金的义务，因此企业发行的这项可回售工具不应分类为权益工具。

2. 发行方仅在清算时才有义务向另一方按比例交付其净资产的金融工具

根据本准则，符合金融负债定义，但同时具有一定特征的发行方仅在清算时才有义务向另一方按比例交付其净资产的金融工具，应当分类为权益工具。对于本准则第十七条规定的分类为权益工具的发行方仅在清算时才有义务向另一方按比例交付其净资产的金融工具的有关特征要求，有以下补充说明。

该部分特征要求与针对可回售工具的其中几条特征要求是类似的，但特征要求相对较少。原因在于清算是触发该合同支付义务的唯一条件，可以不必考虑清算事件以外的合同支付义务，包括：不要求考虑除清算以外的其他的合同支付义务（如股利分配）；不要求考虑存续期间预期现金流量的确定方法（如根据净利润或净资产）；不要求该类别工具的所有特征均相同，仅要求清算时按比例支付净资产份额的特征相同。

3. 特殊金融工具分类为权益工具的其他条件

分类为权益工具的可回售工具，或发行方仅在清算时才有义务向另一方按比例交付其净资产的金融工具，除应当具有本准则第十六或第十七条所述特征外，其发行方应当没有同时具备下列特征的其他金融工具或合同：①现金流量总额实质上基于企业的损益、已确认净资产的变动、已确认和未确认净资产的公允价值变动（不包括该工具或合同的任何影响）；②实质上限制或固定了本准则第十六条或第十七条所述工具持有方所获得的剩余回报。在运用上述条件时，对于发行方与本准则第十六条或第十七条所述工具持有方签订的非金融合同，如果其条款和条件与发行方和其他方之间可能订立的同等合同类似，不应考虑该非金融合同的影响。但如果不能作出此判断，则不得将该工具分类为权益工具。

下列按照涉及非关联方的正常商业条款订立的工具，不大可能会导致满足本准则特征要求的可回售工具或发行方仅在清算时才有义务向另一方按比例交付其净资产的金融工具无法被分类为权益工具：①现金流量总额实质上基于企业的特定资产；②现金流量总额基于企业收入的一定比例；③就员工为企业提供的服务给予报酬的合同；④要求企业为其所提供的产品或服务支付一定报酬（占利润的比例非常小）的合同。

4. 特殊金融工具在母公司合并财务报表中的处理

由于将某些可回售工具以及仅在清算时才有义务向另一方按比例交付其净资产的金融工具分类为权益工具而不是金融负债是本准则原则的一个例外，本准则不允许将该例外扩大到发行方母公司合并财务报表中少数股东权益的分类。因此，子公司在个别财务报表中作为权益工具列报的特殊金融工具，在其母公司合并财务报表中对应的少数股东权益部分，应当分类为金融负债。

（六）发行金融工具的重分类

由于发行的金融工具原合同条款约定的条件或事项随着时间的推移或经济环境的改变而发生变化，可能会导致已发行金融工具的重分类。例如，企业拥有可回售工具和其他工具，可回售工具并非最次级类别，并不符合分类为权益工具的条件。如果企业赎回其已发行的全部其他工具后，发行在外的可回售工具符合了分类为权益工具的全部特征和全部条件，那么企业应从其赎回全部其他工具之日起将可回售工具重分类为权益工具。

发行方原分类为权益工具的金融工具，自不再被分类为权益工具之日起，发行方应当将其重分类为金融负债，以重分类日该工具的公允价值计量，重分类日权益工具的账面价值和金融负债的公允价值之间的差额确认为权益。

发行方原分类为金融负债的金融工具，自不再被分类为金融负债之日起，发行方应当将其重分类为权益工具，以重分类日金融负债的账面价值计量。

五 收益和库存股

（一）利息、股利、利得或损失的处理

将金融工具或其组成部分划分为金融负债还是权益工具，决定了与该工具或其组成部分相关的利息、股利、利得或损失的会计处理方法。金融工具或其组成部分属于金融负债的，相关利息、股利、利得或损失，以及赎回或再融资产生的利得或损失等，应当计入当期损益。金融工具或其组成部分属于权益工具的，其发行（含再融资）、回购、出售或注销时，发行方应当作为权益的变动处理；发行方不应当确认权益工具的公允价值变动；发行方对权益工具持有方的分配应作利润分配处理，发放的股票股利不影响所有者权益总额。

与权益性交易相关的交易费用应当从权益中扣减。交易费用是指可直接归属于购买、发行或处置金融工具的增量费用。只有那些可直接归属于发行新的权益工具或者购买此前已经发行在外的权益工具的增量费用才是与权益交易相关的费用。

利息、股利、利得或损失的会计处理原则同样也适用于复合金融工具。任何与负债成分相关的利息、股利、利得或损失应计入损益，任何与权益成分相关的利息、股利、利得或损失应计入权益。发行复合金融工具发生的交易费用，也应当在负债成分和权益成分之间按照各自占总发行价款的比例进行分摊。例如，企业发行一项 5 年后以现金强制赎回的非累积优先股。在优先股存续期间内，企业可以自行决定是否支付股利。这一非累积可赎回优先股是一项复合金融工具，其中的负债成分为

赎回金额的折现值。负债成分采用实际利率法确认的利息支出应计入损益，而与权益成分相关的股利支付应确认为利润分配。如果该优先股的赎回不是强制性的而是取决于持有方是否要求企业进行赎回，或者该优先股需转换为可变数量的普通股，同样的会计处理仍然适用。但是，如果该优先股赎回时所支付的金额还包括未支付的股利，则整个工具是一项金融负债，在这种情况下，支付的所有股利都应计入损益。

（二）库存股

回购自身权益工具（库存股）支付的对价和交易费用，应当减少所有者权益，不得确认金融资产。库存股可由企业自身购回和持有，也可由集团合并范围内的其他成员购回和持有。其他成员包括子公司，但是不包括集团的联营和合营企业。此外，如果企业是替他人持有自身权益工具，例如金融机构作为代理人代其客户持有该金融机构自身的股票，那么所持有的这些股票不是金融机构自身的资产，也不属于库存股。

如果企业持有库存股之后又将其重新出售，反映的是不同所有者之间的转让，而非企业本身的利得或损失。因此，无论这些库存股的公允价值如何波动，企业应直接将支付或收取的所有对价在权益中确认，而不产生任何损益。

六　金融资产和金融负债的抵销

（一）金融资产和金融负债相互抵销的条件

金融资产和金融负债应当在资产负债表内分别列示，不得相互抵销。但是，同时满足下列条件的，应当以相互抵销后的净额在资产负债表内列示。

1. 企业具有抵销已确认金额的法定权利，且该种法定权利是当前可执行的。需要说明的是，抵销协议中将支付或将收取的金额的不确定性并不妨碍企业的抵销权成为当前可执行的法定权利。同样地，时间的推移也不会影响企业的抵销权成为当前可执行的法定权利，因为时间的推移并不意味着该抵销权取决于未来事件。

2. 企业计划以净额结算，或同时变现该金融资产和清偿该金融负债。

（二）金融资产和金融负债不能相互抵销的情形

准则规定，在下列情况下，通常认为不满足抵销的条件，不得抵销相关金融资产和金融负债。

1. 使用多项不同金融工具来仿效单项金融工具的特征，即"合成工具"。例如，利用浮动利率长期债券与收取浮动利息且支付固定利息的利率互换，合成一项固定利率长期负债。

2. 金融资产和金融负债虽然具有相同的主要风险敞口（例如远期合同或其他衍生工具组合中的资产和负债），但涉及不同的交易对手方。

3. 无追索权金融负债与作为其担保品的金融资产或其他资产。

4. 债务人为解除某项负债而将一定的金融资产进行托管（例如偿债基金或类似安排），但债权人尚未接受以这些资产清偿负债。

5. 因某些导致损失的事项而产生的义务预计可以通过保险合同向第三方索赔而得以补偿。

（三）总互抵协议

企业与同一交易对手方进行多项金融工具交易时，可能与该交易对手方签订涵盖其所有交易的"总互抵协议"。这些总互抵协议形成的法定抵销权利只有在出现特定的违约事项时，或在正常经营过程中出现预计不会发生的其他情况时，才会生效并影响单项金融资产的变现和单项金融负债的结算。这种协议常常被金融机构用于在交易对手方破产或发生其他导致交易对手方无法履行义务的情况时保护金融机构免受损失。一旦发生触发事件，这些协议通常规定对协议涵盖的所有金融工具按单一净额进行结算。

总互抵协议的存在本身并不一定构成协议所涵盖的资产和负债相互抵销的基础。如果总互抵协议仅形成抵销已确认金额的有条件权利，这不符合企业必须拥有当前可执行的抵销已确认金额的法定权利的要求；同时企业可能没有以净额为基础进行结算或同时变现资产和清偿负债的意图。

七　金融工具对财务状况和经营成果影响的列报

（一）一般性规定

1. 企业在对金融工具各项目进行列报时，应当根据金融工具的特点及相关信息的性质对金融工具进行归类，并充分披露与金融工具相关的信息，使得财务报表附注中的披露与财务报表列示的各项目相互对应。例如，对衍生工具进行披露时，应当将其恰当归类，如按外汇衍生工具、利率衍生工具、信用衍生工具等归类。

2. 企业应当披露编制财务报表时对金融工具所采用的重要会计政策、计量基础和与理解财务报表相关的其他会计政策等信息。主要包括以下几点。

（1）对于指定为以公允价值计量且其变动计入当期损益的金融资产，企业应当披露下列信息：①指定的金融资产的性质；②企业如何满足运用指定的标准。企业应当披露该指定所针对的确认或计量不一致的描述性说明。

（2）对于指定为以公允价值计量且其变动计入当期损益的金融负债，企业应当披露下列信息：①指定的金融负债的性质；②初始确认时对上述金融负债做出指定的标准；③企业如何满足运用指定的标准。对于以消除或显著减少会计错配为目的的指定，企业应当披露该指定所针对的确认或计量不一致的描述性说明。对于以更好地反映组合的管理实质为目的的指定，企业应当披露该指定符合企业正式书面文件载明的风险管理或投资策略的描述性说明。对于整体指定为以公允价值计量且其变动计入当期损益的混合工具，企业应当披露运用指定标准的描述性说明。

（3）如何确定每类金融工具的利得或损失。

（二）资产负债表中的列示及相关披露

本准则第三十九至第五十四条对资产负债表中的列示及相关披露作出了规范，以下着重对某些要求进行说明。

1. 企业应当在资产负债表或相关附注中列报下列金融资产或金融负债的账面价值。

（1）以摊余成本计量的金融资产；

（2）以摊余成本计量的金融负债；

（3）以公允价值计量且其变动计入其他综合收益的金融资产，并划分为两类予以反映；

（4）以公允价值计量且其变动计入当期损益的金融资产，并划分为三类予以反映；

（5）以公允价值计量且其变动计入当期损益的金融负债，并划分为三类予以反映。

2. 企业将本应按摊余成本或以公允价值计量且其变动计入其他综

合收益计量的一项或一组金融资产指定为以公允价值计量且其变动计入当期损益的金融资产的,应当披露下列信息。

(1)该金融资产在资产负债表日使企业面临的最大信用风险敞口;

(2)企业通过任何相关信用衍生工具或类似工具使得该最大信用风险敞口降低的金额;

(3)该金融资产因信用风险变动引起的公允价值本期变动额和累计变动额;

(4)相关信用衍生工具或类似工具自该金融资产被指定以来的公允价值本期变动额和累计变动额。

3. 企业将一项金融负债指定为以公允价值计量且其变动计入当期损益的金融负债,且企业自身信用风险变动引起的该金融负债公允价值的变动金额计入其他综合收益的,应当披露下列信息:该金融负债因自身信用风险变动引起的公允价值本期变动额和累计变动额;该金融负债的账面价值与按合同约定到期应支付债权人金额之间的差额;该金融负债的累计利得或损失本期从其他综合收益转入留存收益的金额和原因。

4. 企业将一项金融负债指定为以公允价值计量且其变动计入当期损益的金融负债,且该金融负债(包括企业自身信用风险变动的影响)的全部利得或损失计入当期损益的,应当披露下列信息:该金融负债因自身信用风险变动引起的公允价值本期变动额和累计变动额;该金融负债的账面价值与按合同约定到期应支付债权人金额之间的差额。

5. 企业将非交易性权益工具投资指定为以公允价值计量且其变动计入其他综合收益的,应当披露下列信息。

(1)企业每一项指定为以公允价值计量且其变动计入其他综合收益的权益工具投资。

(2)企业做出该指定的原因。

(3)企业每一项指定为以公允价值计量且其变动计入其他综合收益的权益工具投资的期末公允价值。

(4)本期确认的股利收入,其中对本期终止确认的权益工具投资相关的股利收入和资产负债表日仍持有的权益工具投资相关的股利收入应当分别单独披露。

(5)该权益工具投资的累计利得和损失本期从其他综合收益转入

留存收益的金额及其原因。

6. 企业本期终止确认了指定为以公允价值计量且其变动计入其他综合收益的非交易性权益工具投资的，应当披露下列信息：企业处置该权益工具投资的原因；该权益工具投资在终止确认时的公允价值；该权益工具投资在终止确认时的累计利得或损失。

7. 企业在当期或以前报告期间将金融资产进行重分类的，对于每一项重分类，应当披露重分类日、对业务模式变更的具体说明及其对财务报表影响的定性描述，以及该金融资产重分类前后的金额。

企业自上一年度报告日起将以公允价值计量且其变动计入其他综合收益的金融资产重分类为以摊余成本计量的金融资产的，或者将以公允价值计量且其变动计入当期损益的金融资产重分类为其他类别的，应当披露下列信息：该金融资产在资产负债表日的公允价值；如果未被重分类，该金融资产原来应在当期损益或其他综合收益中确认的公允价值利得或损失。

企业将以公允价值计量且其变动计入当期损益的金融资产重分类为其他类别的，自重分类日起到终止确认的每一个报告期间内，都应当披露该金融资产在重分类日确定的实际利率和当期已确认的利息收入。

8. 对于所有可执行的总互抵协议或类似协议下的已确认金融工具，以及符合本准则第二十八条抵销条件的已确认金融工具，企业应当在报告期末以表格形式（除非企业有更恰当的披露形式）分金融资产和金融负债按第四十七条的规定披露定量信息。

9. 对于按照 CAS 22（2017）第十八条的规定分类为以公允价值计量且其变动计入其他综合收益的金融资产，企业应当在财务报表附注中披露其确认的损失准备，但不应在资产负债表中将损失准备作为金融资产账面金额的扣减项目单独列示。

（三）利润表中的列示及相关披露

本准则第五十五、五十六条对利润表中的列示及相关披露作出了规范，有关说明如下。

1. 按金融工具计量分类分别披露利得或损失，是对资产负债表披露的补充。由于金融工具按不同计量基础计量，这一披露要求有助于财务报表使用者更好地理解企业金融工具的经营成果。

2. 企业应当分别披露以摊余成本计量的金融资产终止确认时在利

润表中确认的利得和损失金额及其相关分析，包括终止确认金融资产的原因。

（四）套期会计相关披露

本准则第五十七至第七十条对套期会计披露作出了规范，有关说明如下。

1. 企业应当披露与套期会计有关的下列信息。

（1）企业的风险管理策略以及如何应用该策略来管理风险；

（2）企业的套期活动可能对其未来现金流量金额、时间和不确定性的影响；

（3）套期会计对企业的资产负债表、利润表及所有者权益变动表的影响。

企业在披露套期会计相关信息时，应当合理确定披露的详细程度、披露的重点、恰当的汇总或分解水平，以及财务报表使用者是否需要额外的说明以评估企业披露的定量信息。

2. 企业应当披露其进行套期和运用套期会计的各类风险的风险敞口的风险管理策略相关信息，从而有助于财务报表使用者评价：每类风险是如何产生的、企业是如何管理各类风险的（包括企业是对某一项目整体的所有风险进行套期还是对某一项目的单个或多个风险成分进行套期及其理由），以及企业管理风险敞口的程度。

3. 企业应当按照风险类型披露相关定量信息，从而有助于财务报表使用者评价套期工具的条款和条件及这些条款和条件如何影响企业未来现金流量的金额、时间和不确定性。这些要求披露的明细信息应当包括：套期工具名义金额的时间分布；套期工具的平均价格或利率（如适用）。

4. 对于公允价值套期，企业应当按照第六十四条规定以表格形式、按风险类型分别披露与被套期项目相关的金额；对于现金流量套期和境外经营净投资套期，企业应当按照第六十五条规定以表格形式、按风险类型分别披露与被套期项目相关的金额。

5. 对于每类套期类型，企业应当以表格形式、按风险类型分别披露与套期工具相关的下列金额。

（1）套期工具的账面价值，其中金融资产和金融负债应当分别单独列示；

（2）包含套期工具的资产负债表列示项目；

（3）本期用作确认套期无效部分基础的套期工具的公允价值变动；

（4）套期工具的名义金额或数量。

此外，对于公允价值套期，企业还应当按照第六十七条规定，以表格形式、按风险类型分别披露与套期工具相关的金额；对于现金流量套期和境外经营净投资套期，企业还应当按照第六十八条，以表格形式、按风险类型分别披露与套期工具相关的金额。

6. 企业按照《企业会计准则第 30 号——财务报表列报》的规定在提供所有者权益各组成部分的调节情况以及其他综合收益的分析时，应当根据第六十九条规定按照风险类型披露相关信息。

（五）公允价值披露

本准则第七十一至第七十四条对公允价值披露作出了规范，有关说明如下。

1. 除了本准则第七十三条规定情况外，企业应当披露每一类金融资产和金融负债的公允价值，并与账面价值进行比较。对于在资产负债表中相互抵销的金融资产和金融负债，其公允价值应当以抵销后的金额披露。

2. 金融资产或金融负债初始确认的公允价值与交易价格存在差异时，如果其公允价值并非基于相同资产或负债在活跃市场中的报价确定的，也非基于仅使用可观察市场数据的估值技术确定的，企业在初始确认金融资产或金融负债时不应确认利得或损失。在此情况下，企业应当按金融资产或金融负债的类型披露下列信息。

（1）企业在损益中确认交易价格与初始确认的公允价值之间差额时所采用的会计政策，以反映市场参与者对资产或负债进行定价时所考虑的因素（包括时间因素）的变动；

（2）该项差异期初和期末尚未在损益中确认的总额和本期变动额的调节表；

（3）企业如何认定交易价格并非公允价值的最佳证据，以及确定公允价值的证据。

3. 金融工具公允价值信息披露的豁免。企业可以不披露下列金融资产或金融负债的公允价值信息：①账面价值与公允价值差异很小的金融资产或金融负债（如短期应收账款或应付账款）；②包含相机分红特征且其公允价值无法可靠计量的合同；③租赁负债。

八 信用风险披露

(一) 定性信息和定量信息

企业应当披露与各类金融工具风险相关的定性和定量信息,以便财务报表使用者评估报告期末金融工具产生的风险的性质和程度,更好地评价企业所面临的风险敞口。相关风险包括信用风险、流动性风险、市场风险等。

1. 定性信息

对金融工具产生的各类风险,企业应当披露下列定性信息:风险敞口及其形成原因,以及在本期发生的变化;风险管理目标、政策和程序以及计量风险的方法及其在本期发生的变化。

2. 定量信息

对金融工具产生的各类风险,企业应当按类别披露期末风险敞口的汇总数据。该数据应当以向内部关键管理人员提供的相关信息为基础。企业运用多种方法管理风险的,披露的信息应当以最相关和可靠的方法为基础。

除上述所要求的基于向关键管理人员提供的信息的披露外,本准则还要求企业按照本准则的具体要求披露有关信用风险、流动性风险和市场风险的信息。

企业还应当披露期末风险集中度信息。风险集中度来自具有相似特征并且受相似经济或其他条件变化影响的金融工具。识别风险集中度需要运用判断并应考虑企业的具体情况。风险集中度的披露可能包括:①管理层确定风险集中度的说明;②管理层确定风险集中度的参考因素(包括交易对手方的信用评级、地理区域、货币种类、市场类型和所处的行业以及诸如流动性和市场风险等其他风险);③各风险集中度相关的风险敞口金额。

(二) 信用风险披露

1. 适用规定

对于适用 CAS 22 金融工具减值规定的各类金融工具和相关合同权利,企业应当按照本准则第八十条至第八十七条的规定披露。对于始终按照相当于整个存续期内预期信用损失的金额计量其减值损失准备的应收款项、合同资产和租赁应收款,在逾期超过 30 日后对合同现金流量作出修改的，适用本准则第八十五条（一）的规定。租赁应收款不适用本准则第八十六条（二）的规定。

2. 为使财务报表使用者了解信用风险对未来现金流量的金额、时间和不确定性的影响，企业应当披露与信用风险有关的下列信息。

（1）企业信用风险管理实务的相关信息及其与预期信用损失的确认和计量的关系，包括计量金融工具预期信用损失的方法、假设和信息；

（2）有助于财务报表使用者评价在财务报表中确认的预期信用损失金额的定量和定性信息，包括预期信用损失金额的变动及其原因；

（3）企业的信用风险敞口，包括重大信用风险集中度；

（4）其他有助于财务报表使用者了解信用风险对未来现金流量金额、时间和不确定性的影响的信息。

3. 信用风险信息无须重复列报。企业应当根据自身实际情况，合理确定相关披露的详细程度、汇总或分解水平以及是否需对所披露的定量信息作补充说明。

4. 企业应当披露与信用风险管理实务有关的下列信息。

（1）企业评估信用风险自初始确认后是否已显著增加的方法，并披露下列信息：根据 CAS 22 第五十五条的规定，在资产负债表日只具有较低的信用风险的金融工具及其确定依据（包括适用该情况的金融工具类别）；逾期超过 30 日，而信用风险自初始确认后未被认定为显著增加的金融资产及其确定依据。

（2）企业对违约的界定及其原因。

（3）以组合为基础评估预期信用风险的金融工具的组合方法。

（4）确定金融资产已发生信用减值的依据。

（5）企业直接减记金融工具的政策，包括没有合理预期金融资产可以收回的迹象和已经直接减记但仍受执行活动影响的金融资产相关政策的信息。

（6）根据 CAS 22 第五十六条的规定评估合同现金流量修改后金融资产的信用风险的，企业应当披露其信用风险的评估方法以及相关信息。

5. 企业应当披露 CAS 22 第八章有关金融工具减值所采用的输入值、假设和估值技术等相关信息，具体包括以下几点。

（1）用于确定下列各事项或数据的输入值、假设和估计技术：未来 12 个月内预期信用损失和整个存续期的预期信用损失的计量；金融工具的信用风险自初始确认后是否已显著增加；金融资产是否已发生信用减值。

（2）确定预期信用损失时如何考虑前瞻性信息，包括宏观经济信息的使用。

（3）报告期估计技术或重大假设的变更及其原因。

6. 企业应当以表格形式按金融工具的类别编制损失准备期初余额与期末余额的调节表，具体格式见表1-23所示。除调节表外，企业还应当披露本期初始确认的该类金融资产在初始确认时未折现的预期信用损失总额。

表1-23 期初余额与期末余额调节表 单位：元

金融工具类别	损失准备期末余额	损失准备期初余额	损失准备变动额
1. 按相当于未来12个月预期信用损失的金额计量的损失准备			
2. 按相当于整个存续期预期信用损失的金额计量的下列各项的损失准备			
（1）自初始确认后信用风险已显著增加但并未发生信用减值的金融工具			
（2）对于资产负债表日已发生信用减值但并非购买或源生的已发生信用减值的金融资产			
（3）根据CAS 22第六十三条的规定计量减值损失准备的应收账款、合同资产和租赁应收款			
小　计			
3. 购买或源生的已发生信用减值的金融资产的变动			
合　计			

为有助于财务报表使用者了解企业损失准备变动信息，企业应当对本期发生损失准备变动的金融工具账面余额显著变动情况作出说明，这些说明信息应当包括定性和定量信息，并应当按照上述各项目分别单独披露，具体可包括四种情况下发生损失准备变动的金融工具账面余额显著变动信息。

7. 为有助于财务报表使用者了解企业披露的损失准备变动信息，企业应当对本期发生损失准备变动的金融工具账面余额显著变动情况作出说明，这些说明信息应当包括定性和定量信息，并应当对披露损失准备的各项目分别单独披露，具体可包括各种情况下发生损失准备变动的金融工具账面余额显著变动信息。

8. 为有助于财务报表使用者评估企业的信用风险敞口并了解其重大信用风险集中度，企业应当按照信用风险等级披露相关金融资产的账面余额以及贷款承诺和财务担保合同的信用风险敞口。

9. 对于属于本准则范围，但不适用 CAS 22 金融工具减值规定的各类金融工具，企业应当披露与每类金融工具信用风险有关的下列信息。

（1）在不考虑可利用的担保物或其他信用增级的情况下，企业在资产负债表日的最大信用风险敞口。金融工具的账面价值能代表最大信用风险敞口的，不再要求披露此项信息。

（2）无论是否适用本条（1）中的披露要求，企业都应当披露可利用担保物或其他信用增级的信息及其对最大信用风险敞口的财务影响。

（三）流动性风险披露

流动性风险，是指企业在履行以交付现金或其他金融资产的方式结算的义务时发生资金短缺的风险。

1. 到期期限分析

（1）总体要求

本准则要求，企业应当披露金融负债按剩余到期期限进行的到期期限分析，以及管理这些金融负债流动性风险的方法。①对于非衍生金融负债，包括财务担保合同、到期期限分析应当基于合同剩余到期期限。对于包含嵌入衍生工具的混合金融工具，应当将其整体视为非衍生金融负债进行披露。②对于衍生金融负债，如果合同到期期限是理解现金流量时间分布的关键因素，到期期限分析应当基于合同剩余到期期限。

（2）时间段的确定

企业在披露到期期限分析时，应当运用职业判断确定适当的时间段。企业可以但不限于按下列时间段进行到期期限分析：①一个月以内（含本数，下同）；②一个月至三个月；③三个月至一年；④一年至五年；⑤五年以上。

债权人可以选择收回债权时间的，债务人应当将相应的金融负债列入债权人可以要求收回债权的最早时间段内。债务人应付债务金额不固定的，应当根据资产负债表日的情况确定到期期限分析所披露的金额。

如分期付款的，债务人应当把每期将支付的款项列入相应的最早时间段内。财务担保合同形成的金融负债，担保人应当将最大担保金额列入相关方可以要求支付的最早时间段内。

（3）披露金额的确定

企业在披露金融负债到期期限分析时，应将按照本准则要求所披露的金额列入各时间段。列入各时间段内的金融负债金额，应当是未经折现的合同现金流量。

2. 流动性风险管理

本准则并不要求企业在所有情况下披露金融资产的到期期限分析。有关到期期限分析披露的最低要求仅适用于金融负债。企业在披露如何管理流动性风险时，也应披露可能考虑的其他因素。

（四）市场风险披露

金融工具的市场风险，是指金融工具的公允价值或未来现金流量因市场价格变动而发生波动的风险，包括汇率风险、利率风险和其他价格风险。

编制市场风险敏感性分析的披露信息可以遵循下列步骤。

1. 识别风险敞口

需要识别企业面临的所有市场风险，包括汇率风险、利率风险和其他价格风险。

2. 识别资产负债表日的风险敞口及其影响

如果某些金融工具既不影响损益也不影响所有者权益，则这些金融工具无须纳入敏感性分析。

3. 确定相关风险变量的合理可能变动

企业需要确定何为相关风险变量的合理可能变动，并且应考虑企业经营所处的经济环境以及进行评估的时间段。企业须判断合理可能变动的范围，且合理可能变动不应包括罕见的"最坏的情况"或"压力测试"。

4. 确定披露中的适当汇总水平

企业应汇总敏感性分析的结果以在更大程度上反映企业对市场风险的整体敏感性，而不应汇总来自重大不同经济环境的风险敞口的不同特征的信息。企业可以根据内部管理风险的方式对业务的不同部分提供不同类型的敏感性分析。

5. 计算和列报敏感性分析

企业应披露，假设相关风险变量的合理可能变动应用于资产负债表日的风险敞口时，这些变动对损益和所有者权益的影响。企业可以对损益以及所有者权益中的不同项目分别披露敏感性分析，两者须分开披露。

6. 提供额外的披露

本准则第九十七条规定，按照第九十五条或第九十六条对敏感性分析的披露不能反映金融工具市场风险的（例如，期末的风险敞口不能反映当期的风险状况），企业应当披露这一事实及其原因。

九　金融资产转移的披露

（一）披露范围

本准则中有关金融资产转移的披露中涉及的"金融资产转移"和"继续涉入"的概念不同于《企业会计准则第 23 号——金融资产转移》（CAS 23）中的概念。

本准则所述的"金融资产转移"包含两种情形：①将收取金融资产现金流量的合同权利转移给另一方；②将金融资产整体或部分转移给另一方，但保留收取金融资产现金流量的合同权利，并承担将收取的现金流量支付给一个或多个收款方的合同义务，这种情形通常被称为"过手协议"。CAS 23 第六条中定义的"金融资产转移"也包含两种情形，第一种情形与本准则中的要求一致，但是对于第二种情形，还要求该"过手协议"若作为金融资产转移处理，必须同时满足三个条件。所以，对于未满足三个条件的"过手协议"，尽管不是金融资产转移准则定义的"金融资产转移"，但属于本准则定义的"金融资产转移"，需进行相应的披露。

本准则所述的"继续涉入"，是指企业保留了已转移金融资产中内在的合同权利或义务，或者取得了与已转移金融资产相关的新合同权利或义务。常规声明和保证、以公允价值回购已转移金融资产的合同，以及同时满足金融资产转移准则中三个条件的"过手协议"不构成继续涉入。常规声明和保证是指企业为避免转让无效而作出的陈述，包括转移的真实性以及合理、诚信和公平交易等原则方面的陈述。而在 CAS 23 中，对于既没有转移也没有保留金融资产所有权上几乎所有的风险和报酬，但未放弃对该金融资产控制的，企业按照其继续涉入所转移金融资产的程度确认有关金融资产。

本准则所述的"继续涉入"是以企业自身财务报告为基础进行考虑的。例如，子公司向非关联的第三方转让一项金融资产，而其母公司对该金融资产存在继续涉入，则子公司在自身财务报表中确定是否继续涉入已转移金融资产时，不应当考虑母公司的涉入；母公司在合并财务报表中确定是否继续涉入已转移金融资产时，应当考虑自身以及集团其他成员对子公司已转移金融资产的继续涉入情况。

（二）已转移但未整体终止确认的金融资产的披露

本准则第一百零一条对已转移但未整体终止确认的金融资产的披露要求进行了规范。无论金融资产转移何时发生，该披露要求适用于在资产负债表日企业继续确认已转移金融资产的情况。无论是金融资产整体转移还是金融资产部分转移，只要不满足终止确认的条件，均应按照以上要求进行披露。金融资产部分转移是指金融资产转移准则中第四条所规范的情形。

（三）已整体终止确认但转出方继续涉入已转移金融资产的披露

在很多情况下，如果企业对于已转移的金融资产仍然继续涉入，那么可能会意味着该金融资产转移不满足终止确认的条件，但是也存在尽管企业继续涉入已转移的金融资产，但是该金融资产仍满足整体终止确认条件的情况。例如，附带转入方持有重大价外看跌期权（或转出方持有重大价外看涨期权）的金融资产出售，由于期权为重大价外期权，致使到期时或到期前行权的可能性极小，可以认定企业已经转移了该项金融资产所有权上几乎所有的风险和报酬，应当终止确认这一金融资产，但是由于期权的存在形成了企业对该金融资产的继续涉入。针对这一情况，在每个资产负债表日，企业应按照类别披露相关信息。各披露类别应当按照企业继续涉入面临的风险敞口类型进行划分。例如，企业可以按照金融工具类别，如担保或看涨期权等进行分类；也可以按照转让类型，如应收账款保理、资产证券化、融券业务等进行分类。企业对某项终止确认的金融资产存在多种继续涉入方式的，可按其中一类进行汇总披露。

本准则第一百零二条对整体终止确认但转出方继续涉入已转移金融资产的披露要求进行了规范。

十　新旧准则的衔接处理

新准则指出自本准则施行日起，企业应当按照本准则的要求列报金融工具相关信息。企业比较财务报表列报的信息与本准则要求不一致的，不需要按照本准则的要求进行调整。

第十三节　《企业会计准则第42号——持有待售的非流动资产、处置组和终止经营》（2017）解读

一　准则的制定背景

在我国企业会计准则中，有关持有待售的非流动资产、处置组和终止经营的会计处理要求分散在《企业会计准则第 2 号——长期股权投资》《企业会计准则第 4 号——固定资产》《企业会计准则第 30 号——财务报表列报》及相关应用指南、解释和讲解中，这些规定为规范相关业务的会计处理发挥了一定作用，但缺少对持有待售类别的后续计量、持有待售资产减值准备计提等问题的细化规定或指引，不利于实务操作。近年来，随着企业经济业务的不断发展和创新，特别是今年以来国务院化解过剩产能、推动"三去一降一补"工作积极推进，对持有待售的非流动资产和处置组及终止经营的会计处理规定亟待补充细化，有必要制定单独的会计准则进行系统性规范，以满足财务报表使用者对财务信息相关性、及时性需求的增加，不断完善我国企业会计准则体系体例，服务于国家供给侧结构性改革需要。

2004 年 3 月，国际会计准则理事会发布《国际财务报告准则第 5 号——持有待售的非流动资产和终止经营》，此后，国际会计准则理事会又先后在发布《国际财务报告准则第 11 号——合营安排》《国际财务报告准则第 13 号——公允价值计量》《国际财务报告准则第 9 号——金融工具》和修订《国际会计准则第 1 号——财务报表列报》等准则时对《国际财务报告准则第 5 号》进行了修订。

对持有待售的非流动资产或处置组进行恰当的分类、计量和列报，对终止经营进行充分的信息披露，有助于报表使用者评估资产处置及终止经营的财务影响，判断未来现金流量的时间、金额和不确定性。

为进一步规范持有待售的非流动资产和处置组的分类、计量和列报，以及终止经营的列报，提高会计信息质量，保持我国企业会计准则与国际财务报告准则的持续趋同，在借鉴《国际财务报告准则第 5 号》的基础上，根据我国有关准则实施以来的执行情况和征求意见过程中收集的反馈意见，结合我国企业实际情况，财政部制定了《企业会计准则第 42 号——持有待售的非流动资产、处置组和终止经营》（以下简称本准则）。

二 准则涉及的基本概念和适用范围

（一）基本概念

1. 持有待售

企业主要通过出售（包括具有商业实质的非货币性资产交换）而非持续使用一项非流动资产或处置组收回其账面价值的，应当将其划分为持有待售类别。

企业持有非流动资产或资产组的目的可以分为两类：持有待售和持续使用。持有待售的目的是在不远的将来（一般为 1 年以内）通过出售而收回其账面价值，这与通过持续使用而收回其账面价值是截然不同的。

2. 处置组

处置组，是指在一项交易中作为整体通过出售或其他方式一并处置的一组资产，以及在该交易中转让的与这些资产直接相关的负债。处置组所属的资产组或资产组组合按照《企业会计准则第 8 号——资产减值》分摊了企业合并中取得的商誉的，该处置组应当包含分摊至处置组的商誉。

这里处置组有别于资产减值准则里的"资产组"的概念。在资产减值准则里，"资产组是企业可以认定的最小资产组合，其产生的现金流入应当基本上独立于其他的资产或资产组"①。资产组应当由创造现金流入相关的资产组成。处置组强调的是整体出售或其他方式一并处置，资产组强调的是独立创造现金流入的能力；处置组既包括资产也包括负债，而资产组只包括资产。

---

① 财政部：《企业会计准则 2006》，经济科学出版社 2006 年版，第 36 页。

3. 终止经营

终止经营，是指企业满足下列条件之一的、能够单独区分的组成部分，且该组成部分已经处置或划分为持有待售类别。

（1）该组成部分代表一项独立的主要业务或一个单独的主要经营地区；

（2）该组成部分是拟对一项独立的主要业务或一个单独的主要经营地区进行处置的一项相关联计划的一部分；

（3）该组成部分是专为转售而取得的子公司。

终止经营是已经处置的或划分为持有待售类别的能够单独区分的组成部分。终止经营包含两种状态：本期已经处置（包括出售和具有商业实质的非货币性资产交换）和持有待售。也即是说，持有待售的处置组在满足一定的条件下，可以构成终止经营。

随着企业集团化战略的不断实施，突出主业特点的不断显现，防范集团公司与上市公司存在同业竞争，在资本运作手段不断完善的今天，不少企业均通过复杂的资本交易实现优化资本结构、突出主业线路、整体业务上市、提升整体盈利水平和经营实力的目的。除了企业合并外，以资产组或业务置换、企业分立、资产组或业务剥离、资产组或业务放弃等为表现形式的终止经营也是企业进行资本运作的主要方式。[①]

（二）适用范围

1. 本准则的分类和列报规定

本准则的分类和列报规定适用于所有非流动资产和处置组。

在我国的会计准则规定中，非流动资产指的是企业将持有一年或者一年以上时间、在此期间不会变现或者耗损的资产。非流动资产主要包括：持有至到期投资、可供出售金融资产、长期应收款、投资性房地产、长期股权投资、固定资产、工程物资、在建工程、油气资产、生产性生物资产、无形资产、商誉、长期待摊费用、开发支出、其他非流动资产、递延所得税资产等。

2. 本准则的计量规定

本准则的计量规定适用于所有非流动资产，但下列各项的计量适用

---

① 贾云峰：《企业终止经营业务的会计难题与对策研究》，硕士学位论文，首都经济贸易大学，2013 年，第 16 页。

其他相关会计准则。

（1）采用公允价值模式进行后续计量的投资性房地产，适用《企业会计准则第 3 号——投资性房地产》；

（2）采用公允价值减去出售费用后的净额计量的生物资产，适用《企业会计准则第 5 号——生物资产》；

（3）职工薪酬形成的资产，适用《企业会计准则第 9 号——职工薪酬》；

（4）递延所得税资产，适用《企业会计准则第 18 号——所得税》；

（5）由金融工具相关会计准则规范的金融资产，适用金融工具相关会计准则；

（6）由保险合同相关会计准则规范的保险合同所产生的权利，适用保险合同相关会计准则。

处置组包含适用本准则计量规定的非流动资产的，本准则的计量规定适用于整个处置组。处置组中负债的计量适用相关会计准则。

从上述规定可以看出，本准则分类和列报规定的适用范围要大于本准则计量规定的适用范围。

三 持有待售的非流动资产或处置组的分类

（一）划分的条件

1. 一般要求

非流动资产或处置组划分为持有待售类别，应当同时满足下列条件。

（1）根据类似交易中出售此类资产或处置组的惯例，在当前状况下即可立即出售；

（2）出售极可能发生，即企业已经就一项出售计划作出决议且获得确定的购买承诺，预计出售将在一年内完成。有关规定要求企业相关权力机构或者监管部门批准后方可出售的，应当已经获得批准。

确定的购买承诺，是指企业与其他方签订的具有法律约束力的购买协议，该协议包含交易价格、时间和足够严厉的违约惩罚等重要条款，使协议出现重大调整或者撤销的可能性极小。

从中可以看出，出售极可能发生需要满足三个条件：①企业已经就一项出售计划作出决议；②获得确定的购买承诺；③预计出售将在一年内完成。

值得一提的是，除满足其他条件外，企业必须在获得确定的购买承诺后才能将相关的非流动资产或处置组划分为持有待售类别。这一要求比国际财务报告准则更为严格，主要考虑到根据过去几年的准则执行经验，较为严格且明确的划分条件便于企业和会计师事务所解读准则并严格执行，有利于防范企业利用持有待售类别操纵利润，便于监管机构监管。

2. 专为转售而取得的非流动资产或处置组

企业专为转售而取得的非流动资产或处置组，在取得日满足"预计出售将在一年内完成"的规定条件，且短期（通常为 3 个月）内很可能满足持有待售类别的其他划分条件的（如就出售计划作出决议、获得确定的购买承诺），企业应当在取得日将其划分为持有待售类别。

3. 特殊情况的处理

本准则还借鉴国际财务报告准则，允许在意外或罕见情况下，放松"出售将在一年内完成"的要求，从而更符合实务中经济业务的实际情况。

因企业无法控制的下列原因之一，导致非关联方之间的交易未能在一年内完成，且有充分证据表明企业仍然承诺出售非流动资产或处置组的，企业应当继续将非流动资产或处置组划分为持有待售类别。

（1）买方或其他方意外设定导致出售延期的条件，企业针对这些条件已经及时采取行动，且预计能够自设定导致出售延期的条件起一年内顺利化解延期因素；

（2）因发生罕见情况，导致持有待售的非流动资产或处置组未能在一年内完成出售，企业在最初一年内已经针对这些新情况采取必要措施且重新满足了持有待售类别的划分条件。

（二）持有待售的非流动资产或处置组的重分类

持有待售的非流动资产或处置组不再满足持有待售类别划分条件的，企业不应当继续将其划分为持有待售类别。

部分资产或负债从持有待售的处置组中移除后，处置组中剩余资产或负债新组成的处置组仍然满足持有待售类别划分条件的，企业应当将新组成的处置组划分为持有待售类别，否则应当将满足持有待售类别划分条件的非流动资产单独划分为持有待售类别。

企业因出售对子公司的投资等原因导致其丧失对子公司控制权的，无论出售后企业是否保留部分权益性投资，应当在拟出售的对子公司投资满足持有待售类别划分条件时，在母公司个别财务报表中将子公司投资整体划分为持有待售类别，在合并财务报表中将子公司所有资产和负债划分为持有待售类别。

企业不应当将拟结束使用而非出售的非流动资产或处置组划分为持有待售类别。

【例1】20×7年1月1日，甲公司支付600万元取得乙公司100%的股权，投资当时乙公司可辨认净资产的公允价值为500万元，有商誉100万元。20×8年10月1日甲公司作出决议，拟出售持有乙公司80%的股权给丙公司，并已与丙公司签署不可撤销的协议，拟于20×9年1月协议转让，转让价格为640万元。20×9年1月15日，甲公司转让乙公司80%的股权，收取现金640万元存入银行，转让后甲公司对乙公司的持股比例为20%，能对其施加重大影响。

分析：20×7年1月1日，甲公司购买乙公司100%的股份，形成对子公司的长期股权投资。20×8年10月1日甲公司作出决议，拟出售持有乙公司80%的股权给丙公司，出售后仍然保留20%的股份，并已与丙公司签署不可撤销的协议时，已满足划分为持有待售的条件，应确认为持有待售非流动资产，且在母公司个别财务报表中将子公司投资整体划分为持有待售类别，在合并财务报表中将子公司所有资产和负债划分为持有待售类别。

四 持有待售的非流动资产或处置组的计量

（一）初始计量

企业将非流动资产或处置组首次划分为持有待售类别前，应当按照相关会计准则规定计量非流动资产或处置组中各项资产和负债的账面价值。

第十三条规定，企业初始计量或在资产负债表日重新计量持有待售的非流动资产或处置组时，其账面价值高于公允价值减去出售费用后的净额的，应当将账面价值减记至公允价值减去出售费用后的净额，减记的金额确认为资产减值损失，计入当期损益，同时计提持有待售资产减值准备。

初始计量时，需要比较非流动资产或处置组的账面价值与公允价值减去出售费用后的净额（即预计净残值），按照孰低的原则计量，即其账面价值高于公允价值减去出售费用后的净额的，应当按照其公允价值减去出售费用后的净额计量，差额确认为资产减值损失并计提持有待售资产减值准备；其账面价值低于或等于公允价值减去出售费用后的净额的，按照其账面价值计量，不做调整。

【例2】假定某固定资产被划归为持有待售固定资产，账面价值为60万元，公允价值为75万元，出售费用为5万元。这种情况下，公允价值减处置费用后的净额大于账面价值，企业对此时的公允价值和出售费用备查登记即可，不需做会计分录。

假定某固定资产被划归为持有待售固定资产，账面价值为85万元，公允价值为75万元，出售费用为5万元，这种情况下，应将固定资产的账面价值调整至等于其公允价值减处置费用后的净额70（75-5）万元，同时计提减值准备15（85-70）万元，调整后，账面价值变为70万元。

对于取得日划分为持有待售类别的非流动资产或处置组，企业应当在初始计量时比较假定其不划分为持有待售类别情况下的初始计量金额和公允价值减去出售费用后的净额，以两者孰低计量。除企业合并中取得的非流动资产或处置组外，由非流动资产或处置组以公允价值减去出售费用后的净额作为初始计量金额而产生的差额，应当计入当期损益。

（二）后续计量

企业在资产负债表日重新计量持有待售的处置组时，应当首先按照相关会计准则规定计量处置组中不适用本准则计量规定的资产和负债的账面价值，然后按照本准则第十三条的规定进行会计处理。即：企业在资产负债表日重新计量持有待售的处置组时，其账面价值高于公允价值减去出售费用后的净额的，应当将账面价值减记至公允价值减去出售费用后的净额，减记的金额确认为资产减值损失，计入当期损益，同时计提持有待售资产减值准备。

对于持有待售的处置组确认的资产减值损失金额，应当先抵减处置组中商誉的账面价值，再根据处置组中适用本准则计量规定的各项非流动资产账面价值所占比重，按比例抵减其账面价值。

后续资产负债表日持有待售的非流动资产公允价值减去出售费用后

的净额增加的，以前减记的金额应当予以恢复，并在划分为持有待售类别后确认的资产减值损失金额内转回，转回金额计入当期损益。划分为持有待售类别前确认的资产减值损失不得转回。

后续资产负债表日持有待售的处置组公允价值减去出售费用后的净额增加的，以前减记的金额应当予以恢复，并在划分为持有待售类别后适用本准则计量规定的非流动资产确认的资产减值损失金额内转回，转回金额计入当期损益。已抵减的商誉账面价值，以及适用本准则计量规定的非流动资产在划分为持有待售类别前确认的资产减值损失不得转回。

持有待售的处置组确认的资产减值损失后续转回金额，应当根据处置组中除商誉外适用本准则计量规定的各项非流动资产账面价值所占比重，按比例增加其账面价值。

针对持有待售的非流动资产或处置组确认的减值损失是否允许转回问题，由于相关资产的性质在划分为持有待售类别后已经由非流动资产转化为流动资产，同时考虑到与《企业会计准则第 8 号——资产减值》的规定相一致，本准则只允许将划分为持有待售类别后确认的持有待售资产减值损失转回，不允许将划分为持有待售类别前确认的长期资产减值损失转回。这也形成了与国际财务报告准则的一项重要差异。

持有待售的非流动资产或处置组中的非流动资产不应计提折旧或摊销，持有待售的处置组中负债的利息和其他费用应当继续予以确认。

由于持有待售的非流动资产或处置组中的非流动资产已经转为流动资产了，而且在资产负债表日要根据账面价值与公允价值减去出售费用后的净额的比较结果重新进行计量调整，所以就需要计提折旧或摊销了。

【例3①】甲股份有限公司（以下简称"甲公司"）20×7 年 3 月 1 日以银行存款 2 000 万元购入丙公司有表决权股份的 20%，对丙公司的财务和经营决策具有重大影响，另支付相关税费 10 万元。20×7 年 3 月 1 日，丙公司可辨认净资产的账面价值与公允价值均为 9 500 万元。

20×7 年 11 月 1 日，丙公司因合营企业资本公积增加而调整增加资

---

① 本例题根据张春红《持有待售权益性投资之会计处理》改编（《财会月刊》2015 年第 1 期）。

本公积 150 万元。20×7 年度，丙公司实现净利润 400 万元（其中 3—12 月份净利润为 100 万元）。20×8 年 4 月 2 日，丙公司股东大会审议通过董事会提出的 20×8 年度利润分配方案：按净利润的 10% 提取法定盈余公积；分配现金股利 120 万元。该利润分配方案于当日对外公布。20×8 年初，由于公司投资战略结构调整，甲公司董事会做出决议，准备将丙公司的投资进行转让，20×8 年 6 月 30 日甲公司与丁公司签订不可撤销合同，合同约定：20×9 年 3 月 10 日将甲公司持有的丙公司 20% 的有表决权股份转让给丁公司，转让价格为 1 880 万元，假定不发生处置费用。20×8 年，丙公司发生净亏损 800 万元。20×9 年 3 月 10 日，甲公司出售对丙公司的全部投资，收到出售价款 1 880 万元已存入银行。甲公司按净利润的 10% 提取法定盈余公积。

根据持有待售非流动资产的认定条件，甲公司应将该权益性投资划归为持有待售权益性投资，会计处理如下（单位：万元）：

（1）20×8 年 6 月 30 日，将对丙公司的股权投资转为持有待售权益性投资。该权益性投资的账面价值为 1 996 万元（2 010 + 150×20% + 300×20% − 120×20% − 800×20%×6/12），重新估计的该权益性投资的处置净额为 1 880 万元，故甲企业应调低该权益性投资的账面价值 116 万元（1 996 − 1 880），并将其计入资产减值损失。会计分录为（单位：万元）：

借：资产减值损失 116

　　贷：长期股权投资减值准备 116

持有待售的对联营企业或合营企业的权益性投资在持有期间不再采用权益法核算，按照账面价值与公允价值减去处置费用后的余额孰低计量。

（2）合同已经明确了甲公司向丁公司转让丙公司 20% 股份的价格，该转让价格已经真实地反映了权益性投资在未来能够给企业带来的经济利益流入，是公允价值的最佳计量，没有发生变化。20×9 年 12 月 31 日，甲公司不需要进行会计处理。如果转让合同中规定以实际转让时股权的公允价值作为转让价格，以后权益性投资的公允价值发生变化，就需要在每个资产负债表日重新计价。

（3）20×9 年 3 月 10 日，实际转让该投资。会计分录为：

借：银行存款　　　　　　　　　　　　 1 880

```
    长期股权投资减值准备              116
    长期股权投资——损益调整            44
  贷：长期股权投资——成本            2 010
         ——其他权益变动30
```

同时，将直接计入所有者权益的利得 30 万元转入投资收益。

借：资本公积——其他资本公积30

　　贷：投资收益30

如果转让价格为 2 050 万元，则此时的股权投资处置净额为 2 050 万元，高于账面价值，因此，对丙公司的股权投资转为持有待售权益性投资时维持原账面价值 1 996 万元不变，处置时的差额计入投资收益。会计分录为：

```
借：银行存款                        2 050
    长期股权投资——损益调整            44
  贷：长期股权投资——成本            2 010
         ——其他权益变动            30
    投资收益                          54
```

同时，将直接计入所有者权益的利得 30 万元转入投资收益即可。

（三）重分类时的计量

非流动资产或处置组因不再满足持有待售类别的划分条件而不再继续划分为持有待售类别或非流动资产从持有待售的处置组中移除时，应当按照以下两者孰低计量。

（1）划分为持有待售类别前的账面价值，按照假定不划分为持有待售类别情况下本应确认的折旧、摊销或减值等进行调整后的金额；

（2）可收回金额。

企业终止确认持有待售的非流动资产或处置组时，应当将尚未确认的利得或损失计入当期损益。

《企业会计准则第 2 号——长期股权投资》（2014）第十六条规定，对联营企业或合营企业的权益性投资全部或部分分类为持有待售资产的，投资方应当按照《企业会计准则第 4 号——固定资产》的有关规定处理，对于未划分为持有待售资产的剩余权益性投资，应当采用权益法进行会计处理。已划分为持有待售的对联营企业或合营企业的权益性投资，不再符合持有待售资产分类条件的，应当从被分类为持有待售资产之日起采用权益法进行追溯调整。分类为持有待售期间的财务报表应当作相应调整。

结合上述两项会计准则的规定，对联营企业或合营企业的权益性投资，停止划归为持有待售资产时，资产应按照下列两项金额中较低者计量。①假设对联营企业或合营企业的权益性投资从未被划为持有待售权益性投资而正常采用权益法核算截止到不再出售之日的账面价值。②决定不再出售之日的可收回金额。

【例4】假定例3中，20×9年1月5日，甲公司与丁公司协商，决定解除双方签订的合同，甲公司董事会通过决议停止对外转让对丙公司的股权投资。20×9年1月5日该项投资可收回金额为1900万元。

由于甲公司与丁公司解除合同，董事会通过决议停止对外出售对丙公司的投资，则对丙公司的投资不再符合持有待售非流动资产的确认条件，因此，应停止将其划归为持有待售的权益性投资，而是转为一般的股权投资处理。会计处理如下。

20×9年1月5日，对持有待售的权益性投资进行权益法追溯调整。假定甲公司对丙公司的权益性投资从未划为持有待售，仍然按照权益法进行核算。截至20×9年1月5日，根据丙公司净资产的变化需调整的金额为80万元（800×20%×6/12），那么，不考虑划归为持有待售的权益性投资账面价值按照权益法追溯调整后金额为1 916万元（1 996 – 80），但是甲公司该项权益性投资在停止出售日的可收回金额为1 900万元，根据谨慎性原则，长期股权投资应按照两者中较低者1 900万元进行计量。因此，在进行权益法追溯调整时需要调整的金额为20万元（1 900 – 1 880）。会计分录为：

借：盈余公积　　　　　　　　　　　2
　　利润分配——未分配利润　　　　18
　　贷：长期股权投资——损益调整　　　20

【例5】20×6年12月10日，华夏公司购入一台不需安装的办公设备，原价64万元，预计使用10年，净残值4万元，采用年限平均法按月计提折旧。20×8年12月10日，华夏公司决定处置该设备，并与Y企业签订一份不可撤销的转让协议，约定于20×9年10月31日按43万元转让该设备。华夏公司预计将发生清理费3万元。此前，该设备未发生减值。20×9年6月30日，该设备公允价值为38万元，预计清理费 2 万元。20×9 年 9 月 20 日,华夏公司启动一个新项目,决定重新启用该设备,并与 Y 企业达成和解协议,当天该设备可收回金额为 30 万元。假设难以合理估计该设备未来现金流量现值,减值后不改变其经济利益实现方式,不考虑其他因素。

要求:写出华夏公司的相关账务处理(单位:万元)。

解答:

(1) 20×6 年 12 月 10 日购入设备,固定资产入账价值 64 万元。20×7—20×8 年按月计提折旧 0.5 万元。20×8 年 12 月 10 日转为持有待售固定资产:

20×8 年 12 月 10 日账面价值 = 64 − 24×0.5 = 52(万元)

新净残值 = 43 − 3 = 40(万元)

资产减值损失 = 52 − 40 = 12(万元)

借:资产减值损失　　　　 12

　　贷:固定资产减值准备　 12

20×9 年 1 月后不再计提折旧。

(2) 20×9 年 6 月 30 日计价

减值 = 账面价值 40 − 新净残值(38 − 2)= 4(万元)

借:资产减值损失　　 4

　　贷:固定资产减值准备　　 4

账面价值 = 36(万元)

(3) 20×9 年 9 月 20 日停止待售

20×9 年 9 月 20 日可收回金额 = 30 万元

计算假设没有划分为待售的账面价值:

20×9 年 6 月 30 日账面价值 = 64 − 30×0.5 = 49(万元),减值准备 = 49 − 可收回金额 36 = 13(万元),减值后月折旧额 = 36/90(7.5 年)= 0.4(万元),20×9 年 9 月 20 日账面价值 = 36 − 3×0.4 = 34.8(万元)

按二者中的较低者 30 万元计价,即确认减值损失:

减值损失 = 账面价值 36 − 较低者 30 = 6(万元)

借:资产减值损失　　　　 6

　　贷:固定资产减值准备　 6

五　持有待售的非流动资产、处置组和终止经营的列报

（一）持有待售的非流动资产、处置组和终止经营的列示

1. 资产负债表

企业应当在资产负债表中区别于其他资产单独列示持有待售的非流动资产或持有待售的处置组中的资产，区别于其他负债单独列示持有待售的处置组中的负债。持有待售的非流动资产或持有待售的处置组中的资产与持有待售的处置组中的负债不应当相互抵销，应当分别作为流动资产和流动负债列示。

根据《企业会计准则第 30 号——财务列报》（2014）被划分为持有待售的非流动资产应当归类为流动资产，被划分为持有待售的非流动负债应当归类为流动负债，并且在资产负债表中应该单独反映"被划分为持有待售的非流动资产及被划分为持有待售的处置组中的资产"与"被划分为持有待售的处置组中的负债"。

现行资产负债表能够满足持有待售的非流动资产、处置组的列示，所以不需要进行调整。

2. 利润表

企业应当在利润表中分别列示持续经营损益和终止经营损益。不符合终止经营定义的持有待售的非流动资产或处置组，其减值损失和转回金额及处置损益应当作为持续经营损益列报。终止经营的减值损失和转回金额等经营损益及处置损益应当作为终止经营损益列报。

这将改变现有利润表的格式。重新设计的利润表的格式见表 1 - 24 所示。

表 1 - 24　　　　　　　　　　　　利润表

项目	本期金额	上期金额
一、持续经营		
（一）营业收入		
减：营业成本		
营业税金及附加		
销售费用		

续表

项目	本期金额	上期金额
管理费用		
财务费用		
资产减值损失		
加：公允价值变动收益		
投资收益		
（二）营业利润（亏损以"－"号填列）		
加：营业外收入		
减：营业外支出		
（三）利润总额		
减：所得税费用		
二、持续经营净利润		
三、终止经营净利润		
四、净利润		
五、其他综合收益的税后净额		
（一）以后不能重分类进损益的其他综合收益		
（二）以后将重分类进损益的其他综合收益		
六、综合收益总额		
七、每股收益		
（一）基本每股收益		
持续经营产生的基本股每股收益		
终止经营产生的基本股每股收益		
（二）稀释每股收益		
持续经营产生的稀释股每股收益		
终止经营产生的稀释股每股收益		

　　本准则要求，在利润表中分别列示持续经营损益和终止经营损益，在附注中进一步披露有关终止经营损益和现金流量的详尽信息。在利润表主表中增加有关终止经营损益的信息，有利于财务报表更客观真实地反映企业经营成果，有利于报表使用者了解哪些经营将无法为企业创造现金流量。但如果在报表中提供过多有关终止经营的信息，可能造成冗余，降低报表使用者对重要信息的关注度。而且，终止经营在未来能够

产生的现金流量十分有限，以汇总金额披露应该能够满足报表使用者的基本需求。因此，本准则要求在利润表中单独列示项目反映终止经营损益，其他细化信息则在附注中进一步披露。

（二）持有待售的非流动资产、处置组和终止经营的披露

第二十五条规定，企业应当在附注中披露下列有关持有待售的非流动资产、处置组和终止经营的信息。

（1）持有待售的非流动资产或处置组的出售费用和主要类别，以及每个类别的账面价值和公允价值；

（2）持有待售的非流动资产或处置组的出售原因、方式和时间安排；

（3）列报持有待售的非流动资产或处置组的分部；

（4）持有待售的非流动资产或持有待售的处置组中的资产确认的减值损失及其转回金额；

（5）与持有待售的非流动资产或处置组有关的其他综合收益累计金额；

（6）终止经营的收入、费用、利润总额、所得税费用（收益）和净利润；

（7）终止经营的资产或处置组确认的减值损失及其转回金额；

（8）终止经营的处置损益总额、所得税费用（收益）和处置净损益；

（9）终止经营的经营活动、投资活动和筹资活动现金流量净额；

（10）归属于母公司所有者的持续经营损益和终止经营损益。

非流动资产或处置组在资产负债表日至财务报告批准报出日之间满足持有待售类别划分条件的，应当作为资产负债表日后非调整事项进行会计处理，并按照本条（1）至（3）的规定进行披露。

企业专为转售而取得的持有待售的子公司，应当按照本条（2）至（5）和（10）的规定进行披露。

（三）比较财务报表的列报

对于当期首次满足持有待售类别划分条件的非流动资产或处置组，不应当调整可比会计期间资产负债表。

对于当期列报的终止经营，企业应当在当期财务报表中，将原来作为持续经营损益列报的信息重新作为可比会计期间的终止经营损益列报，并按照本准则第二十五条（6）（7）（9）（10）的规定披露可比会计期间的信息。

终止经营不再满足持有待售类别划分条件的，企业应当在当期财务报表中，将原来作为终止经营损益列报的信息重新作为可比会计期间的持续经营损益列报，并在附注中说明这一事实。

（四）其他规定

拟结束使用而非出售的处置组满足终止经营定义中有关组成部分的条件的，应当自停止使用日起作为终止经营列报。

企业因出售对子公司的投资等原因导致其丧失对子公司控制权，且该子公司符合终止经营定义的，应当在合并利润表中列报相关终止经营损益，并按照本准则第二十五条（6）至（10）的规定进行披露。

企业应当在利润表中将终止经营处置损益的调整金额作为终止经营损益列报，并在附注中披露调整的性质和金额。可能引起调整的情形包括：（1）最终确定处置条款，如与买方商定交易价格调整额和补偿金；（2）消除与处置相关的不确定因素，如确定卖方保留的环保义务或产品质量保证义务；（3）履行与处置相关的职工薪酬支付义务。

非流动资产或处置组不再继续划分为持有待售类别或非流动资产从持有待售的处置组中移除的，企业应当在当期利润表中将非流动资产或处置组的账面价值调整金额作为持续经营损益列报。企业的子公司、共同经营、合营企业、联营企业以及部分对合营企业或联营企业的投资不再继续划分为持有待售类别或从持有待售的处置组中移除的，企业应当在当期财务报表中相应调整各个划分为持有待售类别后可比会计期间的比较数据。企业应当在附注中披露下列信息：（1）企业改变非流动资产或处置组出售计划的原因；（2）可比会计期间财务报表中受影响的项目名称和影响金额。

六　附则

本准则自 2017 年 5 月 28 日起施行。

对于本准则施行日存在的持有待售的非流动资产、处置组和终止经营，应当采用未来适用法处理。

未来适用法，是指将变更后的会计政策应用于变更日及以后发生的交易或事项。在未来适用法下，不需要计算会计政策变更产生的累积影响数，也无须重编以前年度的财务报表。企业会计账簿记录及财务报表上反映的金额，变更之日仍保留原有的金额，不因会计政策变更改变以前年度的既定结果，并在现有金额的基础上再按新的会计政策进行核算。

第十四节　合并财务报表相关抵销处理的思考

合并财务报表的编制是财务会计公认的一大难题，其难点主要在于调整分录和抵销分录的编制，特别是相关抵销分录的编制。本节就合并财务报表相关抵销处理的三个问题，即内部债权债务相关所得税抵销处理、内部商品交易合并抵销处理的难点与连续编制合并财务报表的抵销处理，展开分析，提出了独到的分析思路，以期解惑释疑、指导合并财务报表编制实务。

一　内部债权债务相关所得税抵销处理的思考

在 2014 年财政部会计司修订发布的《企业会计准则第 33 号——合并财务报表》中明确规定因抵销未实现内部销售损益导致合并资产负债表中资产、负债的账面价值与其在所属纳税主体的计税基础之间产生暂时性差异的，在合并财务报表层面应确认相应的所得税影响。但修订稿没有明确对内部债权债务相关的所得税会计合并抵销处理做出明确规定。

在合并财务报表中，对于内部交易所产生应收、应付等债权债务项目应予以抵销。抵销后的各项内部债权债务的金额为零，在合并财务报表中予以列示。但是这些已被抵销的内部债权债务的计税基础是没有改变的，依然与个别财务报表相同，因其账面价值与其计税基础不同产生暂时性差异，需要进行所得税的会计处理。下面分两种情况进行分析，探讨内部债权债务相关的所得税合并抵销处理。

（一）应收款项未发生减值情况的处理

【例1】甲公司是 A 公司的母公司。20×1 年 A 公司从甲公司购入一批货物，货款为 1 000 万元（含增值税），货款未付。年末，甲公司未对该项内部债权计提坏账准备。甲公司与 A 公司的所得税税率均为 25%。

在个别财务报表中，甲公司应收账款的账面价值为 1 000 万元，计税基础为 1 000 万元，不产生暂时性差异；A 公司应付账款的账面价值为 1 000 万元, 计税基础为 1 000 万元, 也不产生暂时性差异; 在合并财务报表中, 需要对该应收账款和应付账款进行抵销, 借记"应付账款"1 000 万元, 贷记"应收账款"1 000 万元。抵销后, 该应收账款与应付账款的账面价值均为 0 万元。企业合并抵销处理不改变各个企业中原有资产、负债的计税基础, 因而该应收款、应付款的计税基础皆为 1 000 万元。这样因应收账款账面价值与计税基础不同就产生了 1 000 万元的可抵扣暂时性差异, 应付账款账面价值与计税基础不同就产生了 1 000 万元的应纳税暂时性差异。这些差异是否需要进行所得税的会计处理呢?

有人认为, "因未来收回应收款项或清偿应付款项时不产生税收的影响, 因此, 暂时性差异与零税率的乘积, 其所得税影响也为零"①。笔者认为这种理解有一定的偏差, 为什么税率为零而不是 25% 适用的所得税税率呢? 这不太好解释。笔者认为可以从另外一种角度来分析。此项内部债权债务的抵销处理, 产生了 1 000 万元的应纳税暂时性差异和 1 000 万元的可抵扣暂时性差异, 由于是同一个抵销事项产生的差异应汇总计算其整体的影响, 不需要分别来确认。两项差异一正一负, 相互抵销, 汇总后暂时性差异为零, 因此不需要进行所得税的会计处理。

(二) 应收款项发生减值情况的处理

1. 发生减值当期的会计处理

【例 2】接例 1, 假定甲公司在 20 × 1 年末按照 10% 对应收 A 公司账款计提了坏账损失 100 万元, 应收账款的账面价值为 900 万元, 而税法规定应收账款实际发生坏账损失时才可税前抵扣, 其计税基础为 1 000 万元。甲公司因此产生了 100 万元的可抵扣暂时性差异, 并确认了 25 万元的递延所得税资产。

在个别财务报表中, 甲公司应收账款的账面价值是 900 万元, 计税基础为 1 000 万元, 产生的暂时性差异为 100 万元, 形成递延所得税资产 25 万元; A 公司应付账款的账面价值为 1 000 万元, 计税基础为 1 000 万元, 无暂时性差异。

在合并财务报表中, 抵销甲公司和 A 公司的应收账款和应付账款,

---

① 应唯:《所得税会计在合并财务报表中的运用》,《中国注册会计师》2008 年第 2 期, 第 69 页。

其账面价值均为 0 万元，而应收账款的计税基础为 1 000 万元，形成可抵扣暂时性差异 1 000 万元，应付账款的计税基础为 1 000 万元，形成应纳税暂时性差异 1 000 万元。两项差异应汇总分析对所得税的影响。由于两项差异一正一负，相互抵销，汇总后暂时性差异为零，因此所得税的影响金额为 0，不需要进行会计处理。但由于甲公司确认了 25 万元的递延所得税资产，应予以抵销处理。编制合并财务报表时应编制如下抵销分录（单位为万元，以下同）：

借：应付账款　　　　　　　　　1 000
　　贷：应收账款　　　　　　　　1 000
借：应收账款——坏账准备　　　　100
　　贷：资产减值损失　　　　　　100
借：所得税费用 25
　　贷：递延所得税资产 25

2. 连续编制合并报表时的相关处理

在以后年度连续编制合并财务报表时，对暂时性差异及所得税的处理与本年度相似，但需要考虑对期初对未分配利润的影响以及本期事项对所得税的影响。

【例 3】接例 2，20 × 2 年末，甲公司资产负债表中应收账款中有 1 350 万元为应收 A 公司账款，该应收账款账面余额为 1 500 万元，甲公司对其计提了 150 万元的坏账准备。由此产生了 150 万元的可抵扣暂时性差异，甲公司确认了 37.5 万元的递延所得税资产。

编制合并财务报表抵销分录时，有两种分析思路。

（1）思路一：

首先，抵销本期期末内部的应收账款和应付账款：

借：应付账款　　　　　1 500
　　贷：应收账款　　　　1 500

其次，抵销上期根据内部应收账款计提的坏账准备及其递延所得税，并确认其对期初未分配利润的影响：

借：应收账款——坏账准备　　　　100
　　贷：未分配利润——年初　　　　100
借：未分配利润——年初　　　　25
　　贷：递延所得税资产　　　　25

257

再次，抵销本期根据内部应收账款计提或冲销的坏账准备及其递延所得税。本期 A 公司计提了 50 万元（150 万元 – 100 万元）的坏账准备，并确认了 12.5 万元（150 万元 × 25% – 25 万元）的递延所得税资产。从企业集团的角度，这些新增的坏账准备与递延所得税资产都应该抵销：

借：应收账款——坏账准备　　　　50
　　贷：资产减值损失　　　　　　　50
借：所得税费用　　　　　　　　　12.5
　　贷：递延所得税资产　　　　　　12.5

（2）思路二：

首先，抵销本期期末内部的应收账款和应付账款，同思路一。

其次，假定上期的内部应收款本期全部收回，抵销上期根据内部应收账款计提的坏账准备及其递延所得税对期初未分配利润与本期损益的影响：

借：资产减值损失　　　　　　　　100
　　贷：未分配利润——年初　　　　100
借：未分配利润——年初　　　　　25
　　贷：所得税费用　　　　　　　　25

再次，抵销本期期末根据内部应收账款确认的坏账准备及其递延所得税。本期期末 A 公司确认了 150 万元的坏账准备和 37.5 万元（150 万元 × 25%）的递延所得税资产。从企业集团的角度，这些期末的坏账准备与递延所得税资产都应该抵销：

借：应收账款——坏账准备　　　　150
　　贷：资产减值损失　　　　　　　150
借：所得税费用　　　　　　　　　37.5
　　贷：递延所得税资产　　　　　　37.5

对比这两种分析思路，思路一，先把上期的（本期期初的）内部坏账准备与递延所得税予以抵销，再次把本期补提的内部坏账准备与递延所得税予以抵销，便于理解，但操作起来需要计算，增加了操作难度；思路二，先假定上期的内部应收款本期全部收回，抵销上期根据内部应收账款计提的坏账准备及其递延所得税对期初未分配利润与本期损益的影响，再次把本期期末的内部坏账准备与递延所得税予以抵销，理解起来有一定难度。两种思路，各有千秋，财务人员可根据企业的实际情况和自己的偏好选择适合的处理方式。

综上分析，编制合并财务报表时，由于抵销内部债权债务后，从企业集团整体角度看是不存在暂时性差异的，不需要确认递延所得税，但由于内部应收债权的企业因本身计提了坏账准备而确认了递延所得税资产，因此只需要抵销内部个别企业确认的递延所得税资产。这与因抵销未实现内部销售损益导致合并资产负债表中资产、负债的账面价值与其计税基础不一致需要在合并财务报表层面确认相应的所得税影响有明显不同。笔者认为，这可能就是在合并财务报表（修订）（征求意见稿）中未对内部债权债务相关的所得税会计合并抵销处理做出明确规定的原因所在。

二　内部商品交易合并抵销处理的难点解析

编制合并财务报表的难点在于调整抵销分录的编制，其中内部商品交易的合并处理更是令很多会计人员头疼的难题。内部商品交易合并处理的难点存在两个方面：一是内部交易形成的存货发生减值时存货跌价准备的合并处理；二是内部商品交易相关所得税的合并处理。

（一）存货跌价准备的合并处理

根据现行会计准则的规定，存货期末采取成本与可变现净值孰低法进行计价。从个别企业来说，如果内部购入的存货期末发生了减值，企业就会对其按照购入成本（即销货企业的销售收入）与可变现净值的差额提取存货跌价准备。但从企业集团角度看，该存货的成本（从企业集团范围内取得的成本，一般为销售企业的销售成本）未必高于其可变现净值，从而可能就不需要提取存货跌价准备，或者即使要计提但计提的金额也远低于个别企业提取的金额。因此，就需要编制存货跌价准备的抵销分录。

对于内部存货初次计提存货跌价准备的期间，由于只需要对比分析个别企业计提的与从企业集团角度应计提的存货跌价准备，按其差额编制合并抵销分录，相对比较容易掌握；对于发生减值的后续期间连续编制抵销分录时，既需要考虑上期抵销的存货跌价准备对本期期初的影响，又要对比分析本期个别企业计提的与从企业集团角度应计提的存货跌价准备，最终确定本期应抵销（或补提）的存货跌价准备，这就比较复杂了。所以存货跌价准备合并处理的难点在于连续编制合并财务报表时抵销分录的编制。

在连续编制合并财务报表存货跌价准备抵销分录时，有两种编制思路：常规思路与便捷思路。常规思路的处理是循序渐进式的，首先，将上期抵销的存货跌价准备对本期期初未分配利润的影响予以抵销，借记"存货"项目，贷记"期初未分配利润"。其次，对于本期销售上期存货多转出的存货跌价准备予以抵销，借记"营业成本"项目，贷记"存货"项目。这是由于个别企业本期销售期初存货在结转销售成本时需同时转出对其计提的存货跌价准备，其账务处理是借记"营业成本""存货跌价准备"，贷记"库存商品"，而从企业集团角度看这部分存货可能没有发生减值损失，并不需要转出存货跌价准备，从而需要编制抵销分录，借记"营业成本"，贷记"存货"。最后，对于本期个别企业对内部购进存货补提或冲销的存货跌价准备予以抵销，借记"存货"项目，贷记"资产减值损失"。这时分为两种情况进行相应处理，当本期内部购入存货的可变现净值高于抵销未实现内部销售损益后的取得成本时，从企业集团角度看该存货未发生减值，应将个别企业本期补提的存货跌价准备全部抵销；当本期内部购入存货的可变现净值低于抵销未实现内部销售损益后的取得成本时，从企业集团角度看该存货也发生了减值，但其应确认的跌价准备仅是可变现净值低于抵销未实现内部销售损益后的取得成本的差额，应以未实现销售损益为限抵销存货跌价准备，同时要扣除期末存货中由期初转入的跌价准备抵销数（实际上就是上期计提的存货跌价准备），故实际抵销数为未实现内部销售损益减去期末存货中由期初转入的抵销数。这种处理思路易于理解，操作起来抵销步骤多，特别是最后一笔抵销分录的编制有一定的难度，容易出现分析不清、计算错误等情形。

便捷思路的处理是完全切除存货跌价准备本期抵销数与上期抵销数的关联关系，通过直接分析从个别公司角度与从企业集团角度看存货跌价准备期末余额的差额，对期末存货跌价准备予以合并抵销处理。相关的具体抵销过程如下。首先，将上期抵销的存货跌价准备对本期期初未分配利润的影响予以抵销，假定上期存货本期全部销售出去了，相应的存货跌价准备也随之转出，借记"营业成本"项目，贷记"期初未分配利润"。其次，对比分析本期期末内部存货个别企业确认的与从企业集团角度应确认的存货跌价准备余额，将其差额予以抵销，借记"存货"项目，贷记"资产减值损失"与"营业成本"（属于期末存货跌价准备余额中上期计提的部分）。这时分为两种情况进行相应处理，当本期内部购入存货的可变现净值高于抵销未实现内部销售损益后的取得成本时，从企业集团角度看该存货未发生减值，应将个别企业期末的存货跌价准备余额全部抵销；当本期内部购入存货的可变现净值低于抵销未实现内部销售损益后的取得成本时，应以未实现内部销售损益金额抵销存货跌价准备。便捷思路操作起来简便，抵销步骤少，不容易出错，但理解起来有些难度。

下面举例予以说明。

【例4】甲公司系A公司的母公司，持有A公司60%的股权。甲公司20×1年向A公司销售商品取得销售收入1 000万元，该产品销售成本为700万元。A公司在20×1年未将该批内部购进商品对外售出，期末存货账面余额为1 000万元，可变现净值为800万元，A公司计提了200万元的存货跌价准备，并因此确认了50万元的递延所得税资产。20×2年甲公司又向A公司销售一批货物，取得销售收入800万元，该产品销售成本为560万元。A公司20×2年将上年内部购入的商品对外出售了的50%，本年内部购入的存货未实现对外销售，期末存货的账面余额为1 300万元，存货跌价准备余额为260万元，递延所得税资产余额65万元。甲公司和A公司适用的企业所得税税率均为25%。

20×1年，未考虑所得税会计的抵销处理

首先，将内部销售收入与销售成本以及期末存货中含有的未实现销售损益予以抵销。

借：营业收入　　　　1 000
　　贷：营业成本　　　　700
　　　　存货　　　　　　300

（注：单位为万元，以下相同）。

其次，抵销A公司对内部购入存货计提的存货跌价准备。

借：存货——存货跌价准备　　　200
　　贷：资产减值损失　　　　　　200

20×2年，连续编制合并报表时未考虑所得税会计的抵销处理

（1）常规思路的合并抵销处理

首先，将期初存货中包含的未实现销售损益对期初未分配利润的影响予以抵销。

借：期初未分配利润　　　300

　　贷：营业成本　　　　　300

其次，将上期抵销的存货跌价准备对期初未分配利润的影响予以抵销。

借：存货——存货跌价准备　　200

　　贷：期初未分配利润　　　200

接着，将本期销售期初存货转出的存货跌价准备予以抵销。

借：营业成本　　　　　　　　　100

　　贷：存货——存货跌价准备　　100

再次，将本期内部销售收入、销售成本与期末存货中包含的未实现销售利润予以抵销。

借：营业收入　　　800

　　贷：营业成本　　560

　　　　存货　　　240

最后，将本期 A 公司对内部存货计提的存货跌价准备予以抵销。

借：存货——存货跌价准备　　160（260－100）

　　贷：资产减值损失　　　　160

（2）便捷思路的合并抵销处理

仅列示与存货跌价准备有关的分录：

将上期抵销的存货跌价准备对期初未分配利润的影响予以抵销。

借：营业成本　　　　200

　　贷：期初未分配利润　　200

将本期 A 公司内部存货的存货跌价准备余额予以抵销。

借：存货——存货跌价准备　　260

　　贷：资产减值损失　　　　260

【例5】续例4，如果 20×2 年 A 公司内部存货的存货跌价准备余额为 400 万元。

（1）常规思路的合并抵销处理

由于该存货抵减未实现销售损益后账面价值为 910 万元（即 700×

50％＋560），可变现净值为900万元（即1 000×50％＋800−400），因此应以未实现销售利润（390万元）为限进行抵销，但需减去期末存货中由期初转入的抵销数100万元，即对其差额290万元进行抵销。前面的分录同上，最后一笔抵销分录应改为：

借：存货——存货跌价准备　　　290

　　贷：资产减值损失　　　　　　290

（2）便捷思路的合并抵销处理：

将上期抵销的存货跌价准备对期初未分配利润的影响予以抵销。

借：营业成本　　　　　　　　　200

　　贷：期初未分配利润　　　　　200

将本期A公司内部存货多计提的存货跌价准备予以抵销。

借：存货——存货跌价准备　　　390

　　贷：资产减值损失　　　　　　290

　　　　营业成本　　　　　　　　100

（二）内部商品交易相关所得税的合并处理

在编制合并财务报表时，由于需要对企业集团内部交易进行合并抵销处理，由此可能导致在合并财务报表中反映的资产、负债账面价值与其计税基础不一致，存在暂时性差异，应当进行所得税会计核算。所得税会计本身就是一大会计难题，将其与财务会计的另一大难题合并财务报表联系在一起，似乎是难上加难。但经过仔细分析后，只要把握了方法与技巧，内部商品交易所得税的合并处理并不难。

对于个别公司来说，内部交易形成的存货，其计税基础为购入成本，其账面价值为购入成本与存货跌价准备的差额，这就会形成可抵扣暂时性差异（当未发生存货减值损失时，无差异，处理起来较容易，属于特殊情况），差异额为存货跌价准备，并需要确认递延所得税资产。从企业集团角度来看，内部交易形成的存货，其计税基础与个别公司一致，仍然为购入成本，其账面价值需要分两种情况分析，当本期内部购入存货的可变现净值高于抵销未实现内部销售损益后的取得成本时，其账面价值为抵销未实现内部销售损益后的取得成本，从而形成金额等于未实现销售损益的可抵扣暂时性差异，对比个别公司，编制合并抵销分录时只需要补提抵减存货跌价准备后的未实现销售损益乘以适用税率计算的递延所得税资产；当本期内部购入存货的可变现净值低于或等于抵销未实现内部销售损益后的取得成本时，其账面价值与个别公司确认的账面价值相同，从而形成的可抵扣暂时性差异以及确认的递延所得税资产也与个别公司相同，此时不需要对个别公司确认的递延所得税资产进行调整。分析结果如表 1 – 25 所示。

表 1 – 25　　　　　内部商品交易形成存货的递延所得税的对比分析

项目	个别公司	企业集团	
		可变现净值高于抵销未实现内部销售损益后的取得成本	可变现净值低于或等于抵销未实现内部销售损益后的取得成本
计税基础	购入成本	购入成本	购入成本
账面价值	购入成本—存货跌价准备	购入成本—未实现销售损益	购入成本—存货跌价准备
可抵扣暂时性差异	存货跌价准备	未实现销售损益	存货跌价准备
递延所得税资产	存货跌价准备×适用税率	未实现销售损益×适用税率	存货跌价准备×适用税率

内部交易发生当期相关所得税的合并处理有两种思路。思路一，首先将个别企业确认的递延所得税资产予以抵销，然后从企业集团角度根据内部未实现销售利润（即从企业集团角度看存货的账面价值与计税基础的差额）确认相应的递延所得税资产。思路二，直接根据抵减存货跌价准备后的未实现销售利润乘以适用的所得税税率确认递延所得税资产。这是直接从企业集团角度与个别企业角度确认的递延所得税资产的差额考虑的。思路一更易于理解，思路二更便于操作。

下面举例予以说明。

续例 4，当可变现净值高于抵销未实现内部销售损益后的取得成本时，内部商品交易相关所得税的合并抵销如下：

20 × 1 年内部交易发生当期相关所得税的合并处理。

（1）思路一：

首先，抵销 A 公司确认的递延所得税资产。

借：所得税费用　　　　　　　　50

　　贷：递延所得税资产　　　　　50（200 × 25%）

其次，从合并报表角度确认递延所得税资产。

借：递延所得税资产　　　　75（300×25%）

　　贷：所得税费用　　　　75

（2）思路二：

直接根据抵减存货跌价准备后的未实现销售利润乘以适用的所得税税率补提递延所得税资产。

借：递延所得税资产　　　　25［（300－200）×25%］

　　贷：所得税费用　　　　25

20×2年连续编制合并报表时，相关所得税的合并抵销处理。

（1）思路一

首先，将上期的递延所得税资产对本期期初未分配利润的影响予以抵销。

借：递延所得税资产　　　　　　25

　　贷：未分配利润——年初　　25

其次，抵销A公司期末的递延所得税资产。

借：所得税费用　　　　　　65

　　贷：递延所得税资产　　65

再次，确认从合并报表角度应补提的递延所得税资产。

借：递延所得税资产　　　　72.5（390×25%－25）

　　贷：所得税费用　　　　72.5

（2）思路二

首先，将上期的递延所得税资产对本期期初未分配利润的影响予以抵销（假定上期的递延所得税资产本期全部转回，期末再做调整处理）。

借：所得税费用　　　　　　　　25

　　贷：未分配利润——年初　　25

其次，确认从合并报表角度应补提的递延所得税资产。

借：递延所得税资产　　　　32.5（390×25%－65）

　　贷：所得税费用　　　　32.5

续例5，当可变现净值低于抵销未实现内部销售损益后的取得成本时，内部商品交易相关所得税的合并抵销如下：

20×1年内部交易发生当期相关所得税的合并处理，同上。

20×2 年连续编制合并报表时相关所得税的合并抵销处理。

本期期末，从企业集团角度与从个别公司角度确认的递延所得税资产相同，所以只需要将上期的递延所得税资产对本期期初未分配利润的影响予以抵销。

借：所得税费用　　　　　　25

贷：未分配利润——年初　　25

三　连续编制合并财务报表抵销分录方法的探讨

编制合并财务报表的难点就在于调整抵销分录的编制，特别是连续期间的抵销分录。对于当期的抵销处理，由于只涉及一个期间，不需要将上期抵销事项对期初未分配利润进行调整，涉及抵销的事项相对较少，难度不是很大。对于连续编制合并财务报表时抵销分录的编制则要相对复杂得多，这不仅涉及上期抵销事项对本期期初未分配利润的影响，而且涉及对本期交易事项进行抵销时如何考虑上期抵销事项对本期的影响。许多财会人士往往对此感到无从下手，有畏难情绪。在此提出了两种编制思路与方法，以期解疑释惑，帮助财务人员准确掌握连续编制合并财务报表抵销分录的方法。

（一）合并财务报表的编制原则

在探讨合并财务报表编制方法时，首先要明确合并财务报表的编制原则。一是以个别财务报表为基础编制。合并财务报表编制流程是首先将母子公司各自编制的报表数据过录到合并工作底稿并进行汇总合计，然后编制调整抵销分录并过录到合并工作底稿，最后计算合并数并根据合并数编制合并财务报表。它不是直接以个别企业的账簿记录为基础分析填列，也不是根据上期合并财务报表金额分析调整本期的增减变动来编制。二是一体化原则。即将母公司与子公司作为整体来看待，视为一个会计主体，母公司与子公司发生的经营活动都应当从企业集团这一整体的角度来考虑，企业集团内部交易事项就需要做调整抵销处理。三是重要性原则。由于合并财务报表的编制涉及范围广，需要调整抵销的事项繁多，面面俱到、追求绝对准确既不现实，也不符合成本效益原则，因此需要基于重要性原则做出取舍判断。

连续编制合并财务报表时还需要注意抵销分录编制的两个处理技巧：一是调整分录与抵销分录调表不调账，调整抵销分录是为了编制合并财务报表而特别编制的辅助记录，它不需要调整母公司与子公司各自的账簿记录；二是遵循"从头再来"法则，即每期编制合并财务报表时都需要将上期抵销事项对本期期初未分配利润的影响予以反映，即需要将上期抵销分录重新写一次（需将其中的损益类科目换为年初未分配利润），这是由于本期合并财务报表是以个别未作调整的财务报表为基础编制的，它未考虑以前期间编制的调整抵销分录的影响，所以每次编制合并报表，都需要先"重复昨天的故事"。

（二）连续编制合并财务报表抵销分录的两种方法

根据合并财务报表的编制原则与具体处理技巧，笔者概括出连续编制抵销分录时的两种方法：循序渐进法与釜底抽薪法。

1. 循序渐进法

循序渐进法是指遵循时间发生顺序依次做出抵销处理。具体操作时，首先将上期的抵销事项对本期期初未分配利润的影响予以反映，即将上期编制的抵销分录重新写一次，只不过要将其中损益类科目换作年初未分配利润；其次，对本期中发生的交易予以抵销，比如对本期销售期初库存商品转出的存货跌价准备予以抵销；再次，对期末需要抵销的事项予以调整抵销，比如对期末存货跌价准备或递延所得税资产予以抵销，这里也有两种思路可供选择，一种是先把个别公司期末的存货跌价准备或递延所得税资产予以抵销，然后再从企业集团角度确定应冲销或补提的存货跌价准备或递延所得税资产，另一种思路是直接对比分析企业集团视角和个别公司视角存货跌价准备或递延所得税资产的期末余额，并对其差额应予以补提或冲销，但这两种思路都需要考虑上期转入的资产、负债的影响。

现举例说明如下。

【例6】甲公司持有A公司80%的股权，系A公司的母公司。甲公司20×1年向A公司销售商品取得销售收入2 000万元，该产品销售成本为1 400万元。A公司在20×1年将该批内部购进商品的60%实现对外销售，另外40%形成A公司期末存货，期末存货账面余额为800万元。A公司20×1年末对内部购入的存货计提了100万元的存货跌价准备，并因此确认了25万元的递延所得税资产。

20×2年甲公司又向A公司销售一批货物，取得销售收入1 000万元，该产品销售成本为700万元。A公司20×2年将上年内部购入的存货对外出售了 50%，本年内部购入的存货未实现对外销售，期末存货的账面余额为 1 400 万元。A 公司 20×2 年末内部购入存货的跌价准备余额为 360 万元，递延所得税资产余额 90 万元。甲公司和 A 公司的企业所得税税率均为 25%。

（1）合并当期相关抵销分录的编制（单位：万元，下同）：

首先将内部销售收入与销售成本以及期末存货中所含有的未实现销售损益予以抵销。

借：营业收入　　　　　　2 000
　　贷：营业成本　　　　　1 760
　　　　存货 240 　　（600×40%）

然后，抵销 A 公司计提的存货跌价准备。

借：存货——存货跌价准备　　　　100
　　贷：资产减值损失　　　　　　　100

接着，相关所得税合并抵销处理。

①思路一：

抵销子公司确认的递延所得税资产。

借：所得税费用　　　　　　25
　　贷：递延所得税资产　　　　25

从企业集团角度确认递延所得税资产。

借：递延所得税资产　　　　60
　　贷：所得税费用　　　　　60

②思路二：

根据抵减存货跌价准备后的内部未实现销售利润乘以适用的所得税税率确认递延所得税资产。

借：递延所得税资产　　　　35 ［（240－100）×25%］
　　贷：所得税费用　　　　　35

（2）连续编制合并报表时，采取循序渐进法相关抵销分录的编制：

首先，将上期抵销处理事项对本期期初未分配利润的影响予以反映。

借：未分配利润——年初　　　　240
　　贷：存货　　　　　　　　　　240

借：存货——存货跌价准备　　　　100

$$\text{贷：未分配利润——年初} \qquad 100$$
$$\text{借：递延所得税资产} \qquad 35$$
$$\text{贷：未分配利润——年初} \qquad 35$$

其次，将本期内部交易产生的销售收入与销售成本以及期末存货中所含有的未实现销售损益予以抵销。

$$\text{借：营业收入} \qquad 1\ 000$$
$$\text{贷：营业成本} \qquad 700$$
$$\text{存货} \qquad 300$$

接着，本期销售期初存货中包含的内部未实现利润与存货跌价准备予以转出。

$$\text{借：存货} \qquad 120$$
$$\text{贷：营业成本} \qquad 120$$
$$\text{借：营业成本} \qquad 50$$
$$\text{贷：存货——存货跌价准备} \qquad 50$$

将期末存货中计提的存货跌价准备予以抵销，抵销数为310万元（期末余额360万元 – 上期转入的余额50万元）。

$$\text{借：存货——存货跌价准备} \qquad 310$$
$$\text{贷：资产减值损失} \qquad 310$$

最后，相关所得税的合并抵销处理。

①思路一：

抵销子公司确认的递延所得税资产余额。

$$\text{借：所得税费用} \qquad 90$$
$$\text{贷：递延所得税资产} \qquad 90\ (360 \times 25\%)$$

确认从企业集团角度应补提的递延所得税资产。

$$\text{借：递延所得税资产} \qquad 70\ (420 \times 25\% - 35)$$
$$\text{贷：所得税费用} \qquad 70$$

②思路二：

直接确认本期应冲销的递延所得税资产。

$$\text{借：所得税费用} \qquad 20$$
$$\text{贷：递延所得税资产} \qquad 20\ [35 - (420 - 360) \times 25\%]$$

2. 釜底抽薪法

釜底抽薪法是指要切断上期抵销处理对本期期初资产、负债项目的影响，直接对比分析企业集团视角与个别企业视角相关资产、负债的期末余额，对其差异做出抵销处理。具体操作时，首先将上期抵销事项对本期期初未分配利润的影响予以反映，即将上期编制的抵销分录重新写一次，但需要将其中损益类科目换作年初未分配利润、资产类科目换作费用科目；其次，对本期中发生的交易予以抵销；再次，对期末需要抵销的事项予以调整抵销，这里也有两种思路可供选择，一种是先把个别公司期末的存货跌价准备或递延所得税资产予以抵销，然后确认从企业集团角度看应有的余额，另一种思路是直接对比企业集团视角和个别公司视角存货跌价准备或递延所得税资产的期末余额，根据其差额确定应计提或冲销金额，这两种思路都不需要考虑上期转入的资产、负债的影响。

现举例说明如下。

承例6，在20×2年连续编制合并财务报表时，采取"釜底抽薪法"，具体抵销处理如下（单位：万元）。

首先，假定上年内部购入的存货本期全部对外售出，将上期抵销处理对本期期初未分配利润的影响予以反映。

借：未分配利润——年初 240
　　贷：营业成本 240
借：营业成本 100
　　贷：未分配利润——年初 100
借：所得税费用 35
　　贷：未分配利润——年初 35

其次，将本期内部交易产生的销售收入与销售成本以及期末存货中所含有的未实现销售损益予以抵销。

借：营业收入 1 000
　　贷：营业成本 580（700 － 240 × 50%）
　　　　存货 420（240 × 50% ＋ 300）

将期末存货中计提的存货跌价准备予以抵销。期末A公司存货跌价准备余额为360万元，其中由上期转入了50万元（100 × 50%），本期A公司计提了310万元（期末余额360万元 － 由上期转入的50万元）。在前面的会计分录中，我们假定上期库存的存货本期全部对外售出，已将相对应的存货跌价准备全部转入了营业成本，而实际上本期只对外售出了 50% 的期初存货，应将多转入的营业成本 50 万元予以转回。

借：存货——存货跌价准备　　　360

　　贷：资产减值损失　　　　　310（本期计提的存货跌价准备）

　　　　营业成本　　　　　　　50（上期转入的存货跌价准备）

最后，相关所得税的合并抵销处理。

①思路一：

首先，抵销 A 公司期末的递延所得税资产。

借：所得税费用　　　　　　90

　　贷：递延所得税资产　　　90

其次，从合并报表角度确认递延所得税资产。

借：递延所得税资产　　　105（420×25%）

　　贷：所得税费用　　　　105

②思路二：

直接根据抵减存货跌价准备后的内部未实现销售利润乘以适用的所得税税率确认递延所得税资产。

借：递延所得税资产　　　15 [（420 – 360）×25%]

　　贷：所得税费用　　　　15

（三）两种连续编制抵销分录方法的比较与选择

通过上面的分析和举例说明，我们可以比较这两种方法的特点与应用选择。循序渐进法是按照时间发生循序依次进行抵销处理，便于理解，但操作起来较烦琐，特别是对期末相关资产、负债抵销时需要考虑期初抵销处理的影响，计算较复杂，容易出错；釜底抽薪法是在期初抵销时将资产、负债类科目用本期损益类科目替代，完全消除上期抵销事项对本期期初资产、负债的影响，从而只需要从企业集团角度与个别企业角度比较期末余额的差额并做出抵销处理，操作起来较简便，计算相对简化，不容易出错，但对期初的抵销处理是在假定的条件下做出的，不容易理解，且应用范围受到一定的限制，不适合内部固定资产交易的抵销处理。这主要是由于固定资产可以使用较长时间，基于其交易产生的未实现内部损益会长期存在，釜底抽薪法不仅不会简化抵销处理，还会搞得更复杂。

总之，连续编制抵销分录的两种方法各有千秋，只要运用得当都会得出准确合理的结果。在具体应用时，两种方法不仅可以单独使用，也可以结合两种方法使用，即对有的项目（比如存货跌价准备的抵销）采取循序渐进法，有些项目（比如递延所得税资产）采取釜底抽薪法。在具体应用时还要考虑会计人员的思维习惯与各抵销项目的特点，由会计人员做出恰当的选择。

第二章　国际金融工具会计
改革及启示

　　2008 年美国金融危机爆发，由此引发了全球金融风暴，金融工具会计问题与公允价值计量问题首当其冲。金融工具会计准则体系普遍被认为太过复杂，而且金融资产减值"太少，太迟"，且具有"悬崖效应"。迫于政治和舆论双重压力，IASB 和 FASB 加速了金融工具准则的修订与改革。为了降低金融工具会计复杂性，改善财务报告质量，IASB 和 FASB 于 2008 年底联手启动了"金融工具确认和计量"改进项目。IASB 决定制定 IFRS 9 以替代 IAS 39，并将修订过程划分为三个阶段：一是金融资产和金融负债的分类与计量；二是金融资产减值方法；三是套期会计。每一个阶段完成后，就替换 IAS 39 中的相应内容，并成为 IFRS 9 中的一章。经过多轮反馈与修订，最终于 2014 年 7 月 24 日发布《国际财务报告准则第 9 号——金融工具》（IFRS 9）最终稿，内容包括金融资产分类和计量、金融工具减值和套期会计三部分。IFRS 9 已于 2018 年 1 月 1 日开始生效，允许提前采用。IFRS 9 的发布是对 IAS 39 的全面替代，具有重大的理论价值和现实意义。下面笔者将对 IASB 金融工具准则的发展历程、IFRS 9 的三部分主要内容（即金融工具的分类与计量、金融资产的减值和套期会计）、IFRS 9 对我国银行和非金融企业的影响以及 IF-RS 9 改革的启示展开深入研究，以期完整理解 IFRS 9 的主要内容和精髓所在，探讨会计准则的发展趋势，并对中国应对 IFRS 9 提出建设性、针对性的策略。

第一节 金融工具准则发展历程

一 金融工具的概念及特点

（一）金融工具的概念

金融工具一直是理论界和实务界研究的热点问题，对金融工具的一系列问题也存在不少争论，但关于金融工具的概念界定等问题经过多年的研究已经趋于完善，对于金融工具的认识各方意见已经基本趋于统一。

对于金融工具的定义，早在 1986 年，FASB 就开始着手研究制定相关准则。1990 年 3 月，FASB 发布第 105 号财务准则公告《有表外风险的金融工具与有集中信用风险的金融工具》（SFAS 105），公告中解释了金融工具的概念。金融工具是指现金、对某主体的权益凭证或同时具有以下两个条件的合约：对一个主体支付现金或金融工具给另一个主体，或与另一主体在潜在不利条件下交换金融工具；赋予另一主体从前一主体获取现金或另一金融工具或与前一主体在潜在有利条件下交换金融工具的合约权利。1995 年，IASC 发布第 32 号国际会计准则《金融工具：披露和列报》（IAS 32），对金融工具采取如下定义：金融工具是指形成一个主体金融资产的同时，形成另外一个主体金融负债或权益工具的合约。这一定义与 SFAS 105 的定义内容上是一致的，只是在表述形式上作了调整，更侧重于表达衍生工具的特征。IAS 32 对定义中金融资产、金融负债和权益工作作了列举说明。

2006 年我国新企业会计准则公布，在第 22 号准则《金融工具确认和计量》中对将金融工具定义为：形成一个企业的金融资产并形成其他单位的金融负债或权益工具的合同。主要包括金融资产、金融负债和权益工具。其中，金融资产是指企业或个人所拥有的、以价值形态存在无实物形态的资产，是一种可以索取实物资产的权利。金融资产通常包括：现金、银行存款、应收款项、贷款、股权投资、债券投资以及衍生金融工具形成的资产等。金融负债是指基于下列合同义务的负债：一是向另一个企业交付现金或另一金融资产的合同义务；二是在潜在的不利条件下，与另一企业进行金融工具交换的合同义务。金融负债通常包括：应付账款、应付票据、应付债券等。权益工具是指金融工具中形成的股权的一类工具，是代表拥有某个企业在扣除所有负债后的资产中剩余权益的合同。从权益发行方的角度看，权益工具属于所有者权益的组成部分，比如企业发行的普通股、认股权证等。

（二）金融工具的特点

1. 风险性

风险性是指金融市场中由于未来事项的不确定性而使金融工具的持有者遭受损失的可能性。金融工具的风险主要是信用风险和市场风险。信用风险是指债务人不履行合约，不按期归还本金的风险。对于市场上的投资者而言，信用风险是普遍存在的，因此对投资对象进行严格审查，充分考察投资对象的信息是规避信用风险的有效措施。市场风险是金融工具的市价波动而带来的风险，其中最典型的市场风险就是利率风险。当利率上升时，金融资产的价格就下跌；反之当利率下降时，金融资产的价格就上升。

2. 流动性

流动性是指金融资产转换为货币资产的能力，也可以理解为变现能力。良好的流动性包括三方面的含义：一是能够很容易地变现；二是交易成本必须极小；三是本金必须保持相对稳定。一般情况下，基础金融工具的市场流动性较高，期权、期货合同等衍生金融工具的可转让性较弱。在目的经济环境中，金融工具的存在是以高度的市场流动性为基础的，日趋复杂的衍生金融工具创新也是基于流动性作为设计的基本前提。

3. 复杂性

金融工具的复杂性主要表现在形式的多样性和设计方法的灵活性。近年来，随着金融市场的快速发展，衍生金融工具层出不穷，其形式也日趋复杂，其定价估值更是需要利用复杂的模型才能计算。目前，一些大型的金融机构可以根据特定客户的需求设计相应的衍生金融产品，并进入市场交易。

金融工具的风险性、流动性以及复杂性等特点，使得传统的会计计量模式无法准确反映，这就对金融工具的确认、计量和披露提出了新的要求。

二　金融工具准则的发展历程

IASB 与 FASB 作为全球最具影响力的会计准则制定机构，在金融工具的研究方面做了大量的工作，并形成了较为完善的理论体系。下面将重点梳理 FASB 与 IASB 关于金融工具会计准则发展的历程。

（一）FASB 金融工具准则的发展历程

FASB 在金融工具会计准则研究和金融工具会计准则制定方面一直居于国际领先地位，为此我们首先对其金融工具相关会计准则发展历程进行回顾。①

1. 金融工具会计准则的初始发展阶段

20 世纪 90 年代初，一些新兴的衍生金融交易开始活跃在美国资本市场，如远期外汇交易等，它们的出现冲击了金融市场管理制度，当然这包括会计准则在内。为了防范此类问题，FASB 于 1981 年 12 月发布了 SFAS 52《外汇折算》，该准则主要是针对外汇远期合约的会计处理问题。随后，于 1984 年 8 月，FASB 发布了 SFAS 80《期货合约会计》（如今为 SFAS 13），新的准则依据交易目的不同，分别规范了套期保值合约和投机合约的会计处理和报告，其主要应用在商品期货市场中。

2. 金融工具会计准则的披露与列报阶段

20 世纪 90 年代金融自由化浪潮开始兴起，证券价格、利率和汇率价格的波动也越来越活跃，为了规避信用风险、市场风险、现金流量风险、流动风险等，大量的衍生工具被创造出来。为了解决投资衍生金融工具和其他金融工具投资的确认和计量引发的问题，完善金融工具会计准则，FASB 制定了一系列会计准则。其中《关于衍生金融工具和金融工具的公允价值的披露》（SFAS 119）就是在原有《具有表外风险和具有集中信用风险的金融工具的信息披露》（SFAS 105）准则的基础上完善的，除此之外，《金融工具公允价值的披露》（SFAS 107）的颁布更是在衍生金融工具和金融工具公允价值的披露方面实现了新的发展。

3. 金融工具的确认和计量阶段

1996 年 6 月，FASB 公布了《衍生商品和类似金融工具以及对套期活动的会计处理》征求意见稿。在对征求意见稿反馈意见进行分析的基础上，于 1997 年底形成新准则，新准则的制定标志着新的关于衍生金融工具会计准则的完成。1998 年 6 月份，FASB 公布《衍生工具和套期

① 本部分内容参考了董蒙《IFRS 9 对我国上市银行财务报告的影响分析——基于会计准则国际趋同的研究》，硕士学位论文，北京工商大学，2013 年。

活动会计》（SFAS 133），其颁布在一定程度上表明衍生金融工具实现了表内确认，并且颁布的新准则提出了一系列的标准来完善衍生金融工具及其套期保值活动。

FASB 和 IASB 于 2005 年 4 月、10 月举行了两次联合会议，最终双方达成共识。双方计划通过建立三个长期项目以实现简化及完善会计准则的目标。2006 年 3 月，为了进一步改善财务报告准则质量，实现会计准则的趋同，FASB 和 IASB 进一步讨论了相关合作事宜，双方最终达成一项谅解备忘录——国际财务报告准则（IFRS）与美国公认会计准则（US GAAP）趋同路线图。趋同路线图的提出表明会计准则趋同又迈上了新的历程。

4. 金融工具准则的持续修订

2008 年 6 月，FASB 提出了改进套期会计的草案，即"套期活动会计——对 FASB 133 号准则的修订"征求意见稿。同年 10 月，FASB 和 IASB 再次举行了联合会议，在会议上双方工作人员对征求意见稿的反馈意见进行了汇总分析，主要包括降低套期会计活动复杂性和套期会计征求意见稿两个部分的内容。2008 年 12 月 15 日，为了解决现存的金融工具会计准则和报告准则的复杂性问题，在综合考虑各方面的意见的基础上，FASB 决定在其技术议程中增加一个综合项目，IASB 将与 FASB 联合完成此项目。

在 IASB 改革 IAS 39 的同时，FASB 给予密切关注和配合，同时也积极采取了一系列措施。2010 年 5 月 26 日，FASB 发布了拟议的会计准则更新《金融工具会计以及对衍生工具和套期活动会计的修订》（ED）。2011 年 1 月 31 日，FASB 联合 IASB 发布了对上述 ED 的一份补充文件《金融工具会计以及对衍生工具和套期活动会计修订的补充文件——减值》（ED）。

在套期会计方面，FASB 在 2010 年 5 月发布了《金融工具会计以及对衍生工具和套期活动会计的修订》，并于 2011 年 2 月 9 日发布了一份讨论稿《关于套期会计部分问题的邀请评论》（以下简称 DP），在套期有效性、套期工具和被套期项目公允价值变动确认以及终止确认方面做了修改和进一步的说明，以此为 IASB 发布的套期会计 ED 提供参考意见。

2012 年 12 月，FASB 发布了名为《金融工具（总则）：金融资产与负债的确认与计量》的会计准则改进（征求意见稿），涵盖金融工具的确认、分类、计量以及披露等多方面内容。征求意见稿主要内容如下。（1）金融资产按照合同现金流特征以及商业模式分为三类。当金融工具的合同现金流特征是仅包括本金和利息支付时，如果商业模式是以收取合同现金流为目的，应以摊余成本计量。如果商业模式是既收取合同现金流，同时又准备出售，则应以公允价值计量，变动计入其他综合收益。如果金融工具的合同现金流特征不符合上述条件，应以公允价值计量，变动计入损益。当金融资产的商业模式发生重大改变时，允许对金融资产进行重分类。（2）对金融负债的计量取决于报告主体预期清偿这些债务的方式，当企业计划随后转让金融负债，或金融负债来自做空，或企业计划将金融负债与指定的金融资产相匹配时，可以对金融负债采用公允价值计量。否则采用摊余成本计量。（3）调整目前准则下的公允价值选择权。取消了对权益法核算投资的公允价值选择权，将对大多数金融工具的无条件选择权改为有条件的选择权。（4）对混合金融工具的规定。对于现金流不仅限于利息和本金的混合金融资产，无须拆分嵌入式衍生金融工具，整体以公允价值计量，变动计入损益。但对混合金融负债仍然要求拆分。

FASB 于 2012 年 12 月 20 日单独发布了关于金融工具减值的《会计准则改进建议：金融工具——信贷损失》（征求意见稿）。该提案建议使用"当前预期信贷损失模型"（Current Expected Credit Loss Model，简称 CECL 模型）来代替美国通用会计准则中现行的多种减值模型，从而使用单一的"预期损失"计量目标来计提贷款损失减值。FASB 的方案相比 IASB 的最大不同是，当信贷资产剩余年限在一年以上，且在未来12 个月内预期不会发生损失事件时，IASB 拟提出的减值模型将推迟全额确认预期贷款损失减值，直到满足一定的触发条件；而 CECL 模型即使预期损失事件发生在 12 个月之后，也需要在每个报告日确认预期贷款损失减值。目前，FASB 也正在制定基于预期信用损失模型的金融工具减值方面的会计准则，正式稿预计于 2015 年 6 月发布。

2014 年 11 月 3 日，FASB 更新《衍生工具和套期保值》（Topic 815）会计准则。FASB 规定，如果嵌入式衍生品的经济特性和风险与主合同不具有密切相关关系，则发行或投资混合金融工具的企业应将嵌入衍生品从主合同中分离，并单独计量。此次更新进一步明确了"股票形式的混合金融工具"主合同（Host Contract）性质的判断标准。

（二）IASB 金融工具准则的发展历程

IASB 对金融工具准则的制定工作是随着市场经济的深入发展特别是衍生金融工具的创新壮大密切相关的。①

1. 初始发展阶段

1988 年，IASC（IASB 前身）与加拿大特许会计师协会（CICA）计划合作制定一项综合性国际会计准则，该会计准则主要涉及三个方面，金融工具会计准则确认、会计计量和会计披露。1991 年 1 月，两委员会公布征求意见稿，即 IASC 第 40 号国际会计准则征求意见稿（E40）。由于各国金融工具会计准则现状和发展特性的不同，两委员会很难就各方面问题形成统一的意见和建议。最后，IASC 不得不提出了新的征求意见稿，即第 48 号国际会计准则征求意见稿（E48）。尽管新的征求意见稿再次提出，国际会计界在面对一些重大的会计确认和计量问题时仍然存在很大的分歧，并且这些分歧暂时是无法解决的。鉴于此，IASC 计划通过分阶段实施的方式，以新的调整战略来完成会计准则的制定。

2. 披露与列报准则的演进阶段

这主要是以 IAS 32 为标志的披露和列报阶段。IASC 于 1995 年 6 月正式发布《国际会计准则第 32 号——金融工具：披露与列报》（IAS 32），对资产负债表内已确认金融工具的列报和表内已确认与表外未确认金融工具的披露做出规范。IASC 在 IAS 32 中指出，当前金融工具的运用范围越来越广泛、种类越来越丰富，既存在传统的基础金融工具，也存在形式多样的衍生金融工具。不少财务信息使用者反映，金融工具与资产负债表、损益表、现金流量表这三表之间的钩稽关系难以理解，金融工具对三表所呈现财务信息的影响也难以把握。于是 IAS 32 规定了金融工具的表内列报要求，强调了金融工具的信息披露，以解决上述问题，提高会计信息的相关性与可理解性。

3. 确认与计量准则的演进阶段

随着 IAS 32 的颁布，金融工具列报披露问题得到初步解决，金融

---

① 本部分内容参考了金珺《IFRS 9 金融资产分类与计量的变化对我国的影响研究》，硕士学位论文，浙江财经学院，2012 年 12 月。

工具的确认和计量问题开始进入 IASC 改革的进程。开始时，IASC 意图对金融工具一律采用公允价值计量的方式，但是它并没有考虑到各国的现状，没有完全意识到该问题的困难性。1997 年 3 月，IASC 和 CICA 联合发布了《金融资产和金融负债的会计处理》讨论稿公开征求意见，根据该讨论稿的内容，所有的金融工具项目包括金融资产和金融负债都应当采用公允价值计量。该讨论稿显然没有考虑各国的实际，讨论稿自发布便引起了轩然大波。人们纷纷对公允价值会计计量方法和未实现损益会计处理提出质疑。1998 年 12 月，在广泛征求社会各界意见的基础上，IASC 发布了 IAS 39《金融工具：确认和计量》，该准则的颁布标志着金融工具会计准则总体规划的初步完成。该准则规定大部分金融资产以公允价值计量，而大部分金融负债仍然以历史成本计量，这种不对称的混合计量模式注定 IAS 39 只是一份过渡性而非最终的会计准则。

4. 局部改进阶段

2001 年 4 月，IASC 重组为 IASB。2001 年 7 月，IASB 决定对若干国际会计准则进行修订，毫无疑问，IAS 32 与 IAS 39 的修订与改进成为重点。2002 年 6 月，IASB 发布了旨在改进 IAS 32 与 IAS 39 的征求意见稿。2005 年 8 月 IASB 发布了国际财务报告准则《金融工具：披露》（IFRS 7）。IFRS 7 替代了 IAS 30《财务报告内银行和类似金融机构的披露》和 IAS 32《金融工具：披露与列报》中的部分规定。新准则要求根据主体使用金融工具的广泛程度和面临的财务风险判断披露的详细程度，在一定程度上规范了金融工具产生风险的披露要求。

5. 全面修订阶段

2008 年金融危机爆发，金融工具会计准则受到 G20 等国际金融机构的指责，IASB 对其修订与改进势在必行。鉴于金融工具准则在金融危机中暴露的问题和各方压力，IASB 于 2008 年 3 月发布讨论稿《减少金融工具准则报告的复杂性》，标志着 IFRS 9 对 IAS 39 的替代项目开始。该替代项目分为三个部分，第一个部分是金融工具分类与计量，第二个部分是金融工具减值，第三个部分是套期会计。

（1）金融工具的分类与计量

2009 年 7 月，IASB 发布了包含第一阶段内容的征求意见稿，并于2009 年 11 月发布了正式版《国际财务报告准则第 9 号——金融工具》，它只规范了金融资产的分类，将 IAS 39 金融资产的四分类改为两分类：

以公允价值计量的金融资产和以摊余成本计量的金融资产。2010 年 5月，IASB 公布《金融负债的公允价值选择权》征求意见稿，主要是研究金融负债利得和损失的公允价值选择权，建议将应用公允价值选择权指定为公允价值计量的金融负债的公允价值变动全额计入损益，同时将变动总额中报告主体自身信用风险影响的部分转计入其他综合收益。2010 年 10 月，该准则被扩充到金融负债的分类。此次修订的《国际财务报告准则第 9 号》，更加注重"原则导向"而不是"规则导向"，从而要求会计、审计人员具有更高的职业判断能力，同时也增加了更多的应用指引。2011 年 12 月，IASB 将《国际财务报告准则第 9 号》的生效日期，从 2013 年 1 月 1 日推迟到 2015 年 1 月 1 日，并允许提前采用。

2011 年 11 月，国际会计准则理事会决定对《国际财务报告准则第9 号》进行有限的修订，主要考虑先前发布内容在实际应用中所遇到的具体问题、与"保险合同修订项目"的相互影响，以及与美国公认会计原则之间的主要差异。2012 年 11 月，国际会计准则理事会发布了征求意见稿《金融工具：分类和计量》，它将引入一类新的债务工具，即以公允价值计量且其变动计入其他综合收益的债务工具。至此，债务工具将被分类为三种计量模式：摊余成本、以公允价值计量且其变动计入损益，以及以公允价值计量且其变动计入其他综合收益。在 2013 年 3月 28 日，IASB 已经完成了对《IFRS 9 有限修订》的征求意见。2014年 2 月 25 日，IASB 完成了对 IFRS 9 金融工具分类与计量有限修订的审议。2014 年 7 月发布的完整版 IFRS 9（2014），涵盖了此次有限修订的结果。

（2）金融工具减值

2009 年 11 月，IASB 发布征求意见稿，提出了金融工具减值的"预期损失"模型，以取代饱受诟病的《国际会计准则第 39 号——金融工具：确认和计量》（IAS 39）所使用的"已发生损失"模型。预期损失模型下，减值损失的确认范围从已发生损失扩展到了预期信用损失，不仅包括已发生损失，还包括信用风险管理中未来将发生的预期损失，确认范围比已发生损失模型更为广泛。

为解决预期损失模型实际操作上的难题，IASB 和 FASB 于 2011 年1 月联合发布了《金融工具：减值》的补充文件，提出了一个新的专门针对开放性组合的减值模型。这一模型采纳了此前反馈意见关于"脱钩"的建议,要求企业将金融资产区分为"好账"或"坏账"(两分类法),并分别采取不同方式确认它们的预期信用损失。

鉴于国际对 IASB 和 FASB 趋同的强烈呼声以及实现趋同的重大意义,IASB 和 FASB 于 2011 年 6 月提出了一个反映信用质量恶化的一般模式的模型,也即"三组别法"("three buckets")。在该方法下,确认为减值准备的预期信用损失金额将取决于自初始确认起金融工具信用质量恶化的程度。该方法力图模拟金融机构的风险管理活动,根据信用风险的不同设定三个金融资产组别。随着信用风险的恶化或改善,金融资产在这三个组别之间迁移。

由于在金融资产减值等方面积累的矛盾无法调和,FASB 决定单独开发"当前预期信用损失模型";IASB 决定以"三组别法"为基础,完成了目前 IFRS 9 中的"一般模型",该方法全称是"信用风险恶化的一般模式(分为三个阶段)模型",简称"三阶段模型"或"一般模型"。三阶段模型的主要要点是,金融资产应根据其信用质量及其风险变化分为三个阶段,并分别采用不同的方法估计每个组别的预期信用损失。2013 年 3 月,IASB 发布了修改后的征求意见稿,并于 2014 年 7 月将其列入了修订后的完整版的正式准则 IFRS 9(2014)中。

(3)套期会计

2008 年 3 月,IASB 发布的讨论稿《减少金融工具报告的复杂性》,包括了简化套期会计处理的提议。2010 年 12 月,IASB 发布了一项征求意见稿《套期会计》,它提议实质性简化一般套期会计处理。2012 年 9 月,国际会计准则理事会重新发布了第二次征求意见稿。最终,《套期会计》的修订于 2013 年 11 月正式完成,并发布了修订后的《国际财务报告准则第 9 号》IFRS 9(2013)。它彻底取代了《国际会计准则第 39 号》中"规则导向"的套期会计,比如,删除了判断套期有效性时"80%—125%"的硬性规定,更关注套期项目和套期工具之间的经济关系,以及该经济关系所产生的信用风险,使其与风险管理活动联系的更为密切。

值得注意的是,宏观套期会计,原本属于《套期会计》修订阶段的一部分,2012 年 5 月,IASB 将其单独分离出来。它将关注金融机构净利率差的套期工具,并可能制定新的会计处理理论,以反映宏观套期工具的风险管理活动。IASB 于 2014 年第一季度发布了宏观套期会计的讨论稿。

2014 年 7 月 24 日，IASB 发布《国际财务报告准则第 9 号——金融工具》（IFRS 9）最终稿，历经 6 年之久的修订过程终于结束，全新版的金融工具准则终于诞生了，其内容包括金融资产分类和计量、金融工具减值和套期会计三大部分。IFRS 9 于 2018 年 1 月 1 日开始生效，允许提前采用。

第二节　IFRS 9 金融工具分类与计量

一　IFRS 9 金融工具分类与计量改革的过程

（一）IFRS 9（2009）

IASB 将金融工具会计准则漫长的建设过程分为三个阶段：金融资产和金融负债的分类与计量、金融资产减值方法和套期保值会计。由于任务的艰巨性，即使是第一阶段"金融资产和金融负债的分类与计量"，IASB 也只能分步骤来完成。2009 年 7 月，IASB 对外公布了一份征求意见稿，涉及金融工具的分类与计量，涵盖了对金融资产和金融负债的分类与计量。IASB 在 2009 年 11 月发布了 IFRS 9（2009），但其内容仅涉及金融资产的分类与计量。

IFRS 9（2009）对金融资产的分类基础进行了变革，主要依据业务模式测试和合同现金流量特征测试两类标准，将金融资产由四分类法转变成按公允价值计量和摊余成本这两分类。"业务模式测试"是指主体持有金融资产的目的是收取合同现金流量而不是在合同到期前通过出售金融资产以获取公允价值变动带来的利得。"合同现金流程特征测试"是指主体持有金融资产获取的现金流量是按照合同规定应该收取的本金以及为支付本金所产生的利息，此处的利息指的是货币时间价值和在特定时间内为支付本金所产生的相关信用风险。

IASB 认为依据这两条分类标准能使摊余成本更好地为投资者提供决策有用的信息。应将同时满足这两个标准则金融资产以摊余成本计量，其他的以公允价值计量。且在同时满足上述两个条件的基础上，必须先通过商业模式测试才能进行现金流量测试。不以交易目的持有的权益工具投资，持有者可以在初始确认时指定为以公允价值计量且其变动计入其他综合收益工具投资。

按照金融资产的特征，可以将其分为权益工具和债务工具。权益工具收取的合同现金流量的变动程度较大，不满足 IFRS 9（2009）中的两个测试标准，故按照公允价值计量权益工具。债务工具可以按照摊余成本计量也可以按照公允价值模式计量，具体计量方式的选择是根据上述两个测试的进行检验，如果同时满足两个标准通常以摊余成本计量，不能同时满足这两个条件的按公允价值计量。

IFRS 9（2009）允许主体对金融资产重分类，规定只有当主体持有金融资产的业务模式发生改变时才能将金融资产进行重分类。并且如果一项金融资产被指定为以公允价值计量且其变动计入其他综合收益，则该金融资产不可进行重分类，其他类型的金融资产也不能重分类进该类金融资产。在实际的经济活动中，商业模式极少发生改变，因为商业模式的改变对于公司的管理和业绩都会产生非常大的影响。IFRS 9 关于重分类的规定在一定程度上也防止了管理层通过重分类来进行盈余管理。

（二）IFRS 9（2010）

在此之后，IASB 随即展开对金融负债分类与计量问题的深入研究和广泛的意见听取，而重点又放在企业自身信用风险发生不利变化时金融负债的公允价值变动是否应计入当期损益问题上（这种情况仅存在于企业作公允价值选择权指定时）。相应地，IASB 于 2010 年 5 月公布了一项征求意见稿，即"金融负债的公允价值选择权"，提议将自身信用风险不利变化导致的金融负债公允价值变动先计入其他综合收益；2010年 10 月，该项工作很快便完成，发布了 IFRS 9（2010）。

IFRS 9（2010）要求，在其涉及范围内的金融负债（也即 IAS 39 涉及的金融负债范围），基本上仍应沿用 IAS 39 的规定进行分类与计量。对于按公允价值计量的金融负债，除非初始确认时即分类为交易性金融负债或为交易而承担的负债，从而其公允价值的后续变动计入当期损益，否则其公允价值的变动应予区分处理。这个问题在企业作金融负债公允价值选择权指定时会遇到。此时，要区分公允价值的变动是不是由债务信用风险变化引起的，从而选用不同的方法进行处理：债务信用风险变化引起的公允价值的变动应计入其他综合收益，非债务信用风险变化带来的公允价值变动计入当期损益。实际上，核心的问题在于如何核算和反映债务人自身信用风险变动导致的债务贬值问题。关于金融负债的其他问题，IFRS 9（2010）几乎都承续了 IAS 39 的做法。

（三）IFRS 9（2013ED）

关于金融工具的分类还没有最终定论。主要原因在于：一是 IASB 正在进行的保险项目涉及的保险合同负债的核算，需要与已经修改的金融资产分类与计量原则进行协调；二是有些提前使用新修改的金融资产分类与计量原则的企业，从操作实务角度又提出了一些新问题；三是需要进一步与美国 FASB 的相关金融工具项目协调。

2011 年 11 月，IASB 决定开始考虑对 IFRS 9 准则进行有限修订，并于 2012 年 11 月 28 日，发布了征求意见稿。该征求意见稿对 IFRS 9 中分类与计量的部分再次做了明显的修订，改将金融资产划分为三个类别：（1）以摊余成本计量；（2）以公允价值计量且其变动计入损益；（3）以公允价值计量且其变动计入其他综合收益。与 IFRS 9 中只允许权益工具以公允价值计量且其变动计入其他综合收益不同，有限修订允许对债务工具以此类方法进行会计处理。

IFRS 9 有限修订另一个重要方面是增加了合同现金流中对“修正的经济关系”的评估，即确定根据合同现金流，金融工具中是否存在“修正的经济关系”，使其不符合摊余成本计量的条件中的相关合同现金流仅代表了对本金和利息的支付。修正的经济关系指本金与利息（时间价值和信用风险的对价）因利率错配或杠杆作用而被改变。在某些利率体系下，主体对贷款利率的调整频率与利率期限并不匹配。此时，利息不仅仅包括时间价值和信用风险，还包括了利率期限错配的影响，此种情况下，不满足适用摊余成本计量的合同现金流特征条件。实际上，“修正的经济关系”的提出将应用摊余成本计量的条件限定得更加严苛，从而事实上扩大了公允价值的应用范围。另外，IFRS 9 有限修订对商业模式（business model）的概念提供了新的应用指南。

2014 年 7 月发布的完整版 IFRS 9（2014），涵盖了此次有限修订的结果。

二　IFRS 9（2014）金融工具分类与计量的主要内容

就金融资产和金融负债的分类与计量而言，IFRS 9（2014）体现了对 IFRS 9（2010）进行的“有限修改”。强调有限修改，说明 IFRS 9（2010）中关于金融资产和金融负债分类与计量的基本原则没有改变。

这些"有限修改"主要表现在：一是对金融资产（主要是某些债务工具）引入了按公允价值计量且其变动计入其他综合收益类；二是允许仅提前采用涉及与自身信用风险变化导致金融负债公允价值变动的有关规定；三是厘清了一些实务运用中反映出来的新问题。①

（一）金融资产分类和计量

IFRS 9 以原则为导向对于所有金融资产引入了单一分类方法，要求企业基于管理金融资产的业务模式以及相关的合同现金流量特征对金融资产进行分类。IFRS 9 包含三个基本的金融资产分类类别，即以摊余成本计量（简称 AC）、以公允价值计量且其变动计入其他综合收益（简称 FVOCI）、以公允价值计量且其变动计入当期损益（简称 FVTPL）三类。

（1）企业在初始确认金融资产时，可以直接对其进行公允价值选择权指定，即将其指定为以公允价值计量且其变动计入当期损益（FVTPL）类；前提是：作此种指定能够消除或重大减少计量或确认方面存在的不一致现象（即解决会计错配问题）。

（2）如果金融资产在初始确认时不作公允价值选择权指定，则应将其分类为 AC、FVOCI 或 FVTPL；判断时要综合考虑的因素：一是企业管理金融资产的业务模式；二是金融资产的合同现金流量特征。

（3）如果某金融资产在初始确认时不作公允价值选择权指定，且同时符合以下两项条件，则其应按摊余成本计量：第一，该金融资产是在目标是为了收取合同现金流量的业务模式中持有（"业务模式测试"）；第二，该金融资产的合同条款将会在特定日期产生现金流量，且现金流量仅是本金和未付本金利息的付款额（"合同现金流量特征测试"）。

（4）如果某金融资产在初始确认时不作公允价值选择权指定，且同时符合以下两项条件，则其应按公允价值计量且其变动计入其他综合收益：第一，该金融资产是在目标是为了收取合同现金流量和将其出售的业务模式中持有（"业务模式测试"）；第二，该金融资产的合同条款将会在特定日期产生现金流量，且现金流量仅是本金和未付本金利息的付款额（"合同现金流量特征测试"）。

（5）如果某金融资产在初始确认时不作公允价值选择权指定，且

---

① 宣和：《"新" IFRS 9 对金融资产和金融负债分类与计量的变革及应对》，《金融会计》2014 年第 11 期。

不符合分类为按摊余成本、公允价值计量且其变动计入其他综合收益等两类的条件，则应将其分为按公允价值计量其变动计入当期损益类。

（6）对于 IFRS 9 范围内的权益工具投资，如果其既不是为交易而持有也不是企业合并交易中购买方所确认的或有对价，那么企业在对其进行初始确认时，可以制定为按公允价值对其后续计量，且公允价值变动计入其他综合收益。实际上，这是对某些权益工具投资作 FVOCI 指定。但是这种指定不可撤销，其计入其他综合收益的金额在任何情况下（包括出售）都不可以重分类至损益。IASB 规定这一选择权的目的主要是考虑企业持有的一些策略性投资，未来不打算出售，应用这一选择权可以避免股价波动影响利润表。

（7）当且仅当企业改变其管理金融资产的业务模式时，应将所有受影响的金融资产重分类。实务中，这种重分类操作预期非常罕见。这种管理金融资产的业务模式的改变，通常是由于外部或内部情况发生变化，且这种改变对于企业经营来说意义重大，在外部相关方看来也是"可论证的"或"显而易见的"。因此，这种企业业务模式的改变，只发生于企业开始或终止进行对其经营具有重大影响的某些活动。比如，企业已购买、处置或终止某业务条线。

金融资产的分类示意如图 2 - 1 所示。

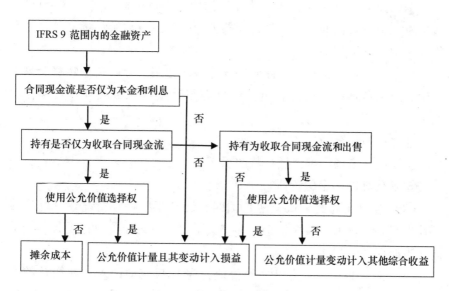

图 2 - 1 金融资产分类示意

对于金融资产的分类，我们也可以这样进行区分：

（1）当金融资产在"持有以收取合同现金流量"的业务模式中持有，且合同现金流量仅为本金及利息的支付，应当归类为以摊余成本计量的金融资产；

（2）当金融资产在"既持有以收取合同现金流量又出售"的业务模式中持有，且合同现金流量仅为本金及利息的支付，应当归类为以公允价值计量且其变动计入其他综合收益的金融资产；

（3）某些非交易而持有的权益性工具投资，可以不可撤销地指定为以公允价值进行计量且其变动计入其他综合收益的金融资产；

（4）除上述三种情况以外，企业应当将属于 IFRS 9 范围的金融资产分类为以公允价值计量且其变动计入损益的类别。

（二）金融负债的分类与计量

对于金融负债，主体应根据管理金融负债所从事的企业活动，对符合金融工具标准的金融负债划主要分为两类：以摊余成本计量；以公允价值计量且公允价值变动计入当期损益。

具体规定如下：

（1）除以下五种情况外，企业应将金融负债分类为后续按摊余成本计量的金融负债。

①以公允价值计量且其变动计入当期损益的金融负债。这类负债，包括属于金融负债的衍生工具，应按公允价值进行后续计量，且将公允价值变动计入当期损益。

②在不符合终止确认条件或持续涉入法适用的金融资产转移交易中产生的金融负债。这些金融负债的分类与计量遵循金融资产转移相关原则。

③财务担保合同。

④以低于市场利率提供贷款的承诺。

⑤或有对价（金融负债）。

（2）企业在初始确认金融负债时，遇到某些特殊情况，可以直接对其进行公允价值选择权指定，即将其指定为以公允价值计量且其变动计入当期损益（FVTPL）类。

（3）对于直接指定为以公允价值计量且其变动计入当期损益的金融负债，其相关的得利或损失按以下原则列报：除特殊情况外，该金融负债公允价值变动形成的利得或损失中，源自（归属于）其自身信用风险变化的部分，计入其他综合收益；剩下的部分计入当期损益。此处所指"特殊情况"是指将源自其自身信用风险变化的部分计入其他综合收益，会导致或加大利润或损失的"会计错配"问题；此时，应将包括源自自身信用风险变化所形成的利得或损失在内的所有金融负债公允价值变动形成的利得或损失计入当期损益。

（4）企业将某金融负债一旦做出分类，之后不可重分类。这点与金融资产可以有条件重分类原则不一致。

（三）混合（复合）工具的分类与计量

对于混合（复合）工具的分类与计量概括如下。

（1）混合工具的主合同是 IFRS 9（2014）所涵盖的金融资产的，企业不应将嵌入衍生工具予以分拆，而应将混合工具作为一个整体，按照 IFRS 9（2014）对金融资产提出的分类与计量原则进行会计处理。

（2）混合工具的主合同不是 IFRS 9（2014）所涵盖的金融资产的，如嵌入衍生工具符合以下全部条件，企业应将嵌入衍生工具予以分拆，使之作为单独的衍生工具进行会计处理。[①]

条件1：嵌入衍生工具的经济特征和风险与主合同的经济特征和风险不紧密相关（not closely related）；

条件2：与嵌入衍生工具条款相同、单独存在的工具符合衍生工具的定义；

条件3：混合工具没有被指定为按公允价值计量且其变动计入当期损益进行计量。

嵌入衍生工具分拆的，主合同应按适应的 IFRS 进行会计处理。

（3）如混合工具的主合同不是 IFRS 9（2014）所涵盖的金融资产，且嵌入的衍生工具为一项或超过一项，企业可以选择将整个混合合同指定为按公允价值计量且其变动计入当期损益进行会计处理，但以下情况除外。

①嵌入衍生工具不会对混合工具合同产生的现金流量进行重大改变。

---

① 宣和：《"新"IFRS 9 对金融资产和金融负债分类与计量的变革及应对》，《金融会计》2014 年第 11 期。

②无须做更多分析就能够判断出，嵌入在类似混合工具中的衍生工具不应分拆出来。比如，嵌在贷款中的提前还款权，其允许持有者以摊余成本大致相等的金额提前偿还贷款。

（4）如企业被要求将嵌入衍生工具从主合同中分拆，而在混合工具取得时或之后的财务报告期结束时分拆出来的嵌入衍生工具的公允价值不能可靠计量，那么企业仍应将整个混合工具指定为按公允价值计量且其变动计入当期损益进行会计处理。

三　IFRS 9 与 IAS 39 关于金融工具分类与计量的主要区别

IAS 39 根据管理当局的持有目的和意图以及金融资产的特征等将金融资产分为四类：以公允价值计量且其变动计入当期损益的金融资产、贷款和应收款项、持有至到期投资和可供出售金融资产，具体类型见图 2-2 所示。

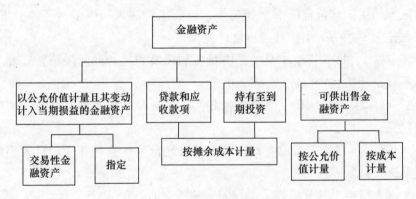

图 2-2　IAS 39 金融资产分类

IFRS 9 与 IAS 39 关于金融资产分类与计量的主要区别体现在以下方面。

（一）分类的依据不同

IAS 39 规定金融资产应当在初始确认时按管理者的持有目的和意图划分为四类，其分类标准不统一，较随意，主观性强。而 IFRS 9 则排除了管理者意图这一主观因素，以"商业模式"测试和"合同现金流量特征"测试为核心，只有同时通过两项测试可以摊余成本计量，否则则以公允价值计量，客观性较强。

（二）金融资产的类型不同

IAS 39 将金融资产分为四类，即以公允价值计量且其变动进入当期损益的金融资产（交易性金融资产）、贷款和应收款项、持有至到期投资和可供出售金融资产，其中可供出售金融资产属于剩余类别，即凡是不能归类于前三类的金融资产都可以归属于此类别下。而 IFRS 9 将金融资产分为三类，即按摊余成本计量、以公允价值计量且其变动计入其他综合收益和以公允价值计量且其变动计入当期损益，其中以公允价值计量且其变动计入当期损益类属于剩余类别，即凡是不能归属于前两类的金融资产都可以归属于此类别下。从中可以看出，IFRS 9 实际上扩展了以公允价值计量且其变动计入当期损益类别。

（三）扩展了公允价值的计量范围

在 IAS 39 分类中，贷款和应收款项及持有至到期投资基本上以摊余成本进行计量，只有另外两类以公允价值进行计量。而在 IFRS 9 中，只有同时通过商业模式测试和合同现金流量特征测试才可以摊余成本计量，否则都要以公允价值计量，扩大了公允价值的计量范围。例如，对于在活跃市场中无标价的权益性投资，在 IAS 39 中是以成本进行后续计量的，而在 IFRS 9 中则要求以公允价值计量。

（四）重分类标准不同

IAS 39 禁止会计主体在初始分类后在以公允价值计量且变动计入当期损益的金融资产（交易性金融资产）和其他三类金融资产间进行重分类①，在满足一定的条件下持有至到期投资和可供出售金融资产（债权类）可以相互转化。在 IAS 39 下，重分类涉及的规定虽然看上去比较严格，但实务中有时并不容易把握。比如，对于"感染条款"的把握就是如此。

IFRS 9 规定如果主体有关金融资产的商业模式发生改变，可以在以摊余成本计量的金融资产和以公允价值的金融资产之间进行重分类，IFRS 9 看似放宽了重分类的规定，但这种变更只在有限的情况下发生，实际上更加严格。它要求企业只有在其管理金融资产的业务模式发生改变时，才能进行金融资产重分类；且强调这种管理金融资产的业务模式

---

① 在 2008 年金融危机期间，迫于政治压力，对于重分类标准有所放松。

改变属于重大事项，因而预期只会罕见地发生。[①] 同时，IFRS 9 增加了披露的要求。

（五）其他综合收益的处理不同

IAS 39 要求可供出售金融资产的公允价值变动带来的利得和损失计入其他综合收益，并允许在金融资产出售时将其转出至当期损益中。而根据 IFRS 9 的规定，权益性工具投资一旦计入其他综合收益（除股利收入），在任何情况下均不得转入主体损益，不论是投资公允价值的变动还是处置损益。这将会减少企业利用可供出售金融资产操纵利润的空间，但也可能带来一定的负面影响。

四 IFRS 9 金融工具分类与计量的优势与不足

IFRS 9 将金融资产由四类变成三类，统一了分类的标准，简化了金融资产的分类与核算，具有重要的进步意义，但也存在一定的不足之处。

（一）IFRS 9 的进步意义

1. 统一了分类的标准，简化了金融资产的分类与核算

IAS 39 分类标准复杂，缺乏统一的标准，主观性强，缺乏逻辑性。IFRS 9 以"商业模式测试"和"现金流量测试"为标准对金融资产进行分类，统一了分类标准，使得分类更加客观，逻辑性更强。IFRS 9 将金融资产由原先的四分类改变为三分类，在一定程度上简化了金融资产的分类，也相应地简化了金融资产的核算工作。另外，对于混合工具的分类和核算，也采取了更为简化的处理方法，很多情况下可以不对嵌入式衍生工具进行拆分，将混合工具作为一个整体合并进行会计处理。

2. 减少了管理层盈余管理的空间

IAS 39 对于金融资产的分类严重依赖于管理层的意图和判断，管理层具有非常大的金融资产分类自由选择权，通常会按照对自身最有利的方式划分金融资产。在 IAS 39 的四分类中，可供出售金融资产的公允价值变动应当计入其他综合收益，在处置时转入当期损益。因此，管理层在对以公允价值计量的金融资产进行分类时通常更倾向于将其分类为

---

① 宣和:《"新"IFRS 9 对金融资产和金融负债分类与计量的变革及应对》,《金融会计》2014 年第 11 期。

可供出售金融资产，平时不影响损益，在需要的时候择机处置部分可供出售金融资产来操纵盈余。可供出售金融资产常常成为管理层盈余管理的工具，而在 IFRS 9 的分类改革中，金融资产在经过两项测试后归类，分类标准更加客观、严格，降低了管理层进行金融资产分类的随意性。同时对于某些以公允价值计量且其变动计入其他综合收益的权益性投资的指定不可撤销，大大减少了管理层的盈余管理空间。

3. 增强了财务信息的相关性

IASB 的长远目标是引入全面公允价值计量模式。IFRS 9 这次的金融资产分类变革再一次扩大了公允价值计量的应用范围。从某种程度上说，在金融资产的会计处理中扩大公允价值的运用范围可能导致企业的损益在同期发生较大的波动，但是由此提供的财务信息相关性和理解性却提高了。IFRS 9 关于金融资产重分类的规定实际上更加严格，限制了通过金融资产转换实现利润操纵的空间，同时加强了对于信息披露的要求，能为财务报表使用者提供更相关的会计信息。

（二）IFRS 9 的不足之处

1. 增加了职业判断的空间，提高了执行成本

IFRS 9 提出的新的分类框架以原则为导向，许多规定在具体运用中存在模糊性，缺乏明确、具体的指引。在运用新分类框架时，无论是企业进行相关会计处理还是审计师提供相应鉴证服务，都要特别注意运用好职业判断。但是若要在实务中很好地贯彻落实，准则制定机构仍然需要提供具体的解释公告或者应用指南。金融工具会计准则更多地反映企业金融资产有关的管理模式、风险策略、金融资产业绩报告基础等，一旦调整可能涉及较多的改变。例如，金融机构为确保金融资产恰当地分类，需要在进行业务模式测试、合同现金流量特征测试时，对那些一定或可能改变现金流量流入时间或具体数额的金融工具合约条款进行评估，并必须调整相关流程进行系统改造以确保金融资产做出符合 IFRS 9 所要求的分类。这无疑将加大准则的执行成本。

2. 权益工具全部按照公允价值计量存在较大操作困难

IFRS 9 提出的分类标准，所有权益工具（包括在活跃市场没有公开报价的权益工具）都应当采用公允价值计量，除非主体有确凿的证据表明成本成为代表公允价值的最佳估计（仅在极少数情况下）。但在实际运用中，会因为估值技术不成熟等问题，无法保证估值技术的一致性和

不同主体估值结果的可比性，导致公允价值的估值结果不准确，继而影响到企业资产的确认、损益与权益的计算等。这大大降低了财务信息的准确性。对于有些对非上市公司投资或股权比例较小的投资，企业很难取得相关信息，硬性要求公允价值计量可能导致为了评估而评估的现象，企业付出很大成本，而评估的结果并没有太多实际意义。

3. 对某些权益工具不可撤销的指定，实施效果可能差强人意

IFRS 9 对某些非交易性目的持有的权益工具投资，管理层有权将该权益工具划分为"以公允价值计量且其变动计入其他综合收益"的金融资产。以后期间，除了现金股利外，其余损益均不能再重新计入损益当中去。这一规定的出台本意是为了防止主体利用此类权益工具进行盈余管理，但其实施可能产生意想不到的后果。如果管理层做出了该选择，就意味着该项权益工具未来持有期间的公允价值变动和处置时得到的投资损益都将永远不能在损益表中体现出来。这将会对该企业的财务信息与会计信息产生深刻的影响。如果这项权益工具的规模大、市场价值高，且在处置时获得了较高的收益，计入损益表的话将会对企业利润产生不小的影响，现在规定不能计入损益表，而是直接计入权益，这将无法体现企业的投资运作，也违背了最初持有该项权益工具的意图。相反，对于某些亏损估计将来也无希望转回的权益工具投资，主体自然乐意将其指定为"以公允价值计量且其变动计入其他综合收益"，这项投资的亏损将永远也不会转入损益了。所以，管理层会根据经济预期和主观意图做出选择，这样会降低不同主体对同一项权益工具公允价值变动会计处理的可比性。

第三节　IFRS 9 减值会计改革解析

一　IFRS 9 减值会计改革的过程

2008 年 4 月，金融稳定论坛（FSF）发布报告建议如何应对愈演愈烈的国际流动性危机。在关于危机起因的论述中，该报告在多方面原因中提到了会计准则，并将其总结提炼为三个方面：①公允价值计量不统一；②合并报表范围不全面；③金融资产减值计提"太晚太少"。① 按照当时的 IAS 39，只有当存在金融资产减值的"客观证据"时，企业才

---

① 王忠嗣：《预期损失法的演进过程》，《金融会计》2015 年第 1 期。

需要计提金融资产减值准备。这种思路被称为"已发生损失法"。金融危机的爆发使利益相关方意识到，在反映信用风险方面，已发生损失法几乎难以有所作为，想要避免系统重要的金融机构财务报表突然变脸，必须迫使其将预期信用损失反映在金融资产减值准备中。IASB 开始着手制定新的金融资产减值准则。IASB 对金融工具减值先后发布了三份征求意见稿：2009 年 11 月发布的《金融工具：摊余成本和减值》征求意见稿（简称"2009 年征求意见稿"）、2011 年 1 月与美国财务会计准则委员会（FASB）联合发布的《金融工具：减值》补充文件（简称"2011 年补充文件"），以及 2013 年 3 月发布的《金融工具：预期信用损失》征求意见稿（简称"2013 年征求意见稿"），中间还提出了一种过渡型的模型，总共形成了四个版本的预期损失模型。

（一）第一版预期损失法——预期现金流模型

1. 主要内容

2009 年 11 月，IASB 发布征求意见稿，提出了金融工具减值的"预期现金流"模型，以取代饱受诟病的《国际会计准则第 39 号——金融工具：确认和计量》（IAS 39）所使用的"已发生损失"模型。该模型要求，在一项金融资产的初始确认时估计该资产整个寿命期内的预期信用损失，并通过调整实际利率在整个寿命期内分摊该预期损失。

预期现金流损失模型要求在贷款初始确认对预期现金流量做出估计时即考虑其未来整个生命周期内的信用风险损失预期，并将该预期损失在整个存续期不断分摊。该方法改变了"已发生损失模型"不考虑预期信用损失的静态折现模式，实现了在整个生命存续期内"动态分摊"预期信用损失的历史性跨越。预期现金流量方法的起点是对预期未来现金流（考虑预期信用损失）做出最佳估计，然后采用实际利率法（EIM）倒推确定实际利率（EIR），也即通过迭代计算求出预期未来现金流量的现值等于初始账面价值的折现率。最后，根据得出的实际利率确认每期的利息收入、摊余成本和减值准备。

在预期现金流方法，确认减值损失依据的是信用损失预期的不利变化，即当与先前预期的信用损失相比，后续计量日调整修正后的信用损失预期值增大，则需要确认减值损失。该方法消除了对损失触发事件的判断和认定，确认减值损失无须进行减值测试，也不再依据能证明贷款发生减值的客观证据和损失触发事件，能做到在损失事件发生前确认减值损失，实现提前确认。

预期现金流方法下，减值损失的确认范围从已发生损失扩展到了预期信用损失，也就是说，不仅包括已发生损失，还包括信用风险管理中未来将发生的预期损失，确认范围比已发生损失模型更为广泛。

在预期现金流方法下，贷款初始确认时就考虑该贷款整个存续期内的预期信用损失，并在每个资产负债表日，需要根据最新的模型参数数据，对贷款剩余存续期的预期信用损失和现金流量做出重新评估。后续的减值损失是通过持续不断地对信用损失预期进行重新估计而发生的变化确认的。若在资产负债表日的预期信用损失估计值与信用损失初始估计值相同（即无变化），则不计提减值损失。倘若二者存在差异（即有变化），则区分有利变化和不利变化，若为有利变化（即资产负债表日的预期损失估计值低于初始估计值），则通过损益账户转回减值损失；否则，则补提。对预期信用损失的估计可以按单项基础，也可以采用组合基础。另外，在数据信息方面，既可以使用内部历史数据，也可是采用同行业的类似可比数据。

2. 简单评价

预期现金流法的优点有如下几点。①预期现金流法在减值迹象发生前确认预期信用损失，减少了企业净利息收入的期间波动，有效克服了已发生损失模型的悬崖效应。②预期现金流法在计算实际利率时将信用风险损失考虑在内，提前为信用风险建立准备，在减值损失实际发生前不高估利息收入，使提供的金融工具减值信息反映了金融工具风险报酬的实质。因此，预期现金流法与金融机构的风险管理实务更趋一致，也与金融监管的预期损失理念相吻合。③预期现金流法要求企业在后续期间对预期信用损失进行持续调整，预期信用损失的任何变化都会在损益中得到及时反映，及时提供了预期损失变化的信息。④预期现金流法减少了"触发事件"在会计实务运用中的差异，防止会计人员职业判断的误用、滥用，提高了财务信息的可比性。因此，预期现金流法可以弥补已发生损失模型在金融危机中暴露的弊端，有助于减少企业财务业绩的波动，进而有助于维护金融系统的稳定①。

---

① 王守海等：《金融资产减值准则的国际进展、评价与研究启示》，《会计研究》2014 年第 6 期。

预期现金流法需要报告主体对预期损失做出合理估计，但由于各种限制主体在估计过程中面临较大困难；同时计算和使用"合同实际利率"和"预期信用损失调整后实际利率"两种实际利率，并将报告主体的利息收入分为两部分，造成预期信用损失冲减利息收入，计算十分复杂；应用于开放式投资组合会大大增加了操作难度和成本。这一方法彻底激怒了商业银行。商业银行不能接受其利息收入仅仅因为"预期"的信用损失，就现实地发生了减少。在反馈意见中，利益相关方以成本高、不贴合银行风险管理实际等理由，坚决要求 IASB 将预期信用损失分摊与利息收入确认和实际利率"脱钩"，并加紧开发适用于开放性组合的减值方法。

（二）第二版预期损失法——基于信用风险特征的"二分类"法

1. 主要内容

为解决以上问题并进一步加强趋同，IASB 和美国财务会计准则委员会（FASB）于 2011 年 1 月联合发布了《金融工具：减值》的补充文件，提出了一个新的专门针对开放性组合的减值模型。这一模型采纳了此前反馈意见关于"脱钩"的建议，要求企业将金融资产区分为"好账"或"坏账"（两分类法），并分别采取不同方式确认它们的预期信用损失。目前大部分金融机构的风险管理实践都按照信用风险质量分类管理信用风险，对"坏账"通常在单一金融工具基础上进行更为细致、严格、积极的管理，因此，对于归类为"坏账"的金融资产，企业需要确认生命周期预期信用损失，且其预期损失的变化需要立即加以确认。而对于归类为"好账"的金融资产，通常以组合为基础进行管理，因此其按照以下两者孰高确认减值准备：可预见未来的预期信用损失（不得少于主体报告期后的十二个月）与按照时间比例法确认的预期损失，这一方法被称为"下限法"。为解决开放式组合的减值问题，对于"好账"后续期间的预期损失变化，也将在金融工具剩余寿命中进行摊销，不需再对初始预期损失与预期损失的变化进行追踪。

2. 简单评价

2011 年补充文件实现了与风险管理实践更大程度的趋同。而且，"好账"的预期损失变化要进行摊销，降低了开放式组合减值的复杂程度。这一方法显然不像预期现金流模型那样招致银行反感，但仍然存在许多操作问题。例如，"好账""坏账""可预见未来"等概念还具有很大的模糊性，令人疑惑不解，不同区域的使用者对其有不同理解，难以保证应用的一致性和可比性；预期损失的计算仍过于复杂，特别是对于"好账"的损失准备金时分别按照"时间比例法"和"基于预期的未来的方法"执行两次计算，这种双重计算存在操作方面的困难，也缺乏理论基础支持；在组合基础上计提的预期损失可能不足，也与金融机构的风险管理实践不一致。更为尴尬的是，在对预期损失模型的反馈意见中，美国与其他国家的利益相关方的立场几乎完全对立，使该模型难以为继。在解决上述问题过程中，IASB 和 FASB 很快发展了第三版模型①。

（三）第三版预期损失模型——三组别法

鉴于国际对 IASB 和 FASB 趋同的强烈呼声以及实现趋同的重大意义，两大委员会再次联合共同致力于发展一个与 SD 不同的减值模型。IASB 和 FASB 于 2011 年 6 月提出了一个反映信用质量恶化的一般模式的模型，也即"三组别法"（"three buckets"）。在该方法下，确认为减值准备的预期信用损失金额将取决于自初始确认起金融工具信用质量恶化的程度。该方法力图模拟金融机构的风险管理活动，根据信用风险的不同设定三个金融资产组别。随着信用风险的恶化或改善，金融资产在这三个组别之间迁移。其中，对后两组别要立即确认其全部剩余寿命期间的预期信用损失。在三组别法下，对于第一组别，IASB 和 FASB 希望以为期 12 个月或 24 个月的未来可预计期间的预期信用损失作为备抵。对于第二组别，以组合为基础确认金融资产未来寿命期间的所有预期信用损失。对于第三组别，以单项资产为基础确认金融资产未来寿命期间的所有预期信用损失。该方法经过了广泛的内部征求意见，但从未公开征求意见②。

（四）第四版预期损失模型——三阶段模型

1. 主要内容简介

经过 1 年半的广泛征求意见，三组别法逐渐成形。就在该方法即将正式公开征求意见之际，10 年来一直同舟共济的 IASB 和 FASB 分道扬镳了。由于在金融资产减值等方面积累的矛盾无法调和，FASB 决定单独开发"当前预期信用损失模型"；IASB 以"三组别法"为基础，完

---

① 王忠嗣：《预期损失法的演进历程》，《金融会计》2014 年第 1 期。

② 同上。

成了目前 IFRS 9 中的"一般模型",并于 2013 年 3 月单方面发布了
《金融工具:预期信用损失(征求意见稿)》(简称 2013ED),以在全球
范围内征求对"三阶段"减值法的意见。该方法全称是"信用风险恶
化的一般模式(分为三个阶段)模型",所以有时简称"三阶段模型"
或"一般模型"。

三阶段模型的主要要求如下:金融资产应根据其信用质量及其风险
变化分为三个阶段,并分别采用不同的方法估计每个组别的预期信用损
失。第一阶段:在资产负债表日具有低信用风险或初始确认后信用质量
没有显著恶化的金融工具,其按照 12 个月预期信用损失的金额确认减
值准备,按照资产的账面总额(即不扣减预期信用损失)来计算利息
收入;第二阶段:初始确认后信用质量显著恶化但没有客观减值迹象的
金融工具,其按照生命周期预期信用损失的金额确认减值准备,但仍按
该资产的账面总额计算利息收入;第三阶段:在资产负债表日存在客观
减值迹象的金融资产,其按照生命周期预期信用损失的金额确认减值准
备,并按该资产的账面净额(即扣减预期信用损失)计算利息收入。

对于购入及原生的信用受损的金融资产,则采用了 2009 年预期现金流
法的处理模式,在初始确认时,报告主体不在首日确认损失,而是考虑该
金融工具整个寿命期间的预期信用损失计算实际利率,贷款每期的利息收
入以该实际利率摊余的净额为基础确定;在每个资产负债表日,报告主体
需重新估计剩余寿命期间的信用损失,与前期估计的差额计入当期损益。

对于不包含融资要素的应收账款,允许采用简化方法,即直接确认剩
余存续期间的预期信用损失,后续资产负债表日不需判断信用损失的变化。

2. 对三阶段模型的评价

"三阶段"模型根据信用质量的高低,来提供金融资产信用质量及
其变化的信息,与风险管理实践联系更加密切。其对于具有较低信用风
险的金融资产,仅考虑未来 12 个月中的可能违约所导致合同现金流量
预期不足的部分。对于初始确认后信用质量显著恶化的金融资产,需要
确认生命周期预期信用损失。相比于以前的预期损失方法,三阶段模型
法对具有较低信用风险的金融资产,仅确认 12 个月的预期信用损失,
避免了可预见未来的预期信用损失与按照时间比例法的预期损失两者孰
高的复杂性,同时也反映了金融资产定价与其初始信用质量之间的经济
关系,更好地达到了实施成本与如实反映经济实质之间平衡的要求。相

对于"好账"和"坏账"的分类，三阶段法增加了存在减值迹象的金融资产类别，能对单项金融资产逐项计提减值准备，从而避免了两分类法下采用组合平均损失率计算减值准备带来的提取不足问题。

二 IFRS 9（2014）减值会计的主要内容

（一）一般模型

IFRS 9 采用"预期信用损失"模型取代"已发生损失"模型，确认预期信用损失并在报告日更新预期损失金额，以反映信用风险的变化。该模型使用三个阶段来反映最终发生违约的金融工具信用风险恶化的一般模式，金融工具所处的阶段不同，其在预期信用损失的确认、利息收入的核算和列报等方面也不同。所有相关金融资产在初始确认时即确认 12 个月期的预期信用损失，以后期间信用风险若有重大增加，则需确认生命周期内的预期信用损失。各阶段的具体划分如下。

阶段 1：自初始确认后信用风险未发生显著恶化或在财务报告日信用风险级别为低的金融工具。对这类金融工具，确认 12 个月期的预期信用损失，并按照资产的账面总额（即不扣减预期信用损失）与实际利率计算利息收入。12 个月期的预期信用损失，是指自报告日后的 12 个月内可能发生的违约事项所导致的期望信用损失。12 个月期的预期信用损失并非未来 12 个月内的预期现金短缺金额，而是整个存续期内的信用损失金额与其未来 12 个月发生损失的概率相加权的结果。实际利率是基于初始账面金额净值和不考虑未来信用损失的预期的未来现金流量计算的。

其中，信用风险低的含义是违约不会立刻发生，以及任何不利的经济环境变化可能最多导致借款人履行合同义务的能力减弱。例如，如果企业对于贷款的内部信用风险评级相当于外部信用评级的"投资级别"，则该贷款将被视为具有低信用风险。

阶段 2：自初始确认后信用风险显著上升且在财务报告日信用风险未处于低水平，但没有客观证据（信用损失事件）表明发生减值的金融工具。对这类金融工具，确认生命周期内的预期信用损失，但仍按照资产的账面总额（即不扣减预期信用损失）与实际利率计算利息收入。生命周期内的信用损失，是指在金融工具的整个存续期内因借款人违约所产生损失的期望现值。

阶段 3：在财务报告日，有客观证据（信用损失事件）表明发生减值的金融工具。对这类金融工具，确认生命周期内的预期信用损失，且按照资产的账面净额（即账面总额减去预期信用损失）与实际利率计算利息收入。

预期信用损失估计既不是对最差情形估计，也不是对最佳情形估计。相反，即使最有可能的结果是没有信用损失，预期信用损失估计也应当是体现信用损失发生的可能性和不发生的可能性。在估计预期信用损失时，企业应当：

（1）不一定需要识别出所有可能的情形。然而，企业应当考虑信用损失的概率，即使该概率是非常低的。对于12个月的预期信用损失，企业应当估计金融工具在未来12个月的违约概率。对于生命周期预期信用损失，企业应估计金融工具在其剩余期限间的违约概率。估计预期信用损失采用的最长期限是信用风险暴露的最长合同期限。

（2）考虑可获取的最佳信息。可合理获取的最佳信息包含历史信息，当前状况以及在资产负债表日对未来情形及经济环境的合理及可靠的预测。合理获取的信息是无须投入过多的成本和努力即可获取的信息。为财务报告目的而获取的信息是无须投入过多的成本和努力即可获取的信息。

主体在评估金融工具信用风险初始确认后是否显著增加，或计量预期信用损失时，可以采用不同的方法。

随着初始确认后信用风险的改善或恶化，金融资产可以在三个阶段内发生转移。

三阶段模型的内容可以概括如表2-1所示。

表2-1 三阶段模型的主要内容

阶段	阶段1	阶段2	阶段3
信用质量	低信用风险或初始确认后信用质量无显著恶化	初始确认后信用质量显著恶化，但报告日无客观减值证据	报告日存在客观减值证据
减值确认	12个月预期信用损失	生命周期预期信用损失	生命周期预期信用损失
利息收入	以总额计算	以总额计算	以净额计算

（二）例外方法

上面所述的是 IFRS 9 中减值处理的一般方法。除此之外，还有两种例外的处理方法。一是对应收账款和应收租赁款的会计处理。对于不包含重要融资成分的应收账款或合同资产，采取简化方法处理，即不需要考虑信用风险的变化，而是一直按照生命周期预期信用损失计提减值准备。这是因为要确认为 12 个月还是整个存续期内的预期信用损失所发生的成本，是不符合成本效益原则的。而对于包含重要融资成分的应收账款或合同资产以及应收租赁款，企业有权选择是否始终按照生命周期预期信用损失计提减值准备。二是对购入及原生信用受损的金融资产的减值，借鉴了 IASB 2009ED（征求意见稿）的方法，即初始确认时按照信用调整后的实际利率对预期现金流量进行折现。在以后期间，以信用调整后的实际利率按照金融资产的账面总额减去预期信用损失后的账面净额计算利息收入。同时将生命周期预期信用损失的变化确认为利得或损失，并在综合收益表中单独列示。这样处理的原因是其他任何确认和计量预期信用损失的方法都不能如实反映该类资产的经济实质。

　　IFRS 9 减值处理流程可以用图 2 - 3 表示。

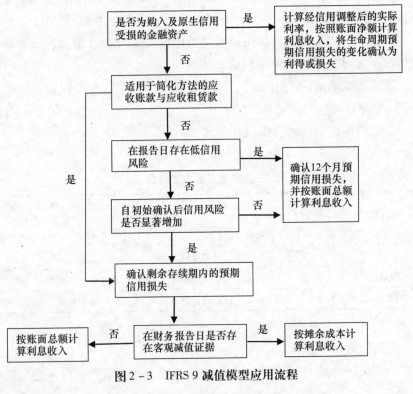

图 2 - 3　IFRS 9 减值模型应用流程

（三）举例阐述

我们可以用下面这个例子来阐释预期损失模型及其相关概念。某银行提供住房抵押贷款，在某国发起一个住房贷款组合，表2-2与图2-4反映了不同阶段预期信用损失的确认情况①。

表2-2   不同情形下预期信用损失的确认

情况	初始确认时	有信息表明该国某一地区的经济状况比较严峻	报告主体识别该地区已发生违约或即将违约的贷款
处理	为所有贷款确认12个月的预期信用损失（第一阶段）	为该地区的贷款确认剩余存续期间预期信用损失（第二阶段）；为其他地区的贷款确认12个月的预期信用损失（第一阶段）	继续确认剩余存续期间信用损失，利息收入按净额计算（第三阶段），为其他地区的贷款确认12个月的预期信用损失

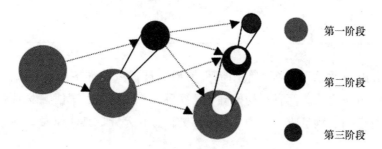

第一阶段

第二阶段

第三阶段

图2-4 不同阶段预期信用损失示意

三 IFRS 9 与 IAS 39 关于金融资产减值会计的主要区别

IAS 39（即《国际会计准则第39号——金融工具确认和计量》）采取了根据客观减值证据计提减值准备的"已发生损失模型"，其具体规定见表2-3所示。

---

① 党红：《IFRS 9 金融工具尘埃落定》，《首席财务官》2014 年第14 期。

表 2 – 3　　　　　　　　　IAS 39 减值损失的主要规定

类别			确认	减值损失的计量	转回
持有至到期投资/贷款和应收款项			与违约或财务困难有关的客观证据	原账面价值—按原实际利率折现的预计未来现金流量的现值	可以转回, 转回金额不得超过为计提减值准备前转回日的摊余成本
可供出售金融资产	公允价值	债务工具	与违约或财务困难有关的客观证据	摊余成本—公允价值; 原直接计入权益的因公允价值下降形成的累计损失予以转出, 计入当期损益	可以转回, 按原损失转回, 计入当期损益
		权益工具	与违约或财务困难有关的客观证据以及公允价值严重或非暂时性下跌、发行方所处环境的重大不利变化	原账面价值—公允价值; 原直接计入权益的因公允价值下降形成的累计损失予以转出, 计入当期损益	不可以通过损益转回
	成本计量		与违约或财务困难有关的客观证据以及发行方所处环境的重大不利变化	原账面价值—按类似金融资产的现实市场收益率折现的预计未来现金流量现值	不可以转回

IFRS 9 采取了"预期信用损失模型"计提减值准备, 又有一般方法与例外方法之分。两者在初始确认、实际利率的确定、减值触发因素、损失估计期间、利息收入的确认等诸多方面存在差异, 具体如表 2 – 4 所示。

表 2 – 4　　　　　IFRS 9 与 IAS 39 金融资产减值处理差异汇总

项目	IFRS 9	IAS 39
初始确认	一般方法下考虑未来 12 个月内的预期信用损失并确认; 简化方法下考虑生命周期的预期信用损失并确认; 购入及原生信用受损的金融资产需要考虑生命周期的预期信用损失, 但不需初始确认	不考虑预期信用损失
确认损失范围	已发生损失和未来预期损失	已发生损失
实际利率的确定	基于初始账面金额净值和预期的未来现金流量计算, 购入及原生信用受损的金融资产需要考虑未来信用损失, 其他情况不考虑未来信用损失	基于初始账面金额净值和预期的未来现金流量计算, 不考虑未来信用损失

续表

项目	IFRS 9	IAS 39
减值触发因素	不需要触发因素	客观减值证据
损失估计期间	金融资产存续期间	金融资产损失识别期间
利息收入的确认	初始确认后信用发生减值的金融资产及购入及原生信用受损的金融资产按照账面总额减去预期信用损失后的账面净额，其他情况按照账面总额计算	在损失识别期间之前，按照账面总额计算；在损失识别期间之后，按账面总额减去预期信用损失后的账面净额计算
减值的转回	预期信用损失的变化调整使得减值实现自动转回	导致减值的客观事件消失

IFRS 9 预期信用损失模型与 IAS 39 已发生损失模型关于减值准备的计提时间和金额的差异可用图 2 - 5 来说明。在图 2 - 5 中我们可以看出，预期信用损失模型（一般方法）从初始确认时就需要确认未来 12 个月的预期信用损失 i_0，在 t_1 时刻，信用风险显著上升，从阶段 1 转换为阶段 2，需要计提剩余生命周期的预期信用损失 i_1，此时所需要提取的减值准备有一个较大提升；在 t_2 时刻，发生信用违约事件，从阶段 2 转换为阶段 3，仍需计提剩余生命周期的预期信用损失，此时减值准备发展趋势平缓。已发生损失模型在损失事件发生前，即在 t_2 之前是不需要计提减值准备的，在 t_2 时刻就需要对剩余生命周期的预计损失进行确认，减值准备由 0 突增到 i_2，产生了所谓的"悬崖效应"。实际上，从 t_2 时刻起，两种模型产生重合，除发生阶段转换外，两者将会产生完全一致的结果。

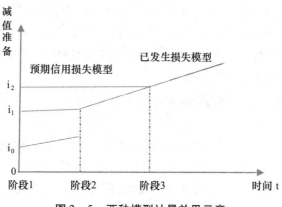

图 2 - 5　两种模型计量效果示意

四 IFRS 9 减值会计实施的意义

（一）统一了金融资产减值处理模式，可操作性较强

FRS 9 考虑了各种情形和各种形式的金融资产，统一了金融资产减值的处理模式，形成了一个完整、体系化的减值方法。除了对金融资产使用的一般方法外，对于不包含融资性质的应收账款与应收租赁款采用了简化的处理方法，对于包含融资性质的应收账款与应收租赁款给予了一种选择权，这种处理方式充分考虑减值方法实施的成本效益原则，节约了实施成本，可操作性更强；对于购入的与原生信用受损的金融资产，由于其具有特殊性，充分考虑其经济实质，采用了一种特别的处理方法。这样处理兼具统一性与灵活性，在理论系统性与可操作性之间巧妙平衡。

（二）有利于及时足额确认减值损失，缓解顺周期效应

IFRS 9 采用预期信用损失模型，不再需要考虑和识别减值损失触发事件，避免了确认"损失触发事件"的难题，也避免了现有的已发生损失模型的在"损失触发事件"实务应用方面的不一致，克服了已发生损失模型减值损失确认"太少、太迟"和"峭壁效益"，有利于及时足额确认减值损失，可以缓解顺周期效应。

（三）与风险管理实务对接程度高，降低了减值方法的实施成本

IFRS 9 减值方法能反映金融机构是如何管理信用风险的，与信贷风险管理系统的联系更加紧密，与风险管理实务的对接程度更高。在金融资产减值的会计处理中越来越多地考虑和利用风险管理实践中涉及的信用质量水平和风险恶化程度方面的信息，更加贴合风险管理实践中的做法，降低了减值方法的实施成本，符合成本效益原则。例如，在衡量信用风险增加时就使用的是内部信用风险管理程序中所使用的违约概率，而未采用预期信用损失的变化。

（四）能更好地反映贷款业务的经济实质，便于对金融风险进行监控

贷款发放出去总会有部分贷款利息或本金无法到期收回，产生损失。贷款损失的产生是一个逐步发生、从量变到质变的过程，对预期发生的信用损失进行估计并及时确认，能更好地反映贷款业务的经济实质。在每个资产负债表日对预期信用损失进行持续重估，并将预期信用

损失的变化及时反映在当期损失中,并对减值处理中的重要信息要进行详细的披露,能提供预期信用损失和信用风险的变化信息,提高了会计信息的透明度,便于对信用风险进行监控。

五 IFRS 9 减值会计与现行理论的耦合

（一）与现有会计中预期理念相吻合

IFRS 9 减值会计采用了预期信用损失模型,充分考虑了预期的理念。其实,预期的理念在现行会计理论与实务中是早已存在的,并已深深植根于会计理论大厦中。比如资产、负债的概念,都带有预期的理念。资产是指企业过去的交易或事项形成的、由企业拥有或控制的、预期会给企业带来经济利益的资源。负债是指企业取得的交易或者事项形成的、预期会导致经济利益流出企业的现时义务。预期的理念也广泛存在于会计估计之中,如对固定资产计提折旧对预计使用年限、预计净残值的估计等。再如,对于应收账款按照组合账龄计提坏账准备,即使应收账款未到期,也要合理预期其今后可能发生的坏账损失,设定一个计提比例,同其他已逾期的应收账款一起计提坏账准备。

（二）与决策有用观的财务报告目标相吻合

金融资产减值会计的目标应服从于会计目标。会计目标主要有"受托责任观"和"决策有用观"两种观点,而决策有用观占据着主导地位。2010 年 9 月,IASB 与 FASB 联合发布的《财务报告概念框架 2010》中,指出通用目的财务报告目标是"提供给现有及潜在的投资者、贷款人和其他债权人需要的、有助于他们向主体提供资源决策所需的、有用信息",即提供"对主体未来现金净流入金额、时间和不确定性前景的评估"信息。IFRS 9 减值会计提供了预期信用损失的信息,使减值信息确认更及时,计提更充分,有助于利益相关者对主体金融资产未来现金净流入金额、时间和不确定性前景做出评估,能更好地服务于决策者的决策。

（三）与相关性与如实反映的会计信息质量特征相吻合

会计信息要想实现决策有用性的会计目标,必须具备一定的质量特征。在《财务报告概念框架 2010》中,指出有用决策信息的基本质量特征是相关性与如实反映,此外还提出了四个增进的信息质量特征:可比性、及时性、可理解性与可验证性,取消了可靠性的质量特征。相关性要求具备预测价值与反馈价值。IFRS 9 减值会计能提供更多与未来有关的更具有前瞻性的信息，在满足一定反馈价值基础上大幅度提升了预测价值，更具有相关性。同时，IFRS 9 减值会计也能提供如实反映金融资产减值的信息。金融资产特别是贷款，在其生命周期中总有部分贷款会产生信用损失无法按时足额收回，而且金融机构在给贷款定价过程中已经将这部分预期损失考虑在内了。未来预期信用损失并不是完全由未来某一期的原因导致的，是由存续期间内一系列因素连续、综合作用的结果，是由许许多多量变累积到一定程度发生的质变，提前进行反映更能体现金融资产减值的经济实质。而且，预期损失是频繁发生的，统计上是显著的，也是可计量的。虽然带有主观性，但预期的规律性和科学性依然存在，而且预期损失本身是依据权重加权平均的结果，并通过不断对预期损失估计的调整进行修正。由于要定期重估预期信用损失，IFRS 9 提供的减值信息更加及时。

（四）与谨慎性原则相吻合

谨慎性原则是会计界长期以来所遵循的一项要求，具有广泛的应用性。FASB 在其 2 号财务会计概念公告中认为谨慎性是对于不确定性的一种审慎的反映，以确保对经济环境中内在的不确定性给予充分考虑；我国对会计信息中提出"谨慎性"质量要求，即"企业对交易或者事项进行会计确认、计量和报告应当保持应有的谨慎，不应高估资产或者收益、低估负债或者费用"。① 虽然 IASB 与 FASB 在《财务报告概念框架 2010》中以"如实反映"替代了"实质重于形式"和"谨慎性"原则，但是实务界与学术界仍普遍认同"谨慎性"。IFRS 9 减值会计对于减值的处理采取更为谨慎的态度，所有相关金融资产在初始确认时即确认 12 个月期的预期信用损失，以后期间信用风险若有重大增加，则需确认整个存续期内的预期信用损失。在金融工具创新层出不穷、金融风险不断加大的今天，采取更为稳健、谨慎的处理方法，对于防范金融风险、维护金融稳定与安全无疑具有重要的现实意义。

六 IFRS 9 减值会计对现行会计理论的突破

正如会计史学家迈克尔·查特菲尔德所说，"会计的发展是反应性

---

① 财政部：《企业会计准则 2006》，经济科学出版社 2006 年版，第 2 页。

的"。会计不能墨守成规、故步自封，必须与时俱进、不断创新。每一次遇到金融危机甚至经济危机，会计常常会成为备受指责的对象，发展面临着危与机，而会计总是能不断突破自我，实现创新，迈上发展的新台阶。IFRS 9 减值会计正是因为 IAS 39 中金融资产减值确认"太少，太迟"并具有顺周期效应而备受指责的情形下应运而生的，它提出了一些新的思想和观念，形成了对现有的一些原则、基础与传统的突破，对现存的会计概念框架产生了极大的冲击，由此可能带动会计产生重大变革。

（一）突破了"权责发生制"的会计基础，合理有据的预计也可以作为会计基础

现代会计确立了权责发生制的会计基础，将收入确认建立在权利已取得的基础上，将费用确认建立在义务已发生的基础上，采取了"已发生"观念，是一种面向过去的会计。IFRS 9 减值会计是面向未来的，其计提减值损失不以交易或事项的实际发生为依据，而以合理有据的预期、预测和预计为基础。这一改变是突破性甚至革命性的，颠覆了长期占据统治地位的确认基础，与现有的会计概念框架相冲突，需要对传统会计概念进行重新定义并修订现有会计概念框架。

（二）突破了过于关注历史、强调反映过去的传统，更注重面向未来、强调预测价值

会计传统上比较重视历史信息与现实状况，更注重信息的客观性，更强调会计的主要职能是反映过去和现在，对未来信息不够重视，对预计与预测心存疑虑，预测职能没有得到有效施展。这在一定程度上影响了会计目标的实现与会计作用的发挥。IFRS 9 减值会计更注重面向未来，搜集与金融工具减值有关的可合理获取的最佳信息（包含历史信息、当前状况以及在资产负债表日对未来情形及经济环境的合理有据的预测），更加关注未来可能发生的事项给金融资产带来的预期信用损失，并需对未来预期损失事项发生的金额、时点与概率做出合理估计，更重视会计的预测价值。虽然关注未来，有较强的主观性，容易诱发盈余管理等行为，但在有效的准则、监管约束下，会计信息的可靠性也能得到一定的保证，更有利于实现会计目标与发挥会计作用。

（三）突破了资产、负债、收入、费用等要素的确认标准，弱化了"很可能"的确认条件

在我国会计基本准则中，给出了资产、负债、收入、费用的确认标

准，其中都提出了一个条件就是经济利益很可能流入（或流出）企业。例如，资产的确认条件就是在符合资产定义的情况下同时满足下列条件：与该资源有关的经济利益很可能流入企业，该资源的成本或价值能够可靠地计量。IFRS 9 减值会计在金融工具初始确认时及每一个资产负债表日，不管预期信用损失发生的概率有多大，即使发生概率很小，都需要对预期信用损失进行估计，并计提减值损失准备，这就弱化了"很可能"的确认条件。

（四）突破了只关注个体、细节、短期的传统，也关注整体、战略、长期

会计传统上只关注个体、细节方面的信息，考虑时期较短，并通过具体细节分析进行会计确认、计量与记录，基本上不关注整体、长期性、战略性的信息。IFRS 9 减值会计则是从整体上、战略上、长周期（生命周期）上来考虑问题，利用可合理获取的最佳信息，运用概率、统计或其他有效技术进行大数据的统计分析，对未来预期损失做出合理估计，特别是对组合金融工具计提减值损失时更是如此。当然，IFRS 9 减值会计也非常注重个体、细节、短期的信息，只不过已开始对考虑问题的角度和思路做出调整，开始关注整体、战略与长期，虽然仅仅是开始，但这个趋势却非常值得人们关注。

七　IFRS 9 减值会计存在的问题

（一）减值方法存在不一致

IFRS 9 对于一般性的金融工具采用了三阶段的预期信用损失模型，对于购入及原生信用受损的金融资产根据其经济实质采取了特别的处理方法，两者在初始确认时如何确认预期信用损失的影响、实际利率的选择、后续期间预期信用损失的处理等方面存在显著差异。这种不一致，破坏了减值会计方法的整体一致性，增加了会计处理的复杂性。

（二）过于原则化，缺乏明确的操作指引

IFRS 9 遵循"原则导向"，希望能使主体更多地考虑自身的实际情况来计提减值，从而更好地反映与信用风险相关的信息，但相关规定过于原则化，缺乏明确的操作指引。例如，对于"信用质量显著恶化""违约"等重要概念未给出确切含义，做出明确界定，而是给予主体自由裁量权，要求主体在计量时根据其具体实际情况进行定义。虽然对于

"信用质量显著恶化"和"违约"，IFRS 9 分别给出了一项可驳回推定，即如果合同支付义务逾期超过 30 天可视为信用质量显著恶化，逾期付款 90 天可视为违约，但这与现行很多金融企业的做法不一致，需要企业自己做出判断。"违约""信用质量显著恶化"等关键概念未能明确界定，不同企业、不同金融工具有不同的解释和判断，从而大大降低会计信息的可比性，也增加了利润操控空间。

（三）实施难度较大、成本高昂

实行 IFRS 9 减值会计的难度较大且时间成本高昂。实施 IFRS 9 减值会计需要具备一定的有利条件，如完备的信用数据信息积累、高素质的会计专业人才、健全配套的风险管控系统等，实施过程中需要管理层及会计人员做出大量的职业判断，实施难度较大。同时，实施 IFRS 9 减值会计也需要较高的执行成本，包括数据收集成本、模型开发成本、系统更新成本、业务整合成本、人员培训成本、审计成本与监管成本等。但所耗费的高昂成本能否带来预期的效益、能否真正缓解顺周期效应并促进金融稳定，仍有待时间和实践的检验①。

（四）容易诱发盈余管理甚至利润操纵

由于 IFRS 9 减值会计并不依据客观证据确认减值损失，原则导向导致很多关键概念缺乏明确界定，主观性较强，可操控空间大，过度依赖会计人员的专业判断。例如，三个阶段的划分与转移界限不够清晰，不同阶段转移时计提的预期信用损失与利息收入都会有较大差异，例如从阶段 2 转为阶段 1 时，只需要计提未来 12 个月的预期损失，同时可以转回前期按照生命周期预期信用损失计提的减值准备。IASB 的初衷是利用会计判断更好地反映减值的会计实质，但理想和现实往往存在着较大差距，巨大的操控空间可能会被别有用心地利用，诱发管理层的盈余管理甚至利润操纵行为，这也提高了审计与会计监管的难度。

八　我国应对 IFRS 9 减值会计的策略

IFRS 9 将于 2018 年 1 月 1 日开始实施。按照 2010 年财政部发布的《中国企业会计准则与国际财务报告准则持续趋同路线图》，我国会计准则应保持与国际会计准则的持续趋同。IFRS 9 是下一步我国会计准则

---

① 黄世忠：《金融工具前瞻性减值模型利弊评析》，《金融会计》2015 年第 1 期。

国际趋同的难点和重点。为了能够与 IFRS 9 顺利实现趋同，我国应该未雨绸缪，群策群力，做好相应新准则的制定工作。在制定新准则时一定充分考虑我国的现实国情，在消化、吸收 IFRS 9 精髓的基础上，加以改造、优化，同时广泛征求社会各界特别是金融界的意见，不断反馈修改，力争制定出既能实现与 IFRS 9 实质趋同又能符合我国国情的新准则。为了保障新准则的实施效果，我国可以采取局部试点、反馈修订、逐步推广、稳步实施的策略，可以在国有大型银行开展试点工作，然后根据试点情况总结经验再推广到上市的股份制商业银行，接着再推广到其他银行及金融机构，在金融企业已稳妥实施的情况下再进一步推广到所有上市公司，最后推广到所有执行企业会计准则的企业。在各类企业具体实施新准则时，可以采取三步走的过渡策略：第一步，已发生损失模型为主、预期损失减值模型为辅，将预期损失减值模型的实施要求引入现行的相关准则中来；第二步，以预期损失减值模型为主，已发生损失模型为辅，形成预期损失减值模型成为主导的局面；第三步，预期减值模型全面替代已发生损失模型。此外，在制定新准则时，还要考虑与基本准则以及其他具体准则的协调问题，可以一并统筹考虑、全面兼顾，使准则之间保持匹配协调、逻辑一致。

第四节　IFRS 9 套期会计改革

一　套期保值会计发展概述

　　套期保值是指企业为规避外汇风险、利率风险、商品价格风险、股票价格风险、信用风险等，指定一项或一项以上套期工具，使套期工具的公允价值或现金流量变动，预期抵销被套期项目全部或部分公允价值或现金流量变动。套期会计就是根据针对套期保值业务制定的核算和报告要求进行会计处理，具体是指在相同的会计期间将套期工具和被套期项目的公允价值变动的抵销结果计入当期损益的方法①。

　　较早完整提出套期会计模式的，通常认为是美国财务报告准则理事会（FASB），其标志就是 1998 年公布的 FAS 133（衍生工具和套期活

---

① 宣和：《套期国际财务报告准则的修订及其应对策略》，《中国注册会计师》2014 年第 2 期。

动的会计处理）；此后，套期会计模式引入国际会计准则，具体体现在1999年发布的 IAS 39（金融工具：确认和计量）中。在2008年金融危机爆发后，引发社会各界对于金融工具准则的质疑。在强大的外部压力下，金融工具国际财务报告准则步入了漫长而充满争论的修订过程。相关的修订工作主要分为三个阶段：第一阶段针对"金融工具的分类和计量"；第二阶段针对"减值方法"；第三阶段针对"套期会计"。套期会计作为该项目三阶段中的最后一阶段，其难度和重要性不言而喻。

2008年3月，国际会计准则理事会发布的讨论稿《减少金融工具报告的复杂性》，包括了简化套期会计处理的提议。2010年12月，国际会计准则理事会发布了一项征求意见稿《套期会计》，它提议实质性简化一般套期会计处理。2012年9月，国际会计准则理事会重新发布了第二次征求意见稿。最终，《套期会计》的修订于2013年11月正式完成，并发布了修订后的《国际财务报告准则第9号》【IFRS 9 (2013)】。IASB 在2014年7月颁布了完整版的 IFRS 9，将金融工具减值的内容纳入其中，并完整保留了 IFRS 9（2013）套期会计的内容。IFRS 9 套期会计准则解决了目前 IAS 39 中"规则导向"套期会计运用的实务问题，使套期会计能够更紧密地反映主体风险管理的情况。根据 IFRS 9，此次套期会计准则仅涵盖一般套期会计模型，适用于除宏观套期外的所有套期会计。

二　对 IAS 39 套期会计进行修订的背景

长期以来，套期会计一直是困扰财务报告的编制者、使用者以及准则制定机构的一个最复杂和最具争议的话题。财务报告编制者认为现有套期会计准则过于复杂，无法反映企业风险管理活动内容以及风险管理活动在多大程度上实现了企业风险管理目标，财务报告使用者更难以理解企业管理层使用套期会计的目的和效果。具体而言，现有 IAS 39 套期会计的主要缺陷表现在三个方面①。

（1）IAS 39 的套期会计方法实际上没有适当地反映企业真实的风险管理实务。IAS 39 套期会计是近二十年前才制定的，后虽经多次"修补"，但没有实质上的调整。近年来企业风险管理实务持续创新，对套

---

① 宣和：《新套期会计模式：更"接地气"》，《金融会计》2014年第4期。

期会计的"全面改革"的需求自然就显得极为迫切。现行套期会计结果难以满足财务报告使用者的需要。比如，IAS 39 不允许对项目组合运用套期会计，而企业常常是以项目组合为基础来进行风险管理的。又如，IAS 39 不允许将套期会计运用于非金融项目的风险成分（除外汇风险外）的套期保值，这又与企业风险管理实务不一致。

（2）IAS 39 套期会计太过复杂，以至于难以理解和一致地运用。金融工具会计涉及的各领域中，最为复杂的要数套期会计，正是由于其复杂，让不少企业望而却步。一是"台阶"过高，仅有少数企业或企业中的少数套期保值业务符合运用套期会计方法的条件；二是 IAS 39 套期会计的具体规定过于"规则导向"，而企业风险管理实务又五花八门、创新不止，从而为那些"有想法"操纵财务数据的企业留下任意调整会计结果的空间。

（3）IAS 39 套期会计相关的披露不充分。现有套期会计原则设计不合理，套期会计相关列报和附注要求也存在一些不足。这导致财务报告信息使用者不能看清企业到底是如何运行套期保值进行风险管理的，引致批评与不满。

因此，社会各界迫切需要对 IAS 39 套期准则进行修订以适应套期会计实务的发展要求。

三 对 IAS 39 套期会计修订的主要内容

IFRS 9 改变了 IAS 39 中以"规则"为导向的套期会计处理模型，建立起以"原则"为导向的套期会计处理模型，将相关会计处理与企业风险管理实务联系在一起，对现行套期国际财务报告准则的修订是全方位的。IFRS 9 对 IAS 39 套期会计修订的主要内容有以下方面。

（一）套期工具的范围拓宽

IFRS 9 将套期工具的范围拓宽了。修订后，某金融工具是否可以作为套期工具，不是看它是不是衍生工具，而是看该金融工具是不是以公允价值计量且变动计入当期损益（签出期权除外）。具体而言，一是衍生工具（签出期权除外）可以指定为套期工具；二是以公允价值计量且其变动计入当期损益的非衍生金融资产可以指定为套期工具；三是以公允价值计量且其变动计入当期损益的非衍生金融负债也可以指定为套期工具，不过，当金融负债被指定为以公允价值计量时，如该负债的信用风险变动的部分计入其他综合收益而剩余部分计入损益，则不能作为套期工具；四是对于外币风险的套期，如不是权益工具投资且企业选择将公允价值变动计入其他综合收益，则非衍生金融资产或衍生金融负债的"外币风险成分"可以指定为套期工具。这样一来，可以作为套期工具的金融工具就多了，与企业风险管理实务也可以较好地协调起来。

（二）被套期项目的范围拓宽

在 IFRS 9 中，被套期项目的范围也拓宽了。在 IAS 39 下，对于非金融资产和非金融负债而言，不允许将外汇风险以外的风险指定为被套期项目。修订后，这一禁止性规定有较大松动。只要符合特定条件（即这些风险应可单独辨认且能可靠地计量），非金融资产和非金融负债相关的风险都可指定为被套期项目。此外，修订后，可以被指定为套期项目的范围也有较大拓宽。比如，允许将符合被套期项目条件的项目与衍生工具之间的结合作为被套期项目；又如，可以将某些组合及类似净利率敞口等净敞口作为被套期项目。

（三）修订了期权和远期合同的时间价值的会计处理

在 IAS 39 下，企业在将期权和远期合同指定为套期工具时，应将期权的时间价值和远期合同的远期因素剔除，并将时间价值变动和远期因素的价值变动均计入变动当期损益。这样处理，利润表中的损益项目将会发生较大波动。修订后，这种现象会得到较好缓解。具体而言，对于期权，企业可以将期权的内在价值和时间价值分开，只就内在价值变动将期权指定为套期工具；而对于其时间价值变动的会计处理，完全取决于被套期项目是以交易为基础（如对预期交易的套期）还是以时间长度（期限）为基础（如对已确认存货在某时间段内公允价值变动的套期）。在对以交易为基础的项目进行套期时，期权的时间价值变动中与被套期项目相关的部分，先在其他综合收益中确认，之后可以根据不同情况选用不同的处理方式。在对以时间长度为基础的项目进行套期时，期权的时间价值变动中与被套期项目相关的部分，也先在其他综合收益中累积。但是，这些变动额的累积，则须按诸如直线法那样的系统方法，在套期关系影响利润的期间内摊销。类似地，对于远期合同的远期因素价值变动额的处理，也应与期权时间价值变动额的会计处理方法协调一致。

（四）运用套期会计的条件放宽

在 IAS 39 下，套期会计的运用条件很苛刻，具体要求是：公允价值套期、现金流量套期或境外经营净投资套期同时满足 5 个条件，才能运用套期会计方法进行处理。对于许多企业来说，甚至对于一些风险管理水平较高的跨国公司，仍然难以满足符合套期会计方法的运用条件。IFRS 9 充分彰显"原则导向"思维，在套期会计方法运用条件方面，进行了较大的调整，放宽了适用条件。IFRS 9 规定，套期关系只有符合以下全部条件时，才能运用套期会计方法进行处理：（1）套期关系仅由符合指定条件的套期工具和被套期项目；（2）在套期开始时，企业对套期关系有正式指定，并准备了关于套期关系、风险管理目标和套期策略的正式书面文件；（3）套期关系符合以下三方面的套期有效性要求，一是在被套期项目和套期工具之间存在经济关系（economic relationship），二是信用风险的影响在经济关系所引起的价值变动中不占主导地位，三是套期关系的比率和企业实际进行套期的被套期项目的数量与企业在该套期中所运用的套期工具的数量之比相同。① 比较而言，由于引入了"经济关系"概念，并摒弃了"80%—125%"这种规则性的数量要求，修订后的套期会计方法运用条件更贴近企业风险管理实务，相关会计处理结果传达的信息也更有价值。

（五）套期信息披露更充分

IFRS 9 对套期信息披露要求相对于 IAS 39 有较大改进，着重对以下内容提出了披露要求：一是企业的风险管理策略以及如何进行风险管理的；二是企业进行的套期活动是如何影响未来现金流量的金额、时间分布和不确定性的；三是运用套期会计后对企业财务状况、综合收益和所有者权益变动表的影响有哪些。新准则在提高与实务操作一致性的同时也充分考虑到了管理层操纵利润的可能性，这些额外的披露将帮助信息使用者更好地理解报告主体的套期行为，并起到监督报告主体风险管理活动的作用。

四 IFRS 9 套期会计的主要优点

（一）更好地反映主体的风险管理活动

在 IFRS 9 中，IASB 正式提出套期会计的目标，明确了报告主体的

---

① 宣和：《套期国际财务报告准则的修订及其应对策略》，《中国注册会计师》2014 年第 2 期。

套期会计处理应当反映其风险管理活动，从而使得信息使用者可以更好地理解企业所面临的风险。这一目标直接导致了 IASB 对套期工具以及被套期项目类型进行的一系列扩展。在实务中常遇到主体对非金融资产和负债的部分风险组合以及净头寸等进行套期保值的情况，在 IAS 39 下此时是无法使用套期准则进行处理的，但新准则对被套期项目类型的扩展解决了这一问题，体现了套期会计反映风险管理活动的目的。

（二）简化准则，降低准则的复杂性

IASB 9 秉承了"原则导向"的理念，在原有准则基础上进行简化。IAS 39 套期会计以"规则导向"为主，规定过于复杂，降低了准则的实际使用率，也无法实现利用准则来反映主体风险管理活动的初衷。在 IFRS 9 中，IASB 通过消除量化的套期有效性评价，降低了套期会计的使用门槛。同时，新模型扩大了公允价值选择权，将套期会计的替代选择作为新模型的一个重要组成部分进行阐述。IASB 认为，借助公允价值选择权的使用，报告主体将有可能实现即使不应用套期会计准则，也能达到与采用准则相同的效果。

（三）提高准则与实务操作的一致性

IFRS 9 下期权、远期和外汇衍生品的时间价值可在其他综合收益（OCI）中延迟列报，而不是像 IAS 39 那样直接计入损益。比起直接计入损益，将时间价值在其他综合收益中延迟列报可有效降低利润的波动性，体现了管理层对套期风险进行管理的要求，同时也提高了套期会计的实用性。IFRS 9 对套期工具和被套期项目类型的扩充也同样体现了准则与实务的趋同。

五 我国针对 IFRS 9 套期会计的应对策略

2006 年，我国财政部发布了《企业会计准则第 24 号——套期保值》，实现了与国际会计准则的实质性趋同。由于我国金融市场建设尚未成熟，而且套期保值会计准则的难理解性和复杂性，我国企业在实务中对套期会计准则的应用还是比较少。随着我国金融市场的发展和衍生金融工具应用增多，套期活动是企业进行风险管理的重要方式之一。随着 IFRS 9 取代 IAS 39，套期会计条件逐渐放宽，应用范围必然会大大拓展，也能更有效地反映企业的风险管理活动。基于会计准则持续国际趋同的大背景下，我国应及时采取对策，妥善应对 IFRS 9 套期会计带来的变化。

首先，构建能够反映风险管理活动的套期会计准则体系。IFRS 9 相比较 IAS 39 最大的特点即是将套期会计与企业的风险管理活动相结合，这体现了国际准则由"规则导向"到"原则导向"的转变，有助于信息使用者更好地理解企业的套期活动。在今后的准则修订过程中，我国应当仿效 IASB 做法，以和套期会计目标相匹配为前提对套期保值准则进行修订，从而更好地体现套期会计规避风险的作用。在修订准则时，应充分考虑准则的可理解性与可操作性。我国应当借鉴 IASB 对 IAS 39 进行简化的做法，可通过对相关项目的简化增强套期保值准则的可操作性，并发布更加详细的应用细则，也可通过增加补充案例等来增强准则的可理解性。

其次，加强我国会计人员对最新国际套期会计准则的认识和理解。套期会计处理在实务方面具有一定的复杂性。从 IFRS 9 中关于套期会计的内容来看，企业应用该准则需要财会人员有很强的业务能力、职业判断和分析能力，并且需要具备战略性眼界。因此，必须加大培训投入力度，提高会计从业人员应用准则正确处理套期会计实务的能力，为套期会计准则的完善和实施奠定坚实的基础。

再次，加强风险管理方面的建设，积极应对新挑战。IASB 套期会计改革以企业风险管理为目标，IFRS 9 建立的套期会计模型中关于套期会计处理的方法侧重以企业风险管理为出发点。随着我国衍生金融工具的应用增多，企业的风险管理能力亟须提高。新套期会计模式相对现行套期会计模式，让企业相对容易满足运用套期会计的条件。这也可以看作留给企业进一步改进和提升风险管理水平的良机。因此，我国应该加强风险管理方面的建设，建立一套有效的风险管理机制。除企业外，面对新套期会计模式，监管部门、中介机构等也应未雨绸缪，提前做好应对准备，迎接新挑战。

第五节 IFRS 9 对我国商业银行的影响分析

—— 以上市商业银行为例

国际会计准则理事会（IASB）于 2014 年 7 月发布了《国际财务报告准则第 9 号：金融工具》（IFRS 9），并将于 2018 年 1 月 1 日开始实施。IFRS 9 的发布和实施，是会计准则发展史上具有重要意义的事件。受 IFRS 9 影响最大的是金融机构，包括商业银行、证券公司、保险公司等，以商业银行为甚。由于在我国证券公司规模相对较小，保险公司数量相对较少，商业银行无论在数量上还是在规模上都占据明显优势，因此本节选择商业银行特别是上市商业银行为研究对象，研究实施 IF-RS 9 对其产生的影响，并提出应对之策。

一　我国商业银行现有的资产结构和负债结构分析

（一）我国商业银行持有的金融资产结构

根据我国 CAS 22，我国商业银行将持有的金融资产分为四类：以公允价值计量且其变动计入当期损益的金融资产、持有至到期投资、贷款及应收款项、可供出售金融资产。其中，贷款及应收款项主要包括客户贷款和垫款、存放中央银行款项、存放同业款项、拆出资金、买入返售金融资产、应收利息与应收款项债券投资，可供出售金融资产又可以分为可供出售债务工具和可供出售权益工具（包括基金）。

截至 2014 年 12 月 31 日，我国共有 16 家上市商业银行，共持有各类金融资产合计 921 623.58 亿元，资产总额为 951 328.15 亿元，金融资产占全部资产的比重为 96.88%①。在 16 家上市商业银行持有的金融资产中，以公允价值计量且其变动计入当期损益的金融资产合计为 15 459.04 亿元，持有至到期投资 102 293.21 亿元，贷款与垫款 534 842.84 亿元，应收款项为 314 750.73 亿元，贷款与应收款项合计为 849 593.57 亿元，可供出售金融资产为 57 724.39 亿元，其中债务工具为 56 122.36 亿元，权益工具为 1 602.03 亿元。从各类金融资产所占的比重看，贷款及垫款占 52.18%，所占比重最大，其次为应收款项，占比 30.70%，再次为持有至到期投资，占比 9.98%，可供出售金融资产占比为 5.47%，交易性金融资产占比为 1.51%，占比最低。我国上市商业银行所持有的可供出售金融资产中，可供出售债券所占比重较高，为全部金融资产的 5.47%，权益工具（加基金）金额相对较少，为全部金融资产的 0.16%，前者是后者的 35 倍。权益工具尤其是股权投资相对集中在四大国有商业银行和个别的其他股份制银行中（如宁波银行持

---

① 本节所用数据均为笔者通过银行网站搜集的年报数据整理出来的。

有较多的权益工具投资）。同为以公允价值计量的金融资产，可供出售
金融资产的比例远远超过以公允价值计量且变动计入当期损益的金融资
产，其原因在于后一类金融资产的公允价值变动是直接计入当期损益
的，当公允价值变动剧烈时，会对公司当年实现的利润额产生较大的冲
击，而可供出售金融资产公允价值的变动计入其他综合收益，不会对当
期利润产生直接影响，但这部分储备可以作为利润的"蓄水池"，可以
在以后期间以投资收益的形式被释放出来，增加公司收益。因此，上市
公司管理层较倾向于将持有的以公允价值计量的金融资产归类为可供出
售金融资产。

（二）我国商业银行承担的金融负债结构

根据我国 IAS 22，我国上市商业银行将持有的金融负债分为两类：
以公允价值计量且其变动计入当期损益的金融负债与其他金融负债，其
中以公允价值计量且其变动计入当期损益的金融负债包括交易性金融负
债和衍生金融负债，其他金融负债是以摊余成本计量的。在 2014 年 12
月 31 日，16 家上市商业银行合计承担了以公允价值计量且其变动计入
当期损益的金融负债为 510.47 亿元，占全部负债金额 189 416.38 亿元
的比重仅为 0.27%，占比很低。

表 2-5　　　中国建设银行 2014 年各类金融资产金额及比重　　单位：百万元，%

项目		金额	比重
贷款与应收款项	贷款与垫款	9 222 910	56.34
	应收款项	3 589 161	21.93
	小计	12 812 071	78.27
持有至到期投资		2 298 663	14.04
以公允价值计量且变动计入当期损益的金融资产		332 235	2.03
可供出售金融资产	权益工具	16 607	0.10
	债务工具	910 103	5.56
	小计	926 710	5.66
金融资产合计		16 369 679	100.00

表 2 - 6　　　　2014 年 16 家上市商业银行金融资产分类金额　　　单位：百万元

银行名称	以公允价值计量且其变动计入损益的金融资产	持有至到期投资	贷款与应收款项			可供出售金融资产			金融资产合计
			贷款与垫款	应收款项	小计	债务工具	权益工具	小计	
中国工商银行	346 828	2 566 390	10 768 750	5 126 207	15 894 957	1 176 606	11 682	1 188 288	19 996 463
中国建设银行	332 235	2 298 663	9 222 910	3 589 161	12 812 071	910 103	16 607	926 710	16 369 679
中国银行	104 528	1 424 463	8 294 744	3 943 812	12 238 556	712 138	38 547	750 685	14 518 232
中国农业银行	414 660	1 710 950	7 739 996	4 740 453	12 480 449	922 017	5 886	927 903	15 533 962
交通银行	105 702	635 570	3 354 787	1 690 205	5 044 992	207 003	3 013	210 016	5 996 280
北京银行	13 360	120 099	654 718	606 564	1 261 282	109 100	606	109 706	1 504 447
光大银行	4 377	111 697	1 271 430	1 155 136	2 426 566	138 249	310	138 559	2 681 199
华夏银行	9 066	136 277	916 105	703 841	1 619 946	63 366	82	63 448	1 828 737
民生银行	27 213	176 834	1 774 159	1 640 409	3 414 568	156 155	3 569	159 724	3 778 339
南京银行	8 270	67 056	169 346	263 060	432 406	55 355	9	55 364	563 096
宁波银行	8 879	16 569	204 750	194 349	399 099	48 875	71 234	120 109	544 656
平安银行	25 811	207 874	1 003 637	905 780	1 909 417	1 005	488	1 493	2 144 595
浦发银行	32 841	121 698	1 974 614	1 753 785	3 728 399	221 961	2 477	224 438	4 107 376
兴业银行	44 435	197 790	1 549 252	2 082 510	3 631 762	407 021	1 045	408 066	4 282 053
招商银行	40 190	259 434	2 448 754	1 597 355	4 046 109	276 094	2 432	278 526	4 624 259
中信银行	27 509	177 957	2 136 332	1 482 446	3 618 778	207 188	2 216	209 404	4 033 648
合计	1 545 904	10 229 321	53 484 284	31 475 073	84 959 357	5 612 236	160 203	5 772 439	102 507 021
平均	96 619	639 333	3 342 768	1 967 192	5 309 960	350 765	10 013	360 777	6 406 689

表 2 - 7　　　　16 家上市商业银行金融资产比重（总额比重）①　　　单位：%

金融资产类别		2014 年	2013 年
贷款与应收款项	贷款与垫款	52.18	51.94
	应收款项	30.70	31.01
	小计	82.88	82.95
持有至到期投资		9.98	10.27
以公允价值计量且变动计入当期损益的金融资产		1.51	1.49

---

①　即按照 16 家上市银行各类金融资产汇总数计算出来的。

续表

金融资产类别		2014 年	2013 年
可供出售金融资产	权益工具	0.16	0.14
	债务工具	5.47	5.15
	小计	5.63	5.29
金融资产合计		100	100

表 2 - 8　　16 家上市商业银行金融资产比重（平均比重）①　　单位：%

金融资产类别		2014 年	2013 年
贷款与应收款项	贷款与垫款	47.86	48.13
	应收款项	36.62	36.88
	小计	84.48	85.01
持有至到期投资		7.80	7.77
以公允价值计量且变动计入当期损益的金融资产		1.18	0.98
可供出售金融资产	权益工具	0.87	0.89
	债务工具	5.67	5.35
	小计	6.54	6.24
金融资产合计		100	100

二　IFRS 9 对我国商业银行金融资产分类和计量的影响

（一）IFRS 9 对我国商业银行金融资产分类的影响

IFRS 9 按照"商业模式"和"合同现金流特征"将金融资产划分为三类：①以摊余成本计量；②以公允价值计量且其变动计入当期损益（简称 FVTPL）；③以公允价值计量且其变动计入其他综合收益（简称 FVOCI）。确定金融工具分类计量属性的原则更加注重商业模式和现金流特征等客观证据，从根本上取代了传统的管理层持有意图的判断标准。当金融资产同时满足"商业模式的目标是为取得合同现金流""其合同现金流仅仅是本金和利息的支付"（简称"SPPI"）两个条件时，可划分为"摊余成本类"；若商业模式以"收取合同现金流和出售为目

① 即按照 16 家上市银行各自的比重汇总后除以 16 计算出来的。

的"，且满足"SPPI"条件，则划分为"以公允价值计量且其变动计入综合收益类"，否则，均应划分至"FVTPL类"。

实施 IFRS 9 之后，贷款与应收款项、持有至到期投资基本上满足以摊余成本计量的金融资产的特征，可以归类为以摊余成本计量的金融资产；可供出售债务工具基本上满足以公允价值计量且其变动计入综合收益类的特征，可以归类为 FVOCI 类；剩下的以公允价值计量且变动计入当期损益的金融资产和可供出售权益工具，则可以归类为 FVTPL 类。值得注意的是，部分非交易性的可供出售权益（主要为按成本计量的可供出售权益工具）可以指定为 FVOCI 类，但这一指定不可撤销。

这里我们需要探讨两个细节问题。

一是对部分可供出售权益工具的认定 FVOCI 选择权的考虑。IFRS 9 规定，对于某些非交易性的可供出售权益工具，企业可以选择"以公允价值计量且其变动计入其他综合收益"类别，但是这种指定不可撤销，其计入其他综合收益的金额在任何情况下（包括出售）都不可以重分类至损益。IASB 规定这一选择权的目的主要是考虑企业会持有一些策略性投资，未来不打算出售，应用这一选择权可以避免公允价值变动影响利润表，减少利用此项分类进行盈余管理的空间。对企业而言，如果对某些权益工具作此认定，则相关公允价值变动将永远保留在权益中，出售的时候也不能转出，这就可能在一定程度上违背初始投资时的战略目的，也会影响到企业的利润实现。如果预期未来该权益工具在出售时会获得盈利，企业一般不会作此认定的；但如果预期未来该权益工具在出售时会产生亏损，则企业很可能会做出此项认定，将未来可能产生的亏损永远保留在权益中，不会对利润产生影响，实际上等于给了企业一个隐藏权益投资亏损的途径。笔者认为，从总体上看，银行做出此项认定的比例应该是很低的。

二是对于原以成本计量的可供出售权益工具，如果不做 FVOCI 认定，则全部归类为以公允价值计量且其变动计入当期损益的金融资产。对于这些金融资产，难点在于其公允价值的计量。虽然我国发布了 IAS 39 公允价值计量准则，对于公允价值计量提出了一些具体规定，但对在活跃市场没有公开报价的权益工具来说，对其进行估值困难重重，实际操作难度较高。我国属于新兴市场国家，资本市场还不够成熟，各种市场机制还不够健全，信息不对称普遍存在，公允价值的估计缺乏相应的保障机制。另外，公允价值估值技术尚不成熟，水平相对落后，估值技术的落后使得估值结果误差较大等问题出现可能性增大，而且估值的成本可能偏高。

实施 IFRS 9 后金融资产三分类与现有 CAS 22 金融资产四分类的对应关系，如表 2-9 所示。以 2014 年的 16 家上市商业银行的统计数据为例，以摊余成本计量的金融资产占比为 92.86%，占有绝对优势，其次为以公允价值计量且其变动计入其他综合收益的金融资产（FVOCI 类），占比为 5.47%，占比最小的是以公允价值计量且其变动计入当期损益的金融资产（FVTPL 类），占比仅为 1.67%。

表 2-9　　　　　　　　　　金融资产四分类与三分类对比　　　　　　　　　单位：%

金融资产四类别		比重	金融资产三分类	比重
贷款与应收款项	贷款与垫款	52.18	以摊余成本计量的金融资产	92.86
	应收款项	30.70		
持有至到期投资		9.98		
以公允价值计量且变动计入当期损益的金融资产		1.51	以公允价值计量且其变动计入当期损益的金融资产	1.67
可供出售金融资产	权益工具	0.16		
	债务工具	5.47	以公允价值计量且其变动计入其他综合收益的金融资产	5.47
金融资产合计		100	金融资产合计	100

（二）IFRS 9 对我国商业银行金融资产计量的影响

从金融资产三分类与四分类的对比关系中，我们可以看出，受影响最大的是可供出售金融资产项目，特别是其中的可供出售权益工具。对于可供出售债务工具，如果能够通过商业模式以收取合同现金流和出售为目的与 SPII 测试，就可以归类为 FVOCI 类金融资产，基本没有发生什么变化；如果没有通过测试，则归类为 FVTPL 类金融资产，其公允价值变动将直接计入当期损益，可能会对当期实现的利润造成较大影响。对于可供出售权益工具（假定无指定 FVOCI 类别），将全部归类为 FVTPL 类别，其公允价值变动将会全部计入当期损益，对当期实现利润会产生影响。

由于大多数上市商业银行的数据不可获得，在这里我们以中国建设银行为例，说明可供出售金融资产对综合收益和当期利润的影响。在 2014 年，中国建设银行可供出售债务工具公允价值变动金额为 320.92 亿元，扣除所得税影响，税后净额计入其他综合收益的金额为 240.95 亿元，占全年税后利润额的 10.56%；可供出售权益工具公允价值变动金额为 18.62 亿元，扣除所得税影响，税后净额计入其他综合收益的金额为 13.96 亿元，占全年税后利润额的 0.61%。在 2013 年，中国建设银行可供出售债务工具公允价值变动金额为损失 260.65 亿元，扣除所得税影响，税后净额计入其他综合收益的金额为损失 194.62 亿元，占全年税后利润额的 9.05%；可供出售权益工具公允价值变动金额为损失 22.17 亿元，扣除所得税影响，税后净额计入其他综合收益的金额为损失 16.63 亿元，占全年税后利润额的 0.77%。从中可以看出，可供出售金融资产公允价值变动波动很大，一年是损失，另一年却是利得，且其中占绝对优势的是可供出售债务工具产生的利得或损失，一般占该年度净利润的比例在 10% 左右，可供出售权益工具产生的利得或损失金额小得多，一般占该年度净利润的比例在 1% 以内。

实施 IFRS 9 后，可能会加大利润的波动。原可供出售类资产下的以公允价值计量的权益投资纳入 FVTPL 后，其公允价值变动将直接计入当期损益，例如，如果中国建设银行在 2014 年将可供出售金融权益工具的利得 18.62 亿元（税前）全部计入当期损益，将使该年净利润增加 13.96 亿元，占该年净利润的 0.61%。此外，如果部分贷款不能通过相关测试，也将改按公允价值计量，损益波动的不确定性将大大增加①。由于公允价值计量范围有所加大，特别是 FVTPL 金融资产占比会上升，可能会加大业绩指标的波动。

表 2 - 10　　　　2014 年中国建设银行可供出售金融资产
公允价值变动产生的收益影响　　　　单位：百万元，%

可供出售金融资产公允价值变动的收益	税前金额	所得税影响	税后金额	税后利润	影响百分比
- 债务工具	32 092	- 7 997	24 095	228 247	10.56
- 权益工具和基金	1 862	- 466	1 396	228 247	0.61
合计	33 954	- 8 463	25 491	228 247	11.17

① 刘亚干：《国际财务报告准则第 9 号：金融工具（分类与计量）评析》，《金融会计》2015 年第 3 期。

表 2-11   2013 年中国建设银行可供出售金融资产
公允价值变动产生的收益影响   单位：百万元，%

可供出售金融资产公允 价值变动的收益	税前金额	所得税影响	税后金额	税后利润	影响百分比
-债务工具	-26 065	6 603	-19 462	215 122	-9.05
-权益工具和基金	-2 217	554	-1 663	215 122	-0.77
合计	-28 282	7 157	-21 125	215 122	-9.82

三 我国商业银行金融资产减值准备分析

（一）我国商业银行金融资产计提减值准备的现行方法

我国商业银行现在执行 CAS 22，按照"已发生损失"模型对金融资产计提减值准备。对于贷款及应收款项和持有至到期投资，分别按照个别方式评估方式和组合方式评估方式计提减值准备。对于可供出售金融资产，发生减值时，即使该金融资产没有终止确认，原直接计入其他综合收益的因公允价值下降形成的累计损失将转出、计入当期损益；转出的累计损失金额为该金融资产的初始取得成本扣除已收回本金和已摊销金额、当前公允价值及原已计入损益的减值损失后的余额；以成本计量的可供出售权益工具，按其账面价值与预计未来现金流量现值（以类似金融资产当时市场收益率作为折现率）之间的差额确认为减值损失，计入当期损益。

（二）我国上市商业银行金融资产计提减值准备的现状

首先，分析贷款及垫款减值准备的计提。下面，我们以中国建设银行为例，分析贷款和垫款减值准备的计提情况。中国建设银行 2014 年与 2013 年逾期贷款及垫款与未逾期贷款及垫款的金额及比例见表 2-13 所示。从中可以看出，在 2014 年已逾期贷款和垫款金额为 1 332.16 亿元，占贷款和垫款总额的 1.41%，其中逾期 3 个月以内的有 544.05 亿元，逾期 3 个月至 1 年的有 490.12 亿元，逾期 1 年以上 3 年以内的有 229.91 亿元，逾期 3 年以上的有 68.08 亿元；未逾期贷款和垫款金额为 93 413.07 亿元，占贷款和垫款总额的 98.59%。中国建设银行 2014 年和 2013 年针对各类贷款和垫款计提减值准备的情况如表 2-14 和表 2-15 所示。从中可以看出，在 2014 年已减值贷款和垫款中，按组合方式评估计提减值准备 75.58 亿元，计提比例为 66.32%，按个别方式评估计提减值 577.73 亿元，计提比例为 56.79%，对已逾期未减值贷款和垫款计提减值准备 48.19 亿元，计提比例为 14.81%，对未逾期未减值贷款计提减值准备为 1 814.33 亿元，计提比例为 1.94%，总共计提减值准备 2 516.13 亿元，总的计提比例（即贷款拨备率）为 2.66%，与 2013 年持平。中国建设银行 2014 年与 2013 年的不良贷款率分别为 1.19% 和 0.99%，拨备覆盖率分别为 222.33% 和 268.22%。

其次，对于其他类金融资产减值准备的计提分析。对于持有至到期投资，2014 年和 2013 年各商业银行平均计提减值准备的比例为 0.04% 和 0.08%；对于应收款项类投资，2014 年和 2013 年各商业银行平均计提减值准备的比例为 0.37% 和 0.16%；对于可供出售金融资产，2014 年和 2013 年各商业银行平均计提减值准备的比例为 0.90% 和 2.12%，其中债务工具的计提比例分别为 0.37% 和 1.11%，权益工具的计提比例分别为 6.66% 和 13.31%。在 2014 年，建设银行对于持有至到期投资计提减值准备 36.44 亿元，计提比例为 0.16%，对于应收款项类投资计提减值准备 9.45 亿元，计提比例为 0.55%，对于可供出售金融资产计提减值准备 58.22 亿元，计提比例为 0.62%，其中对债务工具计提减值准备 14.09 亿元，计提比例为 0.15%，对于权益工具计提减值准备 44.13 亿元，计提比例为 20.99%。

表 2-12　　　　　主要金融资产项目减值准备计提比率　　　　单位：%

项目	2014 年平均比率	2013 年平均比率
持有至到期投资	0.04	0.08
应收款项类投资	0.37	0.16
可供出售金融资产 债务工具 权益工具和基金	0.90 0.37 6.66	2.12 1.11 13.31

说明：计算平均比率时已剔除数据不全的银行数据。

表 2-13　　　　中国建设银行贷款与垫款分类金额　　　单位：百万元，%

分　类		2014 年		2013 年	
		金额	比例	金额	比例
已逾期贷款 与垫款	逾期 3 个月以内	54 405	0.58	25 077	0.30
	逾期 3 个月至 1 年	49 012	0.52	26 103	0.30

续表

分类		2014 年		2013 年	
		金额	比例	金额	比例
已逾期贷款与垫款	逾期 1 年以上 3 年以内	22 991	0.24	26 552	0.31
	逾期 3 年以上	6 808	0.07	8 972	0.10
	已逾期客户贷款和垫款总额	133 216	1.41	86 704	1.01
未逾期贷款和垫款		9 341 307	98.59	8 503 353	98.99
贷款与垫款合计		9 474 523	100	8 590 057	100

表 2 - 14　　　　2014 年中国建设银行贷款减值准备计提情况　　　单位：百万元，%

项目	未减值贷款和垫款		已减值贷款和垫款		合计
	未逾期未减值	已逾期未减值	按组合方式评估	按个别方式评估	
客户贷款和垫款总额	9 328 824	32 528	11 442	101 729	9 474 523
贷款损失准备	(181 433)	(4 819)	(7 588)	(57 773)	(251 613)
准备计提比率	1.94	14.81	66.32	56.79	2.66
客户贷款和垫款净额	9 147 391	27 709	3 854	43 956	9 222 910

表 2 - 15　　　　2013 年中国建设银行贷款减值准备计提情况　　　单位：百万元，%

项目	未减值贷款和垫款		已减值贷款和垫款		合计
	未逾期未减值	已逾期未减值	按组合方式评估	按个别方式评估	
客户贷款和垫款总额	8 489 801	14 992	8 112	77 152	8 590 057
贷款损失准备	(168 760)	(2 267)	(5 532)	(52 137)	(228 696)
准备计提比率	1.99	15.12	68.20	67.58	2.66
客户贷款和垫款净额	8 321 041	12 725	2 580	25 015	8 361 361

说明：未减值贷款和垫款包括评级为正常或关注的客户贷款和垫款，按组合方式评估损失准备。已减值贷款和垫款是指有客观证据表明出现减值的贷款和垫款，包括评级为次级、可疑或损失的公司类贷款和垫款。

四 我国商业银行实施 IFRS 9 后计提金融资产减值准备的情况分析

（一）实施 IFRS 9 后商业银行计提金融资产减值准备的方法

商业银行实施 IFRS 9 之后，各类金融资产计提减值准备所适用的方法如表 2-16 所示。

表 2-16　　　　各类金融资产计提减值准备适用方法汇总表

项目	适用方法
贷款与垫款	一般方法（适用三阶段模型法）
持有至到期投资	
以公允价值计量且其变动计入其他综合收益的债权性金融资产	
具有融资性质的应收账款与应收租赁款*	
不具有融资性质的应收账款与应收租赁款	简化方法（一直按照生命周期预期信用损失计提减值准备）
购入及原生信用受损的金融资产	特别方法（借鉴 2009ED 方法）

说明：对于具有融资性质的应收账款与应收租赁款，企业有权选择是否始终按照生命周期预期信用损失计提减值准备。

实施 IFRS 9 后，对于贷款与垫款、持有至到期投资与以公允价值计量且其变动计入其他综合收益的债权性金融资产，需要按照"三阶段"的预期损失模型计提减值准备，这意味着从初始确认上述金融资产时就需要确认 12 个月的预期信用损失并计提减值准备，后续资产负债表日要对信用风险进行持续评估。对于不具有融资性质的应收款项与应收租赁款，则采取简化的方法计提减值准备，即一直按照生命周期预期信用损失计提减值准备。对于包含重要融资成分的应收账款与应收租赁款，企业有权选择是否按照简化方法或按照一般方法处理。实施 IFRS 9 后，一个显著的变化是对于可供出售权益工具不需要计提减值准备了，其要按照公允价值计量，公允价值变动要么计入当期损益，要么计入其他综合收益。

（二）我国商业银行实施 IFRS 9 后计提金融资产减值的预测分析

由于在商业银行的金融资产中贷款与垫款占有绝对重要的地位，实施 IFRS 9 受影响最大的就是贷款与垫款，下面主要以中国建设银行为例分析贷款减值准备的计提情况。

根据 IFRS 9，贷款需要按照"三阶段"的预期损失模型计提减值准备，从初始确认贷款资产时就需要确认 12 个月的预期信用损失并计提减值准备，后续资产负债表日要对信用风险进行持续评估。如果自初始确认后信贷质量未发生显著恶化或在财务报告日信用风险级别为低，则需要确认 12 个月期的预期信用损失，并按照资产的账面总额计算利息收入；如果自初始确认后信贷质量发生显著恶化且在财务报告日信用风险未处在低水平，但没有客观证据表明发生减值，确认整个存续期内的预期信用损失，但仍按照资产的账面总额计算利息收入；如果在财务报告日，有客观证据表明发生减值的金融工具，则确认整个存续期内的预期信用损失，且按照资产的账面净额计算利息收入。

根据 IFRS 9 对于"信用质量显著恶化"和"违约"给出的可驳回推定，即如果合同支付义务逾期超过 30 天可视为信用质量显著恶化，逾期付款 90 天可视为违约即可认为有客观证据表明发生减值。如果按照这样的标准推定假定，则中国建设银行在 2014 年有大约 94 600 亿元、占比为 98.8% 的贷款需要确认 12 个月的预期信用损失并计提减值准备，有大约 1 150 亿元、占比 1.2% 的贷款需要确认整个存续期内的预期信用损失，其中有大约 360 亿元（占比约为 0.4%）的贷款需要按照资产的账面总额计算利息收入，790 亿元（占比约为 0.8%）的贷款需要按照资产的账面净值计算利息收入。如此算来，实施 IFRS 9 之后，商业银行的贷款减值准备将会有一定幅度的提升，但影响不会太大。

值得注意的是，IFRS 9 减值规定对中国的商业银行的影响应小于国际同业。一方面，得益于中国的商业银行对于不良资产的管控已取得显著成效。2014 年和 2013 年，我国 16 家上市商业银行的平均不良贷款率分别为 1.13% 和 0.90%，显著低于同期 13 家全球系统重要性金融机构的平均不良贷款率（3.06%）[①]。另一方面，我国的商业银行业本身的拨备率就比较高，而且还有贷款拨备率与存贷比的限制，IFRS 9 的实施对中国银行业的压力要弱于西方银行业。2014 年和 2013 年，我国 16

---

① 王婕、林桂娥：《金融工具国际会计准则变革及其对银行业的影响》，《金融论坛》2015 年第 2 期。

家上市商业银行的平均拨备覆盖率达到 233.01% 和 276.40%，远高于13 家全球系统重要性金融机构的平均 91.6% 的拨备覆盖率。我国上市商业银行的平均较低的不良贷款率和较高的拨备覆盖率决定了在实施IFRS 9 的过程中，中国银行业可能比原来的拨备计提有所增加，但增幅会明显低于国际同业。即中国银行业受到 IFRS 9 减值影响的程度要明显低于发达国家的银行业。

表 2-17　　　　　　　16 家上市商业银行贷款主要质量指标

银行名称	贷款拨备率（%）		拨备覆盖率（%）		不良贷款比	
	2014 年	2013 年	2014 年	2013 年	2014 年	2013 年
中国农业银行	4.42	3.79	286.53	367.04	1.54	1.22
南京银行	3.06	2.66	325.72	298.51	0.94	0.89
北京银行	3.05	2.74	324.22	385.91	0.86	0.65
兴业银行	2.76	2.68	250.21	352.10	1.10	0.76
中国银行*	2.68	2.62	187.60	229.35	1.18	0.96
中国建设银行	2.66	2.66	222.33	268.22	1.19	0.99
浦发银行	2.65	2.36	249.09	319.65	1.06	0.74
招商银行	2.59	2.22	233.42	266.00	1.11	0.83
华夏银行	2.54	2.73	233.13	301.53	1.09	0.90
中信银行	2.36	2.13	181.26	206.62	1.30	1.03
中国工商银行	2.34	2.43	206.90	257.19	1.13	0.94
交通银行	2.24	2.24	178.88	213.65	1.25	1.05
宁波银行	2.18	2.06	285.17	254.88	0.89	0.89
光大银行	2.16	2.07	180.52	241.02	1.19	0.86
民生银行	2.12	2.21	182.20	259.74	1.17	0.85
平安银行	2.06	1.79	200.90	201.06	1.02	0.89
平均	2.62	2.46	233.01	276.40	1.13	0.90

注：* 中国银行的贷款拨备率是根据国内贷款计算出来的。

五　实施 IFRS 9 对我国商业银行的影响

（一）金融资产会计科目体系需要全面重构

我国商业银行现行金融资产会计科目按照 CAS 22 四分类体系进行设置。实施 IFRS 9 后需要将金融资产改为三分类，因而在实施过程中，需停用原贷款和应收款项类、可供出售类金融资产、持有到期类科目，增设摊余成本类金融资产、以公允价值计量且其变动计入其他综合收益类金融资产科目，涉及的科目数量众多，整个会计科目体系面临重构①。

（二）数据库建设刻不容缓

预期损失模型需要庞大的数据库支撑，数据质量的好坏直接影响到预期损失估计的准确性，进而影响金融机构的业务决策和风险管理。虽然一些金融企业积累了一定的数据，建立了相应的会计信息数据库，但更多的是基于"已发生损失"方面的数据，因而仍然不能满足预期损失模型在估计预期损失方面所需的数据要求，数据积累明显不足，特别是中长期贷款的整个生命周期的信用损失数据方面。因此，金融机构应该加强数据库体系建设，整合会计数据、风险管理数据和市场交易数据，构建内部信息共享平台，提升数据治理水平。

（三）构建模型费时费力

对于按成本计量的可供出售金融资产需改为按公允价值计量，对于缺乏活跃市场交易数据的项目需要构建适合的模型进行估值。预期损失模型要求商业银行综合考虑历史事件、当前状况及对未来状况的预测来确认预期信用损失。在模型运用方面，主要商业银行一般通过调整现有的巴塞尔内部评级模型构建预期损失模型。在转换的过程中，银行需要评估相关数据的可用性，改造系统并调整内部工作流程，每项工作都需要投入大量的时间和资源。据了解，欧洲银行普遍预计实施预期损失模型需要花费1.5—3年的时间。我国商业银行目前的风险管理系统尚处于建设和完善阶段，对经济环境的判断能力、对风险的整体预测和计量能力都处于起步阶段，可能需要花费更多的时间和投入更多的人力物力。

（四）相关业务系统和工作流程需要重新改造

为提高金融资产分类判断的效率和及时性，IFRS 9实施后需将分类判断流程标准嵌入业务处理系统中，因此需对相关业务系统进行整合改造。主机系统一般由业务系统驱动记账，业务系统的改造将会传导主机系统改造。由于会计科目体系重构，主机系统还需相应进行大范围的科

---

① 刘亚干：《国际财务报告准则第9号：金融工具（分类与计量）评析》，《金融会计》2015年第3期。

目参数调整和验证工作。同时，预期信用损失模型的采用需要改变现有的工作流程。一笔贷款的预期信用损失要通过不同流程和部门交互测算，测算结果也会运用于更多的领域，这意味着计算减值损失已不再是一个单纯的会计处理事宜。例如，业务部门要评价预期信用损失对信贷资产息差及对定价的影响，风险管理部门要合理评估预期损失，供贷款发起、资产定价、减值计提等其他相关部门参考或应用。如何改变现有的工作流程以适应预期损失模型的管理要求将是银行实施新准则必须应对的问题①。

（五）会计人员素质亟待提升

实施预期信用损失模型和公允价值估值对会计人员素质提出更高要求，尤其是风险衡量能力和专业判断能力方面。公允价值本质是一个"估计"价格，特别是在非活跃市场条件下，其计量需要会计人员根据掌握的可观察信息与不可观察信息，选择恰当的估值技术，做出合理有效的估计与专业判断。预期信用损失模型要求会计人员能根据金融资产所处的风险恶化阶段来进行分类，并对每一类别做出不同的会计处理。这就需要会计人员能准确把握金融资产信用风险的变化，进行恰当评级，并对未来预期信用损失的金额、时点和概率做出准确估计，整个过程都需要会计人员做出大量的专业判断和估计。实施 IFRS 9 对会计人员的专业判断能力提出了较高的要求，会计人员的综合素质亟待提升。

六　我国商业银行应对 IFRS 9 的策略

IFRS 9 将于 2018 年 1 月 1 日开始实施，同时在我国境内和香港上市的商业银行将首先面临实施的压力。根据我国 2010 年制定的会计准则持续国际趋同路线图，修订现有准则，实现与 IFRS 9 实质性趋同将是大概率事件。据了解，国际大型银行均已积极开展准则的转换和实施工作，包括评估影响及分析差异、模型建立测试及验证等。考虑到此项工作的复杂性和艰巨性，我国商业银行特别是大型商业银行应尽快启动准则实施项目，未雨绸缪，妥善应对。

（一）尽早评估影响，制订总体方案

从国外银行成功实施 IFRS 9 的经验来看，前期广泛深入的影响评估

---

① 张金良：《预期损失模型对商业银行的影响及应对》，《金融会计》2015 年第 1 期。

将是银行控制实施成本的关键。商业银行应及早评估 IFRS 9 实施可能带来的影响，并形成合理的应对方案。评估内容主要包括：实施后影响到的主要项目、面临的主要问题、可能遇到的困难、对资本的影响、压力测试、重要模型参数的测试、情况发生变化时模型的响应能力及波动性等。利用评估的成果，商业银行可以根据执行新准则的预期时间表，制订更详细的资源需求、数据及系统需求计划，妥善制订总体应对方案。

（二）加强数据库建设，构建适用性模型

实施 IFRS 9 扩大了公允价值计量的范围，引入了预期信用损失模型，需要大量的准确、可靠、完整的数据信息，同时需要构建复杂的估值模型与减值模型。商业银行应着手加强内部数据的积累工作，既要重视数据的数量，更要关注数据的质量，建立较完善的数据信息系统，实现不同部门之间的数据共享；对于缺乏活跃市场交易价格的金融资产构建公允价值估值模型，对于金融资产预期信用损失也要针对不同的类别分别构建适合的计量模型。例如，对于贷款可以根据迁移模型构建合适的预期信用损失模型。

（三）重新改造系统，提升人员素质

为应对 IFRS 9 的挑战，商业银行应注意对现有的财务系统、业务系统、风险管控部门进行整合改造，对业务系统进行重新设计，改良工作流程，加强不同部门之间的沟通协作。同时，加强对内部人员重点是财会人员的培训，可对实施 IFRS 9 的重点与难点举行专题培训，对如何合理、恰当做出重大估计与判断提供指导，不断增强会计人员的专业判断能力，提升其综合素质，从而为实施 IFRS 9 提供系统保障与人力支持。

（四）加强风险管理，积累实施经验

为应用预期信用损失模型，银行必须对现行的风险管理策略进行重新检查，明确"信贷风险显著增加"的门槛，同时监控信贷资产不同阶段的状态，并及时评估信贷资产在不同阶段迁移时对财务报表的影响①。商业银行可借此契机强化风险、资本和收益平衡的理念，健全与其信贷资产风险水平相匹配的风险管理体系，足额确认减值准备，为完善业务发展策略、优化信贷结构、夯实资产质量提供有力支持。为了保证将来能够顺利实施 IFRS 9（或与之匹配的我国企业会计准则），商业

---

① 张金良：《预期损失模型对商业银行的影响及应对》，《金融会计》2015 年第 1 期。

银行可以提前模拟实施该准则。通过模拟实验，找出实施的难点和不足之处，可根据模拟情况搜集欠缺数据，改造计量模型，重新整合系统，加强人员培训，积累执行经验。

第六节　IFRS 9 对我国非金融企业的影响分析

2014 年 7 月，国际会计准则理事会（IASB）经过长达 6 年的反馈与修订的反复过程，终于发布了最新完整版的《国际财务报告第 9 号——金融工具》[IFRS 9（2014）]，并将于 2018 年 1 月正式实施。IFRS 9 的实施影响最大的是银行等金融机构，但对于我国非金融企业来说也会产生较大影响，影响重点体现在金融资产分类与计量以及金融资产减值上。我国非金融企业实施 IFRS 9 可能面临多重难题，应未雨绸缪、提前研判，做好应对之策。

一　IFRS 9（2014）的主要内容简介

最新版的 IFRS 9 的主要内容分为三部分：金融工具分类与计量、金融工具减值与套期保值会计。其中，与非金融企业相关的是主要是金融工具分类与计量、金融工具减值两部分，下面对这两部分内容作简单介绍。.

（一）金融工具分类与计量

IFRS 9 以原则为导向对于所有金融资产引入了单一分类方法，要求企业基于管理金融资产的业务模式以及相关的合同现金流量特征对金融资产进行分类。IFRS 9 包含三个基本的金融资产分类类别，即以摊余成本计量、以公允价值计量且其变动计入其他综合收益（简称 FVOCI）、以公允价值计量且其变动计入当期损益（简称 FVTPL）三类。

对于金融资产的分类，我们可以这样进行区分。

当金融资产的合同条款规定在特定日期产生的现金流量仅为本金及利息的支付时：

（1）如果该资产在"持有以收取合同现金流量"的业务模式中持有，则应当以摊余成本计量；

（2）如果该资产在"既持有以收取合同现金流量又出售"的业务模式中持有，则应当以公允价值计量且其变动计入其他综合收益

（FVOCI）。

除上述两种情况及某些适用列报指定选择权的金融资产以外，企业应当将属于 IFRS 9 范围的金融资产分类为以公允价值计量且其变动计入损益的类别（FVTPL）。

根据 IFRS 9 的要求，在初始确认后，当且仅当企业变更其管理相关金融资产的业务模式时，才须对金融资产进行重分类。

对于金融负债，会计主体应根据管理金融负债所从事的企业活动，对符合金融工具标准的金融负债划分为两类：（1）以摊余成本计量；（2）以公允价值计量，且公允价值变动计入当期损益。

（二）金融工具减值

IFRS 9 采用"预期信用损失"模型取代"已发生损失"模型，确认预期信用损失并在报告日更新预期损失金额，以反映信用风险的变化。该模型使用三个阶段来反映最终发生违约的金融工具信用风险恶化的一般模式，金融工具所处的阶段不同，其在预期信用损失的确认、利息收入的核算和列报等方面也不同。所有相关金融资产在初始确认时即确认 12 个月期的预期信用损失，以后期间信用风险若有重大增加，则需确认生命周期内的预期信用损失。各阶段的具体划分如下。

阶段 1：自初始确认后信用风险未发生显著恶化或在财务报告日信用风险级别为低的金融工具。对这类金融工具，确认 12 个月期的预期信用损失，并按照资产的账面总额（不扣减预期信用损失）与实际利率计算利息收入。12 个月期的预期信用损失，是指自报告日后的 12 个月内可能发生的违约事项所导致的期望信用损失。12 个月期的预期信用损失并非未来 12 个月内的预期现金短缺金额，而是信用损失总额与其未来 12 个月发生损失的概率相加权的结果。实际利率是基于初始账面金额净值和不考虑未来信用损失的预期的未来现金流量计算的。

阶段 2：自初始确认后信用风险显著上升且在财务报告日信用风险未处于低水平，但没有客观证据（信用损失事件）表明发生减值的金融工具。对这类金融工具，确认生命周期内的预期信用损失，但仍按照资产的账面总额（不扣减预期信用损失）与实际利率计算利息收入。生命周期内的信用损失，是指在金融工具的整个存续期内因借款人违约所产生损失的期望现值。

阶段 3：在财务报告日，有客观证据（信用损失事件）表明发生减值的金融工具。对这类金融工具，确认生命周期内的预期信用损失，且按照资产的账面净额（账面总额减去预期信用损失）与实际利率计算利息收入。

随着初始确认后信用风险的改善或恶化，金融资产可以在三个阶段内发生转变。

二 IFRS 9 金融工具分类与计量对非金融企业的影响

我国现有的 CAS 22 对金融资产采取了与 IAS 39 一致的四分类法，即以公允价值计量且其变动计入当期损益的金融资产、贷款和应收款项、持有至到期投资与可供出售金融资产。IFRS 9 对金融资产划分为三个类别。两者之间存在一定的对应关系，具体见表 2 - 18 所示。

表 2 - 18 　　　　CAS 22 与 IFRS 9 金融资产分类的对应关系

CAS 22 金融资产四分类			IFRS 9 金融资产三分类
贷款和应收款项			以摊余成本计量的金融资产
持有至到期投资			
可供出售金融资产	债权投资		以公允价值计量且其变动计入其他综合收益的金融资产
以公允价值计量且其变动计入当期损益的金融资产	权益投资 *	按成本计量	以公允价值计量且其变动计入当期损益的金融资产
		按公允价值计量	
	交易性金融资产		
	直接指定		

注：＊对某些非交易性的权益性投资可以选择"以公允价值计量且其变动计入其他综合收益"类别，但是这种指定不可撤销。

对于非金融企业来说，应收款项与持有至到期投资原本就属于以摊余成本计量的金融资产，未发生变动；交易性金融资产归类为以公允价值计量且其变动计入当期损失以的金融资产，也未发生变动；受影响最大的就是可供出售金融资产，其中可供出售的债权投资划分为以公允价值计量且其变动计入其他综合收益的金融资产，其实质也未发生变化，可供出售的股权投资一般要划分为以公允价值计量且其变动计入当期损失的金融资产，这对相关企业将产生重大影响。因为可供出售股权投资其公允价值变动形成的利得或损失现在是计入其他综合收益的，实施IFRS 9后要直接计入当期损益，这将会对企业的损益产生重大影响，而且会加剧利润的波动。现有的很多企业利用适时出售可供出售金融资产调节利润的手段也被限制了，盈余管理的空间缩小了。

对某些非交易性的权益性投资可以选择FVOCI类别，但是这种指定不可撤销，其计入其他综合收益的金额在任何情况下（包括出售）都不可以重分类至损益。对非金融企业而言，需要重新审视可供出售类下以成本计量的权益投资的战略属性问题；根据IFRS 9，此类投资可选择纳入FVTPL类或FVOCI类，难点在于为此部分权益投资建立合理的计量模型以求得公允价值。更为关键的是，若纳入后者，相关公允价值变动将永远保留在权益中不能转入损益，会严重影响企业的利润数额，可能在一定程度上违背初始投资时的战略目的。

下面以雅戈尔集团股份公司（股票代码600177，以下简称雅戈尔）为例进行分析。雅戈尔主要经营的业务分为三大板块：服装制造、地产开发与项目投资。雅戈尔的金融资产主要包括应收账款、其他应收款、可供出售金融资产（全部为权益投资）等，没有持有至到期投资与交易性金融资产。2014年末，雅戈尔拥有应收账款31 036万元，其他应收款191 458万元，可供出售金融资产1 009 078万元，其中以公允价值计量的有557 054万元，以成本计量的有452 024万元，上述金融资产占资产总额的比重为25.86%。雅戈尔在2014年实现利润总额389 931万元，其中投资收益为321 482万元，占82.45%，实现净利润314 845万元。

如果采用IFRS 9，那么按公允价值计量的557 054万元可供出售金融资产将会全部转变为以公允价值计量且其变动计入当期损益的金融资产；按成本计量的有452 024万元可供出售金融资产雅戈尔拥有选择权，可选择指定为FVTOCI，但这种指定不可撤销，除非预期该项投资终将亏损，否则雅戈尔也会理性地将其转变为以公允价值计量且其变动计入当期损益的金融资产。按成本计量的可供出售金融资产将改为按公允价值计量，对于有交易价格的上市公司投资的公允价值容易取得，但对于非上市公司的投资需要运用估值技术计量其公允价值，不仅增加计量的难度，还会增加额外的成本。同时，类别转换后，这些权益投资的公允价值变动将直接计入当期损益，将会对利润产生重大影响。2014

年度，仅按公允价值计量的可供出售权益投资公允价值变动利得计入其他综合收益的就有 48 921 万元，将会转入公允价值变动损益，使雅戈尔利润总额增加 12.55%，净利润增加 11.65%。

三 IFRS 9 减值会计对非金融企业的影响

我国 CAS 22 中关于金融资产减值的规定与 IAS 39 基本一致，都是按照"已发生损失模型"计提减值准备。CAS 22 明确企业应当在资产负债表日对减值范围内的金融资产账面价值进行检查，有客观证据表明该金融资产发生减值的，应当计提减值准备。CAS 22 对贷款与应收款项、持有至到期投资与可供出售金融资产（包括权益投资与债权投资）分别规定了不同的计提方法，而且其转回规定也存在较大差异。CAS 22 与 IFRS 9 减值会计存在巨大差异。非金融企业实施 IFRS 9 之后，各类金融资产计提减值准备所适用的方法如表 2 - 19 所示。

表 2 - 19　　　　各类金融资产计提减值准备适用方法汇总表

项目	适用方法
持有至到期投资	一般方法（适用三阶段模型法）
以公允价值计量且其变动计入其他综合收益的债权性金融资产	
具有融资性质的应收账款与应收租赁款*	简化方法（一直按照生命周期预期信用损失计提减值准备）
不具有融资性质的应收账款与应收租赁款	
购入及原生信用受损的金融资产	特别方法（借鉴 2009ED 方法）

注：*对于具有融资性质的应收账款与应收租赁款，企业有权选择是否始终按照生命周期预期信用损失计提减值准备。

对于持有至到期投资与以公允价值计量且其变动计入其他综合收益的债权性金融资产，需要按照"三阶段"的预期损失模型计提减值准备，这意味着从初始确认上述金融资产时就需要确认 12 个月的预期信用损失并计提减值准备，后续资产负债表日要对信用风险进行持续评估。如果自初始确认后信贷质量未发生显著恶化或在财务报告日信用风险级别为低，则需要确认 12 个月期的预期信用损失，并按照资产的账面总额计算利息收入；如果自初始确认后信贷质量发生显著恶化且在财务报告日信用风险未处在低水平，但没有客观证据表明发生减值，确认整个存续期内的预期信用损失，但仍按照资产的账面总额计算利息收入；如果在财务报告日，有客观证据表明发生减值的金融工具，则确认整个存续期内的预期信用损失，且按照资产的账面净额计算利息收入。

对于一般交易性应收款项，即不具有融资性质的应收款项与应收租赁款，则采取简化的方法计提减值准备，即一直按照生命周期预期信用损失计提减值准备，这是因为这些应收款项一般账期较短，如果再按照信用风险细分三个阶段进行处理成本偏高，不符合成本效益原则，故而简化处理。对于包含重要融资成分的应收账款与应收租赁款，企业有权选择是否按照简化方法或按照一般方法处理。如果企业存在购入及原生信用受损的金融资产，则初始确认时需要确认按照信用调整后的实际利率，在以后期间，以信用调整后的实际利率按照金融资产的账面净额计算利息收入，同时将生命周期预期信用损失的变化确认为利得或损失。

由于 IFRS 9 遵循"原则导向"，没有对一些关键概念如"违约"与"信用风险显著上升"作用明确界定，也没有对三个阶段之间的转换制定具体的限制条件。准则制定的初衷是为了企业能够根据企业的实际情况做出有针对性的最适宜的规定，但现实与理想之间往往存在较大的距离，较大的操作空间可能被"别有用心"的企业所利用，诱发管理层的盈余管理甚至利润操纵行为，最终实施的结果可能严重背离准则制定者的初衷。这也提高了审计与会计监管的难度。

对于雅戈尔集团来说，由于其适用于 IFRS 9 减值的金融资产较少，只有应收账款、其他应收款等应收款项，影响相对较小。在 2014 年，集团应收账款账面余额 32 744 万元，计提坏账准备 1 708 万元，计提比例仅为 5.22%；其他应收款账面余额为 193 648 万元，计提坏账准备 2 190 万元，计提比例仅为 1.13%，总的来说计提坏账准备比例较低。如果采用 IFRS 9 预期信用损失模型，将会一直按照生命周期预期损失计提减值损失，那么预计坏账计提比例和金额将会明显上升。

四 我国非金融企业实施 IFRS 9 面临的困难

对我国一般性的非金融企业来说，实施 IFRS 9 面临着较银行等风险管控较完备企业更多的困难。

一是缺乏数据支撑。预期损失模型减值方法的关键在于对预期信用损失金额、时间和概率的确定，而这些是建立在完善、大量的数据信息积累基础上的，不仅依赖于内部数据和历史数据，还依赖于外部数据和未来的合理有据的数据信息。虽然一些非金融企业积累了一定的数据，建立了相应的会计信息数据库，但更多的是基于"已发生损失"方面的数据，因而仍然不能满足预期损失模型在估计预期损失方面所需的数据要求，数据积累明显不足，特别是中长期债券投资整个生命周期的信用损失数据方面。同时，已经积累的部分数据的真实性、可靠性、完整性仍不能令人满意。

二是亟须构建模型。对于按成本计量的可供出售金融资产需改为按公允价值计量，对于缺乏活跃市场交易数据的项目需要构建适合的模型进行估值，估计预期信用损失也需要建立相应的复杂模型，并需利用计算机强大的计算能力处理数据。但模型的构建需要时间和经验的积累，非金融企业对风险管控的重视程度不足，缺乏现有的模型可资利用，必须从头开始构建新的模型，且模型必须与各业务系统高度耦合，并具备一定的灵活性，满足不同条件下的预测与评估。

三是人员素质亟待提升。公允价值估值和实施预期信用损失模型对会计人员素质提出更高要求，尤其是风险衡量能力和专业判断能力方面。公允价值本质是一个"估计"价格，其计量需要会计人员根据掌握的可观察信息与不可观察信息，选择恰当的估值技术，做出合理有效的估计与专业判断。非预期信用损失模型要求会计人员能根据金融资产所处的风险恶化阶段来进行分类，并对每一类别做出不同的会计处理。这就需要会计人员能准确把握金融资产信用风险的变化，进行恰当评级，并对未来预期信用损失的金额、时点和概率做出准确估计，整个过程都需要会计人员做出大量的专业判断和估计。实施 IFRS 9 对会计人员的专业判断能力提出了极高的要求，会计人员的综合素质亟待提升。

四是实施成本较高。IFRS 9 的实施需要各部门加强沟通，同心协力，群策群力，共同应对。实施 IFRS 9 需要较高的执行成本，包括数据收集成本、模型开发成本、系统更新成本、业务整合成本、人员培训成本与内部控制成本等。非金融企业没有贷款，拥有持有至到期投资的企业数量也很有限，需要计提减值准备主要是应收款项和可供出售金融资产。仅仅为了核算有限的金融资产花费高昂的实施成本，是否符合经济效益原则值得深思，但如果为节约成本简化处理则可能损害会计信息质量，需要企业慎重考量。

五　我国非金融企业应对 IFRS 9 的策略分析

IFRS 9 于 2018 年 1 月 1 日开始实施，在境外上市的非金融企业将首先面临实施的压力。根据我国 2010 年制定的会计准则持续国际趋同路线图，我国已经修订了现有金融工具相关准则，实现了 IFRS 9 实质性趋同。未雨绸缪，有备无患，我国非金融企业应对 IFRS 9 可以采用如下措施。

一是未雨绸缪，提前研判。我国非金融企业应该未雨绸缪，抓紧时间研习 IFRS 9 的主要内容与精神实质，并对本企业何时需要实施 IFRS 9、实施后影响到的主要项目、面临的主要问题、可能遇到的困难等进行有效预测，提前研判形势，妥善制订总体应对方案。

二是积累数据，构建模型。实施 IFRS 9 扩大了公允价值计量的范围，引入了预期信用损失模型，需要大量的准确、可靠、完整的数据信息，同时需要构建复杂的估值模型与减值模型。非金融企业应着手加强内部数据的积累工作，既要重视数据的数量，更要关注数据的质量，建立较完善的数据信息系统，实现不同部门之间的数据共享；对于缺乏活跃市场交易价格的金融资产构建公允价值估值模型，对于金融资产预期信用损失也要针对不同的类别分别构建适合的计量模型，对于应收账款等的坏账准备金计提可以借鉴银行系统的做法对组合应收款构建迁移模型。

三是改良系统，提升素质。对于非金融企业，为应对 IFRS 9 的挑战，应注意对现有的财务系统、业务系统、风险管控部门进行整合改良，加强不同部门之间的沟通协作，实现数据共享；并加强对内部人员重点是财会人员的培训，可对实施 IFRS 9 的重点与难点举行专题培训，对如何合理、恰当做出重大估计与判断提供指导，不断增强会计人员的专业判断能力，提升其综合素质，从而为实施 IFRS 9 提供系统保障与人力支持。

四是模拟运行，积累经验。为了保证将来能够顺利实施 IFRS 9，非金融企业可以提前模拟实施该准则。通过模拟实验，找出实施的难点和不足之处，可根据模拟情况搜集欠缺数据，改造计量模型，重新整合系统，加强人员培训，积累执行经验。同时可以利用模拟数据，分析执行后对企业产生的影响，及早采取应对良策。

第七节　动态拨备制度与金融
资产减值会计准则

在 2008 年金融危机爆发后，为应对银行拨备确认"太少、太迟"、顺周期性等问题，我国银监会和财政部相继颁布了有关逆经济周期的监管措施，推出了动态拨备制度。动态拨备制度与我国现行的金融资产减值会计准则产生了一定的冲突。同时，IFRS 9 金融资产减值准则横空出世，引入了预期损失模型，与动态拨备制度实现了一定程度的耦合，但依然存在很多重大差异。本节将对动态拨备制度与金融资产减值准备会计准则的关系进行探讨。

一　我国动态拨备制度的提出与实施

2008 年国际金融危机爆发以后，公允价值会计与金融资产减值准备计提的顺周期效应引发社会的广泛关注。金融资产减值准备的"已发生损失"模型，具有滞后性，并具有顺周期效应，在经济形势高涨的情况下计提较少，对可能发生的损失风险估计不足，在经济形势低落的时候计提较多，导致本已恶化的状况雪上加霜。国际上对如何改进贷款拨备会计政策和制度展开了热烈的讨论。西班牙的动态拨备制度由于在危机中表现稳健，其计提的拨备呈现出较强的逆周期性，而受到了广泛的关注。2010 年 11 月，巴塞尔委员会的《巴塞尔协议Ⅲ》在 G20 首尔峰会上正式通过，标志着新的国际金融监管标准诞生。为防范金融风险，缓解拨备计提的顺周期性，我国银监会和财政部相继颁布了有关逆经济周期的监管措施，推出了我国的动态拨备制度。所谓动态拨备指的是银行依据宏观环境的变动，运用与经济周期相反的拨备计提方法，具体来说，在经济繁荣阶段，提前考虑放贷业务的潜在风险而多提取贷款拨备，提升未来的抗风险能力，发挥财务缓冲功能；而在经济下滑阶段，运用经济繁荣期提取的拨备来消化和弥补贷款损失，少提拨备①。

---

① 财政部：《金融企业准备金计提管理办法》（财金〔2012〕20 号），2012 年 3 月 30日。

（一）银监会的动态拨备制度

2011 年 4 月 27 日，我国银监会根据《巴塞尔协议Ⅲ》，并在充分借鉴国际经验和结合国内具体实际情况的基础上，颁布了《中国银行业实施新监管标准指导意见》（银监发〔2011〕44 号），推出了包括贷款损失准备、资本充足率、杠杆率、流动性在内的新监管框架，对贷款损失准备、资本充足率等方面的标准做出新的规定。在贷款损失准备方面，提出了建立动态贷款拨备调整制度，即应根据经济周期、贷款质量差异和盈利状况，对贷款损失准备监管要求做出动态化和差异化调整：经济上行期适度提高贷款损失准备要求，经济下行期则根据贷款核销情况适度调低；提出了"双指标组合"监管，增加了贷款拨备率指标（以下简称拨贷比），要求拨贷比不低于 2.5%，且拨备覆盖率不低于 150%，原则上按两者孰高的方法确定贷款拨备水平；在资本充足率标准上，引入逆周期资本监管框架，包括 2.5% 的留存超额资本和 0—2.5% 的逆周期超额资本。2011 年 7 月 27 日，银监会发布 2011 年第 4 号令《商业银行贷款损失准备管理办法》（银监令〔2011〕4 号），重申了指导意见中关于贷款损失准备的规定：实施动态拨备制度、推行贷款拨备率和拨备覆盖率的双指标监管。

银监会动态拨备制度的提出具有重要的现实意义。动态拨备制度创造性地提出了"拨贷比"监管指标，这一指标是《巴塞尔协议Ⅲ》所未规定的，有助于提升防范风险的能力。长期以来，拨备覆盖率作为我国银行执行的重要指标，一直被用作衡量银行抗风险能力的核心监管标准，然而它主要覆盖的是已暴露风险，而难以反映未来可能出现的不良贷款，不能真实反映潜在的不良水平。拨贷比指标依据所有贷款来计提拨备，考虑了增加的贷款在未来变成不良贷款的可能性和潜在风险，从而具备较好的反周期性，是较好的逆周期监管指标，有助于提高银行体系抵御风险的能力。拨贷比指标还弥补了拨备覆盖率依赖贷款准确分类的缺陷，增强银行间的横向可比性。拨备覆盖率和拨贷比的双指标组合监管，弥补了拨备覆盖率单一指标监管的缺陷，而且要求根据经济形势做出动态化和差异化调整，体现了"动态拨备"的理念。

（二）财政部的动态拨备规定

为防范金融风险，缓解拨备计提的顺周期性，提高银行拨备计提的动态性和前瞻性，财政部于 2012 年 3 月 30 日颁布了《金融企业准备金计提管理办法》（财金〔2012〕20号）。该办法引入"逆周期的动态拨备"理念，考虑了经济周期对拨备计提的影响，能增强拨备计提的前瞻性，缓解拨备计提的顺周期性。该办法指出，对贷款计提的准备金又叫作"拨备"，包括贷款损失准备和一般准备。其中，一般准备（实际指的是一般风险准备金）是在比较潜在风险估计值和贷款损失准备二者的基础上确定的，并具有"动态"特征。它需要比较潜在风险估计值和贷款损失准备，如果前者大于后者，则对该差额计提一般准备；若前者小于后者，可不计提一般准备。但原则上，一般准备余额不得低于风险资产期末余额的1.5%。财政部将依据宏观经济环境的变化，并结合银行的不良贷款情况、拨贷比情况，对一般准备的风险资产范围、标准风险系数等情况作出恰当合理调整，而不是静态地保持固定水平不变。该办法规定提取的一般准备作为利润分配处理，是所有者权益的组成部分，但在一般准备的使用范围方面做出了限定，即可用一般准备弥补亏损，但不得用于分红。如果一般准备计提不足，则不得对税后利润做出分配。从本质上看，这相当于减少利润分配、增加了利润留存数量。

财政部的动态拨备制度是在遵循现行会计准则规定的前提下提出的，实现了以经济周期为基础的动态拨备计提，弥补了"已发生损失模型"顺周期性缺陷，是对当前贷款减值计提方法的改进，具有一定的逆周期性。但其动态拨备仅为税后利润提取的一般风险准备金，涵盖范围太窄，主要影响银行的利润分配，逆周期调节作用有限。

（三）银监会与财政部动态拨备制度的差异

虽然银监会和财政部在危机后都倡导动态拨备制度，然而它们之间也存在着差异。

第一，对动态拨备的理解的不同。银监会所理解的动态拨备是贷款减值准备的一部分，即在按照会计准则计提的贷款减值准备中就涵盖动态拨备；财政部所理解的动态拨备是一般准备，是在税后利润分配时计提的，与贷款减值准备是完全不同的两个概念。

第二，计提的方法不同。银监会要求银行计提的拨备要同时满足不低于150%的拨备覆盖率与2.5%的拨贷比的指标，实际上是根据不良贷款额与总贷款额的一定比例来计算的；财政部则要求通过比较潜在风险估计值与贷款减值准备之间的差额确定动态拨备的计提金额。

第三，对提取的贷款拨备的会计处理不同。银监会动态拨备制度规定贷款损失准备是指银行在成本中列支的准备金，也就是说为达到监管规定而计提的所有贷款减值准备金额都需要计入成本中，并在当期损益中扣减掉；财政部规定，按照会计准则计提的贷款损失准备计入当期损益，考虑经济周期对拨备实施动态调整的一般准备则从净利润提取，作为利润分配处理。

二 动态拨备制度与我国现行金融资产减值会计准则的冲突

虽然金融危机后，我国银监会和财政部都提出了针对性的动态拨备制度，以缓解拨备计提的周期性，力求实现拨备计提的充分性，但我国的贷款拨备计提的会计处理仍然要遵循企业会计准则第22号《金融工具的确认和计量》（CAS 22）的"已发生损失模型"。财政部的动态拨备制度是由财政部金融司制定的，在制定过程中，已经较好地考虑到与会计准则的协调问题，与CAS 22实现了良性对接，没有原则性的冲突。因此，我们重点探讨的是银监会的动态拨备制度与金融资产减值会计准则的冲突问题。

根据CAS 22，对包括贷款在内的金融资产的账面价值与未来现金流量的现值之间的差额确认为减值损失，计入当期损益。2011年银监会提出了拨备覆盖率和拨贷比的双指标监管方法，指标分子都为贷款损失准备金，指的是商业银行在成本中列支的、用以抵御贷款风险的准备金，是按照会计准则CAS 22的规定提取的。这说明银监会的动态拨备制度与CAS 22的关注点是统一的，都关注贷款损失准备。

银监会动态拨备制度与现行金融资产减值准则的冲突主要体现在以下方面。

首先，两者的目标不一致。银监会作为金融监管机构，以维护金融安全、防范金融风险为目标；而现行金融资产减值会计准则的目标是提供具有中立性和透明性的减值信息，旨在真实、客观、公允地反映贷款的价值。

其次，两者计提的方法与范围不同。会计准则要求按照已发生损失模型，根据金融资产账面价值与未来现金流量的现值之间的差额计提贷款损失准备，确认为减值损失，遵循权责发生制，计提范围仅限于"已发生损失"；而银监会动态拨备制度要求按照拨备覆盖率150%和贷款拨备率2.5%两个监管标准二者孰高的原则来确定贷款减值准备的计提，在贷款损失准备中包括了动态拨备，也就是计提范围不但包括"已发生损失"，还包括动态调整的未来损失。

再次，实施银监会动态拨备制度可能会威胁现行会计准则的有效实施。如果按照会计准则计提的拨备金额低于按照银监会监管指标要求计提的最低金额，为了避免监管惩罚、满足达标要求，银行将倾向于按照监管要求来计提拨备。可能的做法是先根据监管指标最低标准推算出需要达到的贷款损失准备金额，然后用该金额去倒推出按照会计准则应计提的金额，而不再是严格依据会计准则的程序和要求来计提拨备。这将威胁现行会计准则的有效实施，损害会计信息的客观性与透明性。

三　动态拨备制度与 IFRS 9 金融资产减值规定的耦合与差异

（一）IFRS 9 预期损失模型的引入

金融危机发生后，IAS 39《金融工具：确认和计量》采用已发生损失模型计提金融资产减值损失，只对已发生的损失计提贷款损失准备金，不考虑未来的预期损失，带来"确认太少、太迟"和顺周期性问题，因而饱受质疑。对此，金融稳定理事会 FSB、巴塞尔银行委员会、G20 纷纷要求 IASB 改变现有制度的顺周期性，建立全球统一、高质量的会计准则，改进贷款减值会计准则。为应对金融危机，IASB 启动了"替代 IAS 39"项目。2014 年 7 月，经过长达 6 年的反复反馈与修订，国际会计准则理事会发布《国际财务报告第 9 号——金融工具》（即 IF-RS 9）的最终版本，全面取代了 IAS 39。

IFRS 9 采用了"预期信用损失"模型取代"已发生损失"模型，确认预期信用损失并在报告日更新预期损失金额，以反映信用风险的变化。该模型使用三个阶段来反映最终发生违约的金融工具信用风险恶化的一般模式，金融工具所处的阶段不同，其在预期信用损失的确认、利息收入的核算和列报等方面也不同。

IFRS 9 的减值模式为决策者提供了两类重要信息。一是预期信用损失。所有相关金融资产在初始确认时即确认 12 个月期的预期信用损失，以后期间信用风险若有重大增加，则需确认整个存续期内的预期信用损失。12 个月期的预期信用损失，是指自报告日后的 12 个月内可能发生的违约事项所导致的期望信用损失。12 个月期的预期信用损失并非未来 12 个月内的预期现金短缺金额，而是信用损失总额与其未来 12 个月发生损失的概率相加权的结果。整个存续期内的信用损失，是指在金融工具的整个存续期内因借款人违约所产生损失的期望现值。二是利息收入。对于阶段 1 与阶段 2 的金融资产，按照账面总额（未调整预期信用损失）计算利息收入，对于阶段 3 的金融资产，按照账面净值（账面总额减去预期信用损失）计算利息收入。

（二）IFRS 9 金融资产减值规定与动态拨备制度的耦合

1. 操作理念的耦合。两者的操作理念都是在经济高涨时多提贷款减值准备，在经济低落时少提贷款减值准备，以抑制金融资产减值的顺周期效应，降低金融风险发生的概率和危害，都强调前瞻性与动态性。

2. 关注对象的耦合。两者都把关注的焦点放在贷款损失准备上，即商业银行在成本中列支的、用以抵御贷款风险的准备金，不包括从净利润中提取的一般风险准备。

3. 计提范围的耦合。两者对贷款减值准备计提的范围是一致的，既包括"已发生损失"，也包括预期的未来损失。

（三）IFRS 9 金融资产减值规定与动态拨备制度的差异

1. 追求目标的差异

银监会作为金融监管机构，致力于保障银行安全运营，以审慎监管、防范金融风险为目标；IFRS 9 作为 IASB 制定的会计准则，致力于维护会计信息的中立性和透明性，以真实、客观、公允地反映贷款的价值为目标。

2. 计量方法的差异

IFRS 对所有金融资产采取统一的预期损失模型，并划分三个阶段，分别计算确认 12 个月期的预期信用损失和整个存续期内的预期信用损失。计量的整个存续期内的预期信用损失的金额，是金融工具整个存续期内的所有可能信用损失的预期现值。12 个月期的预期信用损失是信用损失总额乘以违约在接下来的 12 个月发生的概率。银监会采取的是比率限定法对贷款损失准备提出最低要求，要求按照拨备覆盖率 150% 和 2.5% 两个监管标准二者孰高的原则来确定贷款减值准备的计提，即要求拨备覆盖率不得低于 150% 和贷款拨备率不得低于 2.5%。至于如何计提以及到底要提取多少则没有做出规定。

3. 关注信息的差异

银监会动态拨备制度通过设定指标最低要求实现动态拨备监管，按照拨备覆盖率150%和贷款拨备率2.5%两个监管标准二者孰高的原则确定最低拨备要求，其实就是按照不良贷款或者贷款余额的一定比例来确定最低拨备金额，实际上是按固定比例计提的，这种拨备计提关注的主要是历史信息，两个监管指标主要是根据历史经验制定的；预期损失模型主要关注的是有关未来的信息，当然也考虑过去已发生的信息和现在正形成的信息，需要利用更广范围内的合理的、有说服力的信息。

4. 实施效果的差异

（1）银监会动态拨备制度实施效果分析

银监会动态拨备制度操作简便，实施成本低，易于监控。动态拨备的实施能在一定程度上解决减值准备计提的顺周期效应，削弱经济波动，降低金融风险。但在实施过程中存在一些问题。一是双重指标监管的逆向激励问题。由于拨贷比等于拨备覆盖率与不良贷款率的乘积，不良贷款率的存在导致贷款拨备率与拨贷比指标并非同向变动关系，甚至发生了背离，呈现一定的反向变动关系，即拨备覆盖率高的银行，其拨贷比却比较低。例如，中国农业银行在拨备覆盖率水平不高的情况下，由于不良贷款率居于上市银行的高水平，所以其2014年拨贷比达到了4.41%，并且遥遥领先于其他银行。相反，尽管浦发银行的拨备覆盖率水平很高，但由于不良贷款率较低，其2012年和2013年拨贷比均未达标，2014年在拨备覆盖率大幅下降的情况下，由于不良贷款率更大幅度上升，拨贷比却成功逆袭实现达标。这将带来逆向激励的不良后果，对那些风险管理好、资产质量高的银行形成政策性打压，伤害了银行管理层加强贷款风险管理的积极性。

表2-20　　　　　　　中国农业银行与浦发银行的指标对比　　　　　　　单位：%

名称年度	中国农业银行			浦发银行		
	2012年	2013年	2014年	2012年	2013年	2014年
不良贷款率	1.33	1.22	1.54	0.58	0.74	1.06
拨备覆盖率	326.14	367.04	286.53	399.85	319.65	249.09
拨备贷款比	4.34	4.48	4.41	2.31	2.36	2.65

二是拨贷比指标威胁不良贷款的核销力度。由于高水平的不良贷款率将带来较高的拨贷比，银行可以通过减少不良贷款核销而不是增加计

提减值准备来提高拨备金额，从而满足银监会提出的拨贷比达标要求。这是因为如果核销不良贷款，那么贷款拨备也将下降，从而导致拨贷比降低，反而不利于达标的实现。如果放缓不良贷款的核销力度，则更有利于达到监管要求。当前我国不良贷款率处于较低水平，而拨备覆盖率远远高于银监会150%的监管标准，在此情况下，银行为了达到拨贷比的监管标准，将更有可能降低不良贷款的核销力度，不良贷款率和不良贷款将面临上升的局面。这不但不利于不良贷款的管理，也损坏了会计信息的真实性、可靠性，更不利于化解金融体系积累的风险，扭曲了监管部门的政策导向。

（2）IFRS 9 金融资产减值实施效果分析

IFRS 9 金融资产减值规定，由于采取了预期损失模型，将有利于缓解拨备计提"太少、太迟"和顺周期效应，对于防范金融风险将起到一定的积极作用。同时，这项改革无疑将会给银行业带来深远影响，将会对银行的业务系统、财务核算、风险管理及内部控制等诸多方面提出新要求。如何建立相应的模型计提金融工具整个存续期的预期损失，IASB 尚未就此提供实施细则或指引。计提金融资产整个生命周期的预期损失将面临前所未有的巨大挑战。根据减值模型的要求，银行需要对三个阶段的特征"信用风险未显著增加"、"信用风险显著增加"和"发生信用减值事件"的含义加以明确界定。如何准确界定信用风险的变化也缺乏统一的标准，这将严重影响该准则的有效实施。此外，预期损失模型可能导致资产减值准备大幅增加，银行或将被迫调整信贷资产结构。

实施 IFRS 9 金融资产减值规定，需要具备一定的有利条件，如完备的信用数据信息积累、高素质的会计专业人才、健全配套的银行风险管控系统等。同时，实施 IFRS 9 金融资产减值规定，也需要较高的执行成本。而且，原则导向的 IFRS 减值处理规定也留给了银行管理层较大的判断空间，极有可能助长盈余管理、平滑利润的现象。因此，IFRS 9 金融资产减值的实施不一定能取得理想效果，特别是像我国这样一个新兴市场国家，各方面条件并不具备，实施起来可能困难重重。

四 动态拨备制度与金融资产减值会计准则的协调

动态拨备制度是由银行等监管部门制定的，旨在弱化贷款减值损失的顺周期效应、维护银行安全、防范金融风险而制定的一项监管措施。IFRS 9 金融资产减值准则的出台是迫于社会各界的压力，特别是人们对 IAS 39 "已发生损失"模型的顺周期效应以及对减值损失确认"太少、太迟"的指责，肩负着抑制顺周期效应、减弱经济波动的历史使命，在这一点是与动态拨备制度的一致的。但金融资产减值准则是由会计准则制定机构按照其内在逻辑制定的，主要目的是提供真实、客观、公允的高质量的会计信息，为信息使用者的决策服务。两者的制定机构不同，出发点各异，因而存在差异与冲突在所难免。

如果银行根据会计准则计提的拨备满足了银监会提出的拨备覆盖率与拨贷比的最低监管标准，那么会计准则与动态拨备制度之间基本上没有冲突。但如果银行根据会计准则的规定计提的拨备满足不了银监会提出的双指标监管的最低要求，面对监管的巨大压力，银行可能会选择采取某些行动，在会计处理上做出某些调整，从而实现监管指标达标的目的。这个时候，动态拨备制度就与金融资产减值准则产生了冲突。它将会威胁到会计准则的有效实施，导致不能真实反映贷款的价值与合理地确定损益，从而损害会计信息的客观性、透明性、有用性。会计的目标是提供对经营与经济决策有用的信息，其主要职能是反映（或核算）职能与控制职能。会计可以为监管部门提供具有可靠性与相关性及透明度的高质量的会计信息，但强迫会计去实现经济调控的功能，如逆经济周期波动、保障金融安全、防范金融风险等，是不现实的，也是不可能实现的，反而会损害会计自身的发展。

银行监管部门与会计准则制定部门有必要进行有效沟通、协调。监管部门在制定相应的监管措施时，一定要认真考虑会计准则的现有规定，充分考量拟实施的监管措施将会对会计产生的不利影响，尽力采用一些与现行会计准则相协调的监管指标。只有这样，才能有效提升监管效果，削弱监管带来的负面效应，保障监管措施的顺利实施。会计准定机构在制定准则时也要充分征求社会各界的意见与建议，特别是对于金融工具等准则，一定要认真听取金融监管部门与金融机构的呼声。唯有如此，方能降低会计准则的执行成本，提高会计准则的执行效果。

第八节　IFRS 9 改革的启示

一　会计准则的制定是一个反复酝酿、反馈与修订的过程，不可能一蹴而就

IFRS 9 的制定分三步走，每一步走得都非常艰难，历时六年，一波三折，历经多次反复终于宣告完成。IASB 为此发布了 6 份征求意见稿、1 份补充文件和 1 份讨论稿，共收到 1000 多封评论回函，其艰难程度可见一斑。IASB 始终忠实地执行了分"三步走"的策略——金融工具的分类和计量、金融资产减值、套期保值会计。2009 年 11 月发布 IFRS 9（2009），主要内容是金融工具特别是金融资产的分类和计量，由 IAS 39 的四分法变为两分法；2010 年 10 月加入金融负债的分类和计量，主要解决企业自身信用恶化导致的金融负债利得问题，金融负债的分类和计量则与 IAS 39 保持一致；2013 年 11 月加入套期保值会计的内容，旨在改进企业特别是非金融机构风险管理活动的财务报告；2014 年 7 月，加入金融资产减值的内容，将 IAS 39 的"已发生损失模式"变为"预期信用损失模式"，同时对金融资产的分类作出修正，增加一类公允价值变动进其他综合收益的债权性金融资产。至此，完整版的 IFRS 9 最终得以发布，全面取代 IAS 39，并将于 2018 年 1 月 1 日开始执行。IFRS 9 之所以走得如此艰难，一是因为金融工具本身比较复杂，涉及内容多，牵扯面广，广受关注；二是因为此次改革力度很大，特别是金融资产减值由"预期信用损失"模型取代"已发生损失"模型，给会计理念与会计实务带来重大冲击，业界反映强烈；三是不同利益集团之间反复博弈，IASB 与 FASB 之间的合作协调与冲突矛盾交织在一块，广大新兴市场国家由于国情差异纷纷表达自己的观点，最终导致制定过程曲折反复。从中可以看出，任何一项重大会计准则的出台都要经历多次反复修改、反馈，不可能一蹴而就。

二　会计准则的制定过程是一个多方利益集团博弈的过程

在会计准则制定过程中，由于各利益主体存在不同目标诉求，会计准则的制定过程，就是各利益主体各种力量博弈的过程。IFRS 9 的出台直接原因就是金融危机爆发后社会各界对于金融工具准则过于复杂、

"顺周期效应"以及对减值准备确认"太少、太迟"的质疑。一直以来，财务报表的编制者、使用者和审计师都认为 IAS 39 的会计处理过于复杂，金融危机的爆发客观上使得 IFRS 9 的工作进程明显加速，包括 G20、金融危机咨询组（FCAG）等利益相关者更要求针对预期信用损失的确认、降低减值处理的复杂程度、企业自身信用恶化导致的金融负债利得等问题进行研究。从 IASB 制定和修订国际财务报告准则的过程中，能够明显感受到相关利益主体和各个国家之间的利益博弈，并因此使其具有了明显的政治性。IFRS 9 的制定，始终处于金融机构、监管机构、证券组织等各方的压力之下，其中来自发达经济体相关方面的压力更为明显。在这一政治化的准则制定进程中，以美国和欧盟为首的发达国家长期以来占据主导地位，发展中国家则明显处于缺乏参与性和话语权的不平等地位。IASB 在准则制定的初期就主要考虑了美国 GAAP 中对金融工具的会计处理方法。随后，IASB 对于金融工具准则的修订，无论是 IFRS 9 还是 IFRS 9 有限修订，多少都体现了美国 GAAP 的影子，或 SEC 等机构施加的压力。IASB 在 IFRS 9 有限修订中明确表示准则修订 IFRS 9 的目的之一就是减少与 FASB 金融工具分类与计量模型的差异。IASB 与美国 GAAP 的趋同是会计准则发展的长期趋势之一，与美国 GAAP 趋同也可以作为理解 IASB 金融工具准则演进的线索。欧盟是第一个宣布采用国际财务报告准则的区域性组织，对 IFRS 的全球推广做出了巨大贡献，因此对 IFRS 的制定有很大影响力。尽管近年来 IFRS 制定过程及其治理模式都发生了重大改变，包括我国在内的新兴经济体和发展中国家在 IASB、IFRS 基金会受托人组织、国际财务报告准则解释委员会（IFRIC）等组织中均有所参与，准则制定机构的构成也更多考虑了全球不同地区的平衡，但是发达国家主导国际准则制定的整体局面并未根本改观[①]。所以，充分反映新兴经济体在国际财务报告准则制定中的诉求，是实现建立全球统一高质量会计准则目标的基础。

三　会计准则的制定一定要重视环境的影响，不可超前冒进

会计的发展是反映性的。会计准则一定要和经济发展的环境相适

---

① 王霞：《国际财务报告准则修订评析与前瞻——以金融工具、合并报表和收入准则为例》，《会计研究》2013 年第 4 期。

应。理念再先进、设计再完美的会计准则脱离了现实经济环境的土壤也不会产生好的实施效果，甚至会对会计信息质量造成极大伤害。会计准则是具有经济后果的，因此准则的制定与实施应该慎之又慎，防止不顾现实状况、制定实施超前冒进的准则。从金融工具准则的修订过程可以看出，国际会计准则制定中，主要议题和日程基本反映了发达国家的观点和要求，讨论的内容、建议的方法等也大多来自发达国家。但是，这种机制下产生的议题和相关讨论，不可避免地围绕经济发达国家的需要，反映其市场机制较为成熟、金融活动发达、虚拟经济活跃的特点。但即使都是发达国家，美国与欧盟对待公允价值的态度还是因为经济环境的差异而有所不同。美国由于金融市场最为发达，金融工具创新层出不穷，极力推广公允价值的应用，特别是金融危机过后，似乎忘记了在金融危机中对公允价值的百般指责，不遗余力地鼓吹公允价值；而欧盟由于相对来说金融市场没有美国发达，对于公允价值计量采取了较美国谨慎的态度，担忧激进地使用公允价值可能会使欧盟的金融机构在市场竞争中处于不利境况。国际财务报告准则对广大新兴市场国家的经济环境特点和诉求考虑不多，这使得有关准则对于发展中国家从一开始就缺乏吸引力和参与性，不但影响到准则的公允和全面，也增加了 IFRS 全球采用和国际会计协调的难度。这意味着我国在选择国际财务报告准则的策略时，一定要坚持务实的"趋同"策略，坚持根据我国实际情况制定符合我国国情的会计准则。在我国公允价值的应用经历了坎坷的历程就说明了会计准则必须符合现实情况，不能超前。我国于 1998 年相继在债务重组、非货币性交易、无形资产等会计准则中引入公允价值计量属性，但由于我国应用环境不成熟造成公允价值被大量滥用，很快在 2001 年我国修订的准则中取消了公允价值计量，直到 2006 财政部发布新的《企业会计准则》时采用重新引入了公允价值计量属性。这样的教训值得我们牢记，引以为鉴。

四　会计准则的制定要在会计信息质量与简化、可操作性之间寻求平衡

在金融危机爆发后，金融工具会计准则的复杂、难以操作和把握已经广受诟病，IASB 也明确表示要简化烦琐的金融工具准则，提高准则的可操作性。原则导向的金融工具准则如何既能确保良好的会计信息质量，使会计信息能相关、可靠、可比、中立，又能简洁便于操作，成为摆在准则制定者面前的难题。准则制定者不断在两者之间摇摆、平衡，最终会计信息质量和准则简洁适用性的博弈成为 IFRS 9 准则演进过程的一条逻辑线索。2009 年发布的 IFRS 9 充分体现了 IASB 在提升准则简洁性方面的努力。最为明显的，金融工具的分类从四分类简化为两分类。与之相关的，金融工具减值测试范围缩小，金融工具重分类情况缩减，都使得准则的简洁性大大提升。IFRS 9（2009）可以说是 IASB 在会计信息质量与准则简洁可操作性的博弈中向准则简洁性做了最大的妥协。2012 年，IASB 对 IFRS 9 做了有限修订，修订的过程也是 IASB 对 IFRS 9 进行反思的过程。IFRS 9 在准则简洁性上的激进或多或少对会计信息质量有影响，也使得准则对细节和特殊情况考虑不够。IFRS 9 有限修订将金融工具分类由二分类改为三分类，引入"修正的经济关系"概念，对于以摊余成本计量金融工具的条件进行了补充。上述几个主要改变都增加了准则的复杂性。这种准则简化过程上的反复表明，准则制定者已经认识到提升金融工具准则的质量，绝不是单向的化繁为简的过程，对于各方对金融工具准则简洁性的呼吁需要更加审慎地考虑。在准则简化、提高可操作性的同时，可能会增加会计职业判断的空间，为盈余管理提供更多的便利条件，如果执行与监管不当，不仅无助于提升了会计信息的质量，反而会造成利润操纵等现象大幅度增加损害了会计信息质量。所以，准则制定机构一定把握好两者的平衡。

五 会计准则的制定要与概念框架保持一致

IASB 与 FASB 在修订金融工具准则的同时，也着手对概念框架体系进行了修改。2010 年 9 月，IASB 和 FASB 联合发布了概念框架联合项目第一阶段成果——《财务报告概念框架》（Conceptual Framework for Financial Reporting）的第一章《通用目的财务报告的目标》和第三章《有用财务信息的质量特征》。在这两份文件中，主要变动内容有以下几点。首先，将"决策有用观"作为财务报告的唯一目标。其次，用"如实反映"取代"可靠性"，并删除了所有关于"相关性"与"可靠性"平衡的表述。这一变动说明，只要会计信息能够如实反映、完整、无重要差错即可，不再强调是否已发生，很明显是为了适应金融工具创新频繁的特点。再次，用"资产负债观"取代了"收入费用观"，通过资产和负债的变动来计量已实现或未实现的收益。最后，指出财务报告有时是以估计、判断和模型为基础，某些情况企业可以进行合理的主观判断①。这些内容的修改为 IFRS 9 的顺利出台提供了理论基础和逻辑支持。预期损失模型之所以受到我国许多学者的反对，是因为该模型依赖于对未来信用损失变化的预计而计提减值的做法，与中国现行的财务报告概念框架不一致。如果引入预期信用损失模型，除了会导致相应具体准则的修改，还将从根本上引发基本准则的重大修订与调整。因此，为了实现与 IFRS 9 的实质性趋同，我国在制定相关具体准则的同时也要着手修订基本准则的相关规定，以保证整个准则体系内在一致性与逻辑严密性。

六　会计准则对职业判断提出了更高的要求

IFRS 9 以原则为导向，以简化准则复杂程度、提高可操作性为出发点。准则的简化往往意味着更大的职业判断空间。金融工具三分类的规定，依赖于对商业模式和合同现金流特征的判断。计量模式的选择，很大程度上要依靠企业管理层的职业判断。"预期信用损失"模型的引入，是对原有的"已发生损失"模型的重大突破。它前所未有地大量使用前瞻性信息并高度依赖管理层及会计人员的判断，例如它需要企业对贷款等金融资产的信用质量做出判断，并需对未来 12 个月甚至整个存续期内的预期信用损失的金额、时点和概率进行估计。这实际上是提高了财务信息的灵活度和弹性，增加了职业判断的空间，对会计人员专业素养提出了更高的要求，与此同时也加大了企业的操纵空间。准则简化与可操作性的提高减轻了报表编制者的负担，使财务报表简洁易读、更加被信息使用者接受，但背后却伴随着主观估计、职业判断程度大幅的提升，财务信息不公允风险大大提高，对注册会计师审计以及会计监管都提出了更高的要求。

七　会计准则的发展趋势由以事实为基础向以预测为基础的重心转移

由 IFRS 9 及近期国际会计准则的发展历程，我们似乎可以看到这

---

①　王菁菁、刘光忠：《金融工具减值预期损失模型的演进与会计准则体系变迁——兼评 IASB〈金融工具：预期信用损失〉征求意见稿》，《会计研究》2014 年第 5 期。

样一个趋势，会计的重心正在由如实反映历史信息向帮助投资者预测未来转移①。2003 年，美国卡内基梅隆大学井尻雄士教授总结道，当代财务会计有"以事实为基础的会计"向"以预测为基础的会计"发展的趋势，财务会计信息依赖于预测的成分越来越多。会计信息使用者的信息需求正由纯粹对历史信息的关注转向更多对未来信息的关注。在这一趋势下，也就不难理解 IASB 使用包含大量前瞻性信息的预期损失模型取代已发生损失模型的意图。预测成分的纳入为会计信息注入了太多主观性，虽然提高了相关性，但在一定程度上损害了会计数据的客观性与可靠性。相关性本身内含了一种观念，即与未来现金流量有关的信息比过去已发生的交易和事项的信息更为相关，因而也更有决策价值。这就要求会计更多地考虑面向未来和使用预期估计的方法。然而事实恐怕未必如此简单。因为强调相关性必然突出对未来预期的依赖，由此导致的会计信息可靠性下降会"抵销"部分的预测价值，当预测的主观性和偏差增大到一定程度时，"相关"的信息就会比"可靠"的信息具有更低的有用性②。会计准则制定中应把握适当尺度，将会计信息的相关性与可靠性、预测未来功能与反映事实功能妥当地予以平衡，以实现会计信息对财务状况、经营成果、现金流量的最佳刻画。

八　会计准则应充分考虑会计监管与金融监管的冲突与协调

会计目标强调会计信息应当真实、公允、可靠，以此合理引导投资决策。金融监管目标注重审慎监管，以此维护金融系统安全与稳定。从国际金融市场多年发展经验和中国会计改革成果来看，会计规定与监管规定的分离是大势所趋。金融工具减值准则的修订过程中，贯穿着会计准则与金融监管准则的冲突博弈。会计监管目标是保证会计信息如实反映、真实公允、客观公正，而金融监管部门倾向于要求财务信息设置补充的"审慎过滤器"，以揭示出全部风险。这种差异造成了会计监管与金融监管的摩擦。金融危机爆发后，金融审慎监管机构将问题矛头指向了会计，不断向会计准则制定机构施压。所以，加强会计监管与金融监

---

① 王菁菁、刘光忠：《金融工具减值预期损失模型的演进与会计准则体系变迁——兼评IASB〈金融工具：预期信用损失〉征求意见稿》，《会计研究》2014 年第 5 期。

② 郑伟：《预期损失模型缺陷与会计监管独立性问题研究——基于对 IASB〈金融工具：摊余成本和减值〉征求意见稿的分析》，《会计研究》2010 年第 5 期。

管的协调是推动会计准则顺利实施的保证，如果不注重二者的协调，将会带来严重的不良后果。最为直接的表现之一是中国银行业贷款减值准备计提政策多、信息多的问题。目前涉及贷款减值准备的政策文件包括财政部于 2006 年颁布的 CAS 22 "金融工具确认和计量"（已于 2017 年修订，2018 年以后实施）和《金融企业财务规则》，财政部于 2012 年颁布的《金融企业准备金计提管理办法》，银监会于 2012 年颁布的《商业银行资本管理办法》，等等。如果缺乏恰当的指引，金融机构很容易迷失方向。因此，在倡导会计监管与金融监管相分离的同时，必须建立一套有效的机制来协调会计准则与监管准则。同时，需要使会计监管与其他监管相对保持独立，在此基础上促进各种监管的协调配合。在继续细化会计与相关监管分离、保持会计监管独立性的同时，可以考虑在承认会计监管权威性的前提下，以会计监管为核心，构建会计领域内多种监管活动协调一致的监管体系①。

---

① 郑伟：《预期损失模型缺陷与会计监管独立性问题研究——基于对 IASB〈金融工具：摊余成本和减值〉征求意见稿的分析》，《会计研究》2010 年第 5 期。

第三章 国际财务报告准则的最新发展及启示

2008 年国际金融危机爆发后，由于公允价值计量与金融工具等准则不够完善，会计界承受了社会各界的重大压力。国际会计准则理事会经过深刻反思，加快了修改完善国际会计准则的过程，先后发布了多项国际财务报告准则。国际财务报告准则取得了长足的进步，也体现出一些新的发展趋势。这值得我们充分研究，并提出应对之策，不断完善我国企业会计准则体系，在实现会计准则持续国际趋同的过程中积极维护我国国家权益。

第一节 国际财务报告准则的最新发展

国际金融危机爆发后，二十国集团领导人峰会要求建立全球统一的高质量会计准则。国际会计准则理事会加快准则修改和制定的步伐，并加大了与美国财务会计准则委员会（FASB）的合作力度。目前，近几年来 IASB 已经发布了公允价值计量、合并财务报表、合营安排、在其他主体中权益的披露、金融工具等多项财务报告准则，修订了财务报表的列报、雇员福利、单独财务报表、在联营和合营中的投资等国际会计准则，并计划在将来修改完成租赁、收入确认等重要准则项目。概括起来，国际财务报告准则在会计确认、会计计量与会计报告方面都取得了重大突破，提出了很多新概念、新方法、新模型。

一 会计确认

会计确认，是指依据一定的标准，辨认哪些数据能够输入、何时输入会计信息系统以及如何进行报告的过程。从对会计信息的处理过程来看，会计确认包括初始确认、后续确认和终止确认。为了适应新的经济形势和市场发展，国际财务报告准则在会计确认方面形成了一些新的观念与方法，这表现在以下方面：金融资产的分类由四分类法改为按照商业模式与合同现金流特征划分为三类——以摊余成本计量的金融资产、以公允价值计量且其变动计入其他综合收益的金融资产、以公允价值计量且其变动计入当期损益的金融资产，金融资产的终止确认从权利观、风险报酬观发展到控制观和利益观，金融负债的终止确认确立了义务观；合并财务报表合并范围的确定修改了控制观的含义（将控制界定为"有权力决定其他主体的活动并从中获得收益"）；租赁业务的确认从二分法转向一统论，采用单一的租赁会计模式，使租赁交易导致的所有资产和负债及相关损益都能在财务报表中予以确认；以控制权转移为基础确认收入，改变了以风险和报酬转移为基础确认收入的原则，统一了一般销售收入与建造合同收入确认的原则。

二　会计计量

会计计量是指用货币或其他量度单位计量各项经济业务及其结果的过程。近几年来，国际财务报告准则在会计计量方面，也形成了一些新的观念、模型和方法。在会计计量方面最大的突破是发布了公允价值计量准则，明确了公允价值是一种"脱手价值"，建立了统一的公允价值计量框架，阐述了公允价值计量的估值技术及其输入值，划分了公允价值的层级。金融资产减值计量改变了原有的"已发生损失"模型，引入了"预期信用损失"模型，并采取三阶段法进行分类核算。此外，国际财务报告准则还创造了金融负债计量的其他综合收益法，推出了保险合同计量的模块法，确定了或有负债计量的合理金额法。

三　会计报告

IASB 在不断修订和完善会计准则的同时，也在不断改进会计报告，在金融危机爆发以后加快了步伐，形成了会计报告概念框架的新思想，报告项目披露的新要求。这主要体现在以下方面：基于控制标准确定财务报告主体；将利润表内容延伸为综合收益的列报；财务报告格式按活动而非流动性列报，采用管理方法对财务报表进行改革，即按照经营活动和筹资活动对三张报表进行分类，统一报表项目内容，每一张报表均分为业务、筹资、所得税、终止经营和权益等部分；推行"可扩展商业报告语言"（XBRL），实现财务数据的自动归集、整理、比较，信息处理由静态模式转为动态模式。

四 财务报告概念框架

2015 年，国际会计准则理事会根据对 2013 年发布的财务报告概念框架讨论稿（DP：Discussion Paper）的反馈，对外新发布了修改后的概念框架提议，即财务报告概念框架征求意见稿（ED：Exposure Draft）。征求意见截至 2015 年 11 月 26 日，征求意见完毕并修订后，计划 2016 年 IASB 将最终完成对概念框架的修订，并发布财务报告概念框架的正式稿。

IASB 新发布的概念框架征求意见稿，是一个结构化、完整的财务报告概念框架。概念框架征求意见稿以"通用财务报告目标"为核心，依次制定了基于目标的"财务报表及报告主体"，基于目标的"有用财务信息的质量特征"，基于目标和有用信息质量特征的"财务报表要素""确认及终止确认""计量""列示及披露"，基于目标的"资本及资本保持的概念"，八个部分以目标为基础，构成了前后衔接一致的"财务会计概念框架"。虽然在某些方面还不够完善，但就整体来说，2015 年概念框架征求意见稿是 IASB 有史以来制定的"最完善""最先进""最科学"的财务报告概念框架。随着将来修订稿的正式发布，必将进一步推动 IASB 制定出高质量的"国际财务报告准则"，有利于加快全球范围内的会计国际协调，促进全球资本市场的健康发展。

第二节 国际财务报告准则最新发展的
趋势分析及启示

通过分析国际财务报告准则最新进展，我们可以找出国际财务报告准则发展变化的主要趋势。对于这些趋势的透彻理解，有利于我国准确把握会计准则发展的方向，并结合我国实际情况，有的放矢地采取有效措施不断完善我国企业会计准则。

一 国际财务报告准则最新发展的趋势分析

（一）更加突出决策有用观的目标导向，反而弱化了受托责任观的导向

财务报告的目标历来有两种主要观点：决策有用观与受托责任观，或者二者结合。决策有用观认为会计目标在于向会计信息使用者提供有助于进行决策的信息，会计信息对经济决策有用。受托责任观是从委托代理的关系出发，认为会计目标是以恰当的方式有效记录和报告资源受托者的受托经营责任及其履行情况。决策有用观是在资本市场日益发展的历史背景下形成的，主要运用于证券市场发达的市场环境。决策有用观的主要观点认为：会计的目标在于提供决策有用信息，会计的着眼点在于财务报告本身的有用性；只要符合成本效益原则，无论信息的主观程度如何，信息总是多多益善；在计量属性和计量模式的选择上广泛采取公允价值计量属性；强调会计信息的相关性，不过分追求会计信息的精确性。

在国际财务报告的准则制定过程中，决策有用观占据主导地位，其目标导向作用日益凸显，受托责任观不断弱化。其表现为如下诸多方面：公允价值计量准则的颁布及其广泛应用，强调收益确认的资产负债表观，资产负债表在报表体系中占主导地位，改革利润表为综合收益表，简化金融工具的分类，金融资产减值舍弃"已发生损失"模型而采取"预期信用损失"模型，强调会计信息的充分披露，等等。随着资本市场的日益强大，决策有用观的目标导向作用越来越突出。

（二）更突出会计信息的相关性，反而削弱了会计信息的可靠性

会计信息的相关性是指会计信息能够影响信息使用者的决策，能够导致信息使用者决策的差别。相关性有两个基本标志，即预测价值和反馈价值。预测价值，是指会计信息能够帮助信息使用者评价过去、现在和未来事项并预测其发展趋势，从而影响基于这种评价和预测所做出的决策。反馈价值，是指会计信息能对信息使用者以前的评价和预测结果予以证实或纠正，从而促使信息使用者维持或改变以前的决策。会计信息要实现预测价值和反馈价值，必须同时满足及时性、重要性和充分披露三项质量特征。会计信息的可靠性，则是指信息使用者可以对会计信息给予充分信赖，在新的财务报告概念框架中将其修

改为"如实反映"。

国际财务报告准则制定并颁布了公允价值计量准则，公允价值计量的范围逐渐扩大，公允价值相对于历史成本的主要优势就在于其相关性强而可靠性较弱。公允价值本身并不是实际交易价格，是虚拟的市场交易价格，带有估计性。当不存在活跃市场时，可观察市价就不再具有公允性，特别是当市场极度缺乏流动性时，如果依然采取"盯市"法计量公允价值就会出现较大偏差，使本已恶化的经济形势雪上加霜，加剧金融危机的严重性。公允价值在危机中广受诟病的地方就在此。很多情况下需要运用估值技术来计算公允价值。估值技术需要使用很多不可观察的变量，有些还需要利用复杂的模型，这就需要会计人员进行大量的职业判断，估值结果就可能不那么可靠了。

（三）更突出了会计预测未来的职能，反而弱化了会计反映过去的职能

会计有两大基本职能：反映职能（或核算职能）与控制职能。传统会计主要反映过去，基本上不反映未来。决策有用观主要面向未来做出相关决策，强调会计信息的预测价值与反馈价值，特别重视会计信息预测未来的职能。会计的发展趋势表明，会计不仅要反映过去，也要反映未来。国际财务报告准则在很多方法做出修改，要求会计信息能够对未来发展进行评估，反映未来发展趋势，以最大限度满足信息使用者的需求。会计核算的对象不仅包括已发生交易，也包括假设性交易，会计计价既使用真实的价格，亦使用虚拟的价格。金融资产的减值，在原则理念上有重大突破，用"预期信用损失"模型取代"已发生损失"模型。预期信用损失模型的核心特征是前瞻性及动态性，强调信用风险损失的提前确认，而不需要待出现触发事件后才加以确认，旨在解决金融资产损失准备计提"过少、过迟"的问题。

过度关注前瞻性信息，反而使得会计反映过去的职能有所削弱。由于经营业绩中加入了很多由于市场环境变化造成的影响，人们可能无法有效评价管理层的经营业绩。如此趋势如果放任发展下去，传统会计就会逐渐演变成"估计"会计、"预测"会计，会计就有可能误入歧途，甚至会危害会计职业的生存。

（四）更加强了公允价值计量的应用，反而弱化了历史成本的使用

2011 年 5 月发布了《国际财务报告准则第 13 号——公允价值计

量》。该项新准则明确了公允价值的定义，建立了统一的公允价值计量和披露框架，要求各项具体准则遵循统一的公允值计量要求。该准则将公允价值定义为"脱手价格"，并就其如何运用于金融工具、非金融资产、负债和权益工具的计量提供了指南。该准则根据计量公允价值所采用的输入值的可靠性程度将公允价值分为三个不同的层次，分别提出了较为复杂的计量和披露要求。

公允价值本质上是对现时市场脱手价格的估计，具有公允性、估计性、现时性、动态性等特征。公允价值计量追求"真实与公允"，代表了会计人员公允反映经济真实的理想。随着市场环境的不断完善和公允价值计量技术的不断突破，公允价值应用的范围在不断扩大，历史成本的使用有逐渐弱化的趋势。这种趋势在未来可能会不断扩大。公允价值计量的运用受制于市场环境的完善与否、会计人员的综合素质与会计监管是否健全有效等诸多因素。如果不顾具体情况，不切实际地使用公允价值则有可能造成执行成本高昂、会计信息质量低下等不利后果。

（五）更突出了对金融工具相关准则的重视，反而对概念框架的研究踌躇不前

2008 年爆发的金融危机主要是金融机构引发的，受影响最大的也是金融机构。危机过后，会计界经过反思，也是迫于社会各界的压力，加大了对金融工具的研究力度。国际会计准则理事会陆续开展了对金融资产分类与计量、金融资产减值、套期会计、保险合同、公允价值计量等准则的研究，历经 6 年的艰苦探讨和反复修订后最终于 2014 年 7 月正式发布了《国际财务报告准则第 9 号——金融工具》（IFRS 9）。IFRS 9 主要涵盖"金融工具的分类和计量"、"金融资产减值"和"套期会计"三大版块内容。对于金融资产的分类，根据主体管理该项金融资产的业务模式和合同现金流特点进行划分，所有金融资产都适用同一个分类方法。对于金融资产减值，采纳了预期信用损失模型，分为"三阶段"法确认预期信用损失，并要在每个财务报告日更新预期信用损失数额以反映金融工具信用风险的变化。IASB 对于金融工具的重视，源于在现代社会金融在经济发展中的地位不断提升、金融创新层出不穷而原有准则 IAS 39 的弊端逐渐显现。

IASB 从 2004 年起就启动了财务会计概念框架项目，但直至 2010 年 9 月，才发布了《财务报告概念框架》的第 1 章《通用财务报告的

目标》和第 3 章《有用财务信息的质量特征》。普遍关注的会计要素定义、确认与终止确认，会计要素计量等内容进展缓慢。直至 2015 年，IASB 才发布了财务报告概念框架征求意见稿（ED：Exposure Draft），但正式稿截至 2017 年 5 月初仍未发布。没有从财务会计概念框架开始改革，缺乏有效的财务会计概念框架的指导，导致了许多国际财务报告准则项目之间内在不一致。例如，金融工具减值的预期信用损失模型与其他资产减值的原则不一致；再如，收入确认准则、合并报表准则、金融工具终止确认准则都使用了"控制"的概念，但其定义都不一致。这种"头痛医头、脚痛医脚"缺乏总体设计的制定思路亟待改革。

（六）更加强调职业判断的深度运用，反而加大了盈余管理的空间

职业判断是会计职业的灵魂，也是会计职业的精髓所在。国际会计准则始终遵循着原则导向，蕴含着大量的职业判断要求。原则导向会计准则的特点决定了准则的运用需要高水平的会计职业判断，缺乏有效的职业判断，会计准则的执行效果必然大打折扣。危机过后，国际财务报告准则更加强调职业判断的深度运用。例如，金融工具分类需要进行判断商业模式与合同现金流特征；金融资产减值，要根据信用风险水平判断"三阶段"的划分来预计信用损失，并在每一个报告日进行更新判断评估；公允价值计量中更是蕴含着大量的职业判断空间，诸如活跃市场的判断、估值方法的选择、计量级次的判断等；租赁准则的修改强调了租赁行为的判断，并对租赁业务会计处理方法判断和租赁资产使用权减值的判断提出了新要求。由此可见，会计职业判断的空间不断拓展，职业判断的难度不断提升，对会计人员的业务能力、经验与综合素质提出了更高的要求。

会计职业判断是一把双刃剑。职业判断的广泛应用一方面可以促使会计人员根据交易与事项的经济实质做出合理恰当的判断，有助于提升会计信息的质量，但另一方面也不可以避免地增加了盈余管理甚至利润操纵的空间。特别是在法治不够健全、会计监管不到位的情况下，职业判断的空间过大反而会诱使管理层加剧盈余管理的使用，从而降低了会计信息的质量。

（七）更突出反映了西方发达国家的市场环境，反而弱化了对新兴市场等国家的考虑

IASB 在制定国际财务报告准则时过多地考虑了西方发达国家特别

是美国的市场环境，对新兴市场国家等其他国家关注不够。从公允价值计量到金融工具减值的预期信用损失法，从设定收益计划到租赁准则的修订，等等变化，无一不是从发达国家的市场环境出发来制定的。这一方面是因为西方发达国家经济发展水平高，市场环境比较完善，引领世界经济发展浪潮，新事物、新方法层出不穷，代表了先进的发展方向；另一方面是因为国际会计准则理事会是由西方发达国家主导的准则制定机构，美国与欧盟在国际会计准则理事会里拥有强大的话语权，而新兴市场国家等其他国家则处于被动从属的地位，虽有一定的话语权，但缺乏分量。国际财务报告准则的制定应当充分考虑发展中国家尤其是新兴经济体国家的实际情况，才能真正实现其高质量、权威性和全球公认性。

二　国际财务报告准则发展趋势的原因分析

国际财务报告准则出现上述发展趋势的原因主要有内因与外因两个方面。

内因在于国际会计准则理事会追求准则的技术完美性，体现了会计的技术性。会计准则跟自然科学是一样的，是属于一种纯客观、技术性的规范，也追求科学、有序和逻辑一致。IASB 遵循财务会计理论指导，立身于客观中立的立场，不受各利益阶层所左右，着力打造理论科学、逻辑一致、技术完美的准则体系。

外因在于经济环境的变化和金融界、政治家与会计界施加的压力，体现了会计的社会性。经济环境的变化导致出现许多前所未有的新事物、新技术、新观念、新问题，促进了会计准则的发展。同时，由于具有经济动因与经济后果，会计准则会影响资源在企业间的配置，影响管理者与投资者间的财富分配，同时影响政府管制行为等。2008 年国际金融危机爆发后路，金融界以及一些政客指责公允价值会计是罪魁祸首，企图转移矛盾、嫁祸于人。作为代表抵押贷款商的美国行业组织，消费者抵押贷款联盟致函美国证券交易委员会，强烈要求证券交易委员会"立即"中止公允价值会计准则。2008 年 10 月 1 日，美国多名议员联名致信，强烈要求监管者立即暂停公允价值计量。此次国际金融危机，暴露了国际会计准则的一系列问题，引发了国际社会和各国会计准则制定机构对国际会计准则的重新审视。IASB 也因在金融危机中存在效率低下、理事代表性偏颇、公众受托责任不明确等问题而备受指责。特别是二十国集团领导人峰会要求建立全球统一的高质量会计准则。金融危机过后，面对投资者、监管机构和中介机构的建议，IASB 进行了深刻反思，加快了国际会计准则制定的步伐。金融危机引发的基于会计准则经济后果的利益冲突，充分说明了会计准则是"技术性"和"社会性"的统一。"社会性"说明技术上完美的会计准则，因未能充分考虑利益阶层的利益需求，未必能得到社会各界的广泛认可而被执行。因此，会计准则的制定不仅要体现制定者的意图，还要充分考虑使用者的利益。

三 国际财务报告准则最新发展给我国的启示

金融危机之后，我国紧紧围绕国际趋同这一主题，不断修订和完善我国的会计准则。2014 年，我国企业会计准则实现重大突破，在时隔八年之后新发布了第 39 号公允价值计量、第 40 号合营安排、第 41 号在其他权益主体中权益的披露等 3 项准则，并修订发布了长期股权投资、职工薪酬、财务报表列报、合并财务报表、金融工具披露、金融工具确认与计量、金融资产转移与套期会计等多项准则。在实现会计准则持续趋同过程中，我们还要牢记前财政部副部长王军提出的会计准则国际趋同四原则：趋同是进步，是方向；趋同不等于完全相同；趋同是一种过程；趋同是一种互动。财政部 2010 年发布的《中国企业会计准则与国际财务报告准则持续趋同路线图》，明确了我国会计准则国际趋同的基本立场。在新的形势下，我们要更加全面深入地参与国际财务报告准则重大项目的修改，特别是尚未发布的准则，力争国际准则的重大修改能够充分考虑我国的实际，同时采取多种措施提高我国会计准则体系的国际认可度。

会计的发展是反应性的。会计的发展必须与其所处国家的市场环境相适应。会计准则总归是由人执行的，理论上再完美的准则如果缺乏与之相匹配的市场环境，其实施效果必然会大打折扣，甚至引发巨大的执行成本或产生不良的后果。此所谓"橘生淮南则为橘，生于淮北则为枳"。在吸收引入国际财务报告准则时，一定要慎重考虑我国的现实国情，广泛征求社会各界的意见，并充分考虑实施的成本代价，制定出既能实现实质性的国际趋同，又能维护我国国家权益的准则。在必要时，可以推迟准则的实施时间，延长准则的过渡期，或对准则做出可供选择的替代方案以增加灵活性。

第三节　IASB《财务报告概念框架（征求意见稿）》解析

2015 年，国际会计准则理事会根据对 2013 年发布的财务报告概念框架讨论稿（DP：Discussion Paper）的反馈，对外新发布了修改后的概念框架提议，即财务报告概念框架征求意见稿（ED：Exposure Draft）（以下简称概念框架征求意见稿）。征求意见截至 2015 年 11 月 26 日，征求意见完毕并修订后，计划 2016 年 IASB 将最终完成对概念框架的修订，并发布财务报告概念框架的正式稿。

IASB 新发布的概念框架征求意见稿，是一个结构化、完整的财务报告概念框架，包括一个引言、八个章节及两个附录，"概念框架"核心内容包括八部分，即通用财务报告的目标、有用财务信息的质量特征、财务报表和报告主体、财务报表要素、确认和终止确认、计量、列示及披露、资本及资本保持。下面主要对概念框架征求意见稿的核心内容进行介绍和分析。

一　IASB 财务报告概念框架的修订背景

1989 年，国际会计准则委员会（IASC）对外正式发布了《编制与列报财务报表的框架》。该框架解决了国际财务报告准则体系没有概念框架的问题，但略显单薄，有些重要的内容没有在概念框架中涉及。比如，对计量、列报和披露等提供的指南很少。从今天看，有些方面还显得过时或需进一步厘清。2004 年，国际会计准则理事会（IASB）与美国财务会计准则理事会（FASB）启动了一个联合项目，以制定一个统一的概念框架。

2010 年，IASB 和 FASB 的合作有了阶段性成果，完成了涉及概念框架中"通常财务报告的目标"和"有用财务信息的质量特征"两章的修订；此外，双方还做了以下努力：第一，公布了一份讨论稿且随后形成了关于"报告主体"的征求意见稿；第二，给出了财务报表要素的新定义；第三，讨论且举办了若干公开会议研讨计量概念。遗憾的是，这些努力到此暂时停止，没能持续下去，因为两大准则制定机构需要集中资源投入国际金融危机相关的更为紧迫的"急重"项目，如金融工具会计项目。这也标志着 FASB"退出"联合项目，从而国际财务报告概念框架修订项目由 IASB 单独完成①。

2012 年，IASB 重新启动了概念框架修订项目。重启后，IASB 没有沿用与 FASB 之前达成的项目分阶段进行的做法，而是将概念框架涉及的各模块内容联系起来予以统筹考虑。2013 年 7 月，IASB 对外公布了一份重要讨论稿，即《财务报告概念框架评价（review）》。公布这份讨论稿的意图在于听取各方对概念框架所涉及各方面应如何修订或补充的完善的主要建议，主要聚焦在现行概念框架在实务运用时遇到的、需要更新或补充完善的问题。2015 年 5 月，IASB 在汇总分析讨论稿的基础上，完成并公布了修订概念框架相关的征求意见稿，即《财务报告概念框架（征求意见稿)》，并计划于 2016 年对外发布正式稿。

二　《财务报告概念框架（征求意见稿）》的主要内容

《财务报告概念框架（征求意见稿）》共有八章，其中两章是对 2010 概念框架的修订，以"注明修订内容"的形式发布；六章是新增的章节，以"不加修改"的形式发布。

（一）通用财务报告的目标

这一章来源于 2010 年发布的现有概念框架的第一章，也是 IASB 和 FASB 2010 年联合项目的工作成果之一，所以只做了有限的变动。通用财务报告的目标构成了整个概念框架的基础，概念框架的其他部分都合乎逻辑地来源于目标。

通用财务报告的目标是为现有与潜在的投资者、贷款人和其他债权人提供报告主体的财务信息，以帮助他们做出（是否）向报告主体提供资源的决策。为了做出是否向报告主体提供资源的决策，他们需要如下信息：（1）主体的经济资源和对这些资源的要求权及其变化；（2）主体的管理层与治理层如何高效率地、有效地运用主体资源及履行受托责任。IASB 在概念框架征求意见稿财务报告目标的讨论中，更加重视评价

---

① 宣和：《对国际财务报告概念框架修订的初步讨论》，《中国注册会计师》2015 年第 10 期。

管理层对主体资源受托责任所需信息的重要性。此外，概念框架只能对通用财务报告目标予以明确，而不能顾及特殊群体对主体财务信息提出的特殊需求。比如，证券监管部门对市场主体可能依法提出特定的财务信息需求，而这不是通用财务报告应予满足的。

（二）有用财务信息的质量特征

1989 年概念框架提出了四项主要的（principal）质量特征要求，但未提出提升的（enhancing）质量特征；2010 年概念框架将质量特征作了层次上区分，包括两项基本和四项提升的质量特征两个层次；2015 年概念框架（征求意见稿）在质量特征方面保持了与 2010 年概念框架的连续性，但具体内涵上有较大调整，比如，重新考虑引入稳健性原则。

表 3 - 1　　　　　不同时期有用财务信息质量特征的汇总①

年度框架	基本（或主要）质量特征	提升的质量特征	备注
1989 年框架	1. 可理解性 2. 相关性（内含：重要性） 3. 可靠性（内含：如实反映、实质重于形式、中立性、稳健性和完整性） 4. 可比性	未明确提出	"及时性"与"成本效益平衡"属于相关和可靠财务信息的限制条件
2010 年框架	1. 相关性（内含：重要性） 2. 如实反映（内含：完整性、中立性和无误差性）	1. 可比性 2. 可验证性 3. 及时性 4. 可理解性	"成本"作为有用财务信息的限制条件
2015 年框架（征求意见稿）	1. 相关性（内含：重要性） 2. 如实反映（内含：完整性、中立性和无误差性）	1. 可比性 2. 可验证性 3. 及时性 4. 可理解性	1. "实质重于形式"被认为是如实反映的内在要求；"稳健性"被认为对中立性具有支撑作用 2. "成本"作为有用财务信息的限制条件

---

① 宣和：《对国际财务报告概念框架修订的初步讨论》，《中国注册会计师》2015 年第 10 期。

1. 关于质量特征不同层次的区分

概念框架征求意见稿中有用财务信息的质量特征包括三个层次：第一层次是基本质量特征，包括相关性（重要性、计量不确定性）、如实反映；第二层次是增进了的质量特征，包括可比性、可验证性、及时性和可理解性；第三层次是约束条件，即有用财务报告的成本约束：信息的成本效益权衡。

就有用财务信息的质量特征而言，它将有用财务信息质量特征区分为基本和增强两类。其中，基本质量特征是众多质量特征当中最关键或最主要的部分，而增强性质的质量特征尽管不如基本质量特征重要，但依然值得作为有用财务信息的基本"标签"。这种层次上的区分对财务报告实务的指导性强，可以让主体在提供财务报告时首先聚焦于基本的质量特征（即相关性和如实反映），且以此为基础权衡其他质量特征。

2. 相关性

相关的财务信息有助于使用者做出差异性决策。相关性是由预测价值和确认价值组成的。如果财务信息有预测价值、确认价值或二者均具备，就有可能对决策产生不同影响。

理解相关性的时候，需要考虑重要性和计量的不确定性。如果省略或误报信息，将影响主要使用者基于特定主体的财务信息做出决策，则该信息具有重要性。换言之，重要性需要考虑信息的性质和金额，但是它并没有一个明确的界限，需要根据特定主体的特定环境而定。

计量的不确定性程度是影响财务信息相关性的一个要素。当对资产或负债的计量不能直接观察而需要间接估计时，计量的不确定性就产生了。尽管估计会造成高度的计量不确定性，估计能够提供相关的信息。尽管如此，如果计量不确定性程度高，相对于低计量不确定性来说，估计就会更缺乏相关性。因此，在计量不确定性程度与其他影响信息相关性因素之间就存在均衡关系。例如，对于一些估计来说，较高程度的计量不确定性超过其他因素一定程度时，信息就会丧失相关性。另外，如果估计所提供最相关的信息，那么高度的计量不确定性就无法阻止人们使用估计方法。

3. 如实反映

概念框架征求意见稿以"如实反映"（faithful representation）替代了可靠性，且将如实反映与相关性作为有用财务信息的基本两个质量特

371

征。有用的财务信息不仅要反映相关经济现象，而且应当如实反映其想要反映的经济现象。如实反映提供有关经济现象的实质而不是仅仅提供其法律形式。

完美的如实反映具备三个次级特征。完整性、中立性和无差错。当然，完美是很难达到的。完整性是指包含了使用者理解经济现象所必需的信息，包括必要的描述和解释。中立性指选择和列报财务信息时不带有倾向性。中立描述，包括无偏见、无偏好、不人为强调或忽视，也不人为操纵增加使用者的获得的便利性或不利性。中立性并不意味着没有目的或对行为不产生影响。无差错意味着对现象的描述没有差错或遗漏，以及选择和应用报告信息的程序没有差错。杜绝差错并不要求在所有方面做到完全精确。例如，对于无法观察到的价格和价值的估计无法确定是否精确。

4. 谨慎性

谨慎性（Prudence）或稳健性长久以来都是主体编制财务报告应遵循的重要原则，比如，1989 年概念框架就将谨慎性作为衡量财务信息是否可靠的五个因素之一。但是，IASB 在 2010 年概念框架中却没有把谨慎性作为财务报告信息质量特征。按 IASB 的解释，原因在于将谨慎性作为财务信息质量特征纳入概念框架会与中立性原则形成冲突。对 IASB 的这种选择或处理，许多机构和人士提出了不同的意见和看法，反应比较强烈，这也是 2015 年概念框架（ED）重新提议将谨慎性作为财务信息质量特征组成部分的原因。

IASB 在 2015 年概念框架（ED）中指出，坚持中立性原则，应以谨慎性原则为支撑。谨慎性原则是在不确定因素情况下作判断时谨慎行事。运用谨慎性原则，意味着资产和收益不可高估，负债和费用不可低估；同样地，资产和收益不可以低估，负债和费用不可高估。其原因在于，如果不这样，将导致未来会计期间收益高估，或费用低估。坚持谨慎性原则，就不能像以往财务报告实践偏重于讲不能高估资产和收益、不能低估负债和费用，而应"双向"强调，不能高估也不能低估资产、负债、收益和费用。

5. 增进质量特征

增进质量特征包括可比性（Comparability）、可验证性（Verifiability）、及时性（Timeliness）和可理解性（Understandability），它们不是

有用财务信息的必要特征，但是可以优化具有相关性和如实反映的信息，增强其有用性。

增进质量特征需要尽可能最大化。而优化质量特征，不论单个还是组织特征，如果信息没有相关性和如实反映，那么信息就不会有用。适用增进质量特征是一个反复的程序，并没有固定的次序。有时候，一项优化质量特征可能需要被减弱，以最大限度地增强另一项质量特征。

（三）财务报表和报告主体

第三章为新增章节，主要讨论了财务报表的作用和报告主体。

1. 财务报表

概念框架征求意见稿阐述了财务报表的作用。财务报告提供主体经济资源、对主体的要求权和这些经济资源及要求权变化的信息。财务报表是财务报告的特定形式，由资产负债表、财务业绩表和附注组成。财务报表的目的是主要提供一个主体财务状况和财务业绩方面的、对财务报表使用者有用的货币性信息，使用者用这些信息来评价主体未来现金流量的前景及管理层对主体资源的受托责任。财务报表是从主体作为一个整体的角度编制的，而不是从特定群体的投资者、贷款人或其他债权人的角度编制的。概念框架的基础是报告主体持续经营假设，即在可预见的未来能继续正常经营。

2. 报告主体

报告主体问题主要涉及以下两方面：一是报告主体指什么；二是报告主体的边界在哪里。

首先，对报告主体进行了定义。概念框架征求意见稿将报告主体界定为"选择或被要求编制财务报告的主体"，并指出：报告主体不必然要求是法律主体，它可以是一个主体的某部分，或是两个或两个以上主体的某部分；如果报告主体不是法律主体，报告主体的边界需要以这样一种方式设定，使得财务报表：①提供给那些依赖财务报表的现有或潜在投资者、贷款人和其他债权人所需的相关财务信息；②如实反映主体的经济活动。

其次，设定了报告主体的边界。对于报告主体的边界，主张以"控制"为基础来确定。报告主体以"直接控制"（direct control）为基础确定边界所编制的财务报告称为"未合并财务报表"，而以直接控制和"间接控制"（indirect control）为基础确定边界所编制的财务报表称作合并财务报表。国际会计准则理事会认为，通常合并财务报表比未合并财务报表更有可能为财务报表使用者提供有用的信息。未合并财务报表也可能提供有用的信息。国际会计准则理事会认为，如果一个主体选择或被要求编制未合并财务报表，那么该主体需要披露使用者如何能够获取合并财务报表。

（四）财务报表的要素

概念框架征求意见稿第四章主要讨论了财务报表要素的定义，虽然在 2013 年财务报告概念框架的讨论稿中提到了所有者权益变动表要素（"权益投入"、"权益分配"以及"不同类别权益之间的转换"）和现金流量表要素（"现金流入和流出"），但在概念框架征求意见稿中，仍保持了 2010 年已发布的概念框架中的五大要素，其财务报表要素包括两类，第一类是提供报告主体财务状况信息的要素，包括资产、负债、权益；第二类是提供报告主体财务业绩信息的要素，包括收益、费用。征求意见稿中财务报表要素的主要变化是：完善并重新定义了资产、负债要素，但保留"权益""收益""费用"要素的原有定义，权益仍为剩余净资产的现有定义，并且仍像原来一样从资产和负债增减的角度对"收益"和"费用"要素进行定义。

1. 资产、负债要素的新定义

IASB 现有 2010 年概念框架中，"资产"要素的定义是：资产是过去事项形成的由主体控制的资源，该资源产生的未来经济利益预期会流入该主体。"负债"要素的定义是：负债是过去事项形成的现有义务，该义务的履行预期会导致主体包含经济利益资源的流出。

在新的概念框架征求意见稿中，"资产"要素的定义是：资产是由过去事项形成的、主体可以控制的现时经济资源，经济资源是一项能够产生潜在经济利益的权利。新的"负债"要素定义是：负债是由过去事项形成的、主体需转移经济资源的现时义务。

改进后的资产及负债定义的主要优点是：首先，强调资产是一种"现有经济资源"、负债是一项"现有义务"，将某个主体的资产界定在其所控制的现时经济资源，而将其负债界定为其承担的现时义务，既保留了现行概念框架中资产和负债定义的关键元素，又使这两个基础的财务报表要素清晰地反映了其本质特征，即资产是资源，而负债是义务；其次，舍去了原定义中"预期"的表述，使资产和负债定义更直接指向概念本质，而不是像现行定义那样隐约地将原本属于要素确认的要求带入其中；再次，相比现有 2010 年概念框架中的原定义，新定义更加简洁、突出重点、易于理解，也更清楚地阐明了资产和负债定义之间的相似之处。

表 3 - 2 　　　　　　　　　　　　会计要素的定义汇总表

项目	要素	定义说明
经济资源	资产	资产是过去事项形成的由主体控制的现时经济资源。经济资源是一项能够产生潜在经济利益的权利
要求权	负债	负债是过去事项形成的主体承担的转移经济资源的现时义务
	权益	权益是主体资产扣除所有负债后的剩余利益
财务业绩（资源和要求权的变动）	收入	收入是会导致权益增加的、与所有者权益投入无关的资产的增加或负债的减少
	费用	费用是会导致权益减少的、与所有者权益分配无关的资产的减少或负债的增加
资源和要求权的其他变动	—	所有者投入资本或向所有者分配
	—	不会引起权益增减的交易事项（比如用现金购得资产）

2. 与资产、负债定义相关的几个因素

第一是"预期"。IASB 在概念框架征求意见稿中建议：资产和负债应当是一种资源或义务，资源具有产生经济利益的潜力，义务具有转移经济利益的潜力，定义资产和负债不应当要求一个"预期"或"可能"的"经济利益流入"或"经济利益流出"。资产和负债的定义不应保留预期流入或预期流出的概念，概率的引用应该从确认标准中删除。资产、负债的新定义避开了原定义中经济利益流入、流出的可能性（概率），而这种结果的不确定性将影响到资产或负债的计量。

第二是"权利"。现有 2010 年概念框架中把资产定义为"资源"，新资产定义中修改为"经济资源"，经济资源是一种产生潜在经济利益的"权利"。主体没有从自身获取经济利益的权利。IASB 认为，由经济资源构成的权利可以采用不同的形式，可以是已订立的合同、立法或其他相似的形式。每一项主体权利都是一项独立的资产。然而，出于会计目的，几种相关的权利通常被视作一个单项资产，也即是记账单元。从概念上来说，经济资源是指所有的权利而不是实物。然而，用实物资产来描述把一组权利通常更简明、清晰、便于理解。

第三是"控制权"。概念框架征求意见稿中"控制"概念与资产的定义保持一致，意见稿中"控制"概念是：一个主体如果有管理经济资源的现时能力并能从中获得经济利益的流入，就认为这个主体控制了该项经济资源，对"控制"的评估有助于一个主体进行恰当的会计确认。

第四是"现时义务"。IASB 原有和新概念框架中建议负债的定义都要求是"过去事项结果的一项现时义务"，现有 2010 年框架在实际执行中产生了问题，比如当一个事项的发生造成要在将来转移经济资源，但主体有能力避免资源的转移，这时准则就不够清晰。概念框架征求意见稿中对"现时义务"术语提供了指引，如果同时满足以下两个条件，那么主体负有转移经济资源的现时义务：首先，主体没有避免转移经济资源的实际能力；其次，该义务产生于过去的事项，即主体已获得了经济利益或进行了某项活动，而这种经济利益或活动形成了一定程度上的义务。

第五是"没有实际能力可以避免转移"。概念框架征求意见稿负债定义中包括主体"没有实际能力可以避免转移"的义务这一概念。征求意见稿试图澄清何为"可以避免转移的实际能力"。例如，主体进行清算、停止经营或任何引起严重的业务中断或比该义务"明显更不利"的经济后果的方式，将会是"没有实际能力可以避免转移"。

3. 收入和费用的定义

按 1989 年和 2010 年概念框架，收益指会计期间内经济利益的增加，表现为导致权益（不包括与权益参与方的投入有关的权益）增加的资产的流入或（价值）提升，或负债的减少；费用指会计期间内经济利益的减少，表现为导致权益（不包括与权益参与方的投入有关的权益）减少的资产的流出或折耗，或负债的发生。

根据 2015 年概念框架征求意见稿，收益指导致权益（不包括与权益参与方投入有关的权益）增加的资产的增加或负债的减少；费用指导致权益（不包括与权益参与方分配有关的权益）减少的资产的减少或负债的增加。2015 年征求意见稿对收入和费用的定义沿用了 1989 年和

2010 年概念框架的做法，以资产和负债的变动为基础定义收益和费用，但删除了"会计期间内经济利益的增加/减少"的说法。拟修订的收益与费用的定义与拟修改的资产和负债定义在表述方面保持了较好的内在一致性。资产和负债定义能够更好地反映主体的交易或事项的本质，且先定义资产和负债才能更好定义其他财务报表要素；如果认同对资产和负债的修改建议，也应认同以资产和负债定义为基础定义的收益和费用。

4. 计量单元（Unit of Account）

概念框架征求意见稿中提出了"计量单元"的概念，并将其定义为：计量单元是用于确认和计量要求的一组权利、一组义务或一组权利及义务的混合。计量单元是在考虑运用确认及计量后对资产或负债的一种选择，不仅包括资产或负债，而且包括与资产、负债相关的收益及费用。已选择的计量单元可以为了列报及披露的目的而进行合并或拆分。

选择计量单元的目标是在成本大于效益的情况下，提供最有用的信息。在某种情况下，对同一事项为了确认而选择一种计量单元、为了计量而选择另外一种不同的计量单元是适当的。比如合同有时需要分个体确认但需要按一揽子合同的一部分进行计量。如果主体资产或负债的一部分发生了转移，计量单元那时会发生改变，"已转移的部分"及"保留的部分"应变成两个独立的"计量单元"。

5. 其他内容

征求意见稿没有改变原有的"权益"概念，权益是主体资产扣除所有负债后的剩余利益。IASB 不建议现在就改变负债和权益的定义，以解决同时具备负债和权益特征的工具的分类问题。IASB 将在具有权益特征的金融工具研究项目中探讨这些问题。征求意见稿还对待执行合同和结论基础、报告合同权利和合同义务的实质及结论基础提供了其他指引。

（五）确认和终止确认

概念框架征求意见稿中这一章包括三部分内容，确认过程、确认标准、终止确认。

1. 确认过程

概念框架征求意见稿中对"确认"的定义是：捕捉（Capture）满足要素定义的项目，并使其最终出现在财务状况表或财务业绩表中的过程；确认涉及使用术语和货币金额描述项目，也包括在相关报表中的合计数额。只有满足资产、负债、权益定义的项目才能被确认在财务状况表中，同样也只有满足收益或费用定义的项目才能在财务业绩表中确认。但是财务报表的目的不是反映主体的价值，所以并不是全部的资产和负债都要在报表中确认，没有确认的资产和负债需要在报表之外进行披露。

2. 确认标准

IASB 修改了确认的标准。IASB 在概念框架征求意见稿中提议，确认标准应当以有用财务信息质量特征的三个层次为基础（相关性、如实反映、成本约束）。如果确认能给财务报表使用者提供以下信息，那么资产和负债（以及相关的收入、费用或权益变动）就应当确认：（1）关于资产或负债以及收益、费用、权益的任何"相关信息"；（2）"如实反映"该资产或负债以及收益、费用或权益的任何变动；（3）提供上述信息的收益大于成本。相关性下要考虑不确定性及可分离性的存在、经济利益流动的低概率、计量的不确定性；（资产、负债、权益、收益、费用的）如实反映不仅涉及确认，而且还包括这些已确认项目的信息列示及披露。

IASB 讨论指出了不满足这些标准的情况，包括以下某些情况：（1）不确定一项资产是否存在，或是否独立于商誉，或一项负债是否存在；（2）资产或负债存在，但（资产）经济利益流入、（负债）流出的可能性很低；（3）如果一项资产或负债的计量可实现（或可获取），但计量的不确定性水平太高以至于最终的信息没有相关性，并且其他相关的计量不可实现（或不能获取）。

IASB 将有用财务信息应具有的两个基本特征"相关性"和"忠实表达"直接引入确认标准，而不再强调应予确认的项目相关的经济利益须"很可能"（probable）流入或流出主体，也未对这些项目的成本或价值能够"可靠"（reliability）计量提出要求。这样处理的原因：一是如果仍将"很可能"予以保留，那么多数衍生金融工具不能在财务状况表中确认；二是可靠性已被如实反映所取代，继续将项目"成本"或"价值"计量的"可靠性"予以保留，可能引起混淆。此外，从会计实务看，有些项目没有成本（如衍生工具）或存在相当大的计量不确定性（如养老金负债、保险负债等）。如果要求成本或价值能够可靠地计量，那么这些项目有可能难以在财务状况表中得到确认。

3. 终止确认

现有的 2010 年概念框架中没有提供"终止确认"的指南。2015 年概念框架征求意见稿建议将终止确认概念界定为"将以前期间已确认的资产或负债全部或部分从主体财务状况表中移除"。就终止确认而言，最关键也是会计实务中最具争议的问题主要涉及终止确认条件。征求意见稿讨论了全部终止确认、部分终止确认和继续确认。它还对导致终止确认的事项发生之后留存的资产和负债提供了相关的指引。终止确认的会计要求是为了做到如实反映：①引发终止确认的交易或其他事项发生后，剩余的资产和负债（如有的话）；②交易或其他事项导致主体资产和负债的变动。关于终止确认的大部分决策都是明确的。关于本议题的讨论集中于上述两个目标相互冲突的情况。

2015 年概念框架征求意见稿并没有就终止确认条件作进一步阐述或说明。但在 IASB 于 2013 年公布的相关讨论稿，对终止确认提出过两种思路：一是完全与"确认"对称的方法，即失去控制（针对资产而言）就该终止确认；二是沿用 IAS 39 或 IFRS 9 中的风险与报酬法，即只有主体将金融资产所有权相关的几乎所有风险和报酬转移出去了才能终止确认金融资产。风险与报酬法在实务中虽运用了多年，操作层面也对其有较好的理解，但涉及过多的判断，就某些复杂的业务，不同的人可能得出几乎不同的判断结论；控制法的理论基础较好，既能与"确认"概念对称，也能与新发布的国际财务报告准则（如《IFRS 15：源自客户合同的收入》）较好地契合①。

（六）计量

在框架中增加的新一章。主要包括计量基础和它们所提供的信息、选择计量基础是所应考虑的因素、适用多种计量基础可以提供相关信息的情景、权益的计量等。

1. 计量的定义

IASB 在概念框架征求意见稿中对计量的定义是：计量是运用货币，把一个主体的资产、负债、权益、收益、费用方面的信息，进行数量化

---

① 宣和：《对国际财务报告概念框架修订的初步讨论》，《中国注册会计师》2015 年第 10 期。

的过程。计量是根据特定的计量基础对资产、负债、权益、收益、费用量度的结果。

2. 主要计量基础

计量基础是被计量项目一项可识别的特征，将计量基础运用到资产、负债可产生哪些资产、负债及相关的收益及费用的计量。考虑到财务报告的目标，有用财务信息的质量特征及成本约束，可能造成对不同资产、负债和收益及费用的计量，会选用不同的计量基础。概念框架征求意见稿描述了历史成本和现行价值两种计量基础。

（1）历史成本

以历史成本得出的计量结果，是基于形成资产、负债、收益和费用的交易或事项的信息确定的这些要素的货币信息。IASB 在征求意见稿中还指出：以历史成本计量的收益和费用可能具有预测价值，也就是说主体可以评估将来现金流量或毛利变化的影响；同时当主体把它们和估计的现金流量或毛利进行比较时也具有可验证价值。但是关于资产和负债的历史成本信息，特别是如果价格变化较大的时候，比它们的现行成本信息具有更小的相关性。

（2）现行价值

以现行价值得出的结果，是基于计量日更新了的信息确定的资产、负债、收益和费用的货币信息。现行价值计量基础包括两小类：公允价值和（对资产而言的）使用价值（value in use）与（对负债而言的）履约价值（fulfilment value）。公允价值是在计量日，在市场参与者进行的有序交易中，预计销售一项资产所收到的或转移一项负债所付出的价格。IASB 认为以公允价值计量的资产和负债具有预测价值，也具有证实价值。如果资产或负债的公允价值可以在一个活跃的市场上观察到，公允价值的计量过程就会变得简单、容易理解、可验证；如果公允价值不能在一个活跃的市场上观察到，就需要采用估值技术来估计公允价值，估计过程复杂、昂贵，同质的资产、负债会有不同的估计金额，可比性降低。

概念框架征求意见稿把"使用价值"定义为：一个主体预计从一项资产的持续使用和最终处置中所获得的现金流量的现值。"履约价值"被定义为：一个主体预计从一项负债的履约偿还中所发生的现金流量的现值。使用价值和履约价值都具有预测价值，因为它们包含资产或负债的估计的现金流入或流出；二者又都具有证实价值，因为它们允许一个主体把先前的价值和实际结果相比较。公允价值是从市场参与者的角度界定的，资产的使用价值、负债的履约价值对与特定的主体相联系。附录 A 对以现金流为基础的计量技术提供了指引。

3. 计量基础的选择

一种计量基础必须是相关的并如实反映它意在表达的对象。选择某种计量基础时需考虑的因素。一是相关性，主体在选择资产、负债，以及相关的收益、费用的计量基础时，应考虑以下三个因素，即资产对未来现金流量贡献方式或负债消耗未来现金流量的方式、资产或负债的特征、计量不确定性程度。二是如实反映，在某些情况下，对相关的资产或负债，采用类似的计量基础可以为财务报表使用者提供更有用的信息。三是三项增强质量特征：可比性、可验证性、可理解性的考虑（及时性不具有计量的具体含义）。最后是成本约束，成本约束也影响着计量基础的选择。

4. 多种相关的计量基础

概念框架征求意见稿讨论了需要多个计量基础提供关于资产、负债、收入或费用相关信息的情况，第一，在大部分情况下，提供财务信息最可理解的方式就是对财务状况表和财务业绩表都使用一种计量基础，并且其他计量基础仅运用于披露。第二，在某些情况下，通过在财务状况表中运用现行价值计量基础，而在损益表中运用不同的计量基础确定相关收入或费用将能够提供更为相关的信息。IASB 认为：有时超过一种的计量基础对提供资产、负债、收益、费用的相关信息来说也是必要的。比如：有时在财务状况表中资产和负债用现行价值计量，同时用不同的计量基础确定损益表中相关的收益和费用，这样能增加报表信息的相关性。在这种处理方法下，因财务状况表中现行价值变化形成的总收益或总费用分成了两部分：在利润表中，收益或费用反映采用为该表所选择的计量基础（通常为历史成本）形成的结果，而在其他综合收益中，反映剩余的收益或费用。

5. 权益的计量

概念框架征求意见稿认为：权益不需直接计量，权益等于已确认全部资产的账面价值减去全部已确认负债的账面价值。因为通用财务报告不是为了反映权益的价值而设计的，总权益一般不等于下列金额：第一，主体股份的总市场价值；第二，在持续经营的基础下，整体出售主体所筹资金总和；第三，出售所有资产并清偿完负债后所得到的总额。尽管总权益不用直接计量，但是单个权益或某个类别权益可以直接计量，总权益可归属于不同的单个权益或不同的某个类别权益。权益可能是正的，也可能是负的。

（七）列报和披露

第七章讨论了：财务报表应包含什么样的信息；信息应如何列报及披露；同时也讨论了包含其他综合收益运用在内的财务业绩报告指南。

1. 财务报表的目标和范围

财务报表的范围是由它们的目标所决定的，财务报表提供关于某一主体的资产、负债、权益、收益和费用方面的信息，这些信息在财务报表使用者评价主体未来净现金流入前景、评价管理层对主体资源的受托责任时是有用的。上述信息是通过在财务状况表和财务业绩表中确认的那些满足要素定义的项目来提供的。财务报表附注提供的信息主要包括两类：第一，已确认及未确认要素的性质和它们产生的风险的信息；第二，采用的方法、假设、判断，采用方法、假设、判断的变更情况，变更影响数额的列示或披露。IASB 进一步指出：关于可能的未来交易和事项的前瞻性信息，只有当它们与理解主体在某期末或某期间的资产、负债及权益，或那一期间的收益及费用是相关的时候，才可以包含在财务报表中。其他类型的前瞻性信息有时在财务报表以外提供，如管理层讨论。

2. 列报与披露作为沟通工具

这是概念框架征求意见稿中新增加的内容。IASB 认为，财务报表中列报或披露信息有效率、有效果的沟通能够改善其相关性，并有助于资产、负债、权益、收益和费用的如实反映。这种沟通也增强了财务报表信息的可理解性及可比性。有效率、有效果的沟通包括：第一，结构化的方式下的分类信息，将相似项目合并报告、不相似项目分开报告；第二，汇总合并信息，可以避免对不必要细节的模糊理解；第三，使用列示及披露的目标和原则，而不是使用可能导致纯粹机械遵循的（列报及披露）规则。

3. 财务业绩信息

IASB 建议，为了更有效率、有效果地沟通财务业绩信息，收益和费用在财务业绩表中必须分类为两部分：损益、其他综合收益。IASB

提出了收益、费用列示为损益、其他综合收益的指南，并给出了其他综合收益的"转回"损益的指南。损益表的目标是：一是为了描述一个主体、某一期间运用其经济资源所产生的回报，二是提供相关的信息，这些信息有助于评价其未来现金流量前景及管理层对主体资源的受托责任。损益表中的收益、费用是关于主体某期财务业绩信息的主要来源，并要提供损益的总计或小计。

（1）收益、费用列报为损益的指引：包含在损益表中的收入和费用是关于主体在某期间财务业绩信息的主要来源，那么就有一个可推翻的推定，即所有的收入和所有的费用都包含在该报表中。以下情况下，收入和费用都要包含在损益表中：一是与按照历史成本计量的资产或负债相关的收入或费用；二是与按照现行价值计量的资产或负债相关的收入或费用的组成部分，如果相关资产和负债按照历史成本计量这些组成部分也会产生并被分别确认。这两条是收益、费用列示为损益的条件。

（2）收益、费用列示为其他综合收益的指南：仅在以下情况下，收益或费用可以在损益表外报告并且包含在其他综合收益中：第一，与按照现行价值计量的资产或负债相关的收入或费用，并且不符合上述列入损益表的条件；第二，将这些报表项目从损益表中排除能增强某期间损益表中信息的相关性。在上述两种情况下，收益或费用（或组成部分）可以被包含在其他综合收益中。

（3）其他综合收益的"转回"损益的指南：如果收益或费用被包含在某一期间的其他综合收益，还有一个"重分类"假定，即其他综合收益的收益、费用项目将会在未来某些期间被重分类至损益表（转回），只有能够增强未来期间损益表中信息的相关性时其他综合收益才能重分类。如果没有清晰的基础来识别重分类将增强损益表信息相关性的期间，"重分类"推定可以被推翻；如果没有这样的识别基础，可能表明收益或费用不应包含在其他综合收益中。

（八）资本和资本保持的概念

第八章讨论了"资本"和"资本保持"的概念，这一章来源于IASB现在执行的2010年财务报告概念框架，只是在术语的一致性方面做了细小的调整，与现行概念框架相比没有实质的改变。国际会计准则理事会如果在将来开展高通货膨胀会计的相关工作时，可能会考虑修订概念框架中的资本保全部分。

（九）两个附录

概念框架征求意见稿除了上面的八章主要内容外，还在最后给出了两个附录。附录 A 是"基于现金流的计量方法"。指出该方法不是计量基础，只是估计计量基础的一种手段；并介绍了运用"基于现金流的计量方法"进行计量基础的估计所使用的两种特定情况：一是仅能用该方法来估计资产的使用价值和负债的履约价值；二是公允价值不能被观察到，只能用"基于现金流的计量方法"或其他方法。运用"基于现金流的计量方法"必须确认使用该方法的目标，同时要考虑将来现金流量的估计、估计现金流量数额及时间由于不确定性而产生的差异、内在不确定性下的价格、货币时间价值、其他因素（流动性）等。最相关的信息是来自中心估计之一（期望值、最可能下的最大值、最可能值）。附录 B 给出了从概念框架征求意见稿中提炼出的、常用的财务会计基础概念的词汇表。

三　评价及启示

（一）评价

2015 年概念框架征求意见稿是国际会计准则理事会在制定"财务会计概念框架"的一次新的突破，是一份高质量的，迄今为止最为系统、完整的概念框架（征求意见稿）。

首先，IASB 概念框架的制定思路发生重大变化。2012 年 IASB 重新启动财务报告概念框架项目以来，不再与 FASB 联合制定概念框架，变原来的 8 个阶段的"依次推进"为一揽子方案的"整体推进"，使得制定的概念框架更加系统、更加完整。

其次，2015 年概念框架征求意见稿相比于前更加完整。它阐明了现行概念框架中未予包含或不够详尽的下列领域：新增了"报告主体"的内容，对报告主体进行了定义扩展，设定了报告主体的边界；新增了"终止确认"的内容，涉及全部终止确认、部分终止确认和继续确认，并对导致终止确认的事项发生之后留存的资产和负债提供了相关的指引；增加并丰富了列报与披露章节，定义了"列报"，明确了"列报"与"披露"的关系、主要财务报表之间的关系。

再次，对现行概念框架中某些内容进行更新或明晰。它对于现行概念框架中某些过时的内容予以更新，并对原来规定比较模糊的部分给予明确。如：结合会计实务发展的需求，对资产、负债的概念进行了更新，使之更加科学；对计量基础进行了重新梳理与归类，将计量基础分为历史成本与现行价值两种类型，并对计量基础的选择等方面进行了改进；明确了谨慎性、实质重于形式在财务报告中的作用；明确了"计量上的高度不确定性"有可能降低财务信息的相关性；明确了"确认和计量等的重要决策"是通过考虑所带来的财务业绩和财务状况相关信息的性质及结果后而做出的。

概念框架征求意见稿以"通用财务报告目标"为核心，依次制定了基于目标的"财务报表及报告主体"，基于目标的"有用财务信息的质量特征"，基于目标和有用信息质量特征的"财务报表要素""确认及终止确认""计量""列示及披露"，基于目标的"资本及资本保持的概念"，八个部分以目标为基础，构成了前后衔接一致的"财务会计概念框架"。虽然在某些方面还不够完善，但 2015 年概念框架征求意见稿整体来说，是 IASB 有史以来制定的"最完善""最先进""最科学"的财务报告概念框架[①]。

（二）启示

我国没有制订财务会计概念框架，只是以"企业会计准则基本准则"来替代财务会计概念框架的职能。我国应该借鉴 IASB 概念框架征求意见稿的最新成果，应着手启动我国"企业会计基本准则"的修订工作，广泛征求社会各界意见，并择机发布"基本准则征求意见稿"；等到 IASB 概念框架正式稿发布后，财政部应再次对我国"基本准则征求意见稿"进行补充修订，发布修订后的"企业会计基本准则"，解决我国"企业会计基本准则"中在"财务报表要素""确认""计量""综合收益、其他综合收益列示""公允价值计量"等方面的欠缺及不足，全面提高我国企业会计工作的水平，进一步增强财务会计信息的决策有用性。

用基本准则替代财务报告概念框架只是权宜之计。基本准则属于会计法规，其结构、内容与表述等诸多方面存在限制，导致无法真正全面有效发挥财务报告概念框架的作用。随着我国会计理论和实务水平的不

---

① 彭宏超：《IASB 新财务报告概念框架征求意见稿综述及评价》，《中国注册会计师》2016 年第 3 期。

断提升以及与国际财务报告准则持续趋同的需要，制定我国"财务报告概念框架"的时机已经趋于成熟。因此，财政部应借鉴 IASB 财务报告概念框架的最新发展成果，制定相应的一套完整的、系统的、层次分明、逻辑清晰的中国版的"财务报告概念框架"。在应用财务报告概念框架时，我国可以采取两步走的策略：第一步，设一个过渡期，在过渡期内基本准则与财务报告概念框架并存，使会计理论和实务人员逐渐加深对财务报告概念框架的认知，逐步熟悉和掌握财务报告概念框架的内容；第二步，在条件成熟时，再取消基本准则，全面应用财务报告概念框架，充分发挥其对具体准则的制定、具体准则没有规范的会计实务的指导作用，真正实现在财务报告概念框架上的国际趋同。

第四节　财务报表要素概念和设置探析

财务报告概念框架是对财务会计基础理论的系统总结，是指导会计准则制定的理论基础，也是连接会计准则和会计实务的桥梁。在概念框架里，财务报表要素概念处于基础地位，会计确认、会计计量、会计报告都是围绕财务报表要素展开的。2015 年，国际会计准则理事会（IASB）发布了财务报告概念框架征求意见稿（ED：Exposure Draft）（简称概念框架 ED）。概念框架 ED 是 IASB 制定的一份高质量的、有史以来其最完整、最全面的概念框架（征求意见稿）。其中，财务报表要素概念的修订是其一大亮点。本节主要探讨概念框架 ED 中财务报表要素的概念，并结合我国会计要素的概念和设置展开分析，以求为我国会计准则的建设提供参考性建议。

一　资产、负债与权益概念分析

（一）资产概念的重要性和主要观点

财务报表要素是为了反映交易和事项的财务影响信息，将财务报表构成内容划分的主要类别，也被称为会计要素。在概念框架 ED 中，仍保持了 2010 已发布的概念框架中的五大要素，即资产、负债、权益、收入和费用，其中收入和费用都是广义的概念，即收入包括利得，费用包括损失。

资产概念是所有财务报表要素概念的基础和核心。其他会计要素的定义，或多或少地服从于资产的定义。造成这种现状的原因在于"资产计价先于收益确定"。①其他要素都可以从资产概念上衍生出来或者与资产概念有着密切的关联。例如，负债在一定程度上可以看作负资产，在所有者权益则是主体资产减去负债后的剩余利益，收入、利得表现为资产增加或负债减少，费用、损失表现为资产减少或负债增加。

关于资产的概念，有三种主流的观点。（1）未来经济利益观。以未来经济利益来定义资产的代表观点是 FASB。FASB 的 SFAC No. 6 将资产定义为"资产是特定的主体因已经发生的交易或事项而拥有或控制的、可能的未来经济利益"。（2）资源观。这是 IASB 一直以来所倡导的定义方法。在 IASB 的 2010 年概念框架中（简称现行框架），"资产"要素的定义为"资产是过去事项形成的由主体控制的预期将为主体带来未来经济利益流入的资源"。（3）权利观。英国 ASB 在"财务报告原则公告"中指出资产"是由于过去的交易或事项形成的、由特定主体控制的、对未来经济利益的权利（rights）或其他使用权（other access）"。

（二）资产概念分析

在概念框架 ED 中，"资产"要素的定义是：资产是过去事项形成的由主体控制的现时经济资源。经济资源是一项能够产生潜在经济利益的权利。概念框架 ED 将资产定义为经济资源，而经济资源是由权利构成的，所以核心仍然为权利。这一概念实际上融合了资源观和权利观，是两者的结合体。下面对这一概念做具体分析。

1. 权利

权利概念的引入是此次修订资产概念的重要突破，是理解资产概念的关键所在。概念框架 ED 中没有给出权利的定义，但列举了组成经济资源的权利的形式，主要包括以下几点。

（1）通过合同、法律或其他类似形式形成的权利，比如：由金融工具产生的权利，如在债务证券或权益工具中的投资；实物上的权利，如房产、厂房、设备或存货，此类权利包括实物的所有权、使用权和出租资产的剩余价值；在有利条件下与另一方交换经济资源的权利；当未来不确定事件发生时可随时转让经济资源而从其他方面债务中获益的权

① 杜兴强：《关于会计要素几个问题的思考》，《上海立信会计学院学报》2007 年第 4 期。

利；取得商品或服务的权利；知识产权，如专利权。

（2）源于其他方的推定义务。

（3）其他方不可取得的、能为主体带来潜在经济利益的权利，如既不存在于公共领域也不与顾客和供应商有关的专有技术所能产生经济利益的权利。

概念框架 ED 指出，主体没有从自身获取经济利益的权利，因此，主体已发行并再次取得持有的债务或权益工具（例如库存股），不属于主体的经济资源；在合并财务报表中，合并报告主体中的成员发行的、被另一成员持有的债务或权益工具，不属于报告主体的经济资源。

每一项主体权利都是一项独立的资产。然而，出于会计目的，几种相关的权利通常被视作一个单项资产，也即是记账单元。例如，实物资产的使用权、出售权、抵押权或其他权利就可能产生于实物的合法所有权。在一些情况下，源于对实物所有权的所有权利都被视为一项权利。通常，我们将具体的实物（所有权）看作一项资产，如库存商品、厂房、生产设备、运输工具等。从概念上来说，经济资源是指所有的权利而不是实物。然而，把权利当作实物来阐述通常更简明、清晰、便于理解。

把资产理解为经济资源，而将经济资源理解为权利，这将有利于拓展资产的外延，将原来没有纳入资产范畴的一些权利也纳入资产的范畴，如经营性租赁租入资产的使用权。

2. 产生经济利益的潜力

经济资源如若能带来潜在经济利益，它不必是确定地或很可能地实现经济利益，只需要它早已存在且至少在一种情况下能产生经济利益即可。经济资源产生经济利益包括以下几种形式：合约形式的现金流入；取得其他经济资源，或用其他资源以优惠条件换得经济资源；使用经济资源产生现金流入（或减少现金流出）；出售经济资源以获得现金或换取其他经济资源，或者转移经济资源用来抵偿债务；将经济资源分配给所有者来全部或部分满足股权要求。

尽管经济资源的价值源自其潜在的未来经济利益，但它是现有权利，不是未来经济利益。比如，买入期权的价值源自当期权实施时可产生经济利益的潜力。这种情况下，经济资源是实施期权的现时权利，不是未来经济利益。

3. 控制权

控制权与主体经济资源有关。如何判断主体控制了经济资源？这需要两个条件：一是主体有管理经济资源的现时能力，二是能够获取该经济资源带来的经济利益。这又产生了对于现时能力如何理解的问题。概念框架 ED 指出，如果主体有权利在其活动范围内调配经济资源，或者允许另一方在其活动范围内调配，那么就称主体有现时能力管理经济资源。尽管控制权是法定权利，但若主体有权利阻止他人管理经济资源，并能从该资源中取得利益，由此也就形成控制权。比如，开发活动研发出的且现时能保密的专有技术，主体对其有控制权。

主体拥有了控制权，则该经济资源的经济利益必然会流入该主体（无论是直接的或间接的）。这种控制权并不意味着在任何情况下该资源必然为主体带来经济利益，而是当它产生经济利益时，受益者必然是该主体。承担经济资源所产生经济利益的显著变化的风险，可能表明该实体控制了资源。然而，这只是从整体上评估控制时考虑的一个因素。

如果主体作为委托代理人持有经济资源，则该资源产生的经济利益属于委托人而不是代理人。因此，主体没有控制权，它没有资产，也没有负债，因为它没有义务转移控制着的或将控制的任何经济资源。

评判控制权有助于辨别主体应享有的经济资源。比如，主体在不完全控制产权的情况下有权利分得应摊份额。在这种情况下，主体的资产是它所控制的应摊份额，不是整份产权。

4. 由过去事项形成的

资产是由过去事项形成的，这里的事项包括交易。说明资产不是凭空产生的，其产生是有充分的事实依据的。有人认为，强调资产是过去交易或事项的结果，导致主体在确认资产的时候，关注的重点放在取得资产的交易和佐证该交易的证据上，忽视了交易所取得的资产本身。笔者认为，这种观点有失偏颇，过去事项形成的，只是一个限定条件，它本身并没有去强调要用成本去计量资产或把成本确认为资产。

也有人认为，考虑到财务会计在未来的发展，"过去的"三个字不宜再作为交易与事项的定语，这将有利于交易虽未完成甚至尚未执行，但具有法定效力的契约已经签订，由此产生的权利或义务已经发生时，确认资产。笔者认为，其实这并不矛盾，过去的事项是指具有法定效力的契约已经签订，这是客观存在的事实，交易虽未完成或尚未执行并不重要，关键是主体已经获得了相应的权利（或承担了相应的义务），这才是资产（或负债）的核心所在。

5. 现时经济资源

资源是一项权利或权利集合。资源多种多样，变现形态各异，但并非所有的资源都构成资产。2015 年概念框架 ED 中在资源前加上了两个限定词：经济和现时。经济资源里的"经济"表明能够产生潜在的经济利益，也就是说至少在某种情况下能够使会计主体受益。"现时"代表一种时点，一般指资产取得日或计量日。事物总是在不断变化发展的，任何事物的变化发展都遵循从过去到现在再到未来的时间顺序。在事物的变化过程中，现在是连接过去和未来的桥梁，现在既是变化了的过去的结果和终点，也是未来发展变化的基础和起点。在资产概念中，过去的事项形成的，是反映过去；产生潜在经济利益，是预测未来；现时经济资源，是把握现在。

6. 资产不是"未来经济利益"

"预期导致未来经济利益的流入"是资产的一项重要特征，即资产能够通过使用或者交换给会计主体带来经济利益的流入。但资产能否带来未来经济利益或未来经济利益的实现方式等都带有很大的不确定性。资产的本质特征是经济资源，是能够产生潜在经济利益的权利，而不是未来经济利益。把资产定义为"未来的经济利益"没有揭示资产的本质特征，并常常使人费解。瓦尔特·舒尔茨在 1993 年发表在 Accounting Horizon 的文章《什么是资产？》中批评这种观点是"高阶空想"。他举卡车的例子说："如果一个企业拥有一辆卡车，按照 FASB 的资产定义，卡车本身不是资产，卡车未来去拉木料、煤或面包带来的现金收入的现值才是资产，在资产负债表上列示的资产却叫作卡车——我认为多数人会认为资产是卡车本身，而不是什么卡车带来的未来现金流或未来经济利益"。资产定义为"未来的经济利益"也忽视了资产的价值实现过程，过于抽象，不能有效指导实务中的资产确认和计量，没有起到一个定义应该起的作用①。我们不同意用"未来的经济利益"（即使把"可能的"三个字的定语去掉）定义资产，是因为"未来的经济利益"只是资产（经济资源）可能直接或间接，单独或联合起来最终获得现金

---

① 奥喜平：《论资产定义的不足及资产的本质》，《财会月刊》2012 年 11 月上。

净流入的能力①。

7. 资产定义中不考虑不确定性问题

不确定性几乎伴随着整个会计流程，如何设置不确定性标准成为修改概念框架的一大热点问题。IASB 在概念框架 EP 中秉持了一种观点，即不确定性仅仅是计量问题，不应在定义和确认环节考虑。这种观点认为，资产与负债的存在与否是一个二元问题，性质重大。而且，不确定性作为连续函数，不适用于判断二元问题，更适合在计量金额时考虑②。IASB 将资产定义为经济资源，经济资源具有产生经济利益的潜力，不再要求一个"预期"或"可能"的"经济利益流入"，而且在确认标准中也不再强调对现金流入（流出）可能性的要求，而是集中在计量环节考虑不确定性问题。笔者认为，概念框架 ED 的这种处理方式是恰当的，这将使会计信息更加完整，更能如实反映经济现实。

（三）负债概念分析

概念框架 ED 中，给出了修订后的负债定义：负债是由过去事项形成的主体承担的转移经济资源的现时义务。负债与资产常常是相伴产生的。如果某个当事人有负债，那其他当事人就有从中取得经济资源（资产）的权利。但资产与负债不是必然需要同时确认的或相等金额计量。某当事人需要确认和以特定金额计量一项负债（或资产），并不意味着其他当事人也必须确认相应的资产（或负债），以同样的金额计量。IASB 现有概念框架中，负债的定义是：负债是过去事项形成的现有义务，该义务的履行预期会导致主体体现经济利益的资源的流出。

概念框架 ED 和 2010 年概念框架都将负债定义为由过去事项形成的现时义务，关键词都是现时义务，但两者的关注点不一样。现有负债定义关注的是履行义务预期会导致经济利益流出企业，预期包含可能性（概率），强调未来经济利益的流出；ED 中负债定义关注的是主体转移经济资源的义务，不包含预期，强调主体经济资源的转移。主体转移经济资源的义务是要求其必须转移资源给其他人存在可能性。这不是必然的，甚至可能性也不大，但是该项义务必须已经存在，且必定有至少一

---

① 葛家澍：《资产概念的本质、定义与特征》，《经济学动态》2005 年第 5 期。
② 黄晓韡、黄世忠：《财务报告概念框架修订热点问题综述》，《会计研究》2016 年第 1 期。

种情况下主体要转移资源。比如，准备好在未来某一不确定事件发生时转移经济资源的义务。

概念框架 ED 中对"现时义务"术语提供了指引，指出了主体承担转移经济资源的现时义务必须同时满足两个条件：一是主体没有避免转移经济资源的实际能力；二是该义务产生于过去的事项，即主体已获得了经济利益或进行了某项活动，而这种经济利益或活动形成了一定程度上的义务。对于何为没有避免转移资源的实际能力，ED 中也给出了说明，即：如果一项转移是合法可行的，且任何组织转移的必要行动都将引起重大的业务中断，或会产生比转移本身更值得关注的不利后果，那么就称主体不具有避免转移经济资源的实际能力。

（四）权益概念分析

权益的概念没有发生变化。权益是主体资产扣除所有负债后的剩余利益。权益要求权是主体资产扣除所有负债后的剩余利益的要求权。换句话说，对主体的要求权不满足负债的定义。国际会计准则理事会不建议现在就改变负债和权益的定义，以解决同时具备负债和权益特征的工具的分类问题。IASB 将在具有权益特征的金融工具研究项目中探讨这些问题。

（五）对资产、负债概念的简要总结

概念框架 ED 中对资产概念的修订具有重大理论突破，在保留资源观的同时融入了权利观，清晰地反映了资产的本质特征，扩大了资产的外延，将对一些具体准则的制订产生积极的指导作用。资产、负债概念突出"现时"性，强调资产是一种"现时经济资源"、负债是一项"现时义务"，并有机地将过去、现在和未来联系起来；资产、负债概念中舍去了"预期"和"未来经济利益"的表述，在定义和确认标准里都不考虑不确定性，使得资产、负债概念更加清晰简洁、突出重点、易于理解，也使得其本质特征更加准确、鲜明。

二　收入、费用概念分析

（一）收入、费用概念对比分析

在概念框架 ED 中，收入是会导致权益增加的、与所有者权益投入无关的资产的增加或负债的减少；费用是会导致权益减少的、与所有者权益分派无关的资产减少或负债的增加。现有概念框架中，收入是指在会计期间内导致权益增加的、与权益所有者投入资本无关的经济利益的增加，其表现形式为资产的流入或增值，或者是负债的减少；费用是指在会计期间内导致权益减少的，与向权益所有者分配无关的经济利益的减少，其表现形式为资产的流出或损耗，或者是负债的产生。

现有概念与 ED 概念的不同之处在于：现有概念将收入的本质看作经济利益的增加（或流入），仅将资产增加或者负债减少将看作收入的表现形式，将费用的本质看作经济利益的减少（或流出），仅将资产减少或者负债增加将看作费用的表现形式；概念框架 ED 的收入、费用概念中删除了"会计期间内经济利益的增加/减少"的说法，将收入的本质看作资产增加或者负债减少，将费用的本质看作资产减少或者负债增加，对经济利益的增加（或流入）/减少（或流出）未予考虑。

（二）对 ED 中收入、费用概念的理解

从收入、费用的定义可以看出，来自与所有者进行的资本性交易的行为不会引起收入和费用的增加。资本性交易，也成为权益性交易，是指主体与其所有者以其所有者身份进行的交易，是一种非互惠交易。

如何理解收入、费用是导致所有者权益变动的资产增加/减少或负债减少/增加？导致所有者权益增减变动的事项主要有两类：一类是资本性交易引起的，表现为所有者投入资本或向所有者分配利润；一类是损益类交易引起的，表现为收入或费用。对于导致所有者权益增减变动的实现，根据复式记账原理，一方面表现为资产增加/减少或负债减少/增加，同时另一方面表现为收入增加或费用发生。

收入和费用是反映主体财务业绩的要素。财务报告的使用者既需要主体财务状况的信息，也需要主体财务业绩的信息。因此，尽管收入和费用以资产负债变化的形式来确定，收入费用的信息与资产负债的信息同样重要。

概念框架 ED 按照资产和负债的变动来定义收入和费用，但是在多处强调对诸如确认和计量等的重要决策是通过考虑所带来的财务业绩和财务状况相关信息的性质后而得出的。

（三）收入、费用的扩展分析

收入减去费用的差额，是反映主体财务业绩的综合收益，但概念框架里并没有明确提及综合收益，更没有将其作为财务报表要素来规范，只是在列报与披露部分阐述了损益与其他综合收益的区别。

财务业绩表中的收入与费用包括：提供损益的总计或小计的损益表和其他综合收益。

ED 中没有明确界定损益和其他综合收益的概念，只是提出了损益表的目标是：描述主体某期间使用经济资源产生的回报；提供有助于财务报表使用者评价主体未来现金流的前景以及评价管理层管理资源的受托责任的相关信息。IASB 特别强调，包含在损益表中的收入和费用是关于主体某期间财务业绩信息的主要来源。损益能提供关于主体某期间财务业绩的高度概括。许多报表使用者运用损益的总计或小计来分析主体某期间的财务业绩与管理者的管理工作，将其作为进一步分析的起点或期间经营业绩的主要指标。

对于如何区分损益和其他综合收益，ED 只是给出了一些原则性的指导，规范并不明确。IASB 认为，包含在损益表中的收入和费用是关于主体在某期间财务业绩信息的主要来源，一般情况下收入和费用都应包含在损益表中。仅在同时满足以下条件下，收入或费用可以在损益表外报告并且包含在其他综合收益中：（1）与按照现行价值计量的资产或负债相关的收入或费用；（2）将这些报表项目从损益表中排除能增强某期间损益表中信息的相关性。例如，当财务状况表中的某一资产或负债选择以现行价值作为基础来计量而与之相关的损益表中的收入与费用选择以不同的计量基础来计量时，这些收入和费用就可以包含在其他综合损益中。

IASB 在修订后的《国际会计准则第 1 号：财务报表的列报》（IAS 1）中给出了综合收益和其他综合收益的概念，并给出了列报的具体规定。其他综合收益（OCI）是指按照其他国际财务报告准则规定，不要求或不允许在损益中确认的收益和费用项目（包括重分类调整）。其中，重分类调整是指当期或以前确认的且当期重分类到损益中的金额。ED 中对于其他综合收益重分类规定：如果重分类能够增强未来期间损益表中信息的相关性，那么就应该将其他综合收益重分类为损益。当然也有例外情况，例如，如果没有明确的依据来识别重分类将增强损益表信息相关性的期间，则不需要重分类。

（四）对收入、费用概念的简要评价

2015 年概念框架 ED 对收入、费用要素定义的修改建议，较好地贯彻了资产负债观，与拟修改的资产和负债定义在表述方面保持了较好的内在一致性。但由于采用广义的方法定义收入和费用，没有给出广泛应用的利得和损失概念及其指引。这种划分无法区分"持续性、经常性"的收入、费用与"边缘性、偶发性"的利得、损失，不利于财务业绩的分类或分层列报，也不利于指导会计实务。

三　我国财务报表要素概念与设置的改进建议

对比我国企业会计基本准则里对会计要素的分类及定义，可以看出两者的区别以及我国改进的方向。

（一）我国会计要素的概念与设置分析

我国将会计要素分为两大类，反映企业财务状况的要素：资产、负债与所有者权益，反映企业财务业绩的要素：收入、费用和利润。其中，资产、负债与所有者权益要素的概念与现有国际财务报告概念框架的规定基本一致，资产是过去的交易和事项形成的由企业拥有和控制的预期会带来未来经济利益的资源，在坚持资源观的同时强调未来经济利益和预期；负债是企业过去的交易或事项形成的、预期会导致经济利益流出企业的现时义务，在坚持现时义务的同时也强调未来经济利益的预期；所有者权益是企业资产扣除负债后由所有者享有的剩余权益，强调剩余权益。

我国与IASB设置财务报表要素的区别在于我国的收入、费用概念是狭义的概念，并增加了利润这一会计要素。其中，收入是企业在日常活动中形成的、会导致所有者权益增加的、与所有者投入资本无关的经济利益的总流入；费用是企业日常活动中发生的、会导致所有者权益减少的、与向所有者分配利润无关的经济利益的总流出；利润是企业在一定会计期间的经营成果，利润包括收入减去费用后的净额、直接计入当期利润的利得和损失等。收入、费用是总额的概念，两者配比来计算营业利润。

由于收入、费用无法直接匹配计算利润，又增加了两个概念：利得和损失，但利得和损失并没有构成独立的会计要素。利得是企业在非日常活动中形成的、会导致所有者权益增加的、与所有者投入资本无关的经济利益的流入；损失是企业在非日常活动中发生的、会导致所有者权益减少的、与向所有者分配利润无关的经济利益的流出。利得、损失是净额的概念。利得/损失与收入/费用区别主要在于是否产生于日常活动，日常活动是指企业为完成其经营目标所从事的经常性活动以及与之有关的活动。但日常活动也存在判断上的困难。

我国的利得、损失概念与美国的利得、损失概念较为相似。美国财务会计准则委员会（FASB）第6号财务会计概念公告中，将利得（Gains）定义为"某一个体除来自营业收入或业主投资以外，来自边缘性或偶发性交易，以及一切影响企业的其他交易和其他事项与情况的业主权益（或净资产）的增加"；将损失（Losses）定义为"某一个体除出于费用或派给业主款以外，来自边缘性或偶发性交易，以及一切影响企业的其他交易和其他事项与情况的业主权益（或净资产）的减少"。从中可以看出，美国的利得、损失概念更加严谨、清晰，两者的相似之处在于利得和损失都是来自边缘的或偶发的交易，都会导致所有者权益的增加或减少；两者的不同之处在于我国是以经济利益的流入或流出来定义利得和损失的，美国是以所有者权益的增加或减少来定义利得和损失的。

利润是我国特有的一个会计要素。从本质看，利润本身并不是一个独立的会计要素，无法独立计量，而且在将财务业绩报告扩展为综合收益报表之后，利润只是其中的一项总计或小计项目，无法反映各要素之间的钩稽关系。

（二）改进建议

1. 会计要素设置的建议

美国的财务会计概念框架里给出十大会计要素，除了资产、负债、业主权益、收入、费用外，还增加了五个要素：利得、损失、综合收益（全面收益）、业主投资、派给业主款。其中，业主投资和派给业主款可以看作业主权益的组成部分，其余八项会计要素全面反映了交易和事项的财务影响。

借鉴IASB制定的2015概念框架ED和美国的财务会计概念公告，结合我国的现实国情，笔者认为，现阶段对会计要素的主要调整如下。

（1）增设利得、损失会计要素。现行的收入、费用要素是狭义的概念，反映财务业绩的信息不完整，且无法在会计要素间建立起钩稽关系。增设利得、损失会计要素，将有助于理顺收入、费用与利得、损失的逻辑关系，全面反映财务业绩信息，也有利于在会计要素间建立起钩稽关系。

（2）增设综合收益会计要素。综合收益代表了我国会计收益理念转变的方向，是资产负债观的重要体现，体现了人们对会计认识的深化和进步。综合收益作为新的业绩指标，需要在其在利润表①中底线列示。增设综合收益顺应了会计发展的趋势潮流，能够与目前的利润表的内容和结构相协调，也有利于打通资产负债表和利润表之间的钩稽关系。

（3）取消利润要素。由于净利润是综合收益的主要组成部分，在增设综合收益会计要素后，取消利润要素，有助于理顺综合收益和利润的关系，同时避免会计要素体系设置中不必要的层次和重复。

经过上述调整后，我国的会计要素体系应设置资产、负债、所有者权益、收入、费用、利得、损失、综合收益等八项财务报表要素。

各要素之间的钩稽关系是：

资产 = 负债 + 所有者权益

综合收益 = 收入 - 费用 + 利得 - 损失

其中：综合收益 = 净利润 + 其他综合收益

所有者权益变动 = 期末所有者权益 - 期初所有者权益

= 综合收益 + （所有者投入资本 - 向所有者分配利润）

= （净利润 + 其他综合收益） + （所有者投入资本 - 向所有者分配利润）

2. 各财务报表要素概念的改进建议

各要素的概念可以重新界定如下。

资产是过去事项形成的由企业控制的现时经济资源。经济资源是一项能够产生潜在经济利益的权利。

负债是过去事项形成的由企业承担的转移经济资源的现时义务。

所有者权益是企业资产扣除负债后由所有者享有的剩余利益。

收入是企业在日常活动中形成的、会导致所有者权益增加的、与所有者投入资本无关的资产的增加或负债的减少。

费用是企业在日常活动中发生的、会导致所有者权益减少的、与向所有者分配利润无关的资产的减少或负债的增加。

---

① 我国财务报表准则里仍以利润表反映财务业绩，但增列综合收益信息后实际上变成了综合收益表。

利得是企业在非日常活动中形成的、会导致所有者权益增加的、与所有者投入资本无关的资产的增加或负债的减少。

损失是企业在非日常活动中发生的、会导致所有者权益减少的、与向所有者分配利润无关的资产的减少或负债的增加。

综合收益是指企业在某一期间除与所有者以其所有者身份进行的交易之外的其他交易或事项所引起的所有者权益变动。

第五节　会计确认和终止确认探讨

2015 年，国际会计准则理事会（IASB）发布的财务报告概念框架征求意见稿（ED）对会计确认的标准进行了修订并增加了终止确认的内容，实现了会计确认概念框架的重要突破。概念框架征求 ED 关于会计确认的内容分为三部分：确认过程、确认标准、终止确认。本节主要探讨会计确认与终止确认的标准，并为构建我国财务报告概念框架提供参考性建议。

一　确认过程

概念框架征求意见稿中对"确认"的定义是：捕捉（Capture）满足要素定义的项目，并使其最终出现在财务状况表或财务业绩表中的过程；确认涉及使用文字和货币金额描述项目，也包括在相关报表中的合计数额。

可见，这里的确认是指的财务报表要素的确认。确认过程一般分为初次确认、后续确认，初次确认解决的是交易或事项发生以后能否、何时以及按什么要素和会计科目进入会计核算系统的问题，即解决能否入账的问题；后续确认解决的是会计核算数据如何列入财务报表的问题，即解决能否如表的问题。

确认用以下两种方式把要素和资产负债表、收益表联系在一起。

（1）在期初期末的资产负债表中都有：

资产 – 负债 = 所有者权益

（2）期间所有者权益变动包括：收益表中的收入减去费用；加上接受所有者投资减去向所有者分配。即：

期间所有者权益变动 =（收入 – 费用）+（接受所有者投资 – 向

所有者分配)

一个事项只有满足资产、负债或权益的定义才会在资产负债表中确认；一个事项只有满足收入或费用的定义才会在收益表中确认。然而，财务报表的目的并不是显示实体的价值，因此，并不是所有的资产和负债都要被确认，没有确认的资产和负债需要在报表之外进行披露。

事实上，我们可以从更广义的意义上认识会计确认。如果将披露与确认的概念联系起来认识，某种意义上，或许对于会计确认的含义本身也需要重新辨析和审视。从进入报表的程序上看，表外披露可视作对经济业务进行确认的"准备"阶段，而确认则是表外披露内容满足正式确认标准的"成熟"阶段。如果进一步从整个财务报告而不是财务报表的视角看，表外披露其实也需要进行"确认"，这种"确认"与财务报表要素确认具有明显的不同，但或许考虑了这种"确认"，才能使会计确认成为更为完整的概念①。

二 确认标准

（一）有关确认标准的规定

确认标准，按照适用范围，可以分为适用于所有交易或事项的一般标准；适用于某种财务报表要素的标准（即财务报表要素确认标准）；仅适用于某一具体项目的确认标准。在财务报告概念框架里，一般探讨第一种和第二种确认标准，但在概念框架 ED 中只探讨了第一种确认标准，即适用于所有交易或事项的一般标准。IASB 在现行的《财务报告概念框架》（2010）中提出的确认标准如下：如果符合下列标准，就应当确认一个符合要素定义的项目，①与该项目有关的未来经济利益将很可能流入或流出企业；②对该项目的成本或价值能够可靠地加以计量。IASB 在概念框架征求意见稿中修改了确认标准，建议确认标准应当在满足成本约束条件下符合有用财务信息质量特征的两个基本质量特征——相关性和如实反映。如果确认能给财务报表使用者提供以下信息，那么资产和负债（以及相关的收入、费用或权益变动）就应当确认：（1）关于资产或负债以及收益、费用、权益的任何"相关信息"；

---

① 郑伟：《由金融工具终止确认审视会计确认体系构建及相关理论问题——兼评 IASB 与 FASB 改进和趋同终止确认相关会计准则的努力》，《会计研究》2011 年第 9 期。

（2）"如实反映"该资产或负债以及收入、费用或权益的任何变动；

（3）提供上述信息的收益大于成本。当然确认还有一个前提条件，即要符合要素的定义。概括起来，会计确认需要满足4个条件：可定义性、相关性、如实反映和成本效益原则。

修改后的确认标准与美国财务会计准则委员会（FASB）的确认标准较为类似。FASB 在 1984 年发表的第五号财务会计概念公告（FACS 5）《企业财务报表的确认和计量》中提出的确认标准如下：（1）可定义性，项目要符合财务报表某一要素的定义；（2）可计量性，具有一个相关的计量属性，且能够充分可靠地予以计量；（3）相关性，有关信息在用户决策中有举足轻重的作用；（4）可靠性，信息是反映真实的、可核实的、无偏向的。凡符合四个标准的均应在效益大于成本以及重要性这两个前提下予以确认。两者的不同之处在于 IASB 修改后的确认标准少了一项确认标准（可计量性）和一项前提条件（重要性），并将可靠性改为如实反映。

关于 IASB 和 FASB 的会计确认标准汇总如表 3 - 3 所示。

表 3 - 3   **确认标准汇总表**

	确认标准	附加附件或限制条件
IASB《财务报告概念框架》（2010）	（1）与该项目有关的未来经济利益将很可能流入或流出企业；（2）对该项目的成本或价值能够可靠地加以计量。	可定义性
FASB《第 5 号财务会计概念公告》	（1）可定义性；（2）可计量性；（3）相关性；（4）可靠性	成本效益原则 重要性
IASB《财务报告概念框架征求意见稿》（2015）	（1）相关性；（2）如实反映；（3）成本效益原则	可定义性

（二）确认标准修订前后的变化

对比 IASB 修订前后的确认标准，我们可以看出两者的变化。

1. 取消了未来经济利益很可能流入或流出企业的规定

现行的确认标准中采用了很可能的概率概念，这将会导致很多经济利益的流入流出只有很小可能性的项目被排除在确认范围以外，造成会计信息的不完整，进而影响信息使用者的决策判断。例如，如果沿用原来的标准，那么多数衍生金融工具将不能在财务状况表中确认。

IASB 在征求意见稿中指出，即使经济利益的流入流出只有很小的可能性，一项资产或负债也可以存在。这种情况下，资产或负债的确认仍然能提供相关的信息。特别是当这项资产或负债的计量能够反映这种低可能性并且带有解释性的披露时，这项资产或负债应该确认。同时，IASB 也指出，在某些情况下，对于那些带来的经济利益流动可能性特别低的资产负债，财务报表的使用者很难发现其对企业有用，这种情况下确认资产、负债将不能提供相关的信息，也就不需要进行会计确认了。

2. 取消了成本或价值能够可靠地加以计量的规定

可计量性本来属于会计计量的内容，把它作为会计确认标准的本意是为了缩小确认的范围，提升会计信息的可靠性。笔者认为，IASB 取消可计量性规定的原因在于以下几点。第一，可靠性质量要求已被如实反映所取代，为了保持逻辑的前后一致，应将能够"可靠地加以计量"予以删除，否则容易引起混淆。第二，可计量性涉及如何处理不确定性问题。根据最终所影响的对象划分，不确定性包含存在的不确定性和结果的不确定性。要素定义和确认环节处理存在的问题，计量环节则主要应对结果的不确定性问题。因此，在不同环节中设定不确定性标准将产生较大的差别。如果将具体的概率标准设置在要素定义或确认标准中，将引发资产和负债是否存在的二元问题，而且不确定性所形成的概率值是连续函数，不适合处理二元问题。因此，在计量金额上反映这种不确定性更为恰当①。第三，随着市场环境的不断完善和估计技术的日趋成熟，估值成本大幅度降低，在计量中考虑不确定性成为可能，能否可靠地加以计量不再是一个技术上的难题。第四，从会计实务看，有些金融资产如衍生工具没有成本或初始成本很少，有些项目计量存在高度的计量不确定性，如果要求成本或价值能够可靠地计量，那么这些项目就可能很难在财务报表中得到确认，将会导致会计信息的不完整。

对于计量的不确定性，IASB 在支持性的讨论中指出，合理运用估

---

① 黄晓鞸、黄世忠：《财务报告概念框架修订热点问题综述》，《会计研究》2016 年第 1 期。

计是编制财务报表的一项重要工作，并且这并不必然会削弱它们的有效性。如果被估计的金额被如实表述，而且重要的不确定性的性质和程度都在财务报表附注中披露了，那么就认为是如实反映了。表内列示与表外披露是如实反映的两大支柱。但是，对于一些估计，即使这些估计被合理地表述和披露，高度的计量不确定性仍然会使产生的信息几乎没有相关性。例如，如果出现以下情况，一项计量可能不能提供相关性的信息。①可能的结果非常多并且每个结果的可能性很难去估计。在这种情况下，对于报表使用者最重要的信息可能与结果的范围和影响每种结果可能性的因素有关。试图仅靠单一数字描述信息可能不能提供进一步的相关信息。此时，如果没有相关的计量可用或者可以获得，确认将不能提供相关的信息。②计量资源和义务需要对现金流做出异常困难和主观的分配，并且这些现金流还不只和被计量的项目有关。

3. 增加了相关性与如实反映两大基本信息质量特征

IASB 在征求意见稿中明确提出会计确认应能提供具有相关性和如实反映质量特征的信息。这种规定将会计确认与会计信息质量特征紧密联系起来，更具有原则性，需要更多的职业判断。例如，相关性下要考虑不确定性及可分离性的存在、经济利益流动的低概率、计量的不确定性。信息缺乏相关性的影响因素往往是上述各种因素的综合，而不是单独一个因素。而且，其他因素也能引起信息缺乏相关性。如实反映不仅包括资产、负债、权益、收入、费用的确认，还应包括它们的计量、被计量项目信息的列示与披露。因此，当评估一项资产和负债的确认是否能如实反映时，要考虑的不仅仅是在资产负债表中的描述和金额，还应考虑如下事项：对产生的收入、费用、权益的描述；相关的资产和负债是否被确认了；相关的披露。

4. 增加了成本效益原则

成本效益原则是一切财务活动都必须坚持的一项限制性条件。要确认一项资产或负债就会有成本，编制财务报告的人在获得相关数据时发生成本，财务报告使用者在分析和理解信息时发生成本。有些时候，确认的成本可能会超过收益。确认时要遵循成本效益原则，保证确认的收益大于确认产生的成本。成本效益原则会影响到经济利益流动具有低概率、计量不确定性时的决策。

三　终止确认

（一）对 2015 概念框架 ED 中终止确认的分析

现有的 IASB 财务报告概念框架 2010 中没有提供"终止确认"的内容。2015 年概念框架 ED 对终止确认进行了原则性的规定。IASB 明确了终止确认的概念，"终止确认是将以前期间已确认的资产或负债全部或部分从主体财务状况表中移除"。从中可以看出，终止确认是针对资产或负债两大要素而言的，而对于收入、费用而言是没有终止确认这一概念的。对于终止确认，核心问题或最具争议的问题是终止确认的条件。IASB 并没有给出明晰的判定条件，只是给出了判定的思路和原则性规定。

2015 年概念框架 ED 指出，对于一项资产，终止确认通常发生在主体对以前确认的资产部分或全部失去控制时；对于一项负债，终止确认通常发生在主体对以前确认的负债部分或全部不再存在现时义务时。这充分体现了"控制观"，即以失去控制作为判断终止确认的条件。终止确认的目标是旨在如实反映如下事项：①引发终止确认的交易或其他事项发生后，剩余的资产和负债（如有的话）；②交易或其他事项导致主体资产和负债的变动。为实现终止确认的目标，主体通常需要：①终止确认那些已经转让的、消耗的、取走的或履约的或者到期的资产或负债，并确认所得的收入或费用；②如果（剩余部分）成为一个记账单元，继续确认资产和负债的剩余部分。相应地，由终止确认已转让部分而产生的剩余部分不确认收入或费用。如果一个主体把以前确认的资产或负债转让给实际属于自己的另一机构，那么这项资产仍然被转让方所控制（这项负债仍然是转让方的义务），终止确认将不能如实反映转让方的资产、负债、收入和费用。如果一个主体承担着一项经济资源所产生经济利益金额的积极或消极的变动，这表明该主体仍然控制着这项资产。在上述情形下，终止确认这项资产是不合适的。

关于终止确认的大部分决策都是明确的。值得人们关注的是上述两个目标相互冲突的情况。例如：①如果剩余部分包含对经济利益变动的不成比例的风险，终止确认就能如实反映这个主体不再控制已经转让部分的这样一个事实，但是不能如实反映因为这项交易导致的企业资产或负债变动的程度；②有时，企业转让一项资产的同时又参与了其他交易

（例如，一项期货合同，一项书面的看跌期权，一项买入的看涨期权），在上述的交易中，主体必须或可能重新获得这项资产。因为转让的部分必须或可能重新获得，所以终止确认这部分可能歪曲企业财务状况的变动程度。在上述几种情况中，如果能在财务报告附注中单独列示或详细的披露，终止确认就可以实现如实反映的两个目标。然而，如果有单独列示、详细披露支持的终止确认不足以实现两个目标，则既需要确认剩余部分，又需要确认已转让的部分。

从上述分析中可以看出，2015 年概念框架征求意见稿提出了"控制观"的理论框架和分析思路，但并没有就终止确认条件作进一步阐述或说明。但在 IASB 于 2013 年公布的相关讨论稿，对终止确认提出过两种思路。一是"控制观"，即失去控制（针对资产而言）就该终止确认。这种观点意味着，资产的终止确认标准主要关注主体是否对资产存在着控制（而非法定所有权，非风险和报酬），负债的终止确认标准主要关注主体是否仍然承担义务。控制观的支持者认为，这种做法可以使主体的财务报表更加中立、更为忠实地反映主体的经济资源和义务。同时，为了终止确认一项资产或负债，风险报酬观需要确定主体是否已经转移了足够的风险和报酬，控制观却避免了此类判断。二是沿用 IAS39 或 IFRS9 中的"风险与报酬转移观"，即只有主体将金融资产所有权相关的几乎所有风险和报酬转移出去了才能终止确认金融资产。按照风险报酬观，在主体处置资产（或负债）其他组成部分时，即使保留的资产（或负债）不再满足交易发生日单独购买一项资产（或发生一项负债）的确认标准，只要主体承担了一项资产或负债的绝大部分风险和报酬，主体就不应终止确认该资产或负债。按照这种观点，在某些情况下，主体是否确认一项资产或负债，就要取决于主体先前是否确认了一项资产或负债①。风险与报酬转移观在实务中运用了多年，操作层面也对其有较好的理解，比较适用于金融资产终止确认，但采用的方法较为复杂，而且对风险和报酬转移的界定过于依赖主观判断，容易出现概念不清和标准不一的问题，导致了实务应用中的困难，影响到会计信息的可比性和明晰性。

---

① 乔元芳：《确认和终止确认的理论辨析和初步结论——〈财务报告概念框架〉最新国际动态之二》，《新会计》2014 年第 5 期。

（二）终止确认判定标准的可行方案

由于终止确认的难点和重点是资产的终止确认，下面将集中围绕资产的终止确认展开讨论。笔者认为，单纯的"控制观"或"风险与报酬转移观"都不能很好地解决终止确认的判定标准。两者的结合将是可行的解决方案。

首先，对于非金融资产的终止确认，"控制观"为主并辅以"风险与报酬转移观"将是一种便捷可行的判定标准。这与资产的概念比较契合，资产是主体控制的现时经济资源，即主体控制的现时的能够产生潜在经济利益的权利。失去了对现时经济资源的控制，就不属于主体的资产了，那么进行终止确认将是应有之义。在概念框架 ED 中也明确指出，对于一项资产，终止确认通常发生在主体对以前确认的资产部分或全部失去控制时。但对于一些复杂的交易，如售后回购、售后租赁，单纯的"控制观"可能无法有效判定是否应该终止确认，这时辅以"风险与报酬转移观"，分析判断与实物资产相关的风险与报酬是否发生实质性转移，如果发生实质性转移，则将终止确认该资产，否则应继续确认该资产。

其次，对于金融资产的终止确认，特别是发生金融资产转移时金融资产的终止确认，"风险与报酬转移观"为主并辅以"控制观"是现行会计准则（如 IASB 的 IFRS 9 与我国的 CAS 23）行之有效的判定标准。在我国的 CAS 23（2017）金融资产转移准则中，明确提出了金融资产终止确认的条件。金融资产满足下列条件之一的，应当终止确认：收取该金融资产现金流量的合同权利终止；该金融资产已转移，且该转移满足本准则关于终止确认的规定。企业在发生金融资产转移时，应当评估其保留金融资产所有权上的风险和报酬的程度，并分别按下列情形处理。①企业转移了金融资产所有权上几乎所有风险和报酬的，应当终止确认该金融资产，并将转移中产生或保留的权利和义务单独确认为资产或负债。②企业保留了金融资产所有权上几乎所有风险和报酬的，应当继续确认该金融资产。③企业既没有转移也没有保留金融资产所有权上几乎所有风险和报酬的，应当根据其是否保留了对金融资产的控制，分别按下列情形处理：一是企业未保留对该金融资产控制的，应当终止确认该金融资产，并将转移中产生或保留的权利和义务单独确认为资产或负债；二是企业保留了对该金融资产控制的，应当按照其继续涉入被转移金融资产的程度继续确认有关金融资产，并相应确认相关负债。从上述规定中可以看出，对于发生金融资产转移的情形时，是否应终止确认该金融资产，首先采用了"风险与报酬转移观"，即判断是转移了还是保留了金融资产所有权上几乎所有风险和报酬，如果是前者则终止确认该金融资产，如果是后者则继续确认该金融资产，如果既非前者也非后者，则采取"控制观"辅助判断：未保留控制的，终止确认该金融资产；保留控制的，按照继续涉入程度进行会计处理。企业在判断是否保留了对被转移金融资产的控制时，应当根据转入方是否具有出售被转移金融资产的实际能力而确定。转入方能够单方面将被转移金融资产整体出售给不相关的第三方，且没有额外条件对此项出售加以限制的，表明转入方有出售被转移金融资产的实际能力，从而表明企业未保留对被转移金融资产的控制；在其他情形下，表明企业保留了对被转移金融资产的控制。在判断转入方是否具有出售被转移金融资产的实际能力时，企业考虑的关键应当是转入方实际上能够采取的行动。被转移金融资产不存在市场或转入方不能单方面自由地处置被转移金融资产的，通常表明转入方不具有出售被转移金融资产的实际能力。

综上所述，由于终止确认的条件问题过于复杂，单纯的"控制观"或"风险与报酬转移观"都不能很好地解决终止确认的判定标准，两者的结合将是可行的解决方案：即对于非金融资产的终止确认，使用"控制观"为主并辅以"风险与报酬转移观"进行判断，对于金融资产的终止确认，使用"风险与报酬转移观"为主并辅以"控制观"进行判断。当然，这种混合型的处理方式也存在概念上不够明确、统一和严谨，仍然无法降低复杂性和彻底解决一致性等问题，只能是权宜之计。我们期待着概念明确、逻辑严谨、能够适用于所有资产、负债的统一的终止确认标准的出现。

四　总结

会计确认是会计信息处理的首要环节，是会计计量与会计报告的基础。确认过程一般分为初次确认与后续确认，初次确认解决的是能否入账的问题，后续确认解决的能否如表的问题。概念框架 ED 提出了新的会计确认标准：可定义性、相关性、如实反映、成本效益原则。新的确认标准具有更好的理论基础，更能适应会计实务发展的客观要求，适用范围更广。对于终止确认问题，IASB 提出了原则性规定和处理思路，但由于终止确认条件问题过于复杂，单纯的"控制观"或"风险与报酬转移观"都不能很好地解决终止确认的判定标准，两者的结合将是可行的解决方案。

第六节　关于会计计量属性的思考

会计计量是会计系统的核心，而计量属性的设置和选择是会计计量的核心和难点所在。国际会计准则理事会（IASB）在 2015 年发布的《财务报告概念框架征求意见稿》（ED），对会计计量进行了较为全面的阐述，谱写了会计计量的新篇章，具有重要的理论突破和进步意义。本节主要结合概念框架 ED，探讨分析计量属性的设置、计量属性的选择、多种计量属性的运用等问题，并对如何设置会计计量属性提出新建议。

一　会计计量和计量属性的含义

IASB 在概念框架 ED 中将计量定义为：计量是运用货币对一个主体的资产、负债、权益、收益、费用方面的信息进行数量化的过程。计量是根据特定的计量基础对资产、负债、权益、收益、费用进行量化的结果。因此，计量就是一种数量化的过程，以最简洁、有效的方式提供会计信息，以提升决策的效率和效果。

会计计量按照其计量的时间分为初始计量和后续计量。正如会计确认可以分为初始确认和后续确认，会计计量也可以做类似的分类。初始计量是指在形成某项资产、负债、收入、费用时进行的计量；后续计量是计量日对原有的资产、负债进行的再次计量。

计量属性或计量基础，是指能反映被计量项目的可识别的特征。计量属性反映的是会计要素金额的确定基础，将计量属性应用于资产和负债为资产、负债以及任何相关的收入和费用的计量创造了条件。

二　计量属性的类型

（一）现行计量属性的设置

美国的财务会计准则委员会（FASB）在第 5 号财务会计概念框架

列示了 5 种计量属性：①历史成本（历史收入）；②现行成本；③现行市价；④可变现（清算）净值；⑤未来现金流量的现值（或折现值）。IASB 在其《财务报告概念框架（2010）》中列示了用于 4 种计量属性：①历史成本；②现行成本；③可变现价值（结算价值）；④现值。我国在《企业会计准则——基本准则》中列示了 5 种计量属性：①历史成本；②重置成本；③可变现净值；④现值；⑤公允价值。

虽然 FASB 和 IASB 没有在其概念框架中明确列示公允价值计量属性，但两者都在其会计准则中大量地应用了公允价值计量属性，并专门制定了相应的《公允价值计量》准则 FAS157 和 IFRS13。实际上，FASB 和 IASB 都默认了公允价值是一种重要的计量基础或计量属性。关于现行计量属性的设置见表 3-4 所示。

表 3-4　　　　　　　　　　现行计量属性的设置

	计量属性	附加计量属性
FASB 第 5 号财务会计概念公告	(1) 历史成本（历史收入）；(2) 现行成本；(3) 现行市价；(4) 可变现（清算）净值；(5) 未来现金流量的现值（或折现值）	公允价值
IASB 财务报告概念框架 2010	(1) 历史成本；(2) 现行成本；(3) 可变现价值（结算价值）；(4) 现值	公允价值
中国企业会计准则——基本准则	(1) 历史成本；(2) 重置成本（即现行成本）；(3) 可变现净值；(4) 现值；(5) 公允价值。	
IASB 财务报告概念框架征求意见稿 2015	(1) 历史成本；(2) 现行价值：①公允价值；②使用价值和履约价值	

（二）IASB 在 2015 年概念框架 ED 中设置的计量属性

概念框架 ED 将计量属性分为两类：历史成本和现行价值。

1. 历史成本

历史成本基础计量，是基于形成资产、负债、收益和费用的交易或事项的信息确定的这些要素的货币性信息。历史成本计量的资产或负债不反映价格的变化。然而，历史成本计量能够反映资产的耗费或减值和负债偿还的变化。

IASB 认为以历史成本计量的收益和费用可以用来评估将来现金流量或预测未来的利润，可能具有预测价值；同时通过为以前的现金流和利润估计提供反馈，也可能具有确认价值。在很多情况下，采用历史成本计量比现值计量更简便、实惠。而且，使用历史成本计量基础通常更容易理解并易于验证。但在某些情况下，历史成本有时和现值一样难以估计。如果对于计量的资产或者负债没有易于观察的价格，那么历史成本就很难确定。此外，估计摊销、识别减值损失以及繁重的负债（亏损负债）会是主观的。采用历史计量基础会减少会计信息的可比性。

2. 现行价值

现行价值基础计量，是基于计量日更新了的信息确定的资产、负债、收益和费用的货币信息。由于更新，通过对现金流和包括在这些现行价值中的其他因素的估计，现行价值捕获自前一计量日开始以来任何正的或负的变化。现行价值计量属性包括两小类：公允价值和（对资产而言的）使用价值与（对负债而言的）履约价值。

公允价值是在计量日市场参与者进行的有序交易中，预计销售一项资产所收到的或转移一项负债所付出的价格。公允价值是一种脱手价值，反映了市场参与者的观念。IASB 认为以公允价值计量的资产和负债既具有预测价值，也具有证实价值。如果资产或负债的公允价值可以在活跃市场中观察到，公允价值的计量过程就变得简单，易于理解，并且是可验证的。如果公允价值不能在一个活跃的市场上被观察到，就需要采用估值技术来估计公允价值，此时估值过程可能是昂贵的、复杂的，过程中的输入变量可能是主观的，而且难以验证输入和过程本身的合理性，信息的可比性就会降低。

使用价值是指一个主体预计从一项资产的持续使用和最终处置中所获得的现金流量的现值。履约价值是指一个主体预计从一项负债的履约偿还中所发生的现金流量的现值。使用价值和履约价值都具有预测价值和证实价值。使用价值和履约价值是基于现金流的计量技术，不可能被直接观察到。由于使用估值技术，估计过程可能是昂贵和复杂的，过程中的输入变量可能是主观的，对于计量过程的输入和有效性也可能难以验证。由于使用价值和履约价值是从报表主体的角度来确定的，无可争议地会减少信息的可比性。对于与其他资产组合使用的许多资产，单个资产的使用价值不可能被有意义地确定。相反，使用价值是基于一组资产确定的，而后将其分配给单个资产。因此，确定与其他资产组合使用的单一资产的在用价值可能是一个昂贵和复杂的过程，对此类资产的定期重新计量，使用价值可能不是一个实用的计量基础。

（三）IASB 前后设置的计量属性对比分析

对比 IASB 现有的概念框架和 2015 年概念框架 ED 中设置的计量属性（见表 3 - 5 所示），我们可以看出，概念框架 ED 中对计量属性按照时间属性进行了分类：反映形成会计要素时的历史成本和反映更新信息后的现行价值，并且删掉了现行成本、可实现价值（结算价值）和现值三种计量属性，新增了使用价值和履约价值计量属性，明确了公允价值是一种独立的计量属性。对这其中的变化，我们可以做进一步的分析。

表 3 - 5   IASB 设置的计量属性对比表

IASB 财务报告概念框架 2010	IASB 财务报告概念框架征求意见稿 2015
历史成本	历史成本
现行成本	
可变现价值（结算价值）	公允价值
公允价值	
现值	使用价值
	履约价值

首先，现行市价和现行成本可以看作公允价值的两种表现形式。其理论根据如下：无论是 FASB 还是 IASB，在其《公允价值计量》准则中均认为市场法、收益法和成本法是三种广泛使用的公允价值估值技术，因此现行市价、现行成本都是公允价值的估值方式；而且 SFAC7 认为现行成本和现行市价均满足公允价值的定义（第 7 段）[1]。不过，这里成本法作为公允价值的估值技术是有争议的，因为公允价值是脱手价值，成本法中的成本是进入价值，两者有着明显的差异，所以从严格

---

① 曹伟、蒋砚章：《现行会计准则及概念框架在计量属性运用中的矛盾与问题》，《甘肃社会科学》2016 年第 2 期。

意义上说成本法是不能作为公允价值的估值技术的。

其次，可变现价值（结算价值）可以看作公允价值的变形。可变现价值（对资产而言），是按照现在正常变卖资产所能得到现金或现金等价物的金额；结算价值（对负债而言），是在正常经营中为偿还负债将会支付的现金和现金等价物的不予折现的金额。可变现价值是正常情况下的销售收入，与现行市价比较相近，因此可以看作公允价值的一种表现形式，同理，结算价值也可以看作公允价值的一种表现形式。

再次，现值不是一种独立的计量属性。现值只是一种估值的技术而已，在其他的很多计量基础（或计量属性）中都可以现值进行计量。比如，历史成本（主要指某些金融资产的摊余成本）就利用现值技术和实际利率法进行分配摊销从而计算期末的摊余成本；公允价值计量中收益法就充分利用了现值技术；在用价值和履约价值更是完全利用现值技术计算将来现金净流入或净流出的折现值。

最后，新增的使用价值其实在会计准则中早就有所运用。例如，在我国的 CAS8《资产减值》准则中规定当资产存在减值迹象时，应当估计其可收回金额，其中可收回金额应当根据资产的公允价值减去处置费用后的净额与资产预计未来现金流量的现值（即使用价值）的较高者确定。

（四）对计量属性的若干思考

1. 对历史成本和成本的思考

历史成本从字面意思来理解是指过去已经发生过的成本，作为计量属性而言，那就可以理解为在新的计量日按照过去发生的成本经过必要的调整后进行的计量。历史成本的"历史"二字主要体现在后续计量时延续原有的成本计量基础，而不是基于计量日更新了的信息使用现行价值进行计量。这样理解的话，历史成本只是一种后续计量的属性，成本才是初次计量的属性。在我国多项关于资产的具体会计准则中都做出明确规定，资产应当按照成本进行初始计量。例如 CAS 1、CAS 2、CAS 4、CAS 5、CAS 6，涉及的资产包括存货、投资性房地产、固定资产、生物资产、无形资产等。可见，成本是资产最常用的初始计量属性。

资产的成本是为取得资产支付的对价加上交易费用；负债的成本是获得的对价减去支付的交易费用。具体而言：

非金融资产的成本是在购买或者建造资产过程中产生的所有成本，

包括支付的对价和交易费用。这一数额随着时间流逝进行调整而发生改变，如提取折旧和摊销、发生减值，这就构成了非金融资产后续计量的历史成本。

非金融负债的成本包括获得的对价减去获得对价时支付的交易费用。这一数额随着时间变化进行调整，如应计利息、负债的履行、预计现金流出超出收到净额的部分（亏损负债），这就构成了非金融负债后续计量的历史成本。

金融资产的成本是由最初获得资产付出的对价加上与收购相关的交易费用。金融负债的成本是由承担负债收到的对价减去为了承担负债发生的交易费用。金融资产和金融负债的后续计量如果采用历史成本计量属性就体现为摊余成本，摊余成本反映诸如应计利息、现金流估计变化（包括金融资产减值）等后续变化，但不能反映其他因素造成的价格后续变化。

在没有任何交换的交易中的资产和负债没有一个易于识别的初始成本。在这种情况下，初始计量有时以公允价值作为一种替代成本或认定成本，然后此认定成本就作为后续计量的起点。

2. 历史成本与公允价值的关系

在确定取得成本时，有时会为了计算付出（获得）的对价而使用公允价值，例如在非货币性资产交易或债务重组中就广泛采用了公允价值计量技术。这时，公允价值只是为了获得成本数据而使用的一种计量技术，由公允价值确定的入账金额就可以看作一种认定成本。在这里，如果将成本与历史成本混为一谈，往往可能产生一种困惑：公允价值是为了获取资产历史成本采用的一种计量方式，因而是从属于历史成本的，但我们通常又认为公允价值与历史成本是并列或对立的一种计量属性，这就容易使人对公允价值和历史成本的关系产生疑惑。实际上，如果我们能够正确区分成本与历史成本，就不会产生这种困惑了。可以这样来理解：成本是初始计量的一种属性，公允价值可以用来计算成本；历史成本是后续计量的一种属性，公允价值既可以应用于初始计量也可以应用于后续计量；作为后续计量属性，公允价值与历史成本是并列或对立的关系。

3. 对采用权益法核算的长期股权投资采用的计量属性

长期股权投资的后续计量分为成本法和权益法。权益法是针对联营企业和合营企业投资时采用的后续核算方法，是指投资以初始成本计量后，在投资持有期间，根据被投资单位所有者权益的变动，投资企业按应享有（或应分担）被投资企业所有者权益的份额调整其投资账面价值的方法。需要注意的是，在权益法下取得长期投资以后，首先需要进行初始投资成本的调整，即比较投资成本与应享有被投资单位可辨认净资产公允价值之间的差异，区别情况进行处理；在确认投资损益时，也需要在被投资单位账面净利润的基础上进行适当调整后计算确定。这样处理的结果，实际上就使得长期股权投资的账户余额，反映的是占有被投资单位自初始投资时延续计算下来的净资产公允价值的份额。因此，权益法下长期股权投资的计量属性既不是历史成本，也不是公允价值，更不是使用价值。如果硬要找一个比较接近的计量属性，笔者认为可以看作公允价值的变形，其原因在于权益法下长期股权投资的账面价值反映的是占有被投资单位净资产公允价值的份额，是对公允价值的一种间接反映，在某些情况下可能与公允价值金额比较接近。

4. 计量属性的重新设置

对于如何设置计量属性，笔者认为，计量属性应该首先区分初始计量和后续计量，然后分别设置各自的计量属性。初始计量是指在形成某项资产、负债、收入、费用时进行的计量，初始计量使用的计量属性包括成本和公允价值；后续计量是计量日对原有的资产、负债进行的再次计量，后续计量使用的计量属性包括历史成本、公允价值、使用价值或履约价值。

如果不对初始计量和后续计量做区分，汇总起来，我们可以如下设置计量属性或计量基础：成本/历史成本、公允价值、使用价值或履约价值。

三　计量属性的选择

计量属性的选择直接关系到会计要素的计量结果，对会计主体的财务状况和经营业绩产生重要影响。下面将分别分析影响计量属性选择的因素。

（一）相关性

为了提供相关信息，对资产或负债及相关收入和费用选择计量基础时，重要的是考虑如下因素：（1）资产或负债如何产生未来的现金流。

这部分取决于由主体进行的业务活动的性质。（2）资产或负债的特点。例如，项目现金流变动的性质或程度，或者该项目的价值对市场因素变化或其他固有风险的敏感性。

影响某一计量基础提供信息相关性的一个因素是信息估计的不确定性程度。高度的计量不确定性不妨碍提供最相关信息的估计的使用。但在某些情况下，计量不确定性水平是如此之高，使用不同的计量基础可能提供更相关的信息。而且，对于一项资产或负债，如果没有计量基础能够提供相关信息，那么就不适合确认该项资产或负债。

（二）如实反映

选择的计量属性要能够如实反映其意图反映的对象。当资产和负债在某种程度上是相关的时候，使用不同的资产负债计量基础可以形成一个不一致的计量，即"会计错配"。这种计量不一致可能导致财务报表没有如实反映该主体的财务状况和财务业绩。因此，在某些情况下，对相关资产或负债使用类似的计量基础可以比使用不同的计量基础为财务报表使用者提供更有用的信息。当一个项目的现金流量与另一个项目的现金流发生合同关联时，这种情况特别有可能发生。

（三）增强质量特征

提高可比性、可验证性和可理解性等增进质量特征对计量基础的选择也有一定的影响。但是，提高及时性对计量基础的选择没有特殊的影响作用。可比性意味着在不同时期和不同主体之间使用相同的计量基础。减少计量基础的使用数量有助于增进可比性。可验证性意味着使用计量基础的结果能够被独立地直接（比如说观察价格）或间接（比如说检查模型的输入）验证。如果一个特定的计量无法被验证，在财务报表附注中可能需要披露信息以使财务报表使用者了解其中使用的假设。在这样一些情况下，可能需要选择不同的计量基础。可理解性部分取决于使用不同计量基础的数量，部分取决于他们是否随着时间进行改变。一般来说，如果在一组财务报表中使用计量基础的数量增加了，由此产生的信息变得更加复杂，因此就会削弱可理解性。计量基础的改变会降低财务报表的可理解性。

（四）成本约束

成本约束是一个普遍存在的限制条件，它要求通过一个特定计量基础提供给财务报表用户信息的收益必须足以弥补提供该信息的成本。

（五）初始计量属性与后续计量属性的统筹考虑

初始计量和后续计量不能被单独考虑。初始计量和后续计量应尽可能保持一致的计量属性，避免不必要的计量基础的改变。例如，如果资产的后续计量是历史成本，那么初始计量就选成本；如果资产的后续计量是公允价值，那么初始计量就选公允价值。关于初始计量属性和后续计量属性的对应关系，如表3-6所示。

表3-6　　　　　　　初始计量属性与后续计量属性的对应关系

初始计量属性	后续计量属性
成本	历史成本
	使用价值或履约价值
公允价值	公允价值

使用价值（或履约价值）是成本的后续计量属性。这是因为使用价值主要应用在资产减值中确定可收回金额，而要确认减值损失的资产都是以成本（或认定成本）作为初始计量属性的，所以使用价值是与成本对应的计量属性。如果初始计量属性是公允价值，那么后续计量一般也是公允价值，这时一般是不需要计提减值损失的。

如果初始计量基础和后续计量基础是不一致的，由于计量基础的变化，收入及费用将被单独确定。确认这些收入或费用可能会出现对实际上并未发生的交易或其他事项的记录。因此，资产或负债及相关的收入或费用的计量基础的选择需同时考虑初始计量和后续计量来确定。

（六）初始计量的其他影响因素

资产和负债的初始确认按照形成原因可以分为以下五种情形，下面分别展开分析。

1. 相似价值的物品交换

在初始确认的时候，除非交易费用是重大的，资产或负债的成本通常和它的公允价值相似。然而，尽管这两个数额是相似的，在初始确认中还是要说明使用了哪种计量基础。如果历史成本将会应用于后续计量，那么初始计量就应采用成本计量属性。类似的，如果公允价值将会应用于后续计量，那么初始计量通常也会采用公允价值。

2. 与权益持有人的交易

主体与权益持有人的交易，应以公允价值对资产进行初始计量。如果资产将以历史成本进行后续计量，那么公允价值在这时候将会形成资产的认定价值。

3. 不同价值的物品交换

在这种情况下，用付出资产的账面成本来衡量获得的资产或承担的负债将不能如实反映收入或费用。因此，用公允价值来计量这类资产和负债并将差额确认为收入或费用才是适当的。

4. 内部建造的资产

内部建造的资产一般应按照建造成本进行初始计量。为避免不必要的计量基础的改变，在初始计量时也需要考虑其后续计量基础。在建造完成日，以公允价值来计量资产可能提供更相关的有关建设成本与效益的信息，但这种处理可能会提前确认收益并且由于计量成本过高而不符合成本效益原则。

5. 盘盈的资产

对于盘盈的资产（一般指存货、固定资产），一般以重置成本作为替代成本（即认定成本）入账，然后此认定成本就作为后续计量的起点。因为盘盈的存货、固定资产主要原因是计量差错、漏记等原因产生的，此时如果使用公允价值计量，将会高估资产与收益，不符合谨慎性的质量要求。

四 多种计量属性的运用

会计学家们多年来致力于计量属性运用的研究，期望能够建立一个适用所有情况的单一的计量属性（终极目标）或者建立一个统一的计量属性运用模型（现实目标）。目前看，建立一个适用所有情况的单一的计量属性只是一种可望不可即的远期目标，多种计量属性并存将是很长时间内的一种现实的选择。概念框架 ED 指出：在大多数情况下，提供财务信息最可理解的方式就是对财务状况表和财务业绩表都使用一种计量属性，其他计量属性仅适用于披露。然而，在某些情况下，通过在财务状况表中运用现行价值计量属性，而在损益表中运用不同的计量属性确定相关收入或费用将能够提供更具有相关性的信息。

由于各种计量属性都有其优点、缺点以及受制于成本的约束和环境的影响，在很多情况下使用多种计量属性来提供资产、负债、收益、费用的相关信息来很有必要的。通常一种可行的处理方式是这样的，财务状况表中的资产和负债使用现行价值计量，损益表的收益和费用使用历史成本计量，这样能增加报表信息的相关性。在这种处理方法下，财务状况表中因现行价值变化形成的综合收益分成了两部分：在利润表中，净利润反映收益或费用采用为历史成本计量形成的结果；剩余的收益或费用在其他综合收益中反映。其他综合收益中的累计金额等于财务状况报表中选择的计量属性确定的账面价值和损益表中选择的计量属性确定的账面价值的差额。这在一定程度上解释了其他综合收益的形成来源。

五　总结

IASB 提出的新会计计量框架，将计量属性分为历史成本与现行价值（现行价值包括公允价值和使用价值或履约价值），明晰了计量属性选择时的考虑因素，并探讨了多种计量属性并存的情形，具有重要的理论突破和进步意义。但对于计量属性如何设置，本节提出新的观点：即计量属性应该首先区分初始计量和后续计量，然后分别设置各自的计量属性，初始计量使用的计量属性包括成本和公允价值，后续计量使用的计量基础包括历史成本、公允价值、使用价值或履约价值。初始计量与后续计量又有一定的对应关系，选择计量属性时应对初始计量和后续计量统筹考虑。

参 考 文 献

[1] 财政部:《关于印发修订〈企业会计准则第 39 号——公允价值计量〉的通知》,财会〔2014〕6 号,2014 - 01 - 29。

[2] 财政部:《关于印发修订〈企业会计准则第 30 号——财务报表列报〉的通知》,财会〔2014〕7 号,2014 - 01 - 29。

[3] 财政部:《关于印发修订〈企业会计准则第 9 号——职工薪酬〉的通知》,财会〔2014〕8 号,2014 - 01 - 30。

[4] 财政部:《关于印发修订〈企业会计准则第 33 号——合并财务报表〉的通知》,财会〔2014〕10 号,2014 - 02 - 20。

[5] 财政部:《关于印发修订〈企业会计准则第 40 号——合营安排〉的通知》,财会〔2014〕11 号,2014 - 02 - 20。

[6] 财政部:《关于印发修订〈企业会计准则第 2 号——长期股权投资〉的通知》,财会〔2014〕14 号,2014 - 03 - 19。

[7] 财政部:《关于印发修订〈企业会计准则第 41 号——在其他主体中权益的披露〉的通知》,财会〔2014〕16 号,2014 - 03 - 27。

[8] 财政部:《关于印发修订〈企业会计准则第 37 号——金融工具列报〉的通知》,财会〔2014〕23 号,2014 - 07 - 21。

[9] 财政部:《关于印发修订〈企业会计准则第 22 号——金融工具确认和计量〉的通知》,财会〔2017〕7 号,2017 - 04 - 06。

[10] 财政部:《关于印发修订〈企业会计准则第 23 号——金融资产转移〉的通知》,财会〔2017〕8 号,2017 - 04 - 06。

[11] 财政部:《关于印发修订〈企业会计准则第 24 号——套期会计〉的通知》,财会〔2017〕9 号,2017 - 04 - 06。

[12] 财政部:《关于印发修订〈企业会计准则第 37 号——金融工具列报〉的通知》,财会〔2017〕14 号,2017 - 05 - 15。

〔13〕财政部：《关于印发修订〈企业会计准则第 42 号——持有待售的非流动资产、处置组和终止经营〉的通知》，财会〔2017〕13 号，2017 – 05 – 16。

〔14〕财政部：《关于征求〈企业会计准则第 22 号——金融工具确认和计量（修订）（征求意见稿）〉等三项准则意见的函》，财办会〔2016〕33 号。

〔15〕财政部：《财政部会计司有关负责人就新金融工具相关会计准则的修订完善和发布实施答记者问》，财政部会计司网站。

〔16〕财政部：《关于征求〈企业会计准则第 37 号——金融工具列报（修订）（征求意见稿）〉意见的函》，财办会〔2016〕36 号。

〔17〕窦洪波：《长期股权投资增持的会计核算方法转换探究》，《会计师》2012 年第 8 期。

〔18〕沈剑飞、李国政、邹成威：《长期股权投资与企业合并会计处理思路的系统性分析》，《财会月刊》2012 年第 3 期上。

〔19〕柴才：《长期股权投资后续计量方法转换及合并报表处理》，《财会月刊》2013 年第 10 期上。

〔20〕周明春、袁延松：《同一控制下形成的长期股权投资会计处理相关问题研究》，《会计研究》2010 年第 4 期。

〔21〕汪祥耀、郑贤龙：《我国长期股权投资准则征求意见稿的相关比较和完善建议》，《会计之友》2013 年第 9 期上。

〔22〕杨焕云：《浅析 IASB 对〈IAS19——雇员福利〉的修订》，《商业会计》2012 年第 23 期。

〔23〕李岩：《离职后福利会计处理问题研究——关于〈职工薪酬（修订）（征求意见稿）〉研究与评价》，《商业会计》2013 年第 14 期。

〔24〕董英：《职工薪酬会计准则的变化及对企业的影响分析》，《会计师》2014 年第 7 期。

〔25〕孙功勋：《论修订后的职工薪酬准则对企业的影响》，《湖北经济学院学报》（人文社会科学版）2015 年第 6 期。

〔26〕刘小燕、卜华：《新职工薪酬准则中的设定受益计划解读》，《财会月刊》2015 年第 7 期。

〔27〕何力军、戴德明、唐妤：《合并报表集团内部资产交易未实现损

益抵销与所得税处理》，《财务与会计》2013 年第 3 期。

[28] 申屠新飞：《特殊交易在合并财务报表中的处理》，《财会月刊》2015 年第 19 期。

[29] 刘艳丽：《新合并财务报表准则解析》，《财会月刊》2014 年第 10 期上。

[30] 管永权：《新长期股权投资与合并财务报表准则解读》，《财会月刊》2014 年第 8 期上。

[31] 汪祥耀、金一禾：《金融工具列报准则国际发展及启示浙江财经大学》，《财会通讯》2013 年第 6 期（上）。

[32] 张德刚、林霞：《金融工具列报准则的改进》，《中国林业经济》2014 年第 2 期。

[33] 肖艳芳：《公允价值层级及其输入值问题研究》，硕士学位论文，湖南大学，2013 年 4 月。

[34] 陈霞：《公允价值估值技术的理论基础及运用》，《会计之友》2013 年第 1 期上。

[35] 梁松、史璐璐、王玮婧：《引入公允价值"计量单元"的相关思考》，《财会月刊》2013 年第 4 期上。

[36] 彭江嘉：《公允价值计量方法的应用及选择》，《财务与会计》2013 年第 2 期。

[37] 马永义：《公允价值计量准则相关问题解析》，《会计之友》2016 第 18 期。

[38] 曹伟：《公允价值应用及其定义探讨》，《财会通讯》2015 年第 31 期。

[39] 李虹：《公允价值计量准则的利弊分析》，《企业经济》2015 年第 10 期。

[40] 阳春晖：《〈企业会计准则第 39 号——公允价值计量〉准则详解》，《经济研究参考》2015 年第 41 期。

[41] 郭均英、刘慕岚、吴思原：《新会计准则下公允价值计量的层次问题研究》，《武汉大学学报》（哲学社会科学版）2015 年第 4 期。

[42] 李永鹏：《点评公允价值会计计量新规：CAS 39》，《财会月刊》2014 年第 23 期。

［43］魏文君，华露：《关于公允价值计量几个问题的探讨》，《财务与会计》2014 第 11 期。

［44］陈朝琳：《〈企业会计准则第 39 号——公允价值计量〉解读》，《财会通讯》2014 第 19 期。

［45］陈美华：《我国公允价值计量准则存在的问题与改进建议》，《会计之友》2014 年第 13 期。

［46］中国会计准则委员会：《国际财务报告准则第 13 号：公允价值计量（汉英对照）》，中国财政经济出版社 2013 年版。

［47］刘胜强、屠跃平：《合营安排会计处理探析》，《中国注册会计师》2016 年第 7 期。

［48］李燕、张红梅：《合营安排会计核算探析》，《会计之友》2016 年第 12 期。

［49］傅秉潇：《合营安排认定、分类及核算》，《财会月刊》2015 年第 13 期。

［50］王季：《我国合营安排会计准则与 IFRS 11 的对比与建议》，《会计之友》2014 年第 24 期。

［51］汪祥耀、吴心驰：《我国合营安排准则（征求意见稿）与 IFRS 11 的比较和完善建议》，《会计之友》2013 年第 26 期。

［52］马永义：《〈企业会计准则第 41 号——在其他主体中权益的披露〉架构剖析》，《新会计》2016 年第 3 期。

［53］杨位留、耿海利：《〈在其他主体中权益的披露〉会计准则的影响及应对》，《会计之友》2014 年第 36 期。

［54］刘全荣：《解读〈企业会计准则第 41 号——在其他主体中权益的披露〉》，《现代商业》2014 年第 20 期。

［55］汪祥耀、沈灵奕：《我国在其他主体中权益的披露准则（征求意见稿）的相关比较和完善建议》，《会计之友》2013 年第 27 期。

［56］刘泉军：《IFRS 9 减值会计对我国上市商业银行的影响分析》，《中国注册会计师》2016 年第 3 期。

［57］刘泉军：《动态拨备制度与金融资产减值会计准则》，《财会月刊》2016 年第 7 期。

［58］刘泉军：《IFRS 9 对我国商业银行的影响及应对——以上市商业银行为例》，《财会月刊》2016 年第 4 期。

[59] 刘泉军：《IFRS 9（2014）对我国非金融企业的影响》，《财会月刊》2015 年第 31 期。

[60] 刘泉军：《IFRS 9 减值会计的理论分析》，《中国注册会计师》2015 年第 9 期。

[61] 刘泉军：《国际财务报告准则最新发展评析》，《中国注册会计师》2015 年第 8 期。

[62] 刘泉军：《内部商品交易合并抵销难点研究》，《财会月刊》2014 年第 7 期。

[63] 刘泉军：《连续编制合并财务报表抵消分录方法的探讨》，《财务与会计》2014 年第 4 期。

[64] 刘泉军：《对内部债权债务相关所得税合并抵消的思考》，《商场现代化》2013 年第 31 期。

[65] 王玢竹：《国际金融工具准则改革与我国对策研究》，硕士学位论文，财政部财政科学研究所，2014 年 5 月。

[66] 李雪雯：《IASB 金融工具分类与计量准则的演进研究》，硕士学位论文，财政部财政科学研究所，2014 年 5 月。

[67] 董蒙：《IFRS 9 对我国上市银行财务报告的影响分析——基于会计准则国际趋同的研究》，硕士学位论文，北京工商大学，2013 年 4 月。

[68] 金珺：《IFRS 9 金融资产分类与计量的变化对我国的影响研究》，硕士学位论文，浙江财经学院，2012 年 12 月。

[69] 陈丽：《后金融危机时代贷款拨备会计政策研究》，硕士学位论文，暨南大学，2014 年 4 月。

[70] 黄世忠：《后危机时代公允价值会计的改革与重塑》，《会计研究》2010 年第 6 期。

[71] 黄世忠：《移动互联网时代财务与会计的变革与创新》，《财务与会计》2015 年第 21 期。

[72] 黄晓韡、黄世忠：《财务报告概念框架修订热点问题综述》，《会计研究》2016 年第 1 期。

[73] 宣和：《对国际财务报告概念框架修订的初步讨论》，《中国注册会计师》2015 年第 10 期。

[74] 邓永勤、周亚丹、陆燕芳：《IASB 财务报告概念框架征求意见稿

述评》,《财会通讯》2016 年第 31 期。

[75] 李桂萍:《国际财务报告概念框架的革新、评价与启示》,《财会月刊》2016 年第 22 期。

[76] 彭宏超:《IASB 新财务报告概念框架征求意见稿综述及评价》,《中国注册会计师》2016 年第 3 期。

[77] 黄晓燕:《西方财务会计概念框架与我国基本会计准则的对比研究》,《财政研究》2014 年第 9 期。

[78] 汪祥耀、唐滢滢:《IASB 讨论稿"财务报告概念框架的复核"述评——概念框架最新进展》,《财会通讯》2013 年第 34 期。

[79] 葛家澍、陈朝琳:《财务报告概念框架的新篇章——评美国 FASB 第 8 号概念公告(2010 年 9 月)》,《会计研究》2011 年第 3 期。

[80] 王忠嗣:《预期损失法的演进过程》,《金融会计》2015 年第 1 期。

[81] 李峰、吴海霞:《IFRS 9 预期信用损失模型对银行业的影响与实施建议》,《证券市场导报》2015 年第 12 期。

[82] 王守海、尹天祥、牟韶红:《一般套期会计准则的国际进展、反思与启示》,《会计研究》2015 年第 9 期。

[83] 胡昆:《IFRS 9(2014)减值方法解析及应对措施》,《财会通讯》2015 年第 10 期。

[84] 王婕、林桂娥:《金融工具国际会计准则变革及其对银行业的影响》,《金融论坛》2015 年第 2 期。

[85] 王守海、李塞北、刘玮:《金融资产减值准则的国际进展、评价与研究启示》,《会计研究》2014 年第 6 期。

[86] 宣和:《IFRS 9 对金融资产和金融负债分类与计量原则的修改及其应对》,《中国注册会计师》2014 年第 5 期。

[87] 尉桂华、王璞:《IFRS 9 对我国金融业影响及对策》,《财会通讯》2014 年第 10 期。

[88] 宣和:《套期国际财务报告准则的修订及其应对策略》,《中国注册会计师》2014 年第 2 期。

[89] 宣和:《新套期会计模式:更"接地气"》,《金融会计》2014 年第 4 期。

[90] 邵丽丽:《IFRS 9 对我国上市公司财务报告影响分析——基于上

市公司金融工具分类研究》，《财会通讯》2012 年第 12 期。

[91] 王霞：《国际财务报告准则修订评析与前瞻——以金融工具、合并报表和收入准则为例》，《会计研究》2013 年第 4 期。

[92] 潘秀丽：《IFRS 9 的实施对中国金融机构的影响及政策建议》，《会计研究》2011 年第 2 期。

[93] 党红：《IFRS 9 金融工具尘埃落定》，《首席财务官》2014 年第 14 期。

[94] 党红：《终极版 IFRS 9 金融工具概览（下）》，《财会学习》2014 年第 11 期。

[95] 党红：《终极版 IFRS 9 金融工具概览（上）》，《财会学习》2014 年第 10 期。

[96] 杨伟中：《金融工具减值会计准则改革对我国银行业和金融监管的影响》，《金融会计》2015 年第 1 期。

[97] 王菁菁、刘光忠：《金融工具减值预期损失模型的演进与会计准则体系变迁——兼评 IASB〈金融工具：预期信用损失〉征求意见稿》，《会计研究》2014 年第 5 期。

[98] 刘亚干：《国际财务报告准则第 9 号：金融工具（分类与计量）评析》，《金融会计》2015 年第 3 期。

[99] 张金良：《预期损失模型对商业银行的影响及应对》，《金融会计》2015 年第 1 期。

[100] 郑伟：《预期损失模型缺陷与会计监管独立性问题研究——基于对 IASB〈金融工具：摊余成本和减值〉征求意见稿的分析》，《会计研究》2010 年第 5 期。

[101] IASB，Amendments to IAS 19 Employee Benefits（2011），June，2011.

[102] IASB，Exposure Draft：Conceptual Framework for Financial Reporting，May 2015.

[103] IASB，Discussion Paper：A Review of the Conceptual Framework for Financial Reporting.

[104] July 2013.

[105] IASB，Conceptual Framework for Financial Reporting 2010，September 2010.